사회복지정책론

이인순 · 정현태 · 신선애 · 이덕희 · 이은영

창지사

머 리 말

2023년 새해가 밝았다. 어느 정도 코로나 시국을 지나 변화되어 가는 시기로, 제도에 대한 변화가 모색되는 시기이다. 사회복지정책은 사회문제를 해결하는 데 있어서 다양한 이론적 대안을 제시하며 방안을 모색하는 제도이다. 따라서 현 정부의 사회복지정책에 대한 변화를 시도해볼 수 있는 시기이다.

현재 한국의 사회복지정책은 어디로 가는가? 한국은 복지국가인가, 아닌가? 한국의 복지제도의 모습이 복지국가라고 부를만한 수준인지, 복지정책이 국민들의 삶의 질을 향상시킬지에 대한 논쟁은 계속되고 있다.

지금 한국사회에서 아직도 '복지'라는 화두는 정치꾼들에게 뜨거운 감자인 셈이다. 한국사회는 다양하고 복합적인 사회적 위험들(social risk)이 공존하고 있다. 과거에는 실업, 노령, 장애, 질병 등으로 인해 발생하는 문제들이 사회적 위험이었으며, 복지국가는 그에 대응하여 프로그램으로 문제를 해결하고자 하였다. 우리 사회는 그러한 과거의 사회적 위험뿐만 아니라 새로운 사회적 위험인 인구고령화와 저출산 등으로 인한 가족구조의 변화, 아동 및 노인 부양에 때한 주체 변화, 여성의 노동시장 참여율 증가, 세계화로 인한 노동시장의 유연화와 근로빈곤층의 형성 등의 새로운 사회적 위험이 과거의 사회적 위험과 더불어 생겨나며 진행되고 있다(Talyor-Gooby, 1981). 한국의 경제수준은 비약적이다. 그러나 소득수준의 양극화는 점점 심화되고 있으며, 근로빈곤층이 늘어나고, 저출산으로 인한 경제활동 인구의 노령화 등의 사회문제가 '복지'라는 것에 대한 욕구(needs)로 분출되고 이슈화되며 공공의제(public agend)로 되고 있는 것이다. 따라서 이러한 한국사회의 문제들을 해결하기 위한 접근으로 사회복지정책이 필요하며 그 이정표가 명확해야 할 것이다.

그러므로 본 교과서는 2022년도 사회복지 교과목 지침서에 따른 내용을 보충하여 제1부 총론을 6장으로 구성하였으며, 제2부는 사회보장론으로 사회보험과 공공부조 등을 사회복지정책의 분석틀에 맞춰 구성하였다. 먼저, 제1장에서는 사회복지정책의 개념을 설명하여 정책의 가치와 목표를 살펴보고 정책에 대한 전반적인 이해를 학습하고자 한다. 제2장에서는 사회복지정책의 발전사를, 제3장에서는 사회복지정책의 이론과 사상을, 제4장에서는 복지국가 유형에 따른 특성을 살펴볼 수 있으며, 제5장에서는 사회복지정책의 형성과정으로 어떻게 정책이 형성되어가고 정해지는지를 다루었다. 제6장에서는 사회복지정책의 분석틀을 통해 정책구성에서 실행까지 필요한 요소들을 살펴보고자 하였다. 제7장에서는 사회보장론을 통하여 정책을 이해하고자 하였다. 제8장에서부터 제12장까지는 5대 사회보험을, 제13장에서는 빈곤과 공공부조 등을 살펴보았다. 이상의 구성을 통하여 사회복지정책에서 기본적으로 다루어야 할 내용에 충실하고자 하였다.

교재를 낼 때마다 미흡하고 부족함을 느낀다. 부족하지만 본 교재를 사용해 준 교수님들과 학생들에게 고마움을 전한다.

"완전함은 없는 것, 부족함을 안고 출발할 뿐, 철학적 반성이다."

2023년 2월

저자 일동

차 례

Part 02

Part 01

총 론
- 기초와 이론적 접근 및 과정

Part 01

사회복지정책의 이해

1. 사회복지정책의 개념 및 정의

사회복지정책의 개념은 학자마다 다르게 정의하고 있으며, 국가마다 사용하는 용어가 다양하기 때문에 정의하는 데 어려움이 따른다. 한마디로 사회복지정책(social welfare policy)을 정하기란 쉽지 않다는 것이다. 이는 학자들의 접근 입장 차이와 국가마다 정책 형성 배경의 다양함에서 기인한다. 미국의 저명한 사회복지정책학자인 길버트와 테렐(Gilbert & Terrell, 2002)은 '사회복지정책'이라는 정의하기 어려운 개념을 힘들게 정의하기보다는 사회복지정책을 사회복지와 정책의 혼합개념으로 간주하고 '사회복지'와 '정책'의 개념을 각각 이해하는 편이 현명하다고 보았다.

사회복지정책을 사회복지와 정책의 혼합개념으로 보는 경우 '정책'에 관해서는 거의 일치된 견해를 갖는다. 즉, 정책을 "특정 목적을 달성하기 위한 행동들의 원칙, 지침, 일정한 계획, 조직화된 노력"으로 보는 것이다(Gilbert & Terrell, 2002; 원석조, 2016, 재인용).

그렇다면 '사회복지'란 무엇인가? 사회복지정책에 대한 개념 합의가 어렵듯이, 사회복지에 대한 정의도 다양하다. 하지만 사회복지학자들의 사회복지에 대한 정의를 살펴보면, 사회복지는 사회적 욕구의 충족 또는 사회문제의 해결과 같은 중요한 기능을 수행하는 사회제도(social institution)라는데 어느 정도 의견일치를 보이는 것 같다(송근원, 2004; 원석조, 2016). 먼저 로웬버그(Loewenberg, 1974)는 사회복지를 "인간의 정서적·지적·신체적·사회적 기능을 향상시키고 유지하는 것을 일차적 임무로 하는 사회제도"라고 정의한 바 있으며, 자스트로(Zastraw, 2000)는 사회복지를 법과 정책에 의거하는 사회제도로서 “사회복지제도는 개인, 집단, 가족, 조직, 공동체의 복지(well-being)를 개선하기 위해 사회문제를 예방하고, 완화시키고, 그것의 해결에 기여하는 데 목적이 있다.”고 했다. 컴튼(Compton, 1980)에 의하면 “사회복지는 개인과 가정의 복지를 위해서 개인과 주요 사회제도가 더욱더 생산적으로 조화를 이루도록 도와주는 과업을 담당한 사회제도이다. 즉, 이 과업은 개인과 다른 주요 사회제도의 기능을 유지하도록 지원해 주고, 개인과 사회제도가 더욱더 생산적으로 기능하도록 능력을 발전시키며, 개인이나 사회제도가 갖고 있는 심각한 문제를 해결해 주는 서비스를 제공함으로써 달성된다.”고 주장하였다(원석조, 2016). 또 프리드랜드(Friedland, 1980)는 “사회복지란 사회적 서비스와 제도의 조직적인 체계와 개인이나 집단이 그들의 생활과 건강을 만족한 수준에 달할 수 있도록 하는 계획된 원조, 그리고 그들의 능력을 충분히 계발하고 가족들과 지역공동체의 욕구와 조화를 이루면서 안녕(well-being)을 증진해 나길 수 있도록 하는 개인적·사회적 관계 등을 말한다.”고 했다(송근원·김태성, 1995).

한편, 사회복지는 사회 속에서 차지하고 있는 기능상으로 볼 때, 잔여적 개념(residual concept)으로부터 제도적 개념(institutional concept)으로 발전되었다고 할 수 있다(Gilbert & Specht, 1974). 기능적 측면을 강조한 학자들의 견해는 개개인이 자기 능력을 충분히 발휘하고 자기들의 복지를 지역 사회의 요구와 조화시킬 것을 강조함으로써 사회복지의 개념을 ‘만족할 만한 생활수준과 건강 상태에 도달하도록 개인이나 집단을 원조할 의도를 지닌 사회적 서비스와 제도의 조직화’로 보고 있다. 사회복지의 사회적 기능이 어떻게 변화되었는지를 살펴보면 다음과 같다.

사회가 발전하면서부터 사회의 다양한 기능을 담당하는 사회제도가 발전하기 시작했다. 정부, 기업, 종교, 가정, 비영리조직 등의 사회제도는 정치, 경제, 통합, 교육, 상부상조 등의 사회적 기능을 분담하기 위하여 발전해 온 사회제도들이다. 이러한 사회제도들은 과거의 안정된 사회에서는 그 기능을 잘 발휘하면서 인간의 기본적인 욕구들을 충족시켜 주는 데 이바지하였다. 그러나 사회가 점점 더 분화되어 가면서 이들 사회제도들이 제 기능을 충분히 발휘하지 못하게 되고, 여기에서 인간의 충족되지 못한 욕구들이 나타나게 되었다. 사회복지 기능은 다른 사회 기능들이 발휘하지 못할 경우 그 기능을 보충해 주는 의미로서의 기능이었기에, 잔여적 개념으로서의 사회복지 기능으로 파악되었다. 그러나 오늘날에는 점차적으로 사회복지의 사회적 기능을 다른 사회제도가 발휘하는 사회적 기능과 마찬가지로, 사회를 위한 하나의 주된 기본적 기능으로 인정하는 제도적 개념의 입장에서 파악하였다(Gilbert & Specht, 1974; Gilbert & Terrell, 2002; 송근원, 2004).

다음으로는 사회복지를 '잔여적 개념'과 '제도적 개념'으로 구분하여 설명한다(Wilensky & Lebeaux, 1965). 잔여적 개념은 복지의 대상을 사회의 취약계층을 요보호대상으로 한정지어 국가가 잔여적 측면에서 사회복지를 제공받는 대상으로 제한하는 개념이다. 즉, 개인의 욕구가 일차적으로 가족이나 시장을 통해 충족되며, 다만 이것이 가족·시장에서 제대로 작동되지 않을 때 임시적이고 구호적 성격의 사회복지가 개입하는 것을 의미한다. 제도적 개념은 사회적 욕구충족을 목적으로 하는 사회복지가 다른 사회제도들 예컨대, 경제, 정치, 교육, 가족 등의 사회제도와 동등한 수준에서 일차적·정상적으로 제도화되어 있는 것이다. 즉, 복지는 산업사회에 들어와 가족과 시장을 통해 욕구충족을 할 수 없는 경우가 발생하는데 그것이 비정상적 상태가 아니라 정상적 상태가 된다는 가정하에 모든 사람을 대상으로 항시적인 복지가 제공된다는 넓은 의미이다. 역사적으로 볼 때 잔여적 개념에서 제도적 개념으로 발전되어 왔지만, 대체로 두 개념이 혼재하는 경우가 많다. 둘의 차이를 정리하면 [표 1-1]과 같다.

[표 1-1] **윌렌스키와 르보의 사회복지의 잔여적 개념과 제도적 개념**

잔여적	제도적
개인의 문제는 비정상적	개인의 문제는 산업화로 인해 필연적
긴급 상황 또는 위기 상황	현대사회에서 항상 존재
개인의 자원이 모두 소진된 후 사회복지 제공	문제가 심각해지기 전에 제공
낙인이 발생	낙인이 없음
사회복지는 문제를 일시적으로 완화, 단기간에 종결	예방과 재활이 제도화, 항구적으로 제공

출처: Johnson(1987); 원석조(2016), 재인용.

한국적 맥락에서 잔여적 개념의 예로 자산조사를 통해 제공하는 국민기초생활보장제도를 들 수 있고, 제도적 개념의 예로는 전 국민을 대상으로 하는 보편적 성격의 사회보험제도가 있다.

2. 사회복지정책의 가치

사회복지정책은 복지 문제의 해결을 위해 전문적 지식과 기술을 필요로 하는 효율적인 방법이라는 점에서 전문성을 띠며, 어떤 문제로 인하여 인간의 존엄성을 훼손당하거나 위협받는 사람들을 도와주는 데 필요한 정책활동이라는 점에서 가치지향적 분야이다(송근원, 2004).

일반적으로 가치는 '개인 또는 사회가 신호하는 어떤 태도로서, 그들이 믿는 것이 유익한 결과를 줄 것으로 기대되는 것'으로 정의될 수 있지만, 사회환경의 변화에 따라 그 개념도 변화하기 때문에 특정 사회에서 수용되고 공유되는 가치를 파악하는 것은 쉽지 않다. 사회복지정책과 실천은 가치를 기반으로 동기화되거나 실천되기 때문에 사회복지에 있어서의 가치는 매우 중요하다. 사회복지정책의 바탕이 되는 사회적 가치들은 각 사회의 전통적 관념이나 사회적 관습, 문화적 인식 또는 사회지배적 가치 등에 영향을 받는다. 그래서 어느 시기에는 평등이 자유보다 우세하기도 하고, 갈등하기도 하며 또한 대립하기도 한다.

이와 관련하여 티트머스(Titmuss, 1974)는 다양한 정책목표를 달성하기 위해 여러 가치 중에 어떠한 것을 선택하지 않을 수 없다고 하였다. 이를테면 효율성을 강조하면 적절성이 떨어질 수 있고, 평등을 강조하다 보면 효율성이 떨어질 수 있다. 이러한 경우 어떠한 가치를 우선적으로 선택할지에 대한 사회적 합의가 필요하다.

그렇다면 사회복지정책은 어떠한 가치들을 바탕으로 하는가? 사회복지정책에서 고려해야 할 중요한 가치 중에 자유, 평등, 형평성, 적절성, 효과성, 효율성, 사회정의, 시민권, 공공성, 인정 등에 대해서 알아보자.

1) 자유

사회복지의 가치에서 가장 논란이 많은 개념 중의 하나는 자유(freedom)이다. 자유는 현대사회의 중요한 사회가치 중의 하나로 남에게 얽매이거나 구속받거나 하지 않고 마음대로 행동하는 것을 뜻한다. 자유(freedom)라는 개념은 개인이 억제나 구속에서 벗어나(소극적 자유) 무엇인가를 할 수 있는 것(적극적 자유)을 의미한다(오윤수 외, 2011).

먼저, 소극적 자유(negative freedom)는 외부로부터 간섭 혹은 속박이 없는 상태를 말하며, 즉 '~로부터의 자유'를 가리킨다. 이러한 소극적 자유는 사람이 자신의 활동을 누군가에게 간섭받지 않는다면 자유로운 것으로 보며 불간섭의 영역이 넓을수록 개인의 자유도 넓어진다. 또한, 소극적 자유는 자유의 기회 측면을 강조하는 표현으로 기회(opportunity)의 보장을 중요시하며 자유권의 형태로 발전한다.

일반적이고 전통적인 자유 관념으로서 국가에 의한 간섭으로부터 벗어나려는 시민적 자유 개념 속에서 구현되며, 복지에 대한 국가의 개입을 자유의 침해로 간주한다. 따라서 자유의 소극적 개념을 선호하는 사람들은 국가의 역할 제한을 강조한다. ➡ 반집합주의와 소극적 집합주의

다음으로 적극적 자유(positive freedom)는 자신이 선택한 대로 행동할 수 있는 자유로, 즉 '~를 향한 자유 또는 ~에 대한 자유'를 말한다. 속박의 부재가 아니라 개인이 스스로 행동할 수 있는 능력을 강조하는 표현으로, 사람들이 개인의 목표를 향해 접근할 수 있도록 개인의 능력을 확대하려는 것이다. 개인이 적극적 자유를 보장받기 위해서는 결핍으로부터 해방, 자신의 잠재력을 개발하고 실현할 수 있는 자유, 착취 없이 적절한 노동을 할 권리, 교육을 받을 권리 등 개인이 원하는 바를 현실적으로 추구할 수 있는 능력과 직결된 국가와 사회의 개입과 투자가 많이 필요하다. 현대 복지국가의 사회정책은 개인의 자아를 실현할 수 있는 적극적 자유를 추구해야 하며, 인간다운 삶을 누릴 권리가 구현되지 않는 상태는 자유의 제한이라고 본다. 즉, 적극적 자유는 어떤 이유든 무지, 빈곤, 질병으로부터 해방되고 독립적 삶을

영위할 수 있는 것이어야 한다. 또한 국가는 적극적 자유의 실현을 위하여 국민의 소득, 건강, 교육, 주거 등과 관련된 사회복지정책을 확대시켜야 한다(김종명·송낙길, 2015).

적극적 자유를 강조하는 사람들은 정부의 개입으로 인한 자유의 제한에 대한 비판을 다음과 같이 합리화한다. 즉, 사회복지정책을 통해 제공하는 재화는 보편성을 가지고 있기 때문에 사회 전체를 위해 강제적으로 제공하는 것이 개인들의 자발적인 선택의 자유에 맡겨 둘 때보다 그 양과 질을 높일 수 있다는 것이다. 다시 말해서 소극적 자유는 줄어들지 몰라도 전체 사회구성원이 누릴 수 있는 적극적 자유의 수준은 전반적으로 높아질 수 있다고 본다. ➲ 페이비언 사회주의와 마르크스주의자

[표 1-2] **소극적 자유와 적극적 자유**

소극적 자유(negative freedom)	적극적 자유(positive freedom)
• '~로부터'의 자유 • 타인으로부터 간섭 · 의지로부터의 자유로, 강제적 간섭의 부재 • 기회를 강조 • 자유권의 형태로 나타남	• '~를 향한' 자유 • 인간의 발전적 가능성을 실현시키는 자유 • 능력을 강조 • '적극적'이란 표현은 국가의 입장에서 말하는 것으로, 국가가 적극적으로 나서서 국민들의 생활과 자유를 보장한다는 의미 • 주거권, 건강권, 노동권 등 복지국가적 국가개입의 옹호로 나아감 • 참정권 · 사회권의 형태로 나타남

출처: 오윤수 외(2011) 참조.

사회복지정책은 사람의 자유를 제한할 수도 있고, 자유를 확대시킬 수도 있다. 예를 들면 국민에게 세금을 부과하는 것은 국민의 자유를 제한(소극적 자유)할 수도 있고, 세금을 통한 재정 확보는 국민의 자유를 늘릴 수 있다는 것이다(김영화 외, 2016, 재인용).

2) 평등

광범위한 의미의 평등(equality)은 사회복지정책의 기반이 되는 가장 중요한 가치 중의 하나이다. 평등은 사회적 자원의 재분배를 통하여 사회구성원의 삶의 질을 골고루 향상시키고자 하는 가치이다. 퍼니스와 틸톤(Furniss & Tilton, 1997)은 평등이란 “모든 사람은 만족스러운 삶을 누릴 수 있는 권리를 동등하게 지니고 있다.”는 신념이라고 말할 수 있으며, 이것이 만인의 평등권으로서 실현된다고 하였다. 일반적으로 평등을 세 가지 유형으로 나누는데, 기회의 평등(equality of opportunity), 조건의 평등(equality of condition), 결과의 평등(equality of outcome)이다.

먼저, 기회의 평등은 모든 사람이 자신의 소질과 능력을 자유롭게 개발할 권리와 기회를 가질 수 있는 것뿐만 아니라 동일한 업적에 대해서는 동일한 보상을 받는다는 것으로 오늘날 자본주의 사회에서 가장 널리 퍼져 있는 평등의 범주이다. 이는 모든 사람에게 모든 사회적 제도에 대한 접근을 균등하게 대우한다는 입장이다. 이는 혈통, 종교, 가문 등의 불평등을 유발할 수 있는 조건들을 고려하지 않고 개인의 능력을 중요시한다. 이를테면 장애인, 비장애인, 아동, 성인, 노인에 상관없이 같은 출발선에서 100m 달리기를 실시하는 것이다. 이때 모두 동일한 출발선에서 달리기를 할 기회를 평등하게 부여하는 것이 기회의 평등이다. 따라서 과정상의 기회만 동등하다면 그로 인한 결과의 불평등은 상관없다는 것이다. 결과적으로 기회의 평등이라는 이름 아래 수많은 결과로 인한 불평등을 합법화할 가능성을 배제할 수 없다. 또한, 기회의 평등은 자본주의 사회에서 모두에게 기회를 평등하게 주어 자유경쟁을 통해 결과를 결정하게 하는 것으로 시장에서의 일차적 분배를 강조하며 평등의 개념 중 가장 소극적인 평등의 개념이다.

기회의 평등은 일반적으로 가난한 사람들에게 교육기회를 제공함으로써 자립할 수 있게 하는 방식으로 활용된다. 대표적인 예로는 1960년대 미국에서 이른바 ‘빈곤과의 전쟁’ 시기에 강조되었던 빈곤층 대상의 교육·훈련 프로그램들을 들 수 있으며, 우리나라의 경우 저소득층을 대상으로 하는 자활사업, 교육·훈련 프로그램이나 we start 사업, 드림스타트 사업 등을 예로 들 수 있다.

조건의 평등은 기회의 평등과 연관되는 것으로 사회적 기회를 획득하려는 자유경쟁의 출발조건을 평등하게 정비하고자 노력에서 출발한다. 이는 개인의 능력에 모든 것을 맡기는 것이 아니라 개인의 욕구·노력·능력에 따라 사회적 자원을 다르게 배분하는 것을 의미하므로 공평(equity)이라고 불리기도 한다. 예컨대, 100m 달리기를 할 때에 신체장애인의 경우는 비장애인보다 몸이 불편하여 불리하기 때문에 조건을 비장애인과 비슷하게 맞추기 위하여 결승점에 가까운 곳에서 출발하도록 하는 것이다. 이러한 조건의 평등은 사회적 약자에게 호의적인 조치를 취하게 함으로써 적극적 조치, 긍정적 조치, 차별철폐운동(affirmative action) 등으로 말해진다(박경일, 2007).

결과의 평등(수량적 평등, numerical equality)은 법적 조치나 정치적 수단을 이용하여 출발점이나 개인의 능력 등은 고려하지 않고 마지막 결과의 평등만을 추구하는 것이다. 모든 사람을 똑같이 취급하여 사람들의 욕구나 능력의 차이에는 관계없이 사회적 자원을 똑같이 분배하는 것을 의미하는 개념이다. 가장 적극적인 평등의 개념이라 할 수 있으나 자유로운 경쟁이나 개인적 역량의 발휘는 무시될 수 있다. 또한, 개인의 욕구 또는 능력과는 상관없이 사회구성원 모두에게 사회적 자원을 동등하게 배분하는 것으로, 100m 달리기에서 장애인, 비장애인, 아동, 노인 등 모두를 동시에 결승점을 통과하도록 하는 것이다.

공공부조의 경우 소득재분배의 목표를 달성하기 위해 국민들이 낸 세금을 재원으로 가난한 사람들에게 그들의 능력과 기여에 관계없이 사회적 자원을 할당해 줌으로써 부자들과의 소득격차를 줄이려고 하고 있음을 그 예로 들 수 있다.

[표 1-3] **기회의 평등, 조건의 평등, 결과의 평등**

구분	기회의 평등	조건의 평등	결과의 평등
정의	각 개인은 자신의 소질과 능력을 자유롭게 계발할 평등한 권리와 기회를 가질 뿐만 아니라 동일한 업적에 대해서는 동일한 보상이 주어짐	사회적 기회를 획득하려는 자유경쟁의 출발조건을 정비하고자 노력하는 것으로 개인의 능력부족을 사회적으로 메워 주는 것을 필수로 인식	출발점이나 자연적 능력은 고려하지 않고 법적 조치나 정치적 수단을 이용하여 마지막 결과의 평등만을 얻고자 함
예	• 100m 출발선 위에 똑같이 세워 놓고 자유롭게 달리기 경주를 하는 것 • 미국의 War on Poverty • 한국의 we start 운동	• 100m 달리기에서 신체장애인에게 앞서 출발하도록 하는 것 • 긍정적 조치, 적극적 조치, 차별철폐행동	• 100m 달리기에서 모든 사람을 똑같이 골인시키는 것 • 공공부조

자본주의 사회에서 사회복지정책은 결과의 평등을 비현실적으로 여기는 경향이 많아 기회의 평등과 조건의 평등을 더 강조한다(김영화 외, 2016). 자유와 평등은 일반적으로 대립되는 개념으로 인식되어 왔다. 개인의 자유를 강조하고 과다하게 인정하게 되면 평등이 약화될 수 있고, 평등을 강조하다 보면 자유가 위축될 수 있는 측면이 있다. 하지만 인간의 사회생활을 전제로 생각해 보면 자유와 평등은 조화를 이루어야 한다. 자유는 개인주의에 바탕을 두고 개성과 다원성을 인정할 수 있게 해 주며 창의성과 효율성을 가져다 줄 수 있다. 평등은 집단주의에 바탕을 두고 사회통합과 사회정의를 통해 공동체 형성에 도움을 주며 복지를 위한 기본 가치로서의 역할을 한다. 결국 자유와 평등은 개인으로서의 인간과 사회적 존재로서의 인간이라는 인간 본연의 두 모습을 드러내 주는 개념인 가치인 만큼 적절한 조화를 통해 인류의 복지에 기여할 수 있어야 한다.

3) 형평성(비례적 평등)

형평성(equity)의 가치는 공정한 처우(fair treatment)라는 의미와 연관된다. 이 개념은 비례적 평등(proportional equality)을 말하는 것으로서 개인의 업적, 능력, 공헌도 및 갹출 등에 따라 사회적 자원을 배분하는 것을 의미한다. 따라서 수량적 평등과 비교한다면 상대적으로 많은 불평등이 존재할 수 있지만, 수량적 평등의 비현실성을 고려한다면 자본주의 사회에서 실질적으로 가장 널리 사용되는 개념이 바로 이러한 공평의 개념이다. 사회복지에서는 수량적 평등의 가치도 강조하지만 또한 비례적 평등의 가치도 강조하고 있다. 예를 들면, 사회보험에서 보험료를 많이 기여한 사람에게 많은 급여의 혜택이 돌아가는 것도 형평의 가치를 반영한 것이며 전통적으로 영국의 구빈정책에서 활용되어 온 열등처우의 원칙이 그 한 예가 될 수 있다.

4) 적절성(충분성)

적절성(adequacy)은 사회복지급여의 할당이 얼마나 평등한가 또는 그의 기여에 따른 비례적인 것(형평)이냐 하는 것과는 다르게, 서비스 대상자의 욕구를 충족시킬 수 있는지를 평가하는 기준이다. 즉, 사회복지급여의 할당은 개인이 살아가고 있는 사회적 수준에 적절한 정도이어야 한다는 것을 말한다. 이 사회적 수준의 적절한 정도는 시장과 환경에 따라서 변화하는 특징을 지닌다. 또한, 적절성은 최저생계비 혹은 최저임금, 빈곤선 등으로 구체화되며 사회복지정책의 목적이 삶의 질 향상과 인간다운 삶의 보장에 있으므로 적절성의 가치가 가장 많이 내포되어 있다고 할 수 있다.

5) 효과성

효과성(effectiveness)은 사회복지정책이 어느 정도로 목표 달성에 적합하였는지를 나타내는 것이다. 사회적 서비스가 필요한 사회적 약자의 욕구를 충족시키는 방법은 다양하다. 다양한 접근 중에서 선택한 사회복지정책이 대상자의 욕구를 과연 어느 정도로 적합하게 목표를 달성하였는지에 대한 관심을 의미한다.

따라서 효과성 확보를 위한 적절한 정책대안의 선택이 중요하다. 종종 사회복지정책은 사회복지대상자의 자립과 복지증진에 목표가 맞추어지기 때문에, 사회복지정책 프로그램 효과성의 가치는 과연 대상자의 자립과 복지증진에 얼마만큼 효과적으로 대응하였느냐는 문제로 관심이 기울어진다(김종명·송낙길, 2015).

또한, 1970년대 복지국가가 재정위기에 직면하여 재편하는 과정에서 기존의 사회복지정책 프로그램이 더 효과적으로 운용되기를 기대하는 한편, 그에 따른 방안으로 평가에 대한 관심을 기울이게 되었다. 그러한 일환으로 개별 사회복지기관의 기능과 사회복지전문가의 역할에 대한 평가도 동시에 관심이 증대되었다. 소위 '책임성'의 문제가 그것이다(현외성, 2008).

6) 효율성(능률성)

효율성(efficiency)은 최소한의 자원을 투입(input)하여 최대의 산출(output)을 만들어 내려는 관심을 의미하며 비용측면과 관련된 가치이다. 사회복지정책에서 효율에는 수단으로서의 효율과 파레토 효율(배분적 효율)이 있다. 수단으로서의 효율개념이 특정 목표 달성을 위해 최소의 자원을 투입하여 최대의 결과를 의미하는 데 비해, 파레토 효율의 개념은 더 이상 어떠한 개선이 불가능한 최적의 자원배분 상태로서 사회적 자원의 바람직한 배분이라는 좀 더 포괄적인 측면에 초점을 두고 있다(김태성, 2003).

이러한 효율성은 목표효율성, 운영효율성, 대상효율성, 배분적 효율성으로 구분할 수 있다.

먼저, 목표효율성은 정책이 목표하는 대상자에게 자원이 얼마나 집중적으로 할당되는가의 여부를 판단하는 기준이다. 목표효율성을 추구하기 위해서는 보통 선별주의를 선호하게 되며 공공부조 프로그램이 있다. 이는 상대적으로 저소득층에게 집중적으로 자원을 할당한다는 측면에서 보편적 급여인 사회수당보다는 목표효율성이 높다고 볼 수 있다. 대표적인 예로 사회보험과 공공부조를 비교하면, 빈곤층(또는 저소득층)에게 집중적으로 자원을 할당한다는 측면에서 공공부조가 사회보험보다 목표효율성이 높다고 할 수 있다. 다른 예로 현물급여와 현금급여를 비교하면, 주어진 목표(용도)대로 사용될 가능성이 높다는 점에서 현물급여가 현금급여보다 목표효율성이 높다고 할 수 있다.

운영효율성은 운영비를 줄여 비용절감 효과를 높이고자 하는 것으로 보편주의를 선호한다. 대표적인 예로 사회보험에서 통합주의 방식으로 관리·운영하거나 영국의 국민보건서비스처럼 자산조사 없이 제공되는 보편주의 방식제도가 있다. 보편주의 방식의 제도는 특별한 자산조사가 없기 때문에 행정비용을 절감할 수 있다는 장점이 있다. 예를 들면, 공공부조의 경우 급여대상자를 선정하기 위한 전문인력의 채용과 자산조사 등의 과정에서 적지 않은 행정비용이 소요되기 때문에 운영효율성이 낮다고 할 수 있으며, 반대의 예로 사회보험제도의 통합시스템 구축은 운영효율성을 높이기 위한 경우라고 볼 수 있다. 다른 예로 현물급여와 현금급여를 비교하면, 급여를 제공하기 위한 과정에서 상대적으로 행정(관리)비용을 절감할 수 있다는 점에서 현금급여가 현물급여보다 운영효율성이 높다고 할 수 있다.

대상효율성은 사회복지정책을 적용함에 있어 '욕구가 있는 자' 또는 '도움이 꼭 필요한 자'를 얼마나 더 확실하게 선별할 수 있는가가 기준이 되는 것이다. 예를 들어, 현물급여와 현금급여를 비교하면 현물급여는 현금급여보다 효용이 낮고 스티그마의 정도가 크기 때문에 현금급여에는 급여신청을 하던 사람들이 현물급여에는 신청할 동기가 약해져 급여를 받을 필요성이 크지 않은 사람들은 신청하지 않게 된다. 따라서 현물급여가 현금급여보다 대상효율성이 높다고 할 수 있다.

배분적 효율성(파레토 효율)은 수단으로서의 효율 개념이 특정한 목표를 달성하는 데 가능한 한 적은 자원을 투입하여 최대한의 효과를 얻는 것에 초점을 두는 반면, 파레토 효율의 개념은 사회적 자원의 바람직한 배분이라는 좀 더 포괄적인 측면에 초점을 둔다. 파레토 최적은 다른 사람의 효용을 감소시키지 않고서는 효용을 증대시킬 수 없는 실현불가능한 자원배분상태로서, 완전 경쟁·충분한 정보·합리적으로 자발적인 선택이 이루어진 상태라고 보는 것이다. 다시 말해서, 어떠한 자원의 배분이 특정 사람들의 효용을 줄이지 않으면서도 다른 사람들의 효용을 높일 수 있다면 그러한 배분은 파레토 효율의 정의상 효율적인 것이 된다. 이것을 파레토 개선이라 한다. 현실 세계에서는 원론적 의미로 사회적 자원의 배분은 불가능하여 시장기제를 통한 자원의 파레토 배분이 비효율적인 경우가 많이 있다.

7) 사회정의(social justice) 존 롤스(J. Rawls, 1973)

정의(justice)는 아주 오래 전부터 논의되어 온 개념이다. 그것은 올바른 행위의 판단이란 의미에서 윤리학과 연결되어 있다. '우리가 어떤 행위가 올바른가? 또는 공정한가?'하는 판단을 내려 올바르다고 생각하면 정의롭다고 말한다. 많은 경우 이런 올바름, 공정함의 판단기준은 평등과 연결된다. 즉, 학기말 시험 후 교수가 학생들에게 열심히 공부했든, 성적이 좋든 상관없이 모든 학생들에게 똑같은 점수를 준다면(절대적 평등의 구현), 이런 경우 우리는 공정하지 않게 느낀다. 반면 현대에 와서 부나 재산에 따라, 성별에 따라 투표권의 수를 달리 한다면(상대적 평등의 구현) 이 역시 불공정하게 생각한다. 그러므로 정의는 근본적으로 평등의 개념과 관계가 있다. 평등이 추상적인 가치 개념이라고 한다면 정의는 좀 더 구체적이고 실제적인 가치라고 할 수 있다.

현대에 와서 정의는 사회정의라는 용어와 동일시된다. 사회정의는 한 사회에서 선과 악을, 사회적 자원을 어떻게 올바르게 분배할 것인가에 대한 합당한 기준에 대한 것이다(오윤수 외, 2009, 참조). 가치로서의 사회정의는 앞서서 고찰한 가치와는 다른 수준의 가치이다. 가치로서의 사회정의는 사회적 자원분배의 기준으로 사용되므로 구체적이고 현실적인 가치라 할 수 있다. 사회적 자원의 분배에 대한 이론은 공리주의, 자유주의, 평등주의, 공적주의 등 대단히 많다. 여기서는 사회복지정책에 많은 영향을 미친 존 롤스(J. Rawls)의 견해를 보기로 한다.

롤스는 "공정으로서의 정의(Justice as fairness)"를 강조한다. 그는 사회정의를 사회제도의 첫 번째 덕목이라고 말한다. 그가 주장하는 정의의 두 원칙은 다음과 같다(오윤수 외, 2009).

"각자는 다른 사람의 유사한 자유 체계와 양립할 수 있는 평등한 기본적 자유의 가장 광범위한 전체 체계에 대하여 평등한 권리를 가져야 한다(제1원칙)."

"사회적·경제적 불평등은 다음 두 가지 즉

ⓐ 그것이 정의로운 저축 원칙과 양립하면서 최소 수혜자에게 최대 이득이 되고,

ⓑ 공정한 기회 균등의 조건 아래 모든 사람에게 개방된 직책과 직위가 결부되게끔 편성되어야 한다(제2원칙).”

간단히 설명하자면 제1원칙은 평등한 자유의 원칙이다. 모든 사람은 기본적 자유, 즉 신체, 사상, 종교, 재산 등에 대해 평등한 권리를 가져야 한다는 것이다. 모든 사람이 기본적 자유에 대한 평등한 권리가 전제되고, 다음의 두 가지 전제 조건이 이루어진다는 사회적·경제적 불평등이 용인된다. 즉 모든 사람에게 실제적인 기회균등이 보장된[ⓑ] 후 최소 수혜자(사회적으로 불리한 입장에 있는 사람들)에게 최대이익이 주어지도록 사회체제가 만들어 진다면 현존하는 사회적·경제적 불평등은 인정된다.

롤스는 공리주의처럼 사회 전체적으로 더 많은 이익을 가져온다고 해서 어떤 사람들을 희생시킨다든지 또는 다른 사람들이 더 잘 살게 하기 위해 어떤 사람을 더 적게 가지게 하는 것은 허용될 수 없다고 본다. 결론적으로 롤스의 사회정의론은 부, 권위, 사회적 기회가 모든 사람을 위해 골고루 수혜되거나 특히 사회적 취약계층을 위해 혜택이 주어질 경우에만 정당하다고 보고 있다(오윤수 외, 2009). 따라서 롤스의 『정의론』은 사회복지정책을 통한 사회적 평등의 실현을 위해 중요한 단초를 제공하고 있다고 할 수 있다.

8) 시민권의 가치

시민권(citizenship)은 시민의 사회적 지위에 대한 개념으로 영국의 마샬(T. H. Marshall, 1893-1981)이 제시하였다. 마샬이 제시한 시민권은 사회진화론적인 관점에서 공민권(자유권, civil right), 참정권(정치권, political right), 사회권(social right)의 세 가지 요소로 발전해 왔다. 마샬은 세 가지 요소가 모두 성취되어야 시민권이 온전히 확립된다고 보았다. 먼저, 공민권(18세기)은 한마디로 ‘자유권적 기본권’이라고 할 수 있다. 또한 시민혁명을 통해 해방된 자유를 모든 시민이 평등하게 보호받을 수 있는 권리를 의미한다. 나아가 헌법에 보장된 개인의 자유를 실현하는 데 필수 불가결한 내용이 포함된다. 따라서 본 권리는 자본주의의 사회에서 시민의 지위가 성장할 수 있는 기반을 제공한다고 하겠다. 둘째, 참정권(19세기)은 정치권, 투표권이라고도 한다. 그리고 정치적 권리는 다양한 운동(노동운동; 차티스트 운동)을 통해 이루어졌다. 따라서 본 권리는 정치적 자유로써 시민의 욕구를 정치적 참여와 투표를 통해 해결할 수 있는 기반이 되었다고 할 수 있다. 셋째, 사회권(20세기)은 다른 권리와는 다르게 사회복지와 관련이 깊다. 또한 사회권은 헌법상 '생존권적 기본권'이라고 할 수 있다(윤홍식, 2019). 마샬의 시민권 개념이 복지국가 논의와 잘 부합하는 이유는 사실 그것이 복지국가의 존립기반과 상당히 일치하기 때문이다. 기본적으로 "시민권은 공동체의 완전한 구성원에게 부여되는 일종의 지위이며, 그 지위를 가진 사람들은 지위가 부여하는 권리와 의무의 측면에서 평등하다"(Marshall, 1950: 28-29). 그런 측면에서 시민권은 사회계급에서 비롯되는 불평등과 긴장관계에 있다. 하지만, 시민권의 발전은 역설적으로 불평등한 체계인 자본주의 성장과 함께 이루어졌다. 공민권의 강화는 자유화된 시장경제의 발전을 가져옴과 동시에 자유에 대한 평등의식을 확산시켰다. 이는 계급격차를 감소시키는 계기가 되었으며, 궁극적으로 노동계급에게까지 정치권, 사회권이 확대되는 결과를 가져왔다. 마샬 본인도 현대국가를 자본주의-민주주의-복지로 구성된 사회질서로 보고, 그것을 각각 공민권, 정치권, 사회권으로 연결시킨 바 있다(Marshall, 1972; 1993). 이에 따라 복지확대를 위한 국가개입의 증가는 시민권(사회권) 강화와 거의 동일시되었다(김사현, 2019).

이상의 사회복지정책의 측면에서 마샬의 3대 시민권은 복지국가의 핵심 개념을 내포하고 있다. 따라서 복지국가의 시민은 시민으로서 마땅히 누려야 할 하나의 권리로 성취하게 된다. 그러나 시민권은 국가의 국적취득과 연관이 있으며, 다른 국가에서는 적용하기 어렵다는 견해를 갖고 있다(윤홍식 외, 2019).

9) 공공성의 가치

공공성(公共性, publicness)은 다양한 의미로 사용되어진다. 그리고 공공성은 사회복지정책 분야에서 명확한 정의를 내리기가 쉽지 않다. 공공성에 대한 사전적 의미는 '모든 사람이 함께', 정치적 권리를 가진 '사회구성원' 등의 의미를 가진다. 그리고 공공성에 대한 사회복지 분야에서는 전달체계에서 주로 논의되고 있다. 따라서 다양한 측면에서 정의한다면, 한 사회의 공동체성과 공공의 이익을 강화하기 위해 다양한 가치를 추구하고 구체화하는 과정이라고 할 수 있다(윤홍식 외, 2019).

공공성 혹은 공공성 담론을 이해하기 위해서는 무엇보다 '공적(public)'인 것과 '사적(private)'인 것에 대한 기본적인 구별이 필요하다. 바인트라우프(Weintraub, 1997)는 가장 일반적인 수준에서 이 둘을 구분하는 근본적이고 분석적인 두 가지 기준을 제시한 바 있다. 그중 하나는 '가시성(visibility)'의 문제이다. 즉, 사적인 것은 숨겨진(hidden), 혹은 고립된(withdrawn) 것인 데에 반해, 공적인 것은 공개(open)되고 드러난(revealed), 혹은 접근 가능한(accessible) 것으로 보는 것이다. 다른 하나는 '집합성(collectivity)'의 문제이다. 이 문제는 사적인 것은 개인적(individual), 혹은 개인에게만 부속되는 경우인 반면, 공적인 것은 집합적(collective), 혹은 공동의 이익(the interests of a collectivity of individuals)에 관련된 것이다. 새로운 공공성 담론은 기존 국가중심의 공공성을 넘어서길 요구하고 있다. 이제 공공성은 보다 많은 사람들이 공론의 장에서 공익을 추구하는 정치적 활동을 자유롭게 할 것을 강조한다. 공공성의 확장은 이를 가능하게 하는 조건이나 환경을 개선하는 것으로 이해할 수 있다. 하지만 공공성의 구성 요소들 간에는 내적 긴장이 있고, 불가피하게 현 체제와의 갈등을 양산할 수밖에 없다. 이것이 조화롭게 되기 위해서는 공공성은 불가피하게 그것을 평가하는 기준을 필요로 한다. 그리고 그 기준에 부합하는 방식으로 적절한 공공성 강화 전략이 마련되어야 할 것이다(김사현, 2019).

10) 인정의 가치

인정(recognition)은 사회적 가치에 대한 새로운 대안 및 도전으로 나타나고 있다. 인정은 사회복지정책의 핵심 가치인 분배정의에 대한 하나의 철학적 접근이라고 할 수 있다.

인정은 시대적 흐름에서 나타나는 철학적 인간으로서 자리매김할 수 있는 가치라고 할 수 있다. 또한 인정은 윤리적 개념 중 하나로 정의되기도 한다. 인정은 주체가 대상자를 대하는 바람직한 태도나 행위와 관련되어진다. 인정은 대상을 수동적이고 시혜적인 존재로 간주하기보다 능동적인 존재로 바라본다. 나아가 인정은 동료로서 상호작용을 통한 동등한 참여로 규정하고 참여적 평등이 강조된다.

인정은 사회복지정책의 지평을 확대시켜 주는 긍정적인 역할을 할 수 있다. 왜냐하면 인간이 지닌 고유성에 대한 긍정적 자기 인식을 형성할 수 있게 한다는 점에서 사회복지의 궁극적인 목적과도 부합되기 때문이다(윤홍식 외, 2019).

자유주의적 시장체제 이후 경제적 불평등과 착취가 사회적 갈등의 근본 원인으로 인식되어 분배적 정의에 대한 요구가 증가하고 세계화 및 다원화와 함께 차이에 대한 인정이 중요해짐으로써 그동안 주류에서 배제되거나 억압되었던 소수자들이 자신의 목소리를 내고 자신의 정체성에 대한 인정을 요구하게 되었다. 그러나 오늘날 분배적 정의와 인정을 둘러싼 논쟁이 격화된 이유는 그동안 분배적 정의 자체 내에서 무엇이 올바르며 인정 자체가 사회적 규범이 될 수 있는가의 논쟁 외에 경제적 불평등을 시정하고 사회를 개혁하려는 분배적 정의와 소수자나 약자에 대한 무시로 발생하는 부정의를 시정하고자 하는 인정 사이에 우선성 논쟁이 발생했기 때문이다. 분배적 정의 자체에 관한 대표적인 논쟁은 한편으로는 보편적 정의 기준을 확립하고 이를 현실에 적용하여 현실에서의 분배문제를 해결하고자 하는 입장과 다른 한편에서는 현실 속에서 맥락주의적 정의를 찾아 상황에 맞는 분배정의를 추구하려는 입장이 충돌하는 것이다. 또한 인정의 경우에서도 한편으로는 인정이 정체성 확립과 자아실현을 위한 중요한 계기이기에 사회적 규범으로서의 중요성을 인정하는 반면에 다른 한편에서는 정체성 확립을 위한 인정은 자아를 고정된 틀에 고착시켜 보수주의적 자아관을 가지게 되기에 내면적,

심리적 안녕보다는 사회적 지위로서의 신분에 대한 인정이 중요함을 주장하는 입장이 있다(이상형, 2022).

3. 사회복지정책의 목적 및 목표

사회복지정책의 목표에는 여러 가지가 있다. 티트머스는 사회정책의 목표로 '국민최저선의 확보, 평등의 실현, 완전고용 달성, 의료나 주거 보호, 교육보장' 등을 주장하였다. 퍼니스와 틸톤은 배분의 정의를 실현한다는 관점에서 '평등, 자유, 민주주의, 사회적 유대(연대감), 생활의 안정(보장성) 및 경제적 효율성' 등을 제시하였다. 국내 학자 중 현외성(2008)은 기본 목표로 '인간의 존엄성 유지, 자립성 유지, 개인의 성장과 계발'을 그리고 사회기능적 목표로 '사회안정과 통합, 경제성장과 안정, 정치적 안정' 등을 제시하였다.

여기서는 이태복과 심복자(2006)가 정리한 사회복지정책의 필요성 여섯 가지에 대하여 살펴보겠다.

첫째, 인간의 존엄과 행복추구권 때문이다. 인간은 존엄하며, 행복을 추구할 권리가 있으며, 국가는 개인이 가진 기본적 인권을 확인하고, 이를 보장할 의무를 가진다. 그러므로 인간으로서의 존엄과 가치를 부정하거나 그 실현을 방해하는 것, 그 예로 학살, 고문, 강제노동 등은 금지되어야 한다.

둘째, 인간의 평등권 증진이다. 인간은 누구나 법 앞에 평등하고 누구든지 성별, 종교 또는 사회적 신분에 의해 정치적, 사회적, 경제적, 문화적 생활의 모든 영역에서 차별받지 않아야 한다.

셋째, 인간다운 생활을 보장받을 권리이다. 국가의 온정적 시혜로서 최저생활을 보장받는 것이 아닌 인간다운 생활을 할 권리가 누구에게나 있고 이를 국가가 보장해야 할 의무가 있다. 노동할 권리, 교육받을 권리, 쾌적한 환경에서 살 권리 등 제반 사회권 모두를 보장받아 마땅하다.

넷째, 빈곤의 퇴치이다. 빈곤은 역사적으로 계속해서 존재하였으며, 사회복지의 역사는 이 빈곤을 퇴치하기 위한 노력의 역사라 해도 지나치지 않다. 고전적 의미에서 절대적 빈곤, 상대적 빈곤, 주관적 빈곤 외에도 초국적 독점자본주의 시대에 들어서면서 새로운 세계적 차원의 정치·경제 질서에서 비롯된 '신빈곤[1]'이 대두되기 시작하였다. 이를 해결하기 위해서 사회복지정책이 필요하다.

다섯째, 사회통합의 증진이다. 사회양극화와 사회적 배제를 극복하고 사회통합을 도모해야 한다. 자본주의 사회가 심화될수록 부익부 빈익빈 현상이 극심해지고 있다. 또한 취업, 건강, 주거 및 적절한 생활조건 등을 획득할 기회와 주요 결정과정에서 격리되거나, 차단되는 등 사회 주류의 흐름으로부터 배제되는 취약계층이 늘어나고 있다. 사회양극화, 사회적 배제를 방치할 경우에는 신빈곤 현상이 더욱 확대될 것이다. 그러므로 사회복지정책을 통해 취약계층이 사회에서 배제되지 않고 사회에 참여하게 만들고, 사회에 통합되어 하나의 공동체를 이루게 해야 한다.

여섯째, 사회복지정책은 사회적 안정과 심리적 편안함을 추구한다. 소득재분배는 소득과 자원배분의 불평등을 감소시켜 계층 간 갈등을 완화시키고, 지역분열 또는 사회분열을 야기하는 사회문제를 해결하여 사회적 안정에 기여한다.

이 외에도 사회복지정책은 개인적 성장과 개발, 사회 개혁 등의 역할을 하기 때문에 필요하다.

4. 사회복지정책의 주체, 객체, 영역

사회복지정책의 개념을 '인간의 사회생활에 필요한 기본적 욕구를 충족시켜 주기 위한 정책'으로서, '각종 사회문제의 해결을 목적으로 하는 사회복지 프로그램의 형성 및 구체화를 통해 이루어지는 권위적인 가치 배분 활동)'으로 규정짓는 경우에도

1) 구빈곤이 경제활동에 참여하지 못한 데에 따른 물질적 박탈의 상황에 초점을 맞춘다면, 신빈곤은 경제활동에 참여하면서도 빈곤 상황을 벗어나지 못하는 노동빈곤이 확산된다는 사실에 주목한다. 이는 유연적인 고용체제하에서 취업과 실업의 경계선에 놓인 불완전 고용층이 늘어나면서, 단순 취업을 통해 빈곤 상황을 탈피하는 것이 어렵게 된다는 것을 뜻한다(노대명, 2002).

구체적으로 이러한 활동을 누가, 누구를 위해서, 그리고 어떻게 하는가에 대하여는 말해 주지 않는다. 다시 말해 사회복지정책을 '국가와 지방자치단체의 활동으로 한정시킬 것인가? 공공복지기관이나 민간복지기관의 활동도 포함시킬 것인가?'에 대한 논의와 정책의 대상을 '전체 국민으로 볼 것인가? 아니면 선별적 국민으로 볼 것인가?' 그리고 사회복지정책의 영역을 '구빈적 사회복지 분야로 국한할 것인가? 예방적 분야도 포함할 것인가?' 등의 문제가 대두된다. 이러한 점에서 볼 때, 정책의 주체, 객체, 영역을 살펴봄으로써 사회복지정책이 무엇인지를 이해할 것이다(송근원, 2004).

먼저, 사회복지정책의 주체란 복지정책을 형성하고 실행하는 주체를 말한다. 일반적으로 정책의 주체를 중앙정부와 지방정부라는 국가 조직으로 보는 견해가 지배적이다. 실질적으로 정부가 사회복지정책을 수립하고 실행하는 과정에서 주도적이고 지배적인 역할을 하고 있는 것은 사실이다. 그러나 모든 국가에서 동일한 형태나 정도로 국가가 사회복지정책의 주체로 형성되어 있는 것은 아니다. 특히 1980년대 이후 유럽과 미국 등 제반 선진국가의 행정에 신공공관리론(NPM: New Public Management)이 등장하면서 사회복지정책 분야에서도 '시장원리 도입, 비공식부문에 대한 새로운 인식, 자조집단의 강화' 등으로 사회복지 공급주체가 다원화되고 있다(오윤수 외, 2011).

이러한 사회복지 공급주체와 관련하여 존슨(Johnson, 1987)은 '국가, 자원부문(voluntary sector), 비공식부문(informal sector), 상업부문(commercial sector)' 등이 복지를 공급하는 주체적 역할을 하고 있다고 설명하였다. 에버와 윈터스버거(Evers & Wintersberger, 1990)는 '사회, 국가, 시장경제 등' 세 축이 복지공급의 주축을 이루면서 일정한 변화와 배합을 통해 '자조집단, 자원봉사조직, 소규모지역조성집단, 협동' 등의 다양한 복지 공급주체를 형성한다고 주장하였다. 길버트와 테렐(2002)은 사회복지 공급주체를 '가족을 포함한 친족, 종교, 기업, 시장, 상호부조, 정부' 등 여섯 가지로 분류하였다. 이상의 논의를 바탕으로 이 절에서는 공급주체의 공공부문을 중앙정부와 지방정부로, 민간부문은 가족, 친족, 종교, 기업, 상호부조 등으로 보고 있다.

한편, 사회복지정책의 객체는 사회복지정책으로부터 권리를 주장할 수 있는 대상이라 할 수 있는데 흔히 클라이언트라 불린다. 이 경우에서 클라이언트의 범위를 놓고서 견해가 갈릴 수 있다. 아주 좁은 의미로는 요보호자들만 의미하지만, 넓은 의미로는 이들뿐만 아니라 잠재적 클라이언트까지 포함하는 견해가 있으며, 더 넓은 의미로는 모든 국민으로 보는 견해도 있다.

그리고 사회복지정책의 영역은 어디까지인가? 타운센드(Townsend, 1970)는 소득보장, 건강, 교육, 주택 그리고 대인적 사회서비스 등 다섯 가지를 사회복지정책의 영역으로 보고 있다. 티트머스는 『복지의 사회적 분화』라는 저서에서 사회정책의 구성으로써 사회보장과 비영리 대인서비스를 포함하는 사회복지뿐만 아니라 재정복지(fiscal welfare), 기업복지를 포함한다고 하였다. 여기서 재정복지란 어떤 집단에게 급여를 제공하기 위해 조세제도를 이용하는 것으로, 예를 들면 가족 중에 장애인이나 노인이 있는 경우에 소득세 감면 혜택을 부여하는 것을 복지의 한 부분으로 간주하는 것이다(박경일, 2008b). 이와 같이 티트머스(1974)는 사회복지정책의 영역을 포괄적으로 해석하여 조세정책을 사회복지정책의 영역에 넣기도 하며, 칸(Kahn, 1979)과 힐(Hill, 1980)은 노동시장정책(고용정책)을 사회복지정책의 영역에 넣기도 한다(박경일, 2008a).

사회복지정책의 고유영역을 절대적으로 구분하는 것은 사실상 불가능하다. 그렇지만 사회복지정책의 영역에 사회보장 또는 소득보장, 대인적 사회서비스 및 보건 또는 건강을 포함시키는 데에 이의를 제기하지 않는다. 그러므로 협의의 관점에서 보면 소득보장, 건강보장, 주택정책, 대인적 사회서비스 네 가지 영역으로, 광의의 관점에서 해석하면 소득보장, 건강보장, 주택정책, 대인적 사회서비스, 교육정책, 조세정책, 노동정책, 사법정책 등 8대 영역으로 구성되어 있다고 볼 수 있다(박경일, 2007).

5. 사회복지정책의 공급주체의 역할

앞에서의 논의를 바탕으로 이 절에서는 공급주체의 공공부문을 중앙정부와 지방정부로, 민간부문은 가족, 친족, 종교, 기업, 상호부조 등으로 보고 사회복지정책의 주체와 관련하여 공공복지의 필요성과 민간부문의 효율성에 대하여 살펴보겠다.

1) 공공부문(정부)의 역할

서구 복지국가들의 사회복지정책은 국가(공공부문)에 의하여 주도되고 있다. 국가가 주도하여 사회복지의 재화나 서비스를 제공하여야 하는 이유는 크게 두 가지로 나누어 볼 수 있다.[2] 첫째는 규범적이고 가치적인 이유이고, 둘째는 경제적 효율성의 이유이다. 복지국가의 필요성에 대한 논의에서는 주로 전자의 이유가 많이 거론된다. 즉, 복지국가는 평등, 소득재분배, 인간의 존엄성, 연대 등의 가치를 실현하는 데 필요하다는 논리이다. 이러한 가치의 실현을 위해 국가가 사회복지서비스를 국민들에게 적극적으로 제공해야 한다고 보는 입장이다(김태성·성경륭, 2008).

국가가 주도하여 복지서비스를 제공해야 하는 둘째 이유로서 국가의 제공방법이 다른 방법(시장이나 가족)에 의한 것보다 더 효율적으로 제공할 수 있다는 것이다. 즉, 시장이나 가족에 의해서 사회복지서비스가 제공되는 것이 국가에 의해 제공되는 것보다 비효율적이라는 것이다. 일반적으로 시장에서 재화가 효율적으로 배분되기 위해서는 ① 그 재화가 공공재(public goods)[3]가 아닌 사유재(private goods)이어야 한다. ② 그 재화의 거래에서 외부효과(externality)가 발생되지 말아야 한다. ③ 그 재화에 대한 수요자와 공급자 모두가 충분한 정보를 가지고 있어야 한다. ④ 규모의 경제(economy of scale)의 효과가 적어야 한다.

2) "여기서 국가가 주도한다는 의미는 국가가 국가예산으로 사회복지를 제공하는 것뿐만 아니라 국가가 민간부문에서의 사회복지의 재화나 서비스의 제공을 조정, 통제, 규제하는 것 모두를 포함한다."는 입장이다(김태성·성경륭, 2008).

3) 순수한 의미의 공공재는 사유재와 달리 그 재화를 소비하는데 있어서, 비경쟁적이고 비배타적인 성격을 지닌다. 또한 공공재는 다른 말로 사회재 혹은 집합재로 불리기도 한다(김태성·성경륭, 2008).

하지만 이러한 조건들이 모두 충족되지 않을 경우에는 시장에서 재화가 비효율적으로 배분될 수 있기 때문에 사회구성원이 만족하는 배분이 이루어지지 않을 수 있다. 이러한 상황에서 국가가 개입하여 이러한 '시장의 실패'를 해결할 수 있고 사회적으로 바람직한 자원의 배분을 유도할 수 있다. 이 장에서는 이에 대해 자세히 살펴보고자 한다.

(1) 공공재(Public goods) 공급의 실패

사회복지서비스는 공공재적 속성을 지닌다. 공공재의 특성은 비경쟁적이고 비배타적인 성격을 지닌다. 예를 들어, 등대를 사용함에 있어서 여러 사람이 등대의 혜택을 동시에 누릴 수 있으며, 등대 서비스에 대한 요금을 지불하지 않아도 똑같은 서비스를 받을 수 있기 때문에 비경쟁적 특징을 지니며, 한 사람이 등대를 사용한다고 해서 다른 사람이 등대의 사용에서 배제되는 것이 아니기 때문에 비배타적 성격을 지닌다. 이렇게 비경쟁적, 비배타적 성격을 지니는 재화를 공공재라고 한다.

이와 같은 공공재의 성격으로 인해 시장기제에서는 이러한 재화의 공급이 비효율적으로 이루어진다. 개인들은 이러한 재화에 대한 욕구가 있더라도 욕구를 숨기고, 그 재화가 제공될 경우에 비용을 지불하지 않고 혜택을 볼 것이다. 이러한 현상을 흔히 '무임승차 현상(free-rider phenomenon)'이라고 한다. 어떤 공공재에 대한 욕구가 있으나, 그 재화에 대한 지불을 하지 않게 되어 결국은 시장기제 안에서는 그 재화가 제공되지 않거나 제공되더라도 사회적 욕구에 비하여 불충분하게 제공될 수밖에 없다(김태성·성경륭, 2008). 즉, 공공재의 생산 및 소비를 시장에 맡길 경우 공공재의 특성상 효율적으로 제공되지 않는다. 특히 공공재적 속성을 지니는 의료 분야와 교육 분야의 경우 모든 국민을 대상으로 공급해야 하기 때문에 시장보다는 정부가 공급하는 것이 바람직하다. 이러한 삶의 욕구가 밀접한 서비스를 시장에만 맡겨두면 빈곤계층의 이용이 더욱 어렵게 되면서 사회적 불평등과 자원배분의 비효율성을 초래할 것이다. 그러므로 공공재적 성격을 지닌 사회서비스의 공급을 국가(정부)에서 맡는 것이 바람직하다.

물론 사회복지 재화나 서비스가 완전한 공공재는 아니지만 이러한 재화나 서비스가 시장기제에서 제공된다면 경쟁적이고 배타적으로 거래가 이루어질 것이다. 그러나 이러한 재화나 서비스가 시장기제에서만 제공되기에는 사회 전체에 주는 이득이 매우 크고, 이러한 큰 이득에 비추어볼 때 민간시장에서 이루어진 공급은 사회적으로 바람직한 수준으로 이루어지지 않을 것이다. 즉, 비용을 지불하지 않아도 다른 사람들이 지불하면 그것으로부터 혜택을 받을 수 있기 때문에 사회적으로 효율적 배분이 일어나지 않는다(김태성·성경륭, 2008).

(2) 외부효과

한 국가가 국민들의 복지를 책임져야 하는 또 다른 이유는 외부효과(externality) 때문이다. 외부효과[4]란 한 사람의 행동, 활동 등이 그 주체는 의도하지 않았으나, 그 행동이 타인에게 영향을 미치는 현상을 말한다. 로즌(Rosen, 1988)은 "어떤 사람의 행동이 다른 사람의 복지에 시장기제 밖에서 영향을 주는 것을 외부효과"라고 하였다(오윤수 외, 2011).

이러한 외부효과는 긍정적 외부효과(이웃효과, neighborhood effect)와 부정적 외부효과로 나누어 살펴볼 수 있다. 먼저 긍정적 외부효과의 경우를 예로 들면, 여성들의 일과 가정의 양립을 위한 정책의 일환으로 보육서비스 인프라를 많이 확충하면, 아동들을 위한 보육서비스의 제공뿐만 아니라 인프라의 확충과정에서 많은 인력을 고용하게 된다. 이때 처음의 정책설정에서 의도하지 않았던 일자리 창출이라는 것이 긍정적인 외부효과로 나타나게 된다. 즉, 긍정적 외부효과란 어떤 사람의 행위를 통해서 다른 사람들이 어떤 대가를 지불하지 않고도 이득을 보게 되는 것이

4) 경제주체인 생산자나 소비자의 경제적 활동이 시장에서 거래되지 않고 직·간접적으로 또는 부차적으로 제삼자의 경제활동이나 생활에 영향을 미치는 것을 외부효과라고 한다. 즉, 한 사람의 행동이나 활동이 타인에게 영향-이익이나 손실을 미치는 현상이나 상황을 말한다. 외부효과가 발생한 경우를 시장이 작동하지 않고 실패(외부효과는 시장실패의 원인)하였다고 한다. 생산과 소비 측을 기준으로 분류하자면 생산(production)의 외부효과(경제, 불경제)와 소비(consumption)의 외부효과(경제, 불경제)로 나눌 수 있다. 효과가 가져오는 결과가 이득을 가져오면 외부경제(External economy)라고 하고, 손해나 손실을 초래하게 되면 외부불경제(External diseconomy)라고 한다(박경일, 2008b).

다. 다음으로 부정적 외부효과의 예로는, A지역의 지역발전을 도모하기 위하기 위하여 산업단지를 건설하였다. 갑자기 늘어난 공장들은 매연과 오염물질을 매우 뿜어냈고, 그로 인하여 A지역의 환경은 망가지고 말았다.

이처럼 부정적인 외부효과는 시장에서는 시장의 실패라고 한다. 이러한 부정적인 외부효과를 방지하고, 긍정적 외부효과를 많이 창출하기 위하여 공공부문의 개입이 필요하다.

(3) 정보의 비대칭성(불완전한 정보)

원칙적으로 시장주의자들이 주장하는 시장의 완전함 즉, 완벽한 경쟁의 시장을 달성하기 위해서는 정보의 양과 질이 공급자와 수요자 모두에게 충분히 제공되어야 한다. 그러나 현실적으로 이는 불가능하며 충분한 정보가 제공되지 않는다면 정보의 비대칭성으로 인하여 자원이 비효율적으로 배분될 가능성이 높다. 이를테면, 의사는 환자의 건강상태에 대한 전문적의 의학정보를 충분히 알고 있는데 반해, 환자는 전문적인 정보에 쉽게 접근할 수 없으며 의사의 진료에 따라 치료를 받거나 약을 먹는 등 수동적인 입장일 수밖에 없다. 이러한 경우 진료행위가 상업적 목적에 이용된다면, 환자에게는 매우 불리한 거래가 될 가능성을 배제할 수 없다. 이러한 상황에서 이 둘의 공정한 거래를 위하여 국가의 개입이 필요한 것이다. 국가가 재화에 대한 정보를 많이 갖고 있다면 국가가 주도하여 재화를 제공하는 것이 더 효율적인 배분이 될 수 있다(Goodin, 1988; Barr, 1987).

또한, 정보의 비대칭성은 다음에서 살펴볼 역의 선택, 도덕적 해이를 초래할 수 있다. 보험에서의 정보의 비대칭성은 상품의 구매자가 자신에 대한 정보를 더 많이 알기 때문에 나타나는데 이로 인해 도덕적 해이와 역의 선택이 유발된다.

(4) 역의 선택

역의 선택(adverse selection)이란 시장의 구성원에 대한 정보가 불완전한 것을 이용하여 계약 이전에 이미 기회주의적 행동을 보이는 것이다. 예를 들어 운전자보험에 가입한 후 이 보험을 믿고 교통법규를 제대로 준수하지 않아 교통사고를 일으키는 경우는 도덕적 해이이나, 자신의 건강상태를 속이고 보험금을 타려는 의도를 숨기고 보험에 가입하는 행위는 역의 선택인 것이다. 또한, 보험의 측면에서 역의 선택은 위험발생 가능성이 높은 사람들이 보험에 집중적으로 가입하게 되어 평균적 위험확률과 보험료가 높아지는 악순환이 생기고 결국 위험분산이 되지 않는 문제를 말한다. 대표적인 예로 건강보험과 실업보험 등이 있다. 이는 국가에서 사회보험을 운영하지 않고 시장에서 판매하는 보험만 있다고 가정한다면 시장에서는 보험원리에 따라 위험발생률이 높을수록 보험료가 높아진다. 가입자는 위험발생률이 낮으면 보험료가 부담이 되므로 굳이 가입하지 않게 된다. 자연히 위험발생률이 높은 사람들만이 주로 가입하게 되고 이에 따라 위험분산은 되지 않고, 보험료도 높아지게 된다. 결국은 보험회사의 입장에서도 적자를 보게 될 것이며, 가입자의 입장에서도 높은 보험료로 인하여 보험가입의 매력이 떨어지게 된다.

따라서 이러한 역의 선택의 문제를 해결하기 위해서는 보험을 많은 사람들이 집단적으로 가입하게 해서 비록 각 개인들에 대한 확실한 정보는 모르지만, 보험에 가입하는 사람들의 위험이 발생할 집단적인 확률을 쉽게 알아낼 수 있으므로 이러한 집단적 확률을 바탕으로 적절한 보험료를 책정하면 된다. 즉 집단의 크기가 커질수록 역의 선택의 문제는 약화되므로, 결국 가장 큰 집단이 국민을 강제로 가입하게 하면 가장 효율적으로 이루어질 수 있다(김태성·성경륭, 2008). 그러므로 이러한 논리에 의하여 전 국민을 대상으로 하는 사회보험의 필요성이 제기되는 것이며, 이는 민간회사의 운영이 아닌 국가(정부)의 운영을 필요로 한다.

(5) 도덕적 해이

도덕적 해이는 원래 보험시장에서 사용하던 용어로, 미국에서 보험가입자들의 부도덕한 행위를 가리키는 말로 사용되기 시작했다. 윤리적으로나 법적으로 자신이 해야 할 최선의 의무를 다하지 않은 행위를 나타내는데, 법 또는 제도적 허점을 이용하거나 자기 책임을 소홀히 하는 행동을 포괄하는 용어로 확대되었나(위키백과). 구체적으로 보험가입자가 위험발생을 예방하거나 회피하는 행위를 적게 하여 위험발생이 높아지는 현상이다. 이러한 도덕적 해이를 방지하기 위해 의료비용의 본인부담금, 사회보험의 보험료 납부 등을 의무화하고 있다(오윤수 외, 2011).

(6) 규모의 경제

규모의 경제란 생산요소 투입량의 증대(생산규모의 확대)에 따른 생산비 절약 또는 수익 향상의 이익을 말한다. 사회복지의 재화나 서비스는 규모의 경제 속성을 많이 지니고 있다. 예를 들어 대중교육, 대량의 공공주택 건설, 전 국민 의료서비스 등을 정부에서 제공한다면 단위당 비용이 적게 들고, 민간부문의 여러 공급자들에 의해 제공되는 필수 거래비용보다 줄일 수 있다(오윤수 외, 2011).

(7) 시장의 불완전성(시장의 실패)

1930년대 대공황이라는 경제위기를 겪으면서 시장의 권한이 크면 오히려 효율적인 자원배분 및 소득분배를 실현하기 어렵다는 것을 인식하게 되었다. 이러한 시장의 불완전성을 시장의 실패라고 일컫는다. 시장의 실패로 인하여 시장에 대한 개입의 필요성이 제기되었고, 시장에 대한 외부 조정자로서 국가의 역할이 필요하게 되었다(생각의 마을, 2017).

2) 민간부문의 역할

민간복지는 개인이나 비영리 사회단체 및 기업과 같은 민간부문이 주체가 되어 행하는 비정부 사회복지활동을 의미한다. 정부의 활동이 아닌 비정부기구라는 의미에서 NGO(Non-Governmental Organization)라는 이름으로 널리 쓰이고 있으며, 대부분 비영리적으로 활동하기 때문에 비영리단체 등과 함께 쓰인다.

그동안 민간부문은 보통 공공부문이 행하지 못하는 복지서비스, 특히 전문적이거나 특수한 서비스, 혹은 공공기관의 서비스 사각지대 대상자에게 공공기관의 보조적 역할을 수행하면서 복지공급을 담당하였다. 그러나 최근 들어 다양한 복지수요의 증가, 복지재정의 약화, 민간부문의 기술적·재정적 발달 그리고 복지이념에 대한 인식변화, 세계화, 정보화 등 사회환경의 변화에 따라 공공부문과 거의 대등한 위치에서 복지공급의 주체역할을 담당하고 있다. 이러한 민간부문은 비영리민간조직(NPO)과 영리민간조직 등으로 구분할 수 있다(정정길, 1994). 이 절에서는 먼저 민간부문의 효율성에 대하여 살펴본 뒤, 민간부문의 역할과 특성에 대하여 구체적으로 살펴보겠다.

(1) 정부의 실패

순수한 중앙정부에 의한 복지서비스의 독점적 제공은 독점성과 관료제적 경직성 등에 따른 일부 문제점이 제기되고 있다(강혜규, 2003; 김미성, 2004). 즉, 경쟁대상이 없는 독점공급은 불필요하게 높은 비용에 서비스가 공급되어도 견제하기 어렵고 비용절약의 유인이 없는 단점이 있다. 또한, 관료제는 특유의 경직성으로 인해 다변하는 사회에서의 주민욕구에 적절히 대응하지 못하기 때문에 오히려 책임성이 떨어지기 쉽다. 따라서 중앙정부를 중심으로 한 공공부문은 민간부문이나 시상의 대인적 제공자로서 재정조달을 하고 욕구를 조사하고 우선순위를 매기며, 서비스를 위탁하고 성과를 감독하는 조정자의 역할이 강조된다고 할 수 있다.

따라서 공공부문에 의한 독점적 경쟁과 관료제적 경직성을 극복하고 주민에게 능동적으로 대응하고 책임 있는 복지서비스를 공급하기 위해서는 정부를 견제하고 경직성을 띠지 않는 민간부문의 개입이 필요하다(김종명·송낙길, 2015).

(2) 민간부문에서 서비스 공급의 장점

최근 민간부문이 더욱 강조되고 있다. 사회복지위탁사업, 바우처사업, 비영리단체들의 증가 등이 그 예라고 할 수 있다. 민간부문의 장점으로는 첫째, 공급자 간 경쟁을 통해 비용을 낮추고, 서비스의 질을 향상시킬 수 있다는 것이다. 둘째, 다양한 공급자들의 존재하는 한, 서비스 대상자들의 선택권이 보장될 수 있다. 마지막으로 민간부문은 공공부문보다 덜 관료적이며, 효율성이 높은 편이다.

민간부문의 강조와 더불어, 한 사회에서 복지의 원천은 다양하며, 복지제공주체로서 국가 이외에 시장, 비공식부문, 자원부문 등의 역할을 포괄적으로 고려할 것을 강조하는 '복지다원주의(welfare pluralism)'의 개념이 확산되고 있다. 또한 복지다원주의란 복지혼합(welfare mix), 복지혼합경제(mixed economy of welfare)와 유사한 의미로 사용되기도 한다.

(3) 비영리민간조직

비영리민간부문 혹은 비영리민간조직(NPO: Non-Profit Organization)은 특정인의 이해와 영리를 목적으로 설립되어 운영되는 영리조직과 대비되는 개념으로 일반사회의 공익 등을 목적으로 설립되어 비영리사업을 영위하는 조직을 말한다(김종명 외, 2015). 이는 민간이 운영한다는 점에서 공공부문과는 다르고, 이윤을 추구하지 않는다는 점에서 영리부문(민간기업)과 다르다. 또한 혈연이나 지연에 기초하여 공급되는 비공식부문과 달리, 비영리민간부문은 사람들의 자발성(voluntarism)에 기초하여 공급된다는 점에서 차이가 있다(박경일, 2008b).

비영리민간부문은 사회복지 제공의 국가책임성을 강조하는 복지국가의 성립 이후 축소되었다가 최근에 다시 중요성이 제기되고 있다. 복지국가 재편기의 재정위기와 맞물려 비영리민간부문과 비공식부문이 활약하는 다원적인 복지사회가 대두되며 최근 다시금 관심이 고조되고 있다. 이 부문은 국가서비스의 발달 지체로 인한 부분을 메워주는 역할을 한다.

이런 주요한 기능 때문에 앞으로 비영리민간부문의 사회복지서비스 공급은 계속 필요할 것이다. 그 이유는 다음과 같다.

첫째, 현재 공공정책으로 대응하지 못하는 서비스는 민간 사회복지기관이 제공할 수 있다.

둘째, 비영리민간부문은 종파적인 서비스 혹은 특정 종족이나 이익집단을 위한 서비스를 적절하게 제공할 수 있다.

셋째, 사적인 익명의 알코올중독자 모임과 같은 자조집단(self-help group)의 중요성에 대한 인식이 증대되고 있다.

넷째, 비영리민간기관은 요보호자나 복지대상자를 위해 종종 정부와 대립되는 관점에서 대변자의 기능이나 공무원에 대한 민원조사관의 기능을 담당할 수 있는 최선의 방편이 될 수 있다.

다섯째, 위의 네 가지 기능과는 별개로 비영리민간부문은 비록 재원의 적은 부분을 차지하더라도 사회복지의 주된 기능을 계속 행사할 것이다(오윤수 외, 2011).

(4) 영리조직

영리조직이란 장기요양시설사업, 실버사업, 보육사업 등과 같이 시장의 원리를 바탕으로 이윤을 추구하기 위하여 복지시설, 요양시설 등을 설치하여 운영하는 조직을 말한다. 즉, 영리를 목적으로 복지시설을 설치하고 이용자에게 일정한 이용료를 부과하여 복지서비스를 제공하는 것을 의미한다(김종명 외, 2015). 사회복지 분야에서의 영리민간조직은 최근 들어서 발전하는 추세인데, 그 배경은 다음과 같다.

첫째, 복지국가의 재정적 위기 속에서 공공부문에 의한 복지서비스 제공에는 한계가 있었기 때문이다.

둘째, 1990년대 이후 공기업 민영화가 많이 추진된 것처럼 복지 분야에서도 서비스 질 향상을 위해 민영화, 민간위탁방식 등 다양한 방식으로 시장에 맡기기 시작하였다.

셋째, 지속적 경제성장으로 생활수준이 향상되면서 구매능력이 생긴 계층이 크게 증가하였기 때문이다.

넷째, 인구고령화 등 사회환경이 급변하면서 요구되는 복지수요와 자원의 양이 증대하여 이에 신속히 대응하는 과정에서 영리민간조직이 복지를 공급하게 되는 흐름이 나타났다(현외성, 2008).

또한 영리조직이 비영리조직 및 공공조직과 다른 점은 ① 영리조직은 이용자들에게 이용료를 부과하여 서비스를 구매하게 한다는 점, ② 자유시장원리에 기초하여 영리조직 간 상호 경쟁한다는 점이다. 한편 이 특징에서 사회복지서비스에 대하여 이용료를 부과하는 사안에 대해서는 찬반 논쟁이 일어난다. 먼저 사회복지서비스 이용료 부과에 대해 옹호하는 입장을 살펴보자. 사회복지서비스의 직접적인 이용자가 그 비용을 부담할 필요가 있다는 주장은 서비스에 부과되는 요금이 가지는 심리적·행동적 결과에 대한 가정을 전제로 하고 있다(Gilbert & Specht, 1974). 심리적 결과란 서비스 이용자가 이용료를 부과함으로써 서비스를 받는 수혜자가 된다는 사실에 대해 느낄 수 있는 열등감 또는 낙인을 약화시키고 개인의 존엄성이 손상되는 것을 막을 수 있다는 것이며, 행동적 결과란 서비스 이용에 대해 이용료를 부과함으로써 서비스에 대한 수요를 억제시켜 불필요하거나 과도한 서비스의 이용을 방지할 수 있다는 것이다.

3) 민·관 협력체계: 복지혼합(welfare mix)

1990년대 이후 복지국가 재편과정에서 작지만 효율적인 정부, 성과중심의 정부, 고객지향적 정부 등 신공공관리론(NPM)[5)]적 요소를 대거 도입하면서 대대적 행정개혁을 추구하였다. 이 과정에서 복지 분야에서도 국가에 의한 사회복지서비스의 생산과 전달주체로서의 국가역할 등에 대한 비판과 축소가 제기되었다. 그 결과 민간부문의 역할이 증대되고 국가와 민간의 혼합체계가 형성되는 등 민간부문의 활동영역과 중요성이 증대되었다. 특히 민·관 협력체계에 의한 공공서비스 공급이 중요한 주체로서 등장하였다(김종명·송낙길, 2015).

이와 같은 정부와 민간부문의 혼합체계를 통하여 공공부문의 단점을 보완하여 사회복지서비스 전달의 효율성, 접근성, 융통성 등을 높일 수 있다. 그러나 민간부문의 단점인 평등추구의 어려움, 규모의 경제에서 단점 등을 나타낼 수도 있다. 한편 사회복지서비스를 제공함에 있어서 민·관 협력체계의 장점은 다음과 같이 정리할 수 있다(문순영, 2001).

첫째, 정부가 비영리민간조직에 보조금을 지원함으로써 정부가 직접 서비스를 제공하는데 따르는 문제점을 피하면서 민간부문의 장점을 살려 신속하고 전문적인 서

---

5) '시장주의'와 '신관리주의(new managerialism)'를 결합해 전통적인 관료제 패러다임의 한계를 극복하고 작은 정부를 구현하기 위해 개발된, 1980년대 이후 영미 국가들을 중심으로 등장한 정부 운영 및 개혁에 관한 이론이다. 즉, 신공공관리론은 정부관료제의 운영 체제가 경쟁의 원리에 기반한 시장체제를 모방, 계층제적 통제를 대체함으로써 정부관료제의 효율성을 높이자는 것이다. 신공공관리의 주요 정책 수단으로는 인력 감축, 민영화, 재정지출 억제, 책임운영기관, 규제 완화 등이 있다(행정학사전, 2009).

비스를 제공할 수 있다.

둘째, 정부는 비영리민간조직과 계약을 통한 서비스 공급방식을 사용함으로써, 접근이 곤란한 집단이나 소수집단이 처한 특수한 상황에 맞는 프로그램을 탄력적으로 제공할 수 있다.

셋째, 정부는 지역사회에서 이미 활동하고 있는 비영리조직이 가진 각종 자원과 전문성 기술 등에 의존함으로써 정부가 서비스를 제공하는 경우보다 특수집단의 상황에 더 적절한 서비스를 제공할 수 있다(오윤수 외, 2011).

● 정리마당 ●

1. 사회복지정책을 어떻게 정의할 것인가?
2. 사회복지의 두 개념인 잔여적 개념과 제도적 개념의 차이는 무엇인가?
3. 사회복지정책에서 추구하는 가치는?
4. 사회복지정책의 가치에서 분배정의와 인정의 차이는?
5. 공공주체의 역할은 무엇인가?

Part 01

사회복지정책의 발전사

1. 영국의 빈민법(구빈법) 시기

빈민법 시기를 크게 빈민법(poor law)과 신빈민법(new poor law)으로 구성할 수 있다. 이에 해당하는 국가는 영국이다. 빈민법은 봉건사회의 농촌사회로부터 이탈한 부랑인 등을 통제하는 수단이자 법과 질서의 유지라는 목적을 달성한다는 목표 하에서 만들어진 반면, 신빈민법은 일부 빈민법으로 인해 구빈비용의 부담현상이 가중되는 등 여러 가지 변화에 대응하여 새롭게 제정된 것이다.

1) 빈민법(구구빈법)

(1) 엘리자베스 구빈법(The Elizabethan Poor Law of 1601)

당시 영국 특유의 엔클로져[6]와 수장령[7], 그리고 신세계로부터 귀금속의 대량유입으로 인한 극심한 인플레이션 등의 상황으로 인하여 부랑인의 수는 늘어났으며, 부랑인의 대도시 유입은 도시주민에 대한 곡물공급을 곤란하게 하거나 파생적인

6) 엔클로져(enclosure)란 공동경작권이 존재하던 토지를 경계표식으로 담을 치고, 사유지임을 명시하는 것을 일컫는 말이다. 특히 15~16세기 이후 증가하는 인구로 양육과 양모의 수요가 급증하며 엔클로져가 대규모 행해진다. 지주의 입장에서 땅을 농민에게 빌려주고 대가로 지대를 받는 것보다, 농지를 목초지로 만들어서 그곳에 양을 키우는 것이 더 많은 이익을 보장받는 것이었기에 엔클로져가 많이 행해졌다. 이것은 두 가지 영향을 미친다. 하나는 생계수단을 잃어버린 농민의 문제이다. 다른 하나는 엔클로져가 농지의 축소와 식량의 감소를 뜻하므로 곡물가격을 상승시키는 작용을 하게 되고, 발생하는 생활상의 곤란을 야기했다(박광준, 2002).

사회문제를 야기했다. 이러한 문제에 대해 정부도 책임을 느끼고 구빈법이 제정된다. 엘리자베스 구빈법이란 엘리자베스 여왕 치세의 1563년(엘리자베스 5년), 1572년법, 1576년법, 1597년법, 그리고 1601년법 모두를 통칭하여 사용하기로 한다. 그 이유는 구빈법의 대명사로 알려진 1601년법은 그 이전 시대의 법과 단절되어 생겨난 법이 아니라 1572년부터 시작된 법을 체계화하여 정비한 것이기 때문이다. 1601년법은 이전의 법 규정에서 친족의 부양 범위를 조부모에까지 확대한다는 규정이 달라진 것이다.

[표 2-1] **일련의 엘리자베스 구빈법**

1572년법	구빈사업에 소요되는 예산을 구빈세를 통하여 충당/구빈감독관을 임명함
1576년법	일할 능력이 있는 빈민에게 노동을 강제하는 조치와 빈민을 유형별로 분류하여 대처함
1598년법	친족의 부양의무를 규정함
1601년법	부양의무를 조부모에까지 확대하며, 상기의 법률들을 통합함

또한 다음 [표 2-2]를 참고하면 빈민을 노동능력이 없는 빈민, 노동능력이 있는 빈민, 빈곤아동으로 분류하고 각 대상별로 상응하는 대책을 마련하였다.

[표 2-2] **빈민의 분류**

부량자의 분류	처우
노동능력이 없는 빈민	구빈원 수용
노동능력이 있는 빈민	작업장에 입소되어 강제 노동(거부하면 투옥)
빈곤아동	강제적 도제(徒弟)로 삼아 24세까지 장인에게 봉사하며 성장

7) 수장령이란 왕의 이혼문제를 둘러싸고 로마 교황청과의 갈등 끝에 로마 가톨릭과의 관계를 단절하고 헨리 8세 자신이 영국의 정치적 수장인 동시에 종교적 수장임을 선포한 것이다. 이는 교황청의 자산이었던 교회와 수도원 등이 왕의 소유로 되었음을 의미하고 수도원에서 보호하던 생활무능력자들이 더 이상 그곳에 기숙할 수 없게 되어 부랑인이 될 수밖에 없다는 것을 의미하였다(박광준, 2002).

한편, 구빈법 운영에 소요되는 재원은 교구(parish)를 단위로 주민이 납부하는 일종의 고정자산세 성격의 구빈세(poor rate)였다. 1572년부터 구빈세가 시행되었으며, 교구 단위로 자치적으로 운영되었다. 그런데 교구 내의 빈민의 수에 따라서 구빈세의 부담에 편차가 크게 날 수밖에 없다. 빈민의 수가 많은 교구와 적은 교구 간에는 구빈세 부담의 수준에 커다란 격차가 났다. 이것은 빈민이나 부랑자가 자신의 교구로 들어오는 것을 막으려는 교구이기주의를 만들어내는 원인이 되었다.

그리고 지역차원에서 '치안판사'의 총괄지도하에서 각 교구에 '구빈감독관(overseers of the poor)'의 임명이 의무화되었다. 구빈감독관의 임무는 빈민에게 급여를 행하는 것, 그리고 교구주민들에게 세금을 징수하는 것이었다. 지방의 책임자였던 치안판사는 중앙기구인 추밀원으로부터 행정적 통제를 받았다. 추밀원이라는 강제기구가 없었다면 의회의 의도가 지방행정으로 연결되지 못했을 것이라는 평가(오윤수 외, 2011)에서 보듯이 추밀원은 의회와 지방의 구빈행정을 연결하는 역할을 하였다.

본 구빈법은 처음부터 구빈법과 연계된 자산조사(means test)는 구빈법 신청자의 구제에 가족의 책임을 강제하기 위하여 고안된 것이다. 1598년 구빈법은 빈민이나 무능력자의 부모 혹은 자녀는 능력이 있는 한 자신의 부담으로 그들을 부양해야 한다는 조건을 규정하였다. 이는 1601년법에서 친족의 부양의무 범위가 더욱 확대되어 조부모도 포함되었다. 그리고 1948년 구빈법이 폐지될 때까지 존속되었다.

또한 빈곤주제의 책임과 주체가 더 이상은 교회가 아닌 국가가 되어야 함을 천명했으며, 중앙정부 책임하에 공적인 자금을 투입하였기에 세계적으로 선구적인 조치였다. 이러한 점에서 엘리자베스의 구빈법은 세계 최초의 공공부조로서 근대적 사회복지의 출발점이라 볼 수 있는 것이다. 이 법은 추밀원을 정점으로 하는 중앙집권적 빈민통제를 목적으로 하였으며, 빈곤구제를 국가의 책임으로 하였으나 빈민에 대한 권리는 수용되지 않았다. 1900년대 초반 영국의 복지국가 태동에 크게 기여한 웹 부부(Sidney & Beatrice Webb, 1927)가 16세기에서 19세기에 이르는 영국의 구빈제도의 특징을 '억압을 통한 구제'라고 했듯이 구빈법의 역사는 시기에 따라 약간의 차이는 있지만 빈민을 일하도록 하기 위해 통제하면서 구제를 행한 시기라고 할 수 있다(오윤수 외, 2011, 재인용).

[표 2-3] 엘리자베스 구빈법의 원칙

원칙	내용
지방행정의 원칙	• 구빈의 행정 · 재정 책임이 교구 단위 • 재원은 교구 단위의 구빈세 • 각 교구에 구빈감독관이 의무적으로 임명
차별처우의 원칙	• 빈민을 노동력 유무에 따라 차별 처우
친족부양의 원칙	• 자녀가 부모에 대한, 부모가 자녀에 대한 부양 책임을 강조

엘리자베스 구빈법이 갖는 현대적 의의는 다음과 같다.

① 세계 최초로 구빈을 법으로 규정하였다.

② 현대 사회보장제도 중 공공부조의 시초가 되었다.

③ 빈곤구제에 대한 정부의 책임을 인정함으로써 구빈원리를 확립하였다.

④ 빈민구제담당 행정기관을 설립하고 구빈세를 부과하였다.

⑤ 요보호아동을 공적으로 보호하였다.

⑥ 노동능력 유무에 따라 강제노역장과 빈민통제원(구빈원)을 활용하였다.

⑦ 친족의 부양책임을 강조하였다.

⑧ 부랑자의 발생 방지에 주력하였다.

(2) 정주법(거주지제한법; 이주금지법)

산업화가 진행되면서 농촌빈민들이 일자리를 찾아 대규모로 도시로 유입되면서 도시 교구의 구빈세 부담은 증가되었다. 당시 구빈책임이 있는 상태에서 유입되는 빈민들의 문제를 해결할 수가 없었다. 따라서 이들은 교구로 돌려보내기 위한 소송이 교구를 중심으로 이루어졌으며, 1662년 거주지제한법(Settlement Act)을 재정하기에 이른다. 이는 빈민의 유입을 거부하는 지역적인 관행을 전국적인 제도로 확대하고 빈민의 유입을 거부할 수 있는 권리를 각 교구에 부여한 것이었다. 또한, 이 법에서는 빈민뿐만 아니라 빈민이 될 가능성이 높은 사람의 이주 역시 거부하는 것을 포함하였다. 본 법의 내용으로 법적인 정주는 출생, 결혼, 도제, 상속에 따라 결정되었고, 새 교구로 이주하더라도 토지를 소유하지 못하면 40일 이내에 떠나야만 했다. 다만, 토지가 없더라도 1년에 금화 10파운드의 집세를 낼 수 있으면 이주가 가능했다.

이 법은 자유의 억압이라는 평가를 받는다. 노령자, 노동능력 없는 자, 유아 등 빈민에게는 물론이고 특히 농촌지역의 빈민들이나 노동자들에게는 자유의 억압과 고통을 안겨준 법이었다. 한편 이 법은 이미 봉건제가 붕괴되는 시기이자 신흥공업도시에서는 노동력 그 자체가 부의 원천이 되어 가는 시기였음에도 불구하고 사람을 토지에 묶어두려는 시대착오적인 입법이었다(박광준, 2002). 그리하여 아담 스미스(A. Smith)는 노동력의 자유로운 이동을 금지하는 법률이 자신이 신봉하는 자유주의 실현을 막고 국부의 축적에 걸림돌이 되는 것이라고 비판하였다.

(3) 작업장법(작업장 테스트법; 강제노역법; 나치블법)

작업장이란 노동능력이 있는 빈민을 수용하여 강제적으로 노동을 시키기 위해 설립된 시설이다. 이 시기 빈곤은 죄악으로 간주되었기 때문에 건강한 걸인은 작업장에 수용되어 강제노동을 해야만 했다. 이것은 19세기 중반 이후 빈민이라면 남녀노소, 정신질환의 유무, 노동능력의 유무 등을 구분하지 않고 모든 빈민을 수용하는 혼합작업장이 되어서 비인간적 요소의 상징으로 평가되었다.

전국에 걸쳐서 작업장 설치의 계기가 된 것은 1722년 나치블법이 성립된 것이다. 이는 흔히 '작업장 테스트법(Workhouse Test Act)'이라고 불리는데, 이 법에서 상정한 빈민이란 빈민에 대해 형벌적 태도로 작업장 내에서의 생활은 매우 열악하게 하여 빈민들로 하여금 구제의 신청을 꺼리기 하여, 구빈세를 억제하려는 정책수단으로 작용하였다(Webb & Sieve, 1971).

즉, 이 법의 목적은 작업장에서의 노동을 통해 근로의욕을 강화시켜 부랑을 억제하고, 국가의 부를 증대시킨다는 데 있었다. 그러나 이 법은 여러 가지 문제를 발생시킨다. 먼저 작업장의 관리운영을 영리를 추구하는 개인에게 위탁운영하게 함으로써 많은 폐해가 나타난다. 위탁운영 경우에 민간업자 입장에서는 최대한 이윤을 남기 위해 작업장 내의 생활상태는 불가피하게 최악의 수준이 되었고, 결국 작업장은 모든 연령층을 한꺼번에 남녀구분 없이 수용하는 일반 혼합작업장으로 변해갔다. 이것은 17세기 말 빈민과 실업자에게 일자리를 제공하여 사회로 복귀시키는 것을 목적으로 했던 작업장과는 그 성격을 완전히 달리하는 것이 되고 말았다. 또한, 작업장의 생산물은 사기업과의 경쟁에서 뒤떨어져 비효율적이었으며, 결국 교구민의 세 부담만 증가되었고, 노동력 착취, 빈민혹사 등의 문제가 발생되었다.

(4) 토마스 길버트법

토마스 길버트법(Thomas Gilbert Act)은 교구들이 연합하여 빈민공장을 만들고 빈민들을 일하게 하여 그 비용으로 구빈비용을 조달하기 위한 법적 근거로 1782년에 제정되었다. 이는 구빈법 개혁조치의 하나로 일종의 작업장 개선운동이었다. 구호물품 등을 이용한 원외구제[8]를 허용했고, 노동능력이 있는 빈민들을 농민들에게 순번으로 일하게 하는 순환고용제도도 허용하였다.

한편 구빈행정을 합리화하기 위해 교구연합을 통해 효율적 구빈행정을 시도했다. 교구연합은 유급 구빈사무원(최초의 유급 사무원)을 채용하였는데 이는 사회사업가의 모태가 되었다. 따라서 '일할 능력과 의사가 있는' 빈민들은 길버트법에 의해 입소대상에서 제외되게 되었으며, 근로 가능한 빈민을 작업장에 입소하지 않도록 하고 실업자가 일자리를 찾을 때까지 그들에게 구제를 제공하도록 함으로써 이 법은 빈민으로 하여금 집에 머물면서 구제를 받을 수 있도록 하는 원외구제가 새로이 강조되는 물꼬를 트게 하였다. 다시 말해서 길버트법은 작업장을 중심으로 한 공공부조체계로부터의 최초의 일탈이었다는 점에서, 즉 원외구제(원외구호·시설 외 구제·거택보호)로 눈을 돌리기 시작한 최초의 시도였다는 점에서 그 의의가 매우 크다. 이 법은 강제성보다는 임의성이 더 강했지만, 인도주의적 처우에 따라 교구민의 구빈세 부담이 가중되어 일부의 불만을 일으켰다.

8) 노동능력이 있는 빈민과 실업자에 대해서는 일자리 또는 구제가 제공되었고(무제한의 원외구제 제공), 노동능력이 없는 빈민에 대해서는 현금급여, 그리고 나태한 자에 대해서는 교정을 원칙으로 한, 엘리자베스 구빈법의 커다란 변화를 가져왔다(인천교정복지센터, 2008: 사회복지정책의 역사).

(5) 스핀햄랜드법

스핀햄랜드법(Speenhamland Act, 1795)이란 빈민에 대한 처우개선책으로 일종의 임금보조제도이다. 이 시기 산업화, 인구증가, 인구이동, 18세기 말의 흉작 등은 빈곤문제를 심화시켰고, 실업자뿐만 아니라 노동자도 식량부족 등의 이유로 어려움을 겪자 기존의 구빈법과는 다른 대안이 필요하였다. 이 법은 빈민들 중에서 노동가능한 빈민을 작업장에 수용하지 않고 자신의 집에 거주하게 하면서 노동을 유도하고, 임금수준이 낮아서 자신과 가족의 생계유지에 필요한 빵의 구입에도 미치지 못하는 경우 빵 가격과 부양가족의 수를 고려하여 교구가 그 부족한 만큼을 구빈세에서 지급해 주는 제도로서 사회복지 역사에서 매우 중요한 제도이다. 이 제도는 한 가정의 생계에 필요한 그 지방의 음식비(빵 가격)에 기초해서 구호의 양을 결정하는 방법이다. 일명 음식물 척도(bread scale)로 불리는 이 방법은 빵 가격과 부양가족의 수에 대응하여 지방세에서 임금을 보조하여 최저생계비를 보장하는 것이다.

이 제도는 실업 중인 빈민뿐만 아니라 현역의 노동자에게도 차별없이 같이 적용되었다는 점이 중요하다. 이 법률에 의해 1722년 작업장테스트법은 폐지되었다. 히트 수상은 이 법이 "이것은 대가족에게 저주가 아닌 축복을 부여하는 것이다. 그리고 노동에 의해 스스로 부양할 수 있는 자와 자녀를 많이 가짐으로써 이 나라를 풍요하게 함에도 불구하고 생계를 위해서는 원조를 필요로 하는 자 사이에 바람직한 선을 긋고자 하는 것이다."고 찬사를 보냈다(박광준, 2002, 재인용).

그러나 이 제도는 경제불황으로부터 노동자의 최저생활을 보장함에 기여하였음에도 불구하고 많은 모순을 가지고 있었다. 그것은 제도 자체의 모순과 이 제도를 악용하는 사람들의 문제였다. 직접적인 모순은 임금보조금이 사실상 노동자들에 대한 것이 아니라 고용주에 대한 보조금이었다는 데 있었다.

제도의 결과는 결국 고용주들에게 임금보조금이 지급되어 그들로 하여금 임금을 낮게 책정하게 하는 문제를 낳았고, 노동자들 입장에서는 가족 수에 따라 월급이 보장되기 때문에 노동동기를 낮추는 효과가 있었다. 또한 이 제도 시행 이후 구빈비 지출이 급증하는 문제를 낳았다. 하지만 이 제도는 인도적이었으며, 최저생계비 이하의 빈민에게 진정한 관심을 기울이는 제도로 평가된다. 또한 빈민구제에 낙인이 존재하지 않았으며, 오늘날의 가족수당이나 최저생활보장의 기반이 되었다는 의의가 있다. 그러나 이 제도는 생활이 어려운 노동자들의 임금개선, 나아가 생활개선에는 별 도움을 주지 못한 채 구빈비 지출을 급증시킴으로써 억압적인 정책으로의 회귀, 즉 개정구빈법 탄생의 산파역을 하게 되었다.

(6) 공장법(The Factory Act of 1833)

비인도적인 방직공장 작업상황에서 아동을 보호하자는 첫 번째 조치는 필경(Sir Robert Peel)에 의해 취해졌는데, 이것이 '보건 및 도덕에 관한 법(1802)'이다. 이 법은 어린 아동의 작업시간을 12시간으로 제한하는 것과 야간작업을 금지시키는 것이었다. 그러나 면방직업자들은 빈곤아동의 부모로부터 직접 아동을 고용함으로써 아무런 제약 없이 아동을 착취하였다. 이러한 상황에서 필, 오웬, 우드, 필든은 아동들의 건강을 해치는 과중한 노동과 열악한 작업조건으로부터 아동을 보호하자는 운동을 전개하였고, 의회에서는 새들러, 쿠퍼, 콥든, 그라함 등이 소년노동법을 제정하는 데 주도적인 역할을 하였다.

이들의 노력으로 면방직산업에 있어서 9세 미만의 아동을 고용하지 못하게 하고 노동시간도 제한을 두는 1833년의 공장법이 제정되었으며, 이는 최초의 아동노동복지법이라는 점에서 그 의의가 있다.

에드윈 채드윅의 제안에 따라 이 법은 공장감독관 임명제도를 도입하였으며, 1847년 개정된 공장법은 18세 미만의 아동과 여성의 하루 작업시간을 최고 10시간으로 할 것을 명령하였다.

2) 신빈민법(개정구빈법)

자유방임주의[9]의 영향으로 구빈법에 대한 새 관념이 대두되었다. 즉, 구빈법이

9) 시민혁명을 거쳐 자본주의 경제체제가 자리잡기 시작한 18~19세기의 사상가들은, 성세운용이란 원칙으로 시장의 가격기구에 맡겨져야 한다고 생각하며, 국가에 의한 간섭과 규제는 자유로운 의사결정을 왜곡시킴으로써 자원의 비효율적인 배분을 가져온다고 주장하였다. 따라서 정부는 시장실패가 명백할 경우에만 경제활동에 개입해야 한다고 주장하였다. 이와 같은 사상이 자유주의이며(이지순, 1989), 이의 원조가 아담 스미스(Adam Smith)이다(박광준, 2002).

시장에 개입하였기 때문에 문제가 발생한다고 보았다. 임금은 고용주의 지불 능력에 따라 결정되는 것이 시장의 논리였기 때문이다. 결국 자유방임주의 찬성자들은 시장원리를 방해하는 정주법과 스핀햄랜드법의 철폐를 주장하였다.

한편 19세기 초 자본주의의 진전과 함께 도시의 노동자계급이 등장했고, 실업·저임금·열악한 생활조건 등 새로운 사회문제가 야기되었다. 기존의 구빈법으로는 이러한 문제에 대해 적절히 대처할 수 없었고 이에 영국 지배층은 기존 구빈법을 수정함으로써 문제를 해결하려고 하였다. 또한, 스핀햄랜드법으로 인해 원외구제가 확대되고 최저생계비의 보장을 위한 가족수당을 지급하는 등 정부의 구제를 받으려는 경향이 확대되었기 때문에 구빈비용에 있어서 높은 수준의 부담현상이 나타났다. 이로 인해 개정구빈법의 탄생을 촉진시켰고, 이러한 배경으로 개정구빈법의 1차 목적은 구빈세의 감소였다. 즉, 신구빈법은 억압정책으로의 회귀를 의미하는데, 스핀햄랜드법의 모순과 빈민의 도덕성에 대해 비판하면서 다시 빈민을 억압하는 1834년 신구빈법(Poor law reform)을 제정하게 된 것이다.

신구빈법은 다음과 같은 세 가지 원칙들이 있었는데, 이 원칙들은 영국의 사회보장제도가 확립되기까지 영국 공공부조의 기본원리로 남아 있었다.

(1) 왕립구빈법위원회의 조사보고서의 주요 내용

① 스핀햄랜드법에 의한 임금보조제도를 철폐한다.
② 노동이 가능한 자는 모두 작업장에 배치한다.
③ 병자나 노인, 허약자 및 아동을 거느린 과부에게만 원외구제를 허용한다.
④ 여러 교구의 구호행정을 구빈법조합(또는 구빈법연맹, 구빈연합구)으로 통합한다.
⑤ 구호의 수준은 그 지역사회에서 노동으로 생활하는 자의 최하위 임금보다 높지 않아야 한다.
⑥ 구빈행정을 통제하는 중앙기구(또는 중앙통제위원회)를 설치한다.

(2) 개정구빈법의 기본 원칙

가. 전국적 균일처우의 원칙(The principle of national uniformity)

균일처우의 원칙은 구빈법의 운영을 좀 더 효율적으로 의회의 감독하에 두기 위하여 채용된 원칙으로, 빈민의 처우를 전국적으로 통일하기 위하여 중앙정부에 구빈정책을 지도하고, 각종 규칙의 실시를 감독할 중앙통제기관을 설치한다. 이것은 빈민이 교구에서 교구로 더 나은 구제를 찾아 돌아다니는 것을 방지하는 것도 그 목적이 있었다. 웹은 이것을 1834년 보고서의 '가장 혁명적인 원칙'으로 평가하고 있다(오윤수 외, 2011, 재인용).

나. 열등처우의 원칙(The principle of less eligibility)

열등처우의 원칙은 구빈대상자의 구제수준이 국가부조를 받지 않고 자활하는 최하급 노동자에 대한 사회적 조건과 처우보다 높지 않아야 한다는 원칙이다. 이것은 노동능력자를 일하게 하고, 수급억제를 도모하기 위한 것이었다. 이 열등처우는 3개의 요소로 구성된다.

- 포퍼(빈민)라고 하는 스티그마의 부여에 의한 개인적 명예의 박탈
- 작업장에 수용함에 의한 개인적 이주 자유의 박탈
- 선거권의 박탈에 의한 정치적 자유의 박탈

열등처우의 원칙은 오늘날의 공공부조제도에서도 일반적으로 적용되는 원칙으로 보충급여방식의 생계급여 등에서 발견할 수 있다.

다. 작업장 수용의 원칙(The workhouse system)

열등처우의 원칙을 실현하기 위하여 제창된 것이 '원외구제금지의 원칙' 즉, 노동능력자와 그 가족에 대한 구제는 작업장 내에서의 구제로 세한한다는 원칙이다. 다만, 기아를 면하기 위하여 어떠한 조건이라도 수락하려는 자로서 자립의 수단이나 희망이 없다고 인정되는 자는 예외로 하였다.

1834년의 신구빈법은 역사상 빈민에게 가장 잔혹하다는 평가를 받는다. 폴라니(Polanyi)는 "근대사상 태동 이래 이 이상 무자비한 사회개혁이 실행된 적은 없었을

것이며, 구호소 입소심사 명분하에 수많은 사람들의 생활이 짓밟혔다."고 평가하였다(박현수 역, 1991).

결국 신구빈법으로 구질서는 완전하게 붕괴되었고 자유시장이 가지는 파괴적 결과를 제어할 힘은 새로운 계급에 의존할 수밖에 없게 되었다(이인재 외, 2006).

[표 2-4] **신구빈법 주요 3대 원칙**

원칙	내용
열등처우의 원칙	구제받는 빈민의 상태는 최하층의 노동자보다 낮은 수준이어야 한다는 것. 형평의 원리에 부합
작업장 활용 (원내구제) 원칙	노동능력이 있는 빈민에 대한 재가구호를 폐지하고 작업장 내에서의 구제로 제한. 작업장 입소 자격을 조사하여 과도한 구호를 억제
전국적 통일의 원칙	각 교구에 따라 상이하게 시행되고 있는 구빈행정을 전국적으로 통일. 중앙정부의 감독하에 들어감

3) 사회개량운동

산업혁명과 때를 같이 하여 일어난 사회개량운동 중에서 가장 중요한 것은 챠티스트(the chartists)운동과 노동조합운동이었다.

챠티스트운동은 1830년경 노동자들이 보통선거권을 비롯하여 무기명 투표, 의원들의 재산자격 및 세비지급의 폐지, 평등선거구 설치 등의 정치적 요구를 관철시키기 위해 전개된 운동이었으나 실패로 돌아갔다. 그러나 노동자들은 이를 계기로 그들의 관심을 정치적 목적에서 경제적 조건의 개선으로 전향하였으며, 1844년에는 노동자를 위한 최초의 소비조합 매점(공동구매점)을 개설하였다.

또한 노동조합이 조합원의 질병, 사고, 실업, 노령의 경우에 원조하는 상호공제제도가 이루어지고 전국연합체로서 노동조합협의회가 구성되었으며, 1867년에는 노동자의 투표권이 인정되었다.

4) 자선조직협회(COS: Charity Organization Society, 1869)

(1) 설립 배경

18세기 중엽 영국은 산업화, 도시화로 많은 인구가 도시로 유입되었고 그에 따라 도시빈민들이 발생하게 되면서 이를 해결하고자 1800년대 초부터 많은 수의 민간자선단체가 조직되어 구빈활동을 벌이게 되었다. 그러나 이들의 활동이 비계획적, 무차별적, 비조직적, 비전문적으로 이루어지면서 많은 문제점들이 노출됨에 따라 보다 효율적이고 조직적이며 전문적인 자선사업을 위한 연합체를 결성할 필요가 있게 되었다. 따라서 이러한 민간 사회복지기관들의 활동을 조정하기 위한 목적으로 1869년 런던에서 세계 최초의 자선조직협회가 설립되었다.

(2) 활동방향과 내용

자선조직협회의 원리는 원칙적으로 토머스 찰머스 목사의 이론을 따른 것이라고 볼 수 있는데, 그에 의하면 빈곤에 대한 책임은 궁극적으로 개인에게 있으며 구호를 받는다는 것은 자기존중을 파괴하는 것이라고 하였다. 여러 자선단체로부터 중복구제를 받으려는 직업적인 클라이언트들을 방지하고자 하였으며 이를 위해 클라이언트를 자선단체에 등록시키고 또한 연락기관을 설치하였다. 환경조사 및 적절한 원조제공을 통해 자력으로 빈곤을 탈피할 수 있도록 하고자 하였다.

적절한 지원을 제공하기 전에 조사, 등록, 협력, 조정 등을 거친 면에 있어서는 오늘날 사회복지사의 활동과 유사했으나 구제받을 가치가 있는 빈곤자(the worthy poor)에게만 도움을 제공하고 일할 능력이 있는 거지나 알콜중독자, 창녀 등에게는 도움을 제공하지 않음으로써 도덕적 의무를 강조하였다는 점에서 차이가 있다.

자선조직협회가 활용하였던 사례신청의 기준은 구제의 가치가 있는 빈민과 구제의 가치가 없는 빈민이라고 하는 두 개의 기준이었다.

① 구제의 가치가 있는 빈민(the deserving poor)

'선량한 성격', '존경받을 만한·의존적이지 않은·근검절약하는·자활의지가 있는' 등의 표현이 가능한 인물 → 그 지역사회의 신뢰할 만한 사람(목사, 집주인, 고용주

등)으로부터의 증언 필요

② **구제의 가치가 없는 빈민**(the undeserving poor)

'나쁜 품성', '근검할 줄 모르는·비양심적인·의존적인·음주벽이 있는' 등의 속성을 가진 자 → '사기 혹은 효과적인 원조를 불가능하게 할 것 같은 제멋대로의 행동의 증거가 있는 자'로 규정

(3) 자선조직협회의 원칙

협력과 조직화를 원칙으로 한다. 원조의 대상을 '가치 있는 자(the worthy poor)'에 한정한다. 사례에 의해 한정적으로 선택한다. 금액과 시기에 적정성을 유지한다.

(4) 평가

먼저 긍정적인 평가는 다음과 같다.

① 순수민간단체로서 빈민에 대한 과학적 조사에 있어서 선구적인 역할을 하였다.
② 공공의 구빈정책에 대해서는 반대하였고 사적인 자선, 기부, 자원봉사활동 등 순수 민간의 구제노력을 강력히 지지하였다.
③ 우애방문원(friendly visitor)에 의하여 면밀한 환경조사를 실시하였다.
④ 위원회의 사례결정에 의해 광범위한 사례조사를 실시하였고 사회사업가를 훈련시켰으며 유급사회사업가의 고용배치를 확대하였다.
⑤ 방문구제를 통해 전통적 방법론(개별사회사업·지역사회조직) 확립에 커다란 영향을 미쳤다.
⑥ 자의적, 산발적이며 무질서했던 구제사업을 조정하고 합리화했다.
⑦ 자선활동을 전문적인 사회사업으로 승화시켰다.

그리고 부정적 평가는 다음과 같다.

① 자조의 개인주의적 윤리(빈곤은 완전히 당사자의 책임이라는 토마스 찰머스 목사의 주장)를 지나치게 강조하였다. 이것은 자선조직협회가 공공의 구빈정책을

반대한 이유이기도 하였다.

② 빈곤을 개인의 도덕적 결함의 결과로만 간주함으로써 그 사회경제적 뿌리를 무시하였다는 점에서 보수주의적이었다는 비판을 받고 있다.

③ 사생활 간섭의 인상이 짙은 환경조사가 빈민의 스티그마를 유발시킨다는 점과 그에 따른 인간성 상실 및 조사의 비협조로 인한 효율성 저하 등의 비판을 받고 있다.

5) 인보관운동 (거주지정착운동; Settlement House Movement, 1885)

(1) 설립 배경

① 인보관운동은 실업자의 증가와 인구의 도시집중화에 따라 슬럼지역이 생기는 등 사회가 새로운 도시문제로 시달리게 되자 이러한 도시문제를 해결하기 위해 일어난 운동이었다.

② 이 운동은 지역사회의 문제를 해결하기 위해서는 문제가 있는 지역사회로 들어가 빈민과 함께 거주하면서 주변환경의 개선과 빈민의 도덕적 교화에 힘써야 한다는 믿음을 갖고 있던 사람들에 의해 주도되었다.

③ 인보관운동의 주도적 역할을 한 사람은 바네트(Barnett) 목사였으며, 그의 지도 아래 옥스퍼드대학, 캠브릿지대학 등의 학생들이 대학에서 배운 지식, 교양을 가난한 사람들을 위해 아낌없이 제공함으로써 그들에게 진정한 자립을 촉구하고자 하였다.

④ 1883년 인보관운동에 앞장서다 폐렴으로 요절한 아놀드 토인비(Arnold Toynbee)를 기념하여 1884년 세계 최초의 인보관인 토인비 홀이 런던 동부의 빈민지구에 문을 열고 그룹활동과 조직화를 위한 활동을 전개하였다.

⑤ 이들은 빈곤의 원인을 무직이라고 생각하였으며 실직하게 되는 것은 개인의 무지나 게으름과 같은 도덕의 문제가 아니라 산업회의 착취의 결과라고 주장하였다. 즉, 빈곤의 원인이 개인에게 있는 것이 아니라 사회구조에 있다고 보았다.

(2) 활동방향과 내용

① 박애주의·인도주의 정신을 바탕으로 하는 지도층들이 빈민지구로 이주하여 자선활동을 하였다.

② 산업화로 인해 생성된 빈부 간의 거리를 연결하고, 상호 간의 불신을 해소하며, 한 계층이 다른 계층을 무시하는 것을 줄이고, 자선을 행하는 것 이상의 무엇을 하고자 하는 목적으로 설립되었다.

③ 빈민지구를 실지로 조사하여 그 지구의 생활실태를 파악하고, 구제의 필요가 있는 사람에게 원조를 해 주는 사업이었다.

④ 사회조사를 통해 여러 가지 통계자료를 구함으로써 이를 법률 제정에 활용하도록 하였고 또한 교육적 사업으로서 지역주민에 대한 보건교육, 아동위생, 소년소녀들에 대한 기술교육, 문맹퇴치 및 성인교육을 하였다.

⑤ 인보관을 설립하여 주택, 도서관, 시민회관 등으로 활용하였으며 체육관을 설치하여 옥외활동을 장려하였다.

⑥ 엘리트 청년들이 주축이었던 영국의 인보관운동은 박애보다는 법규를 더 중요시 여겨 1900년대 초반의 사회개혁(입법)에 지대한 영향을 미쳤다.

⑦ 인보관운동은 훗날 전통적 방법론(집단사회사업·지역사회조직사업)과 일반사회복지 및 권한부여(또는 역량강화, empowerment) 모델의 발전 및 형성에 영향을 미치기도 하였다.

⑧ 인보관운동의 3R은 Residence(거주), Research(조사연구), Reform(개혁)이다.

[표 2-5] **자선조직협회와 인보관운동**

<table>
<tr><th>구분</th><th>자선조직협회(COS)</th><th>인보관운동</th></tr>
<tr><td>주도적 인물</td><td>로크, 옥타비아 힐</td><td>바네트, 토인비</td></tr>
<tr><td>주된 활동층</td><td>신흥자본가들, 사회중산층
(※주로 상류층)</td><td>엘리트 청년들
(※주로 중류층)</td></tr>
<tr><td>이데올로기</td><td>보수주의, 전통적 자유주의
(사회진화론)</td><td>급진주의
(사회제도의 개혁 주장)</td></tr>
<tr><td>세계 최초</td><td>1869년 영국 런던 자선조직협회
(※미국: 1877년 뉴욕 버팔로)</td><td>1884년 영국 런던 토인비 홀
(※미국: 1887년 근린조합)</td></tr>
<tr><td>빈곤관</td><td>개인적 관점(빈민의 책임)</td><td>사회구조적 관점(국가의 책임)</td></tr>
<tr><td>활동방향</td><td>개인의 변화
(빈민 개조와 역기능의 수정)</td><td>사회의 개혁
(빈민과의 거주, 사회질서 비판)</td></tr>
<tr><td>사회문제해결방법</td><td>자선기관들의 서비스 조정</td><td>서비스의 직접 제공</td></tr>
<tr><td rowspan="2">목 적</td><td colspan="2">빈민구제</td></tr>
<tr><td>① 중복구호 방지를 위한 자선활동의 조정
② 환경조사(사례조사)와 적절한 원조의 제공</td><td>① 빈민의 교육과 문화발전
② 빈민의 생활환경에 관한 정보와 긴밀한 사회적 욕구 파악
③ 사회 · 건강문제 및 사회입법에 대한 일반국민의 관심 촉구</td></tr>
<tr><td rowspan="2">영 향</td><td>전문사회복지, 개별실천(개별사회사업)</td><td>일반사회복지, 집단실천(집단사회사업), 임파워먼트(권한부여 · 역량강화) 모델, 사회보장제도(사회입법)</td></tr>
<tr><td colspan="2">※ 지역사회복지(또는 지역사회조직사업)</td></tr>
</table>

6) 사회조사 활동

① 1880년대 이후 부쓰(Booth)의 런던 빈민지역 조사와 라운트리(Rowntree)의 요크시 빈민지역 조사를 대표적으로 들 수 있다.

② 이들의 사회조사에 의해서 빈곤은, 개인적 속성에 의해 결정되는 것이 아니라, 사회적·구조적 결함 때문에 발생하는 것이라는 점이 입증되었다.

③ 이와 같은 조사결과는 사회개혁을 위한 효과적 대책의 필요성을 부각시켰으며, 좀 더 나은 사회복지정책이나 계획을 실시하기 위해서는 과학적이고 합리적인 사회조사가 선행되어야 함을 알려주었다.

7) 빈민법 보고서(구빈법 보고서, The Poor Law of 1909)

① 1905년에 발족된 왕립위원회의 18명의 위원은 구빈법 및 실업에 관한 철저한 조사를 실시하여 1909년 정부에 대한 제안으로 보고서를 제출했다. 이 보고서에서 왕립위원회는 현존의 구빈법에 대한 관리상의 개혁의 필요성을 강조하였고 아울러 개혁의 방향은 치료적이고 예방적인 것이어야 한다고 주장했다.

② Webb부부는 이 보고서를 가리켜 '예방의 준거틀'이라고 표현하기도 하였는데, 왕립위원회가 제안한 주요 내용을 살펴보면 다음과 같다.

㉠ 구빈을 위한 행정을 확대

㉡ 구빈에 있어서 처벌적인 성격의 폐지

㉢ 일반혼합시설의 철폐(개별적인 시설로 대치)

㉣ 노령연금제도의 승인

③ 그런데 왕립위원회는 문제에 대한 기본적인 견해의 차이로 인해 다수파(14명)와 소수파(4명)로 분리되어 각기 보고서를 제출하였다. 이것이 이른바 유명한 다수파 보고서와 소수파 보고서로서, 다수파는 구빈법의 존속을 인정하되 그 개선점을 시정할 것을 주장하였고 종래의 자선사업의 폐단을 교정하려고 하였으며, 소수파는 보건, 교육, 주택, 사회보험 등의 예방적 대책을 주장하였고 구빈법에 대해서는 전면적으로 폐지할 것을 제안하였다.

④ 그 당시에는 다수파 보고서의 주장이 주로 받아들여져 1909년을 전후하여 다음과 같은 사회복지 관련 법률들이 제정되었다.

㉠ 실업노동자법(1905)

㉡ 노령연금법(1908)−무갹출, 자산조사

㉢ 직업소개법·최저임금법(1909)

㉣ 국민보험법(1911, 건강보험과 실업보험)−영국 최초의 사회보험

⑤ 한편 소수파 보고서의 주장은 당시에는 실시되지 못하였지만 제2차 세계대전 후 영국이 실시한 사회보장제도의 탄생에 기틀을 마련하는 데 크게 기여하였다.

2. 사회보험 시기

사회보험 시기는 크게 독일의 사회입법(Social Legislation), 영국의 국민보험법(National Insurance Act), 그리고 미국의 사회보장법(Social Security Act)으로 구성된다.

자본주의는 농촌의 노동력을 공장으로 대거 급수하여 부랑자 문제를 해소하는 대신 프롤레타리아트라는 새로운 계급을 출현시켰고, 실업, 불안전고용, 저임금, 질병, 열악한 주택 등의 새로운 사회문제를 발생시켰다. 이러한 문제에 대한 대응이 사회보험이었다.

그 주된 대상자가 프롤레타리아트(후에 적용대상을 확대를 통하여 화이트칼라와 자영업자 계층에게 확대되었으나 보험 도입 초기에는 산업노동자만을 대상으로 했다)였고, 재정을 국가, 자본가, 노동자 등 삼자가 부담한다는 점에서 가장 전형적인 자본주의적 복지정책이라고 할 수 있다. 또한, 사회보험 시기는 대략적으로 19세기 말에서 20세기 중반까지로 비교적 짧았지만, 진정한 의미의 사회복지정책이 시작된 시기라고 볼 수 있다(원석조, 2006).

한편 사회보험 입법은 나라별로 등장배경과 성립시기, 그리고 그 과정에서 차이를 보인다. 그만큼 사회보험의 역사는 나라별로 다양하며 복잡하다. 이 절에서는 사회보험의 역사에서 큰 의미를 갖는 내용과 의의를 살펴보도록 한다.

1) 독일의 사회보험 입법

독일의 사회입법은 비스마르크(O. E. L. Bismarck)에 의해 제정된 사회입법들을 말하는데, 이러한 사회입법들은 세계 최초의 사회보험인 건강보험(의료보험), 산재보험, 그리고 노령폐질연금으로 구체화된다. 1880년대 당시 독일은 국가 내부에서 노동자 계급과 사회주의자들의 세력 확대와 정치적 진출이 두드러지면서 지배층들이 위협을 느낄 정도였다. 이에 대해 비스마르크는 독일 통일에 이어 독일 민족의 내부적 통일, 즉 사회통합의 필요성을 느끼고 소위 채찍과 당근정책을 실행하였는데, 채찍정책이란 노동운동을 선동하는 사회주의자들에 대한 직접적인 탄압책인 사회주의자 진압법을 말하며, 당근정책이란 노동자계급을 국가내로 통합시키기 위한 어느 정도 양보책인 사회입법을 말한다.

독일은 세계 최초로 사회보험을 도입한 이후 강제적 사회보험을 실시하여 국가중심 사회복지가 발전해 왔다. 소득보장은 오늘날에도 각 개인의 시장소득을 유지하고 노동자 간의 부담격차의 해소를 지향한다. 독일의 사회보험은 수평적 분배를 유지하는 것에 주안점을 두며, 수직적인 재분배의 요소나 가족에 대한 고려는 약한 편이다. 바이마르공화국과 연방공화국이 개혁을 행하였지만, 기본적인 사회보험의 틀, 의료서비스 등의 제도, 학교제도 등에 있어서 변화는 없었다. 하지만 제도의 전통을 유지하는 것, 그리고 동등부담의 원칙이 그대로 견지되고 있으면서 1960년대 이후는 사회복지지출에 있어서 선두 서구복지국가의 모습을 형성하는 발전경향을 보였다(오윤수 외, 2011).

비스마르크의 사회입법은 다음의 네 가지 원칙을 세워 관철시키려고 하였다.

(1) 비스마르크 사회입법의 네 가지 원칙

가. 강제보험의 원칙

광산업, 조선소, 건축업 등에 종사하는 저소득임금노동자를 의무적으로 가입시키는 것

나. 중앙통제의 원칙

정부가 보험을 독점하고 엄격한 행정통제를 가하는 것

다. 사보험회사 배제의 원칙

보험을 국가의 책임영역으로 간주하고 이윤동기 등이 침투하지 않도록 차단시키는 것

라. 정부보조금 지급의 원칙

비용을 고용주가 부담하나 정부의 원조도 요구되는 것

비스마르크가 이러한 원칙을 세워 이를 관철시키고자 했던 것은 산업재해의 보상 책임을 자본가가 아닌 국가가 지고 국가의 직접적인 보조가 필요하며, 이윤을 목적으로 하는 민간보험회사가 국가의 책임영역에 들어오는 것을 허용할 수 없다는 그의 의지가 내재되어 있던 것이다. 또한 그는 국가보조금을 중요시하였는데, 그 이유는 국가가 노동자에게 직접 보조금을 지급해야만 노동자가 자본가가 아닌 국가에 대해 고마움을 느끼고, 그리하여 국가에 통합할 수 있다고 생각하였다.

한편 사회입법에 근거한 사회보험을 살펴보면(3대 사회보험), 먼저 1883년에 도입된 건강보험은 새로운 국가기구를 따로 만들지 않고, 이미 질병급여를 제공하던 기존의 길드, 공장, 기업 및 상호부조조직(공제조합)을 중심으로 건강보험조합인 질병금고(sickness funds)를 만들었고, 이와 별도로 소매업사를 위한 지역 질병금고(local sickness funds)와 여기에 가입할 수 없는 사람들을 위해 교구금고(parochial funds)를 만들었다. 보험료는 노동자가 2/3, 고용주가 1/3을 분담하도록 했다(원석조, 2006).

1884년에 도입된 산재보험은 산재발생의 귀책사유에 관계없이 모든 재해노동자에게 적절한 수준의 보상을 제공할 수 있도록 함으로써 보상을 받지 못했던 많은 재해노동자들의 불만을 완화시키고자 하였으며, 사민주의 세력의 노동운동을 억제하려는 정치적 의도도 존재했다. 한편 산재보험의 기본원칙으로 무과실책임주의를 적용하여 산재사고에 대해 사업주가 과실이 없어도 재해노동자가 보험급여를 청구할 수 있는 권한이 주어졌다.

다음은 1889년에 도입된 노령폐질연금이다. 연금은 건강보험과는 달리 장기보험이다. 비스마르크는 노령폐질연금에서 자신의 의도를 관찰시키고자 했다. 그는 적은 금액이지만 국가에 대한 충성심을 끌어낼 수 있다고 생각했다.

노령폐질연금은 국가의 관리나 도제를 제외한 연간 소득 2천 마르크 미만인 모든 노동자를 강제 가입대상으로 하여, 70세에 이른 노동자에게는 노령연금을 제공하고, 자신의 잘못이 아닌 사유로 인해 노동이 불가능하게 된 노동자에게는 폐질연금을 지급하도록 하였다. 보험금 부담은 노사양측이 각각 반씩 부담하는 것으로 정해졌다.

(2) 비스마르크 사회보험의 평가

비스마르크의 사회보험은 소위 '당근과 채찍'의 양면성의 정책으로 도입되었다는 것이 일반적인 견해이다. 즉, 사회보험을 통하여 한편에서는 노동자를 회유하고, 다른 한편에서는 억압하는 '회유와 억압' 정책의 소산이라는 의미이다. 그 당시 급진적으로 움직이던 노동계급에 대한 통제정책으로써 1878년 사회주의자 진압법(Sozialistengesetz)을 입법하여 노동운동의 사회주의화를 진압하면서, 그러한 통제에 대한 하나의 양보로서 사회보험을 성립시켜 노동자들을 회유하려고 하였다는 것이다(박광준, 2002). 이러한 음모론적 성격에도 불구하고 비스마르크의 사회입법은 독일 사회정책의 초석을 다졌다는 데 의의가 있다.

또한, 재정을 주로 자본가계급에게 부담시키면서도 노동자들의 충성심을 국가로 유도하고 사회보험기구 속으로 모든 계급을 편제(regimentation)시켜 의회를 무력화시키려는 고등전략이었다(원석조, 2006). 따라서 비스마르크의 사회보장계획은 계급주의적 사회구조를 보험체계의 근간으로 삼는 수평적, 분산적 구조를 특징으로 발전했다. 따라서 그 분산적 구조는 독일 사회보장제도의 발전을 저해하는 주요한 요인이 되었다.

2) 영국의 국민보험법

1911년에 영국의 자유당 정부가 제정한 국민보험법은 건강보험과 실업보험으로 구성되는데, 그 당시 자유당 정부의 개혁을 주도했던 조지(D. L. George)와 처칠(W. L. S. Churchill)에 의해 추진된 입법이다. 이러한 합작품을 만들어 낸 계기는 노동자들의 자주적인 상호부조조직인 공제조합이 재정적인 곤란을 겪었으며, 영국 내 사회주의 부활에 대한 지배 계층의 우려 때문이라고 볼 수 있다(오윤수 외, 2011).

이들 자유주의 개혁파들의 사회보험에 대한 입장은 피보험자로부터 갹출한 돈으로 급여혜택을 제공하는 것이기 때문에 자신들의 신념과 잘 부합한다고 생각하였다. 이는 영국의 전통적 자조의 미덕과 잘 부합된다고 생각하였던 것이다. 이에 대해 로이드 조지는 사회보험을 '강제적인 자조'로 생각하였으며, 급여수준은 인간다운 생활을 유지할 만큼 충분해서는 안 되고, 재정은 노동자와 고용자가 분담해야 하며, 국가부담이 적어야 한다는 것이었다. 또한 사회보험급여와 가입자의 도덕적 책임을 연계시키지 않았다. 조지와 처칠에게 사회보험은 도덕적 문제가 아닌 수학의 문제였다(원석조, 2006). 즉 보험자격을 얻으려면 기여를 해야 하며, 자격이 전제되지 않으면 혜택도 없다는 논리이다. 이런 이들의 견해는 영국 사회보험의 고전적 원칙으로 평가받고 있다.

국민보험의 제1부인 건강보험을 살펴보면, 건강보험이 도입되기 이전에는 의료관계 보험에 가입하지 못한 사람이 노동인구의 반 정도 되었으며, 그들은 구빈법에 의해 낮은 수준의 혜택을 받고 있었다. 이러한 상황에서 도입된 건강보험은 실업의 요인인 질병을 줄여 국가의 효율성을 향상시키기 위한 것으로, 이는 공제조합, 보험회사, 의사 등과 같은 기득권 집단들과의 장시간 협상을 거쳐 탄생하였다(김경우 외, 2008).

이미 조합원들에게 의료급여를 제공하던 공제조합은 국가의 건강보험과 경쟁하기를 거부하였으며, 결국 정부는 공제조합에게 건강보험을 맡김으로써 이들을 포섭하게 된다(원석조, 2016).

로이드 조지의 건강보험 계획에는 의사들의 협력이 결정적으로 중요하였다. 영국에서 의사들은 공제조합하에서 의료서비스를 제공하였는데 공제조합이 항상 진료비를 낮추려고 했으므로 의사들은 불만을 가진 상태였으며, 의사들은 국가의 의료체계가 자신들의 높은 소득을 안정적으로 보장해 줄 것으로 기대하였다. 그리하여 영국의사회는 국민건강보험제도의 적용을 연간 100파운드 소득 이하의 자들에게만 한정시키고 그 이상의 소득을 가진 자들은 사적인 일반환자로서 진료하는 체제를 원하였으나 결국 적용대상자는 연소득 160파운드 이하여야 한다는 로이드 조지의 안이 받아들여졌으나 의사회와의 타협과 대결과정에서 그는 큰 정치적 역량을 부여주었다(박광준, 2002).

또한 최소한 5,000명 이상의 가입자가 있는 경우에 건강보험조합으로 인정하였고 조합설립은 기존의 공제조합, 노동조합, 민간의 보험회사에서도 가능했다. 노동자는 어느 조합이든 가입만 하면 되었지만 의무적이었고, 보험료는 균일제로 하였다. 한편 국가는 감독권을 행사하였다. 즉, 국가가 국민들에게 의료서비스와 질병급여를 직접 제공한 것이 아니라 국민들이 자신의 힘으로 의료혜택을 받도록 한 셈이었다.

상병수당은 주당 10실링, 장애수당은 5실링, 출산수당은 30실링이었으며, 피보험자(가입자 본인, 부양가족은 제외)는 지역보험위원회의 의사명부에서 의사를 선택하여 무료로 진료를 받을 수 있었다. 의사들은 자신의 명부에 등록된 피보험자의 수에 비례하여 진료비(a capitation fee)를 받았다(원석조, 2006).

다음은 국민보험의 제2부 실업보험이다. 건강보험제도는 이미 독일에서 오랜 역사를 가진 제도였던 것에 비해 실업보험은 거의 전례를 찾을 수 없는 영국의 독창적 시도였다. 실업보험은 처칠이 주도하였다. 당시 실업문제 전문가로 인정받던 베버리지의 도움을 받아 실업보험을 입안하였다. 베버리지는 후일 "한 대신의 성격(personality)이 겨우 수개월의 중요한 시기에 사회입법의 진로를 크게 바꾸어 놓을 수 있다는 것을 나타내어 주는 한 사례(Harris, 1981)"라는 표현으로 처칠의 역할을 강조하였다.[10)]

한편 건강보험이 관련 이익집단들 때문에 진통을 겪은 것에 비해, 실업보험은 비교적 순탄하게 진행되었다. 먼저 저임금으로 불안정한 고용 형태로 알려진 특정한 산업분야(건축, 토목, 조선, 기계, 제철, 차량 제조 등)의 종사자들을 대상으로 하였다.

비교적 높은 임금의 숙련노동조합들은 조합원들에게 실업급여를 제공하고 있었으므로, 강제적 실업보험의 대상은 주로 저임금노동자들이었다. 강제보험의 장점은 모든 사람이 보편적으로 적용되는 것이지만, 적용제한규정을 두어서 특정의 실업에 대해서는 급여를 제한하도록 되어 있었다. 즉, 쟁의에 의한 해고자는 급여대상에서 제외되었고, 정당한 이유 없이 자발적으로 퇴직한 자에 대해서는 실업 후 6주간 급여지불을 정지하도록 되어 있었다(원석조, 2016).

보험료 부담은 3자 부담방식이었다. 노동자와 고용주가 각각 주 2.5펜스, 이 합계의 1/3을 국가가 보조하였다. 강제적용에 속하진 않지만, 국가적 실업보험과 동일한 사업을 수행하는 모든 노동조합에게 국가에서 보조금을 지불하도록 규정하였다.

10) 실업보험법의 성립에 있어서 처칠의 역할에 관해서는 다음의 논문을 참고하라. Bentley Gilbert (1966). Winston Churchill Versus the Webbs: "The Origins of British Unemployment Insurance", American Histotrical Journal, Vol. 71.

그러므로 임의적으로 실업수당을 지급하던 노동조합은 국가의 보조를 받게 되었다(박광준, 2007).

3) 미국의 사회보장법

미국은 경제발전 수준에 비해 사회복지의 실현 정도가 뒤늦다는 것이 연구자들의 거의 일치된 견해이다. 미국은 개인주의와 자유에 대해 강한 가치를 가지고 있었으므로 국가의 개입은 늦을 수밖에 없었다. 그러나 1929년 시작된 대공황(great depression)[11)]의 경제위기를 경험하고 난 1935년에야 사회보장법을 통하여 국가가 빈곤에 대한 책임을 명시하였다.

미국에서는 빈곤에 대한 만민구제사상이 약하였으며, 사회적 분배시스템을 국가의 책임으로 일관성 있게 확립하려는 노력이 부진하였는데 그 이유는 다음 다섯 가지로 살펴볼 수 있다(Rose & Shiratori, 1986).

① 첫째로 연방주의이다. 미국의 연방주의는 국가주의자의 기대에도 불구하고 이데올로기상, 제도상에 여전히 강력한 영향력을 지니고 있다. 대공황 이후 그 세력이 약화되고 있지만 미국인들에게 깊이 뿌리박혀 있다.

② 만민구제의 성격을 지닌 사회정책 도입이 늦은 이유는 미국에서 민족이나 종교의 다양성에서 기인한다. 기초자치단체나 주가 어떤 사회문제의 해결을 하고자 할 때에 우선 종교와 민족이 하나가 아니라고 점을 고려해야 했다. 민족이나 종교의 다양성으로 인해 보편적인 만민구제가 수용되는 것은 무리였다. 주 전역의 정책이나 전국적인 정책을 추진하기 위해서는 다양한 집단이 만들어 낸 각종 복지단체에 대한 대처가 필요했고 그러한 난제를 받아들이지 않을 수도 없었다.

---

11) 대공황은 1929년 10월에 일어난 뉴욕증권시장의 주가 대폭락을 계기로 하여 1930년대에 엄습한 세계적 불황을 말한다. 1931년 5월에 오스트리아의 크레디트 안슈탈트은행이 파산에 빠진 것을 계기로 구미의 은행에 환불소동 등이 일어났고, 이후 세계적인 금융공황이 초래됐다. 미국, 영국, 프랑스, 독일 등 당시 주요공업국의 생산 수준은 20여 년 전 수준까지 하락하여 불황의 심각도는 이전과 비교해서 가장 높은 수준이었다(김경우 외, 2008).

③ 만민구제에 대한 또 하나의 장애 요인은 흑인문제이다. 흑인은 처음에는 노예로서 들어와 100년간 사회적으로도, 법률적으로도 종속적인 지위에 놓여 있었던 문제는 만민구제적인 사회정책을 확립하려는 시도를 복잡하게 만들었다.

④ 전국적이고 보편적인 사회정책의 성립의 가장 큰 저항요인은 미국 사회에 특히 강하게 자리잡고 있는 개인주의적 성향이다. 그러나 개인주의적 성향을 증명하기란 쉽지 않다. 지금의 미국을 있게 한 것은 국가의 원조를 받지 않고 개인 스스로 일어서려 했던 그 의지였다. 그러한 의식은 여전히 매우 강하게 남아 있다.

⑤ 문제의 해결을 국가에 맡기지 않고 자주적이고 독립적인 기관이나 영리사업에 의해 행하는 경향이 아직까지 놀라울 정도로 강한 편이다. 빈곤과 같은 사회문제가 영리사업의 대상이 된다는 것은 불가능한 일로 보일 수 있으나 그것이 타당한 접근이라고 하는 생각은 공화당원뿐만 아니라 매우 폭넓게 퍼져 있는 인식이다. 그렇다면 미국의 국가개입이 시작되는 시점을 살펴보면 1929년에 시작된 대공황의 경제위기 속에서 1933년 당선된 루스벨트는 같은 해 3월 특별회의를 소집하여 적극적인 불황대책을 위한 긴급은행법(Emergency Banking Act)[12], 농업조정법(Agricultural Adjustment Act)[13], 그리고 국가산업부흥법(National Industry Recovery Act)[14] 등의 법안을 입법화하는 제1차 뉴딜정책(New Deal)을 시도하였다. 그러나 루스벨트의 뉴딜정책은 1935년 5월 27

12) 통화흐름과 외환거래를 통제할 수 있는 권한을 대통령에게 부여하여 재기 가능한 은행에는 대폭적인 대부를 해줌으로써 금융공황으로부터 은행을 구출하여 은행업무의 정상화를 도모하고, 국민들의 은행에 대한 공포, 즉 예금의 인출사태를 수습하는 규정 등을 담고 있다(김경우 외, 2008).

13) 주요 농산물의 경작면적과 생산량을 줄임으로써 농산물 가격을 인상시키고 농산물 가격의 하락을 방지하여 균형가격을 회복하려는 의도에서 제정된 것으로, 몰락한 농업부문을 희생시키기 위해 농민에게 자금 원조를 해줌으로써 농업구제에 대한 적극적인 의지규정 등을 담고 있다(김경우 외, 2008).

14) 기업 사이의 과도한 경쟁을 막고, 노사 간 갈등을 조율하여 과잉생산, 파산, 실업 등을 방지하자는 것으로, 각 산업부문마다 공정경쟁규약을 작성하게 하여 지나친 경쟁을 억제시켰다. 그리고 생산 제한·가격협정을 규정하고 적정한 이윤을 확보시키는 한편, 노동자의 단결권과 단체교섭권을 인정하는 동시에 최저임금과 최고노동시간의 규정 및 가격고정에 관한 기준을 통해 노동자에 대한 안정된 고용과 임금을 확보하게 하고, '상품가격 인하-임금 삭감'이라는 악순환을 종식시키는 내용 등을 담고 있다(김경우 외, 2008).

일 대법원이 국가산업부흥법이 위헌이라고 판결함으로써 위기에 빠졌다. 그리하여 루스벨트는 제1차 뉴딜의 국가통제계획사상을 포기하고 그 대신 정부가 대기업의 독점을 막고 노동자들의 권익을 적극적으로 보호하는 방향으로 제2차 뉴딜을 펼치게 되었는데, 와그너법(Wagner Act)[15]과 함께 1935년 8월 15일 루스벨트가 서명함으로써 발효된 사회보장법이 그것이다. 이 법은 미국 최초의 연방정부 차원의 복지 프로그램이었으며, 미국 사회보장제도의 근간이 되었다.

이 법은 다음과 같다.

① 연방정부가 관장하는 노령보험: 보험료 납부는 사용자와 노동자가 각각 임금의 2.5%에 해당하는 보험료를 부과하여 충당하기로 하였고, 급여지급은 가입자가 65세가 되면 지불하고 그 액수는 퇴직자의 퇴직 전 소득에 비례하도록 하였다.

② 주정부가 관장하고 연방정부가 재정을 보조하는 실업보험: 보험료 납부는 4인 이상의 노동자를 둔 사업자에게 임금총액의 3%에 해당하는 보험료를 부과하여 충당하되, 1936~1939년에 한해서 경기회복의 정도에 따라 1~2%를 부과하기로 하였다. 또한 고용안정을 유도하기 위해 해고율이 낮은 고용주에게 보험료를 감면해 주는 특별감면제도를 마련했다.

③ 주정부가 관장하고 연방정부가 재정을 보조하는 공공부조와 사회복지서비스: 대상을 65세 이상의 노령빈민, 맹인, 요보호아동으로 하고, 각 주가 공공부조제도를 수립하면 그 재정의 1/3에서 1/2을 연방정부가 보조하고, 신체장애아동, 고아, 신생아·산모를 위한 주정부의 공공부조에 대해서도 연방정부가 주정부에 보조금을 교부하도록 하였다. 이는 3세기를 이어온 구빈에 대한 비책임이라는 빈민법적 원칙이 폐기되고, 미국 역사상 처음으로 구호가 연방예산의

15) 와그너법은 1933년에 제정된 단결권·단체교섭권·최저임금제 등을 규정한 국가산업부흥법이 독점자본의 반대로 대법원에 의해 위헌판결을 받아 실효된 뒤 1935년에 제정된 것으로, 노동자의 단결권 및 단체교섭권을 보호하기 위하여 부당노동행위제도와 교섭단위제도 등의 규정을 담았다(김경우 외, 2008).

주요 항목으로 제도화되었다는 중요한 의미를 갖는다(원석조, 2006; 김경우 외, 2008). 또한, 사회보장법은 이외에도 일정한 조건의 충족을 전제로 하여, 주가 시행하는 모자보건서비스, 지체장애아동서비스, 아동복지서비스 등 사회복지서비스에 연방의 보조금을 제공하였다. 하지만 이 보조금은 특별부조의 경우와는 달리 수급인구 수에 따른 보조가 아니라 전체적인 서비스 운영비에 대한 보조로 주로 사회복지서비스가 뒤떨어진 농업지역에 배분되었다(박광준, 2007).

한편 뉴딜의 사상적 배경은 케인즈주의에 있었다고 할 수 있는데, 영국의 경제학자 케인즈(John Maynard Keynes: 1883~1946)는 다음과 같이 자본주의 수정의 필요성을 강조하였다.

> "문제가 되는 것은 우리들이 19세기의 자유방임으로부터 자유주의적 사회주의의 시대에로 이행할 용의가 있느냐 없느냐 하는 것이다. 내가 말하는 자유주의적 사회주의란, 개개인이 존중되고 보호되면서, 즉 개개인의 선택의 자유, 개개인의 신앙, 사상, 표현, 기업심, 그리고 재산이 존중되고 보호되면서, 조직된 사회화에서 공통의 목표를 향하여 행동할 수 있는 그런 체제를 말한다."

19세기에는 불황 시에도 자본주의의 자기조절작용이 가능했지만, 공급이 스스로 수요를 창출한다고 하는 세이의 법칙(Say's Law)[16]은 제1차 세계대전 이후의 심각한 불황 시에는 더 이상 통용될 수 없었으며, 자본주의의 자기회복능력 또한 완전히 상실하였다. 그리하여 국민생활에 대한 국가의 적극적 간섭을 전제로 하는 복지국가의 재정운용에 대한 사상적 기반을 제공한 케인즈정책의 시행은 필연적으로 큰 정부(maximum government)의 등장을 가져왔다(박광준, 2007).

루스벨트의 사회보장법은 미국의 사회복지 역사에서 하나의 분수령을 이룬 것이

16) 세이의 법칙은 고전파 경제학자인 세이(J. B. Say)가 주장한 법칙으로 다음과 같이 요약할 수 있다. 자본주의체제는 간섭이 가해지지 않는 한, 항시 완전하게 자기적응적(self-adjusting)이고 자기규제적(self-regulating)이다. 그 이유는 모든 생산행위가 항상 그 생산물을 구매하는 데 필요한 유효수요를 만들어내기 때문이다. 따라서 첫째, 일반적 과잉생산은 있을 수 없고, 둘째, 경제는 완전고용을 쉽게 달성한다(박광준, 2007).

다. 그전까지 미국인에게 자유주의와 개인주의는 삶 그 자체였다고 해도 과언이 아닐 것이며, 국가가 개개인의 사회경제생활에 간여한다는 것은 미국인들로서는 상상도 할 수 없는 일이었다. 하지만 1930년대 중반 정부의 간섭을 수용한 계기는 바로 1929년의 대공황이었다(원석조, 1997). 사회보장법이 물론 실질적인 소득재분배를 목적으로 하기보다는 경제위기의 회복에 대해 더 집중한 것은 사실이지만, 미국의 국가개입을 일정 부분 실현하고 사회보장의 길을 열었다는 것에 큰 의의가 있다.

3. 복지국가 시기

사회보험 시기 이후 도래한 단계는 복지국가 시기이다. 제1·2차 세계대전(1차는 1914~1919년, 2차는 1939~1945년)을 거치면서 노동자계급과 함께 시민계급의 세력이 강력해지고 이들은 국가에 대하여 다양한 요구를 하게 된다. 국가는 이들의 요구를 수용하지 않을 수 없게 되자 복지국가를 형성하게 된다. 복지국가는 제2차 세계대전 직후 영국에서 처음 등장하여 점차 서유럽 전체로 확산되었다. 특히 사회민주주의 이념을 바탕으로 시장불안정을 해소하기 위하여 사회적 연대와 소득과 부의 평등, 사회적 위험에 대한 공동체의 노력 등을 추구하였다. 또한 복지국가는 국가의 자비나 온정의 관점이 아니라 시민권으로서 복지를 보장했기 때문에 사회복지의 대상을 전 국민으로 확대하였고 소득보장뿐만 아니라 보건의료, 주택, 교육 등 다양한 프로그램을 제공하였으며, 유례가 없을 정도의 많은 재정이 투입되었다.

또한 복지국가 시기에도 사회보험은 복지국가의 핵심제도로 존재하는데, 이로 인해 사회보험 시기와 복지국가 시기가 중첩된다고 볼 수도 있으나 양자 간 분명한 차이가 있다. 사회보험의 대상이 화이트칼라와 자영업자에게도 확대되어 본래 노동정책이라는 취지가 사라지고 전 국민을 대상으로 하는 시민복지정책으로 자리 잡았다는 점에서 그렇다. 이러한 복지국가는 제2차 세계대전 이후 세계경제의 호황과 시민계급의 정치성장에 따라 1970년대 오일쇼크까지 지속적으로 발전하였다(원석조, 2006).

1) 베버리지 보고서

제2차 세계대전 직후 총선에서 세계적인 전쟁 영웅 윈스턴 처칠의 보수당을 예상과 달리 애틀리가 이끈 노동당이 이기고 집권하였다. 전쟁 중이던 1941년 6월 연립내각은 실업보험 전문가 베버리지를 위원장으로 하여, 노동자의 보상을 포함한 국민보험과 관련 서비스의 기존 제도를 조사하도록 하여 위원회를 임명하였다. 그 위원회의 보고서는 1년 후에 발표되었고 이것이 베버리지 보고서(Beveridge Report: Social Insurance and Allied Services, 1942)이다. 이것은 복지국가체제의 청사진이었으며, 이 보고서의 권고가 1945년 노동당 정부에 의해 법제화되면서 영국 복지국가가 탄생하게 되었다(박광준, 2007). 또한 영국에만 국한되지 않고 프랑스, 서독, 스웨덴 등 서유럽 복지국가의 기틀 형성에도 큰 영향을 미치게 된다.

베버리지 보고서에 대한 일반 시민들의 반응은 대단하였다. 시민들은 베버리지 보고서를 전후 새로우며 좀 더 평등한 영국의 청사진으로 간주하였다. 또한 대중신문들은 베버리지 계획을 '요람에서 무덤까지'의 사회보장이라고 표현하였다. 보고서가 발간된 직후 실시된 여론조사에서는 95%의 응답자들이 보고서에 대해 인지하고 있었으며, 90%가 보고서 내용에 찬성하고 있었다(Hinton, 1983).

베버리지는 다음의 세 가지 논리에 의해서 출발했다.

첫째, 과거의 경험을 바탕으로 하되, 분파적 이해는 무시한다. 그는 1911년 국민보험법이 다양한 이익집단 간의 타협의 산물이었으며 그러한 타협이 결코 쉽지가 않았다는 사실을 잘 알고 있었지만 현재 전쟁 중인 상황에서는 그러한 이해관계를 고려할 시점이 아니라는 것이다.

둘째, 국가재건을 위해 5대 악(five giants)을 극복해야 한다. 여기서 5대 악이란 결핍(want), 질병(disease), 무지(ignorance), 불결(squalor), 나태(idleness)를 말한다. 그의 계획은 5대 악 중 우선적으로 결핍에 중점을 두어 소득보장에 초점을 맞추었다.

셋째, 사회보장은 국가뿐만 아니라 개인의 협력을 통해 달성되는 것이다. 국가는 국민들의 최저생활(a national minimum)만을 보장하고 그 이상은 개인과 가족 스스로의 노력에 달려있는 것이다. 즉, 국가는 자산조사 없이 사회보장을 하나의 권리로 제공하지만, 그 외에는 개인이 자유롭게 선택하는 것이다(원석조, 2006).

다음으로 베버리지 보고서의 사회보장계획은 다음과 같은 6개의 원칙에 기초하여 고안되었다(오윤수 외, 2011).

가. 보편성(universality)의 원칙

국내의 모든 성인이 수입의 중단을 초래하는 모든 종류의 사회적 위험에 대해 강제적으로 보험으로 대비해야 한다는 원리이다. 그 사회적 위험은 질병, 실업, 노동능력 상실, 노령, 사망, 출산 등이었다. 보험적용의 범위를 중산 계층과 상류 계층에까지 확대하였다.

나. 보험(insurance)의 원칙

모든 보험급여는 피용자와 고용자, 그리고 국가에 의해 갹출되는 보험료 징수에 의한 기금에서 지급된다는 것이다.

다. 정액갹출, 정액급여(flat rate contribution, flat rate benefit)의 원칙

소득이 다르더라도 동일한 보험료를 내고 동일한 수준의 급여를 받는다는 것이다. 베버리지 보고서는 이 방식이 역진적(regressive)이라는 것을 인정했지만 1911년 이래 이러한 방식에 익숙해져 있다는 이유로 채택하였다.

라. 최저생계(subsistence)의 원칙

급여액은 물리적으로 생존하기에 필요한 최저생활비만을 지급한다는 것이다. 보고서가 제안한 수준은 기존의 급여보다는 약간 개선되었지만 그 수준은 매우 낮았는데, 그 수준 이상의 생활을 바라는 사람은 민간보험 등을 이용한 사적인 준비를 해야만 했다.

마. 국민 최저한(national minimum)의 원칙

국민이라면 누구든지 필요할 때 사회보험 혹은 사산소사를 전제한 공공부조에 의하여 최저생활을 위한 급여를 받아야 한다는 것이다.

바. 행정관리의 일관성(administrative uniformity)의 원칙

사회보장을 관장하는 중앙부서하에 각 지역에 사무소를 설치하여 사회보험을 운영하며, 그것으로 당시까지 사회보험을 운영하여 온 보험조합을 대신한다는 것이다.

이러한 원칙의 대부분은 1911년부터 시작된 사회보험의 원리를 집대성한 것이었으나, 그럼에도 불구하고 이것은 지금까지의 단편적 계획을 종합하여 모든 국민을 포괄하고 또한 모든 종류의 사회적 위험에 대처하는 포괄성을 가진 것이 사회복지 사상의 중요한 전진을 보여준다고 할 수 있다(박광준, 2007).

영국은 제2차 세계대전이 끝나자 베버리지 보고서에 바탕을 두고 복지국가의 기틀을 마련해 나갔다. 1945년 6월 총선에서 노동당이 전쟁의 영웅 처칠이 이끄는 보수당에 압승을 거둔 것은 사회개혁에 대한 국민들의 바람을 보여준 것이었다.

한편 '사회보험에 가입할 수 있는 자격을 갖추지 못하였거나 능력이 없는 자들은 공공부조의 혜택을 받게 한다'라고 주장하였는데, 이는 공공부조가 사회보험 제외자에 대한 안전망의 기능을 수행할 것을 기대한 것이라 하겠다.

노동당 정부는 베버리지 보고서를 근거로 하여 1944년 사회보장청이 설치되었으며, 이후 제정된 주요 법률들은 1945년 가족수당법을 시작으로 1946년 국민보험법을 제정하였고, 1946년 국민보건서비스법(NHS)을 통과시켜 1948년 실시하게 되었으며 1948년에 이르러 국민부조법(National Assistance Act)을 제정하여 빈민법 시대를 마감하고 복지국가의 기초를 다졌다. 이러한 법과 제도들로 인하여 긴 역사를 지녔던 구빈법은 마침내 소멸되고 '요람에서 무덤까지'의 사회보장체계가 구성되었다.

2) 복지국가의 확충

이 시기는 제2차 세계대전 이후부터 세계적 경제 불황의 시작이었던 1973년의 오일쇼크를 전후한 시기까지이다. 이 시기에는 정치적 성향과 상관없이 모두 복지국가 체제가 필요하다는 합의를 하고 복지국가정책의 확충에 노력하였다. 그러한 배경에는 지속적인 경제성장이 사회복지지출 증가를 뒷받침할 수 있었다.

이 시기는 국가－자본－노동 간에 형성된 '화해적 정치구조'가 지속되면서 경제성장－완전고용－복지국가를 하나의 개념으로 보는 동의의 정치(politics of consensus)가 실현되었다. 이러한 화해적 구조는 국가에 따라서 사회민주당, 노동당 혹은 민주당의 집권하에 수립되었는데 이 구조의 특징은 다음과 같다(김태성·성경륭, 2008).

첫째, 소유와 경영의 자본주의적 경제과정에서 국가나 노동계급 누구도 경영에 관한 자본가계급의 특권적 지위를 박탈하지 않는다.

둘째, 노동계급은 자본가계급과의 합의하에, 또한 국가의 제도적인 보장하에 경영과 분배과정에 부분적으로 참여하되 소유와 생산 영역을 사회화하려는 급진적인 시도는 하지 않는다.

셋째, 국가-자본-노동 간의 협력의 결과 이루어지는 경제성장은 자본가계급을 이롭게 하며 노동계급에게는 완전고용과 향상된 복지혜택을 보장하고, 국가입장에서는 재정수입의 증가를 보장가능하기 때문에 삼자의 협력은 모두에게 이롭다는 것이다.

그런데 이러한 합의의 정치는 지속적인 경제성장이라는 배경하에 이루어진 것이다. 복지국가에 대한 합의의 정치구조 성립은 세금징수를 통한 복지재정의 확충이 전제되었고, 복지재정의 확충을 담보하는 것이 경제성장이었기 때문이다. 그러나 이 시기의 정치적 합의는 경제성장을 배경으로, 복지국가에 대한 의견을 기본적으로 달리하는 정당들이 일시적으로 또한 전략적으로 복지국가체제를 승인한 것일 뿐, 근본적으로 복지국가체제를 동의하거나 승인한 것은 아니었다. 그것은 다시 또 경제위기를 겪으며 이 정치적 합의가 곧 붕괴되는 것에서도 알 수 있다(박광준, 2007).[17)]

● 정 리 마 당 ●

1. 각 시기별 법률의 흐름과 그 내용?
2. 각 국가별 대표적인 발전사?
3. 경제와 복지와의 관계?
4. 복지국가의 발전사?
5. COS와 인보관 비교(과제 가능)

17) 영국의 경우 1960년대에 들어서며 보수당은 복지국가 비판론을 본격적으로 제시하여, 복지 분야에서의 사적 시장의 부활과 선별주의제도의 도입을 주장했다. 이러한 근거로는 기존의 보편주의 급여와 서비스가 빈곤의 해결에 대해서는 여전히 무력하다는 것이 밝혀졌다는 것이다. 보수당은 1970년대에 들어서자 선별주의식의 정책방향을 드러낸다. 1970년에 탄생한 보수당 정부(1970~1974)는 가족소득보조(Family Income Supplement), 집세보조(Rent Rebate), 집세수당(Rent Allowance), 레이트보조(Rate Rebate: 레이트는 지방세) 등을 도입하였는데, 이는 모두 자산조사를 전제로 하는 급여이다(박광준, 1992).

Part 01

사회복지정책의 발달이론과 사상

1. 사회복지정책의 발달이론

1) 사회양심이론(Social Conscience Theory)

사회양심이론이란 사회적 양심의 증대가 사회복지발전의 원동력이 되었다고 보는 이론이다. 이 이론은 인도주의에 기초한다. 인간은 기본적으로 동정과 연민을 지니며, 남을 배려하는 사회적 책임을 지닌 존재라고 가정한다. 이를 주장하는 사람들은 정부가 사회복지정책을 실현하는 이유를 현대국가가 시민을 위한 자선활동을 하는 것이며, 시민에게 인도주의적 가치를 구현하려는 것이라고 주장한다. 또한 과거에는 가족책임, 지역사회에 근거를 둔 상호주의 문화, 제도화된 자선 등에 의해서 사람들의 인도주의에 대한 충동이 전해지고 있다고 주장하며, 고대 유대교, 그리스, 로마, 초기 기독교 등에서 욕구가 있는 사람을 보호하는 인도주의가 구현되어 왔다고 주장한다(김종명·송낙길, 2015).

사회양심이론은 할(Hall, 1952)의 『*The Social Services of Modern England*』에서 볼 수 있다. 그는 사회복지란 타인의 어려움을 도우려는 사회양심의 발굴에서 시작된다고 주장하였다. 사회복지는 이타심이 발현한 것이라는 것이 1950년대 영국의 사회정책학의 통설이었으며, 이에 의하면 복지국가는 인간의 본성에 비추었을 때 당연한 귀결이라는 것이다(박경일, 2007).

영국의 사회복지학자 존 베이커(John Baker)는 기존의 사회복지학의 교재를 분석하여 그로부터 공통적인 관념, '사회양심테제(social conscience thesis)'를 추출했다.

이러한 점에서 사회양심론은 사회복지정책을 이해하기 위한 하나의 이념형적 해석 방법인 것이다(원석조, 2006).

베이커(1979)의 가설에 의하면,

① 사회복지정책이란 인간이라면 누구나 갖는 타인에 대한 사랑(이타심)을 국가를 통해 표현하는 것이다.

② 사회복지정책은 사회적 의무감의 확대·심화이며, 사회적 욕구에 대한 국민들의 과학적 지식의 증대에 의해 변화된다.

③ 그러한 변화는 누적적이며, 정책은 늘 균일하게 변화하지는 않지만, 대체로 관대하게 발전한다.

④ 개선은 역전될 수 없으며, 현행 서비스 수준은 지금까지 가장 높은 역사적 형태이다.

⑤ 현재의 사회서비스가 완전한 형태는 아닐지라도 사회복지의 주요 문제들은 앞으로 해결될 것이고, 현재의 사회는 안정 기반 위에 구축되어 있으므로 개선에 대한 전망은 낙관적이라고 기대할 수 있다.

그러나 사회양심이론은 사회양심이론가들이 주장하는 대로 사회정책이 사회양심으로부터 시작된다면 모든 인간사회에서 사회양심이 발현되어 똑같은 형태로 사회정책이 발전해야 되는데 현실에서 그런 일은 일어나지 않는다. 이러한 면에서 한계에 직면한다. 즉, 사회양심이론은 다음과 같은 비판을 받는다.

첫째, 국가의 역할과 관련하여 지나치게 자비적 특성을 강조하여 왜곡된 견해를 갖게 하여 사회복지발전 과정에 대한 정확한 이해를 어렵게 하는 점이 있다(국가의 역할 왜곡).

둘째, 사회복지 발전의 원동력을 사회적 양심에 중점을 두어 바라봄으로써 산업화의 정도, 민주주의 발전 등 다양한 사회적 맥락을 간과하게 되는 한계점을 지닌다. 마지막으로 사회적 양심이 사회복지의 발전을 가져왔다고 보고 있으나 그에 대한 명확한 인과관계를 밝히지 못하는 한계를 지닌다.

2) 음모이론(The Conspiracy Theory)

음모이론은 앞서 살펴본 사회양심이론과는 정반대 입장을 취하는 이론으로서, 두 이론 모두 사회복지정책의 발달을 목적론적 측면에서 파악한 것이다. 음모이론에 의하면 사회복지정책은 이타심이나 양심의 발현이라기보다 사회전체의 안정과 질서유지를 통한 사회통제에 목적이 있다고 본다. 즉, 사회의 특정 목적을 달성하기 위해 사회복지정책을 하나의 수단으로 보는 것이다(김종명·송낙길, 2015).

사회통제(Social control)는 정치적·경제적 위기 발생 시, 정치적 정당성을 확보하거나 시민들의 욕구를 충족시키기 위하여 사회복지정책이 확대되고 또는 선거 등과 같은 제도적 메커니즘을 통해 위기를 해결하려고 하며, 안정이 정착될 경우 효율성을 추구하는 측면에서 노동윤리를 강조하는 방향으로 전개된다고 할 수 있다(원석조, 2006).

피븐과 클로워드(Piven & Cloward, 1971)는 『빈민규제론(*Regulating the Poor*)』에서 사회통제적 대응으로서 사회복지정책을 분석하였는데, 그들은 사회복지를 사회통제의 수단이라고 주장한다. 즉, 이러한 구호정책은 시장체계의 불완전성을 보상하는 규제정책이라고 한다.

대표적인 사례가 비스마르크의 사회보험이다. 1880년대 독일 비스마르크의 사회보험법은 당시 노동운동을 주도하던 사회주의자를 진압하고 노동자계급을 국가 내로 통합시키기 위한 당근정책이자 양보책이었다. 다음 사례로는 한국에서 사회복지정책 출발배경이 정권획득을 위한 도구로 사용되었던 것이다. 군사정부가 쿠데타로 정권을 잡을 경우, 정권의 정당성을 확보하기 위해 국민들에게 각종 사회복지정책을 신설하는 것도 음모이론과 같은 맥락이라고 볼 수 있다. 또한 영국의 엘리자베스 구빈법 역시 빈민을 통제하고 규제하기 위한 수단으로 작용했음을 부인할 수 없다.

음모이론의 특징은 '표현된 정책목표'와 '숨겨진 정책목표' 사이의 갈등과 괴리를 설명하는데 유용하며, 정책목표의 다양성을 밝힐 수 있는 단서를 제공한다는 점이 있다(김종명·송낙길, 2015). 그러나 음모이론 역시 몇 가지 한계점을 지닌다.

첫째, 정책의 의도에 너무 중점을 두다 보니, 다른 사회적 맥락을 간과한다는 점이다. 사회복지정책의 형성과 집행과정에는 정치현실, 재원의 정도, 국민적 합의 등 다양한 요소가 반영될 수 있다.

둘째, 음모이론은 사회적 질서를 위협하는 자들의 규제하기 위하여 사회복지정책을 실시하지만, 실제로 사회안정을 위협하지 않으면서 사회복지정책의 혜택을 받고 있는 사회적 약자, 예를 들면 장애인, 아동 등과 같은 집단을 대상으로 하는 사회복지정책의 존재에 대한 설득력이 부족하다.

[표 3-1] **각 학자들의 음모이론에 대한 주장**

학 자	내 용
George & Wilding	마키아밸리의 관점에서 음모나 사회통제로부터 실시되는 복지를 미리 선수쳐서 양보하는 것을 사회정책이라 함
Piven & Cloward	대량실업과 같은 경제위기가 발생하면, 소요사태가 벌어짐 → 이를 해결하기 위해 국가는 공공 복지제도를 확장시킴 → 정치적 안정을 달성하면 복지서비스나 프로그램의 축소 또는 폐지
O'conner	정부의 사회복지지출액의 수준은 시장의 법칙에 의한 것이 아니라 계급 또는 집단 간의 사회 · 경제적 갈등에 의해 결정됨
Saville	사회정책은 자본주의 유지를 위해 필요한 안정과 효율을 위해 사용하는 물리적 강압책의 대안임

3) 산업화 이론(수렴이론)

수렴이론 또는 산업화 이론(Industrialization Theory)은 경제발전이 상당 수준에 이르게 되면 사회복지의 발전 정도가 유사한 형태로 수렴된다는 이론이다.

산업화 이론의 요체는 서로 다른 정치이념과 정치문화를 가진 국가들도 산업화만 이룩되면 복지국가로 발전되어 유사한 사회복지체계를 갖게 된다고 보는 점이다. 즉, 새로운 욕구와 새로운 자원의 결합으로 사회복지의 발달(또는 복지국가의 등장과 발전)을 설명하는 산업화 이론은 흔히 수렴이론(Convergence Theory)으로 불리며, 또 어떤 면에서는 '이념의 종말', '체제의 종언'이라고도 한다. 따라서 산업화 이론에 의하면 모든 나라가 산업화를 통해 궁극적으로는 동일한 수준의 복지국가에 도달할 것이라고 예측할 수 있는 것이다.

윌렌스키(Wilensky)는 수렴이론에 대하여 "정치·경제 형태가 어떠하든지 문화 및 역사가 얼마나 독특하든지 간에 부유한 사회들이 사회구조는 물론 이념적 측면에서 점점 같아진다는 개념이다."라고 하였다. 즉, 수렴이론은 산업사회의 복지제도를 결정짓는 것에는 인도주의나 양심, 이데올로기나 계급 간의 갈등이 아니라 기술과 산업화이며 어느 정도 수준의 산업화를 이룬 국가들의 사회제도는 결국 수렴되어 서로 비슷하게 나타날 것이라는 주장이다(박경일, 2007).

먼저 산업화는 생계수단으로 노동력을 판매한다는 것을 의미한다. 농업사회의 농민, 자영업자, 장인 등이 산업사회에서는 일하고 임금을 받아 생계유지를 하는 임금노동자로 대체된다. 이 과정에서 새로운 문제와 욕구들이 나타나게 되는데, 이를테면 소득의 중단을 가져오는 실업, 산업재해, 질병, 고령 등이다. 또한, 산업화로 인해 발생하는 도시화 현상은 주택, 환경오염, 범죄, 빈곤 문제와 같은 새로운 문제를 야기한다. 이러한 변화와 더불어 가족구조나 지역사회의 사회문제에 대한 대응력이 약화됨에 따라 국가나 조직화된 복지기관의 대응력 강화가 요구된다. 결론적으로 산업화(industrialization)가 공식적이고 전문화된 복지주체(기관)의 성장을 위한 전제조건을 조성하게 한다는 것이다(김종명·송낙길, 2015).

사회복지제도의 수렴에 있어서 중요한 요인은 기술발전(technological development)이다. 체제를 벗어나 기술이 국가발전의 중요한 원동력임을 인식한 국가들이 기술발전을 조직하고, 복잡한 기술개발에 필요한 환경을 구축하게 되는데, 이때 기술개발에 필요한 환경 구축의 하나로 사회복지가 활용되고 이러다 보면 자본주의 국가는 물론 사회주의 국가의 사회복지가 비슷한 형태를 갖추게 된다는 것이다(원석조, 2006).[18)]

수렴이론에 대한 실증적 연구는 윌렌스키(1975)와 고든(Gordon, 1963)에 의해 이루어진 바 있는데, 이들은 연금제도에서 수렴현상을 볼 수 있다고 한다. 영국의 경우

---

18) 벨(Bell)과 커(Kerr) 등은 후기 산업사회에서는 사회발전이 이데올로기가 아닌 기술(technology)에 의해 결정되기 때문에 이데올로기의 종언을 주장했다(원석조, 2006).

정액제 연금에서 출발하였고, 스위스의 경우 소득비례연금부터 시작하였지만, 현재의 대부분의 국가가 두 연금제도를 실시하고 있다.

그러나 수렴이론은 많은 한계를 지닌다. 오코너(O'Connor, 1973)는 OECD에 가입한 나라들을 대상으로 연구한 결과 매우 제한된 기간에만 수렴이론이 받아들여질 수 있으며 수렴이론을 명확히 뒷받침할 만한 준거는 별로 없다고 제시하였으며, 핑커(Pinker, 1971)도 수렴이론에 대한 증거는 서구 자본주의 사회에서도 극히 제한적이고, 동구 사회주의 사회에서도 정치, 경제 관점의 유사성보다 오히려 차이점이 더 뚜렷하게 나타난다고 하였다.

또한 이미 공산주의체제가 붕괴한 현재 상황에서 양 체제의 수렴이라는 의미 자체가 없으며, 선진 자본주의 국가에서의 수렴현상 또한 비판을 받고 있다. 수렴현상으로 주장되는 내용으로는 복지비 증대 추세 또는 기본적인 제도 등이다. 각 국가의 복지프로그램 중 세부적인 내용에서는 여전히 차이를 보이고 있으며 수렴현상을 제대로 규명할 수 없다(Wilensky, 1985). 사회복지제도의 발전 과정에서 작용하는 중요한 다른 변수, 특히 계급, 기득권, 민주화와 같은 정치적 요인 등 중요한 변수들을 배제하는 오류를 범하게 되는 것이다(Mishra, 1981).

4) 확산이론(Diffusion Theory; 전파이론)

확산이론은 한 나라의 사회복지정책이 다른 나라에 영향을 미친다는 것을 전제로 하는 이론으로, 주로 복지선진국의 사회복지정책을 복지후진국에서 국제적 모방과정(process of imitation)을 통해 사회복지정책이 확대된다고 설명한다.

로저스(Rogers, 1979)는 확산은 "특정 사회체계를 구성하는 여러 구성원 사이에서 일정기간에 걸쳐 특정 경로를 통해 혁신이 전파되는 과정"이라고 정의한다. 예를 들어, 한국의 건강보험은 인접국가인 일본의 건강보험을 모방하였다(오윤수 외, 2011).[19)]

19) 한국의 건강보험 초기 모습은 일본의 건강보험을 모방하였으나, 현재는 조합방식에서 통합방식으로 변경하여 일본의 건강보험 형태에서 벗어난 모습을 갖추었다.

확산은 두 가지 유형으로 구분할 수 있다. 첫째, 위계적(hierarchical) 확산은 새로운 제도 또는 기술혁신이 선진국에서 후진국으로 확산되는 경우이다. 둘째, 공간적(spatial) 확산은 한 국가에서 개발된 기술이나 제도가 인접한 국가들로 전파되어 가는 것을 말한다.

확산이론을 주장한 대표적 학자로는 타이라와 킬버(Taira & Kilby, 1969) 및 콜리어와 메식(Collier & Messick, 1979)이 있다. 타이라와 킬버는 사회보장 발전 정도와 국가의 지리적 위치가 밀접한 상관관계에 있다고 제시하였다. 유럽대륙 국가는 다른 비유럽 국가보다 먼저 사회보장제도를 구축하였고 더 많은 복지비를 지출하고 있었는데, 이는 유럽대륙 국가들의 지리적 근접에 기인하다고 보았다. 또한, 콜리어와 메식은 전 세계 59개국을 분석하였는데, 경제발전 수준이 상대적으로 낮은 동유럽 및 남유럽 국가들이 유럽 선진 복지국가들의 영향을 받아 복지제도를 확장했다고 주장하였다(원석조, 2006).

미드글레이(Midgley, 1999)는 제3세계 국가들이 식민지 시절에 선진국의 사회보장제도를 모방한 뒤 시행한다고 주장하였으며, 히긴스(Higgins, 1981)도 19세기 말엽 미국의 인보관운동은 영국의 인보관운동을 모방하여 실시한 것이라고 주장했다.

이러한 확산의 특징에 대하여 박경일(2007)은 두 가지로 제시하였는데 ① 상대적 이점, 수용자의 조건과 부합한다는 의미에서 적합하다는 것, ② 수용자들에 의한 수용가능성, 그 성과나 과정에 대한 관찰이 가능하다는 것이다.

한편 확산이론은 다음과 같은 몇 가지 한계를 지니고 있다.

첫째, 이 이론은 국가 간의 사회복지제도의 확산 여부를 떠나 기본적으로 논리적 취약점을 지니고 갖고 있다. 한 국가가 사회복지제도가 다른 국가의 것을 모방한 것이라면, '복지의 원인이 복지가 된다.'는 동어반복이다(원석조, 2006). 그렇다면 복지제도를 처음 시행한 국가는 어떠한 계기로 복지제도를 만들게 되었는지에 대한 설명이 불가능하다.

둘째, 플로라와 알베르트(Flora & Albert, 1981)에 의하면 확산효과는 미미하다. 유럽 각국의 정책입안자들은 공통적으로 세계 최초로 시행된 독일의 사회보험에 대해 지대한 관심을 보였으나, 이들은 제도도입에 있어 확산효과보다는 국가 내부의 사회경제적 또는 정치적 상황이 더 중요하다고 했다.

셋째, 모방과정을 통해 전파된 사회복지제도라 하더라도 각국의 제도는 세부사항에서 많은 차이를 보이며, 제도가 도입되기 이전의 상황도 다양하게 나타난다. 단순히 특정 국가와 인접하다는 지리적 위치나 피식민지적 경험은 중요한 변수이지만 이러한 요인이 어떠한 과정을 통해서 정책화되는지에 대한 설명력이 부족하다.

5) 이익집단이론(Interest Group Theory)

이익집단이론은 사회복지정책을 이익집단[20] 간의 갈등과 타협의 산출물로 간주하는 이론이다. 이를 도식화하면 〈그림 3-1〉와 같다. 경제발전과 민주주의의 진전으로 다양한 이익집단들의 요구가 커지고 있다. 이러한 이익집단의 성장은 정부 지출의 증대를 가져온다. 즉, 이익집단이 이익을 실현하기 위해 국가에 대해 압력을 가하면 결국 복지비의 확대를 가져온다는 것이다(원석조, 2006). 또한 이익집단이론에서는 국가(정부)의 역할이 중요한데, 사회복지의제를 둘러싸고 이익집단들 간의 갈등이 일어나면 정부는 중립적인 입장에서 이를 조정하여 타협을 이끌어내고 절충된 사회복지정책을 산출하는 역할을 한다.

이익집단이론은 사회복지의제를 둘러싸고 서로 다른 이해관계를 가진 이익집단들이 행사하는 영향력을 분석하고 사회정책과 이익집단들의 관계를 파악할 수 있는

20) 이익집단이란 "특수이익을 옹호하고 증진시키기 위해 정책과정에 압력을 행사하고 서로 다른 이해를 가진 이익집단 간에 갈등하는 조직화된 사회집단이라고 할 수 있다. 즉, 개인들의 집합체로서 공유된 목표 또는 가치를 달성하기 위하여 상호작용하는 집단이라고 할 수 있는 것이다. 이들은 정책형성과정에 압력을 행사하여 자신들에게 유리한 결과를 도출하려 한다는 점에서 압력단체라 불리기도 한다. 집단적 이익을 달성하기 위하여 정부에 대하여 정책형성과정에 있어 영향을 미치려고 하기 때문에 하나의 정치조직이며 중요한 정치적 행위자인 것이다." 또한 이러한 이익집단은 "시민단체와 차이가 있는데, 시민단체는 공익을 목적으로 하고, 회원가입이 비교적 개방되어 있으며, 시민들의 자발적이고 능동적인 참여로 이루어진 조직으로서, 이는 사회갈등, 사회문제의 해결, 그리고 사회사업 등을 목적으로 하는 단체를 뜻한다. 시민단체는 정부주도가 아닌 민간주도로 설립된 단체를 망라하는 비정부 민간기구(NGO: Non Government Organization)란 용어를 사용하기도 하는데, 이들 개념은 모두 공공성, 자발성, 개방성을 내포한다는 점에서 공통점을 지닌다. 어쨌든 이익집단과 시민단체는 이익을 추구하고 조직을 이룬다는 점에서 공통점이 있으나, 이익집단은 사유재산권을 추구하고, 시민단체는 공유재산권을 추구한다는 점에서 차이가 있다."고 한다(김경우 외, 2008).

특징이 있지만, 한계점도 지닌다. 즉, 이익집단이론은 자본가나 노조 등의 계급보다 이익집단이 더 큰 비중을 차지한다는 것을 암시하는데, 전체적으로 조명해 보면 노조 등의 계급은 코포라티즘(Corporatism)[21]에 근거하여 합법적 기구를 통해 영향력을 행사하므로, 이익집단이론은 논란의 여지가 남아 있다(김경우 외, 2008).

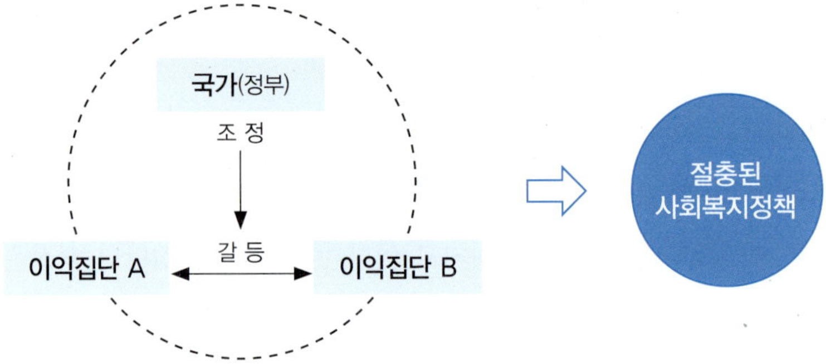

〈그림 3-1〉 **이익집단이론의 개념도**

6) 국가론

국가론(The statist approach) 또는 국가중심론(State-centered theories)에서는 사회복지정책의 산출이 이익집단의 요구에 의해서 결정되는 것이 아닌, 정부관료제 등 국가가 독립적 위치에서 사회문제를 인식하고 그에 대해 대안을 찾는 일련의 정책과정으로 보는 이론이다.

이를 도식화하면 〈그림 3-2〉와 같다.

21) 코포라티즘이란 "다원주의(pluralism)의 변종으로서 거대한 노조가 출현하여 사용자와 대등한 수준에서 임금·근로조건 등 노사 간의 중요 현안을 협상하고 정부가 이를 중재하며, 나아가 정부와 노사 간의 현안인 물가와 복지 등의 문제를 상의·결정하는 삼자협동주의(tripatism)가 정착된 제2차 세계대전 이후 서구사회의 특징"을 지칭한다(원석조, 2006).

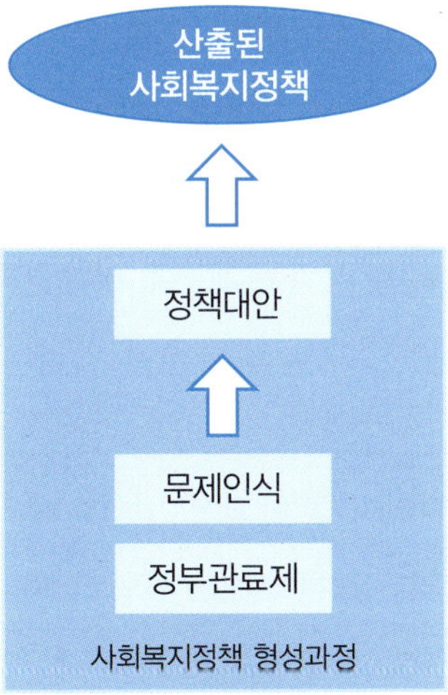

〈그림 3-2〉 **국가론의 개념도**

국가론의 대표학자는 스카치폴(T. Skocpol)로서, 그녀는 국가조직이나 정당조직은 역사적으로 독자적이고 다양한 구조를 갖고 있으며, 국가와 관료조직 그 자체가 국가정책과 관련하여 결정적인 변수가 된다고 하였다. 이에 대한 근거로 1930년대 미국의 루즈벨트 정부가 뉴딜정책의 일환으로 추진한 농업조정법(The Agricultural Adjustment Act, 농산물 가격안정을 위한 법)과 전국산업부흥법(The National Industrial Recovery Act, 실업과 경기후퇴에 대응하기 위한 법) 등이다. 농업조정법은 정책을 실행할 수 있는 정책수단이 기존 연합정부 내에 존재했기 때문에 성공한 반면, 전국산업부흥법의 경우 기업자율규제의 필요성을 제대로 인식하고 그에 우호적으로 조직된 국가행정조직이 존재하지 않았기 때문에 실패했다는 것이다(원석조, 2016).

그런데 국가론은 현대 사회의 패러다임인 다원주의를 부정하는 이론으로 해석될 수 있다. 즉 이익집단, 시민단체 등의 참여는 시민들의 선호에 대한 정부의 반응성을 높이는 기제가 될 수 있는 동시에 시민들에게 민주주의 유지에 필요한 자질 및 태도를 함양시킨다고 할 수 있다. 이러한 참여를 통해 문제해결과 목표달성을 위한 기술을 터득할 수 있다는 점을 고려할 때, 국가론은 이를 간과하고 있는 것으로 볼 수 있다(김경우 외, 2008).

7) 시민권론(Citizenship Theory): 시민권의 가치(1장 참조)

시민권(citizenship)이란 공동체의 완전한 성원(full membership of a community)에게 부여된 여러 가지의 권리와 권력을 향유할 수 있는 지위를 말한다. 시민권론은 마샬(T. H. Marshall) 등이 주장하였는데, 이 시민권은 공민권, 정치권, 복지권[22)]으로 구성된다. 마샬은 사회복지정책의 발달을 시민권의 발달이라는 측면에서 진화론적으로 설명하고 있다.

초창기에는 이 세 가지 권리가 혼합되어 있었는데, 점차 기능적으로 분리되었다. 먼저 18세기에는 개인의 자유, 표현·사상·신념의 자유, 정당한 계약의 권리, 사유재산권 등 개인의 자유에 필요한 공민권, 19세기에는 정치적 권위가 부여된 기구의 성원 또는 그 기구의 성원을 선출하는 유권자로서 정치권력을 행사할 수 있는 정치권, 그리고 20세기에는 최소한의 경제적 복지와 보장에 대해 정부에 서비스 제공을 요청할 수 있는 권리로부터 사회적 유산을 공유하고, 사회의 통상적 기준에 따라 문명화된 삶을 향유할 수 있는 권리에 이르는 복지권으로 발전되었다고 볼 수 있다.

마샬은 시민권론의 개념을 근거로 사회복지정책의 출현을 설명했다. 그는 시민권과 사회적 불평등의 관계, 특히 양자의 공존관계에 대해 주목하였다. 마샬에 의하면 계급이란 다음과 같다.

첫째, 지위의 위계(a hierarchy of status)이다. 계급격차는 법적 권리와 관습에 의해 표현되고, 이때 계급은 제도로 존재하는 것이다.

둘째, 그 자체가 하나의 제도라기보다는 다른 제도의 결과물로서의 계급이다. 사유재산제도 또는 교육제도 등 다른 제도의 구조적 산물로서의 계급이다. 이는 곧 사회적 불평등의 체계를 의미한다. 계급이 불평등체계라는 점에서 계급과 시민권은 갈등관계에 있다.

즉, 현실은 자본주의 계급체계로 인해 항상 불평등이 존재하는데, 평등을 지향

---

22) 복지권에 대해 다양하게 개념정의되고 있으나, 협의의 복지권은 현대산업사회에서 적절하다고 간주되는 생활수준 이하의 요보호자(요구호자)에게 직접 혜택을 주기 위해 자원을 재할당하는 것으로 정의할 수 있고, 광의의 복지권은 '인간다운 생활의 보장'을 위한 광범위한 차원에서 제공하는 복지형태라고 정의할 수 있다(김경우 외, 2008).

하는 시민권의 보장은 현실과 괴리를 보이며 갈등관계를 나타낸다. 이러한 갈등관계를 완화하기 위해 복지권에 근거한 사회복지정책을 투입해야 한다는 것이다. 따라서 사회복지정책을 활용하여 불평등을 완화한다면 현실의 불평등과 시민권 이념은 양립할 수 있는 것이다(김경우 외, 2008).

마샬의 시민권에 대한 견해는 인간의 자유와 평등에 관한 보편적인 사회적 권리를 포함시킴으로써 시민권 개념을 확장시켰다. 하지만 각 개인들이 인간으로서 보편적 권리와 동시에 사회적 신분으로서의 시민이 가지는 권리라는 의미에서, 배제의 가능성도 동시에 지닌다. 보편적 권리로서의 시민권이 불평등을 정당화할 수 있는 위험을 시정하기 위해서는 서비스의 물질적 혜택으로서만 접근할 것이 아니라, 정치경제적 맥락에서 사람들에게 어떤 방식으로 권한을 부여하고 어떻게 잘못된 권한을 시정할 수 있는지 파악하는 것이 중요하다(오윤수 외, 2011).

마샬의 시민권론이 사회복지학에 기여한 점은 다음과 같다.

첫째, 그의 시민권론은 근대 자본주의 체제의 불평등한 계급구조와 평등지향의 시민권 이념이 공존할 수 있음을 보여주었다. 이는 사회복지서비스를 시민의 기본권리로서 현대 사회에서 인정할 수 있는 기반을 제공하였다는 것이다.

둘째, 사회복지를 거시적 연대성(solidarity)과 결부시켰다. 이는 현대 사회에서 시민적 연대성을 창조할 수 있다는 가능성을 제시한 것이다.

즉, 시민권은 시민이라는 법적 자격을 가진 것으로 사회복지급여를 제공받을 수 있고, 다른 사회구성원이 사회적 약자를 돕는 근거가 될 수 있다(원석조, 1983; 김종명·송낙길, 2015). 본 이론과 관련해 대표적인 사회복지정책으로는 공공부조정책이 있다. 우리나라에서는 국민기초생활보장제도[23] 등인데, 현재 낮은 수준으로 제공

23) 국민기초생활보장제도란 빈곤계층에 대해 국가가 생계, 주거, 교육, 의료 등 기본적인 생활을 보장하는 공공부조제도이다. 1961년 생활보호법 제정 이래 40년간 빈곤계층을 보호하기 위하여 생활보호제도를 실시하였으나, 1997년 말 외환위기로 인한 경제위기로 고통받는 저소득실직자 등 최저생계비 이하의 많은 국민들을 보호하기에는 미흡한 점이 많았다. 그리하여 국가의 보호를 필요로 하는 최저생계비 이하의 가구에 대하여 최저수준 이상의 생활을 제도적으로 보장하고, 스스로 자립할 수 있도록 지원하는 생산적 복지를 실현하기 위해 1999년 8월 12일 「국민기초생활 보장법」을 제정하고, 2000년 10월부터 시행했다.

되고 있지만 국민의 최저생계비를 보장하고 있다는 점에서 자본주의의 불평등과 평등주의적 시민권이 양립할 수 있는 근거를 제공하고 있다. 그러나 몇 가지 한계점이 있다.

첫째, 공산주의 사회나 개발도상국에서는 통용되기 어렵다.

둘째, 사회권의 개념이 구체적으로 규정되어 있지 못하다.

셋째, 사회복지정책의 발달에 존재하는 복잡한 집단 갈등과 행동 같은 정치적 역학관계를 설명하는 데 한계가 있다.

8) 정책이전이론(Policy Transference Theory)

정책이전이론은 가장 최신이론으로 최근 공공정책의 발달에서 제시되고 있는 이론이다.

정책이전이란 다른 국가나 지방 관할구역으로부터 공공정책의 의식적인 채택이다. 만약 아이디어와 정책이 전파되더라도, 정책이전이 발생하기 위해서는 아이디어와 정책이 채택되고 실행되어져야만 한다. 일단 채택된 아이디어나 모델이 제도화되면 전파는 이론에 의해서 설명될 수 없고 조직적인 일상화의 요구나 자기 이해관계에 얽힌 행위자들에 의해서 향상됨으로써 설명될 수 있다(박경일, 2007).

한편, 정책이전은 다양한 대리기관에 의해 정책 채택을 요구하고 실행한다(박경일, 2007).

그렇다면 정책이전의 동기는 무엇인가? 정책이전은 다양한 대리기관(관료, 이익집단, 정당, 전문가 등)이 의식적으로 똑같은 정책을 모방하거나 경쟁하는 정책을 만들거나 혼합하는 등의 방식으로 진행된다. 이는 자발적으로 원하거나 강제로 해야만 하기 때문에 정책이전이 일어나는 경우가 있다.

즉, 정책이전은 대리기관의 정책이전 동기의 자발성과 동시에 강제성도 가지고 있다는 것이다. 예를 들어, 영국 조지(L. George)수상이 독일의 사회보험제도를 모방하여 연금제도를 도입한 것이 전파이론으로 설명이 가능한지, 또는 정책이전이론의 실례에 해당되는지는 논란의 여지가 있다. 정책이전이론은 아직까지 모든 이론적 설명과 근거를 가지고 있는 것은 아니므로 향후 증거에 의해 증명될 수 있도록 모델이 개발되어야 하고 연구되어야 할 것이다(박경일, 2007).

9) 엘리트론

사회복지정책이 소수나 개인의 우수한 능력으로 이루어졌다고 보는 것으로써, 권력은 항상 소수에 의해 행사된다는 생각을 갖고 있으며 다수의 일반인은 권력행사에 참여하지 않는 것으로 본다.

그리고 대중과 엘리트를 구분하여 생각하므로 역사를 계급투쟁의 결과가 아닌, 소수 엘리트들의 교체과정으로 본다. 따라서 엘리트주의자들은 계급 간의 투쟁은 중요하게 보지 않고 오히려 엘리트들 간의 갈등을 중시하며, 역사는 엘리트들이 대중을 지배하는 것이라고 생각한다.

또한, 권력이 유권자인 국민으로부터 나오는 것이 아니라 정당이나 국가의 엘리트들에 의해 비롯된다고 생각하여 국민의 존재를 무시한다. 이들은 자신의 이익을 위해 혹은 권력의 유지를 위해 정부를 통제하고 국민을 통제하려는 속성을 갖고 있다.

이러한 속성은 그들만이 갖는 학맥, 지역, 재능, 지식을 바탕으로 연계되어 있으며 이를 통해 기득권을 향유하려는 속성을 갖고 있다. 때문에 엘리트들은 연고주의와 사적인 네트워크로 형성된 집단의식으로 인해 서로 동류의식을 갖기도 하고, 상대방을 은밀하게 배려하는 특성을 갖고 있다고 보는 것이다.

10) 이익집단 정치이론

(1) 개요

① 사회민주주의 이론이 전통적인 계급(자본과 노동) 간의 정치적인 권력투쟁으로 사회복지의 발달을 설명하는 반면에, 이익집단 정치이론은 다양한 이익집단들의 정치적 힘에 초점을 맞춘다.

② 즉, 이익집단 정치이론에 의하면 사회복지의 발달은 다양한 이익집단들 사이에서 사회적 자원의 배분을 둘러싼 경쟁이 치열해지고, 따라서 이러한 집단들의 정치적인 힘이 중요해져서 정치가들이 이들의 요구를 수용하는 데에서 나온

결과라고 본다.

③ 이 이론을 뒷받침하는 논거는 민주주의 사회에서 정부의 사회복지정책에 대한 지출이 선거에서의 득표를 위한 경쟁에서 비롯된다는 점이다. 일반 국민은 정치적 목표보다도 경제적인 자기이익의 판단에 따라 투표를 한다. 따라서 정당이라는 것은 어떤 정책들을 제시하는 집단이라기보다는 선거에 이기는 것을 목표로 하는 연합체로 본다.

④ 이런 상황에서 많은 이익집단들은 자기들의 이익을 위한 프로그램들을 지지하는 정당의 정치인들과 그들의 표를 맞바꾼다. 즉, 정부의 사회복지정책은 이러한 민주주의 제도하에서 각각의 이익을 추구하는 이익집단들의 정치적 과정의 결과로 본다.

⑤ 복지국가의 발전을 설명하는 이익집단 정치이론은 여러 이익집단들에 적용할 수 있는데, 특히 중요한 것은 노인집단이다. 이것은 대부분의 복지국가에서 가장 큰 복지 프로그램이 노인을 위한 것(예: 국민연금, 노령수당 등)이라는 데에서 그 중요성을 알 수 있으며, 이익집단 정치이론은 이를 노인의 정치적인 힘의 증대로 인한 결과로 해석한다.

(2) 이익집단 정치이론이 복지국가 발달의 설명에 기여한 점

① 복지국가의 발달을 전통적인 계급관계를 넘어 다양한 집단의 정치적 경쟁에 초점을 맞추었다. 이것은 현대 산업사회에 존재하는 다양한 이익집단들, 그리고 이러한 이익집단 간의 치열한 경쟁을 볼 때 적절하다.

② 현대 민주주의 제도에서의 정당정치의 현실을 좀 더 명확히 파악했다고 볼 수 있으며, 특히 노인을 위한 복지국가 프로그램의 확대를 설명하는 데 적합하다.

(3) 이익집단 정치이론의 한계

① 선진 산업국가들 가운데서도 정치적으로 다원화된 미국과 같은 민주주의 국가에만 적용할 수 있어 세계 많은 나라의 사회복지정책의 발달을 설명하는 데는

한계가 있다. 즉, 민주주의가 정착되지 않은 국가들 혹은 민주주의제도하에서도 이익집단들의 정치적 힘이 상대적으로 강하지 않은 국가들에서의 복지국가 발전현상을 설명하는 데에는 한계가 있다.

② 사회복지에 대한 지출이 선거에서의 득표를 위한 경쟁에서 결정된다고 주장하는데 이러한 선거정치에 의한 복지국가 설명도 한계가 있다. 즉, 일반적인 정부지출은 점증적으로 변화하는 경향이 있기 때문에 선거에서의 득표경쟁으로 인한 정부지출의 차이는 많지 않다는 것이다.

11) 코포라티즘

① 코포라티즘(협동조합주의, 노사조합주의, Corporatism)은 다원주의의 변종으로서 거대한 노조가 출현하여 사용자(자본가)와 대등한 수준에서 임금·근로조건 등 노사 간의 주요 현안을 협상하고 정부가 이를 중재하며, 나아가 정부와 노사 간의 현안인 물가와 복지 등의 문제를 상의·결정하는 3자협동주의가 정착된 제2차 세계대전 이후 서구사회의 특징을 지칭한다.

② 양 당사자인 노조와 자본가단체는 다원주의에서 말하는 평범한 압력집단에서 '통치기구'로 변화된 거대한 힘을 가진 조직을 말한다.

③ 국가적 현안이 의회 밖에서 3자에 의해 결정되자 의회의 정책결정권한이 상당히 약화되었으며, 이런 정책결정구조는 사회복지정책의 확대·발전에 큰 영향을 주었다. 즉, 코포라티즘은 복지국가의 성장과 확대를 이끌어 낸 유력한 근거가 되었던 것이다.

12) 사회민주주의 이론

(1) 개요

① 산업화 이론이나 독점자본이론 등이 '정치는 무관하다'는 입장을 가진 반면, 사회민주주의 이론은 정치적인 면을 중요시 여긴다.

② 이 이론은 독점자본이론처럼 자본주의에서의 계급갈등에 초점을 맞추었지만, 독점자본이론이 이러한 계급갈등에서 자본의 일방적인 이익추구라는 관점으로

설명한 것과 달리, 사회민주주의 이론은 노동의 정치적 세력확대의 결과로 설명한다.

③ 다시 말하여, 복지국가는 노동자계급을 대변하는 정치적 집단의 세력이 커질수록 발전한다는 것이다. 한마디로 복지국가를 자본과 노동의 계급투쟁에서 노동이 획득한 승리의 전리품으로 보는 것이다.

④ 이 이론의 논리는 고도로 발전된 자본주의의 성립과 더불어 의회민주주의 제도의 정착을 그 배경으로 한다. 발전된 자본주의 사회에서 자본의 힘은 자본의 소유와 관리의 분리로 인해 분산되는 반면, 산업화로 인해 그 수가 급격히 늘어난 노동자계급은 강하고 중앙집권화된 노동조합운동을 통해 조직화된다.

⑤ 모든 노동자들에게 선거권이 확대되고 힘이 강해진 노동자계급은 그들의 이익을 대변하는 정당을 지지하게 되며, 이러한 과정 속에서 사회권의 확대를 통해 복지국가정책의 발달이 이루어진다는 것이다.

(2) 복지국가 발전을 위한 7가지 요인(Pierson, 1994)

① 노동자계급으로의 선거권 확대

② 노동자계급을 대변하는 사회민주당의 발전

③ 강하고 중앙집권화된 노동조합운동

④ 우익정당의 약화

⑤ 지속적인 사회민주당의 집권

⑥ 지속적인 경제성장

⑦ 노동자의 강한 계급의식과 종교, 언어, 인종적 분열의 약화

(3) 사회민주주의 이론이 복지국가 발달의 설명에 기여한 점

① 복지국가의 발달을 설명하는 데 있어 정치적 요소들에 대한 분석이 중요하다는 것을 보여준다. 특히 의회민주주의에서 계급갈등 간의 힘의 역학관계가 변할 수 있다는 면을 보여주는 데서 뛰어나다.

② 실증적 연구에 의하여 복지국가의 발달을 설명하고 있으며, 경제적 변수에만

지나치게 의존하는 산업화 이론(경제의 발전)이나 독점자본이론(자본주의 경제의 구조적 문제 등)의 한계에서 탈피하여 설명의 폭을 넓혔다고 할 수 있다.

(4) 사회민주주의 이론의 한계

① 많은 나라에서의 복지국가 프로그램은 사회민주주의 세력에 의해서보다는 그 반대세력, 즉 자유주의자 혹은 보수주의자(예: 독일의 비스마르크 사회입법, 미국의 사회보장법 등)에 의하여 시작되었다는 점이다. 오히려 사회민주주의 세력(특히 노동조합)은 복지국가의 확대를 노동조합의 자율권과 통합성을 약화시키거나 임금을 억제하기 위한 수단으로 보았기 때문에 반대하였다. 따라서 이 이론은 특정한 몇몇 나라의 사회복지정책 발달을 설명하는 데 적합할 뿐(예: 스웨덴) 일반화하는 데는 한계가 있다고 할 수 있다.

② 이 이론의 가정은 노동자계급의 계급의식이 강해서 그들의 조직력이 강하고, 따라서 그들의 이익을 대변하는 뚜렷한 정당이 있고, 이러한 정당이 집권하면 노동자계급의 이익을 대변하는 사회복지의 확대가 이루어진다는 것이다. 그러나 많은 연구는 이러한 가정을 비판하여 노동자의 계급의식의 동질성은 비교적 약하고, 또한 순수 노동자계급을 위한 정당은 집권하기에는 그들의 지지세력이 많지 않아 집권을 위해서는 다른 계급(특히 중산층)의 이익도 반영해야 하기 때문에 노동자계급만을 위한 정당이 존재하기 어렵다고 본다. 또한, 사회민주주의 정당 이외의 정당도 집권을 위한 득표를 위하여 복지국가의 확대정책을 표방할 수 있어 정당 간의 사회복지정책의 차이가 별로 없다는 것이다.

2. 사회복지정책과 관련된 사상(이념)

1) 페이비언 사회주의

페이비언 사회주의(Fabian socialism)는 영국의 독특한 실용주의적·점진적 사회주의로서 1884년 설립된 영국 페이비언협회에 그 기원을 둔다. 페이비언 사회주의는 자본주의의 불공정하고 비도덕적인 측면을 인도주의적 입장에서 시정하고자 한다. 또한, 사회적 선을 추구하고 달성함에 있어서 국가의 긍정적인 역할을 신뢰한다는 점에서 후술할 국가개입주의와 공통점이 있다. 하지만 국가개입주의는 자본주의의 폐해를 단지 수정의 대상으로 보지만 페이비언 사회주의는 극복의 대상으로 간주한다는 점에서 차이가 있다. 이 점에서 페이비언 사회주의는 마르크스주의와 유사한 입장이다. 그러나 이들은 계급전쟁보다는 윤리와 공리주의를 더 중시했으며 계급혁명을 부정하고, 평화적이고 점진적인 방법으로 사회주의를 지향한다는 점에서 입장이 엇갈렸다(원석조, 2006). 또한, 의회적 절차 이외에는 어떤 형태로의 이행이든 실용적이고 도덕적인 이유를 내세워 거부함으로써 페이비언 사회주의는 단계적이고 점진적으로 이행하는 것으로 인식했고, 그들의 사회정책은 '단계적이고 정책적으로 정의사회를 확립하는 길을 제시하기' 때문에 사회주의로 가는 점진적 이행에서 중요한 역할을 수행한다(Wicks, 1987).

이들은 평등, 자유, 우애(fellowship), 그리고 민주주의와 인도주의와 같은 시민사회의 기본적인 가치를 신봉한다. 민주주의는 평등과 자유의 소산이며, 인도주의는 평등과 우애의 소산이다. 또한 이들은 평등을 특히 강조하는데, 평등이란 모든 사회주의 원칙 중에서 가장 강한 윤리적 영감이자(C. A. R., Crosland, 1956), 평등주의 없는 곳에 사회주의란 없다고 단언한다(Geroge & Wilding, 1984).

이들은 소득의 평등보다는 부의 평등을 주장한다. 부의 불평등은 다음의 세 가지 이유에서 불공평하기 때문이다. ① 불평등이 노력이 아닌 상속된 재산으로부터 발생할 경우, ② 능력의 차이보다는 기회의 차이를 반영할 경우, ③ 조세제도에 의해서 불평등하게 취급되는 경우이다. 다음으로 이들은 자유를 신봉한다. 여기서 자유는 자유주의자들이 주장하는 자유와 달리 정부의 적극적인 활동의 결과를 뜻한다. 법, 사회복지정책, 경제정책 등을 통해 개인의 자유는 신장될 수 있으며 자유는 평등에 달려 있다. 즉, 권력의 불평등이 존재하는 한 진정한 자유는 실현될 수 없다(원석조, 2006). 다음으로 이들은 우애를 강조한다. 권리보다는 의무, 개인의 요구보다는 공동체의 선, 경쟁보다는 협동, 자조(self-help)보다는 이타심을 더 중시한다. 복지국가 성립 후 이론적·정책적으로 페이비언 사회주의를 주도한 티트머스의 주저

『증여관계(*The Gift Relationship*)』의 주제가 이타주의와 자신도 모르는 타인에 대한 무조건적인 증여였다(Geroge & Wilding, 1987; 원석조, 2006, 재인용).

페이비언 사회주의는 버나드 쇼(Bernard Show), 시드니와 비아트리스 웹(Sidney & Beatrice Webb) 부부, 토니(Tawney) 등 저명한 학자들이 주도하였다. 초기에 이들은 노동운동과는 거리를 두었으나 1918년 노동당 전당대회에서 당의 강령 작성과정에서 시드니 웹이 중심적 역할을 하면서 페이비언 사회주의는 노동당의 기본노선이 되었고, 제2차 세계대전 후 노동당이 복지국가를 건설함에 있어서 가장 유력한 이념이 되었다(원석조, 2006).

이들이 복지국가를 옹호하는 데는 몇 가지 이유가 있다(Geroge & Wilding, 1987).

복지국가를 정당화하는 첫째 이유는 사회 내의 고통과 궁핍을 제거한다는 것이다. 크로슬랜드가 사회복지서비스의 궁극적인 목적은 사회적 평등이 아니라 "사회적 빈곤과 결핍을 구제하고 사회적 욕구를 교정하는 것"이라고 강조한 개념이었다(오윤수 외, 2011).

둘째, 사회복지서비스가 경제를 촉진시키며 국가의 경제적 번영에 대한 투자라고 여긴다. 이에 대한 좋은 예가 교육이다. 교육은 인간자본에 대한 투자로서 노동의 질적 수준을 개선시켜 경제성장과 생산성을 향상시킬 수 있다. 또한, 상당부분 케인즈 이론을 바탕으로 사회보장지출이 빈곤경감의 수단일 뿐만 아니라 복지대상자에게 소득을 갖게 해줌으로써 소비와 수요와 생산을 촉진하는 수단이라고 여긴다.

셋째, 복지국가나 사회복지서비스는 사회 내의 이타주의와 사회통합을 증대시킨다. 티트머스는 이런 두 가지 정당성을 지속적으로 제기한다. 그에 의하면 보편적 사회복지서비스는 모든 사람에게 제공되기 때문에 사회 내의 어떤 사회경제적 집단이나 인종집단도 차별하지 않고 사회통합을 증진시킨다.

한편 이들은 복지국가의 목표를 지지하고 주장하였지만 현실의 복지국가의 미흡한 점에 대하여는 엄격하게 비판하였다. 이를테면 현실의 복지국가가 시민의 권리 획득보다는 경제성장의 예속물로 전락하였으며, 경제적 특권의 뿌리의 개선에는 미치지 못하여 부의 재분배를 이루지 못했다는 비판 등이다. 그러나 이들의 비판은 모두 기술적인 것이다(원석조, 2006). 페이비언 사회주의자들에게 복지국가는 사회주의를 향한 불안정한 타협이자 디딤돌이었다(George & Wilding, 1987).

2) 케인즈주의와 국가 개입주의

케인즈 경제이론은 1929년에 시작된 세계적인 대공황 이후 20세기 내내 경제학자뿐만 아니라 정치인, 공공정책결정자 등의 사고에 막대한 영향력을 미쳤다. 자본주의 경제는 국가의 적절한 개입을 통해서 작동될 수 있다는 그의 논리는 제2차 세계대전 후의 복지국가에 대한 이론적 기반이 되었으며 정치적 지지를 이끌어 내는 데에도 결정적인 역할을 하였다(원석조, 2006).

1929년 세계경제 대공황이 발생하기 전까지는 공급을 통해서 수요가 알아서 발생한다는 세이의 법칙이 지배적인 사상으로 자리매김하고 있었다. 이러한 고전파에 의하면 실업은 기업주와 노동자 사이의 임금계약에 의해 좌우되는데, 개별 노동자가 높은 임금수준을 요구하게 되면 고용주는 고용을 거부하게 되고 이러한 경우에 실업률이 높아진다는 것이다. 그러나 케인즈는 이를 부정하고, 실업은 '유효수요'[24]에 의해 결정된다고 주장했다. 그는 총고용은 총수요에 의해 결정된다고 보았다. 고용이 증가하면 소득이 증가하게 되고, 소득이 증가하면 소득을 통한 소비행위(유효수요)가 증가한다고 보았다. 반대로 유효수요가 감소하면 소득이 감소하고, 소득이 감소하면 실업이 증가하는 것이다.

24) 유효수요란 재화와 용역을 구입하기 위한 금전적 지출을 수반한 수요이다. 쉽게 말하자면 재화를 구입하기 위해 금전적인 지출을 하도록 만드는 수요이다. 인간의 물질에 대한 욕구는 무한하지만, 구매력을 수반하지 않은 욕망은 단지 잠재적 수요에 그친다. 하지만 유효수요는 크게 두 종류로 나누어볼 수 있는데, 하나는 소비물자에 대한 수요, 즉 소비(수요)와 다른 하나는 공장설비나 원료를 증대시키기 위한 수요, 즉 투자(수요)이다. 이런 경우 기업이 경영적인 생산활동을 계속하기 위하여 필요로 하는 원료 등의 중간수요는 포함되지 않는다. 소비와 투자로 이루어지는 유효수요의 크기에 따라 사회경제활동의 수준이 정해진다고 하는 이론을 유효수요의 이론이라고 한다. 기업의 생산활동은 생산에 참가한 사람들에게 임금과 이윤 등의 소득을 주게 되는데, 이 소득을 지출의 측면에서 보면 소비지출과 저축으로 나누어진다. 소비로 향한 부분은 소비수요가 되어 기업으로 되돌아오지만, 저축된 부분은 되돌아오지 않는다. 그러므로 이 저축을 메울만큼의 투자수요가 생기지 않으면 유효수요의 총액은 생산규모를 유지하기에 부족하게 되므로, 경제활동의 수준은 낮아지고 투자수요가 크면 유효수요도 커져서 경제활동의 수준은 상승하게 된다(두산백과사전).

〈그림 3-3〉 **케인즈의 경제이론: 고용, 유효수요, 소득, 경기, 투자의 관계**

출처: 원석조(2006).

여기서, 실질소득의 향상은 소비를 촉진시키나, 소비의 증가율은 항상 소득의 증가율보다 낮다는 것이 문제이다. 소득이 모두 소비되는 것이 아니라, 소득의 일부가 저축의 형태로 퇴장되기 때문이다.

고전파는 저축의 증가는 이자율을 인하시키고, 이자율의 인하는 투자를 촉진시킨다고 보았지만 케인즈는 저축이란 '퇴장'이며, 퇴장은 투자를 증가시키는 게 아니라 실업을 증가시킨다고 보았다(원석조, 2006). 따라서 그는 일정한 고용수준을 유지하기 위해서는 국가정책, 즉 실질적인 투자 증가를 위한 정책이 반드시 필요하다고 보았으며, 이는 자유방임주의에 대한 완전한 부정인 것이다. 또한 그는 부와 소득의 불평등도 부정적으로 본다.

불평등은 부유층이 소비하고 남은 부분인 저축을 증가시키고, 저축의 증가는 소비의 감소를, 소비의 감소는 투자의 감소를, 투자의 감소는 실업의 증가를 가져오기 때문이었다. 케인즈에게 자본주의 체제란 적절하게 관리한다면 가장 능률적인 체계인이 분명하지만, 부와 소득의 거대한 불평등을 야기한다는 점에서 관리가 필요한 존재였다.

한편 케인즈 사상을 국가개입주의(State interventionism)라고도 한다. 국가개입주의란 자유주의와 같이 자본주의의 기본가치인 자유, 개인주의, 경쟁적 사기업에 대한 신념을 믿되, 자본주의의 자기규제적이지 못한 결함을 파악하고 이를 해결하기 위해 일정한 정도에서 국가개입이 필요하다고 보는 실용주의적 입장이다. 이를 소극적 집합주의(Reluctant collectivism)라고도 한다. 소극적 집합주의 관점에서 자본주의는 최선의 경제체제임이 분명하지만, 공정하고 효율적으로 기능하기 위해서는 적절한 규제와 통제가 필요하고, 자본주의의 결함이 심각하지만 그것은 수정 가능한 것이라고 본다(Gerorge & Wilding, 1987; 원석조, 2006).

한편 이들은 복지를 위한 국가의 역할에 대해서도 실용주의적인 입장을 취하고 있다. 즉, 국가의 복지역할이란 제거할 수 있는 결함을 제거하는 것이고, 문제에 대해 반응적이며 문제중심적이다. 국가는 사기업에 의해서 적절하게 제공되지 않는 것을 공급하고, 저소득층이나 소득 상실로 인한 결핍을 제거하며, 풍요로 인해 생겨난 욕구에 대해 공적 서비스를 제공한다. 하지만 이들의 입장에서 국가의 사회복지정책은 최저수준의 보장을 의미한다. 베버리지는 국가가 최저수준 이상을 제공하는 것은 정부의 책임이 절대 아니며, 그러한 최저수준의 보장을 위한 베버리지의 도구는 사회보험이었다. 그에게 사회보험은 자산조사 없이 급여를 제공할 수 있고 피보험자에게 일정한 부담을 부여함으로써 검약정신을 장려하고, 일정한 책임의식을 조장할 수 있는 적절한 방법이었다. 또한 사회보험과 민간보험 간의 관계를 보완적이라고 생각했다. 즉, 사회보험은 최저수준을 보장하는 역할을 하고, 민간보험은 개인의 능력과 자유에 따라 생존선 이상을 보장한다는 것이었다(Gerorge & Wilding, 1987).

1929년 세계경제 대공황 이후 한 시대를 풍미했던 케인즈주의는 1970년대의 오일쇼크로 인한 스태그플레이션 앞에 무너지고 말았다. 오일쇼크는 불황과 인플레이션을 동시에 발생시킴으로써, 케인즈이론(인플레이션이 경제를 활성화시키고, 경제활성화는 실업률을 낮춘다)이 설명력을 상실하게 된다. 그리하여 신자유주의적인 통화주의 경제학이 설득력을 얻게 되고[25] 신자유주의자들은 스태그플레이션의 극복을 위하여 케인즈주의 정책을 포기하고, 화폐공급을 억제하여 경제의 자율성을 회복시키는 방법밖에 없다고 보았다(원석조, 2006).

25) 통화주의이론에 의하면, 실업률이 높은 상황에서 인플레이션이 함께 발생한다면 장래의 예상 인플레이션도 뒤따라 상승하게 되고, 이것을 금융정책을 통해 긴축으로 억제하면 현재의 인플레이션을 떨어뜨려도 예상 인플레이션이 그 뒤를 따르기 때문에 안정되기까지는 높은 실업률과 높은 인플레이션이 공존하는 스태그플레이션이 된다(원석조, 2006).

3) 마르크스주의

당시 마르크스(Marx, 1818~1883)가 활동했던 시기인 19세기 중·후반에는 독일의 비스마르크 사회입법(근대의 사회복지정책)이 등장하기 이전의 시기로 근대의 사회복지정책에 대한 그의 정확한 입장을 확인할 방법은 없다. 하지만 그의 자본주의 체제와 자본주의 국가에 관한 견해로부터 유추할 수는 있다.

마르크스에게 자본주의란 노동자계급에 의해 지양되어야 할 착취체제였고, 자본주의 국가는 부르주아지의 계급적 이해를 보호하기 위한 위원회에 불과하였다. 그러므로 사회복지정책이 비록 노동자계급이나 빈민을 위한 것일지라도, 부르주아 국가가 시행하는 한 구조적으로 부르주아지의 계급 이해에 반하는 것이 될 수 없기 때문에 노동자계급은 이를 수용해서는 안 된다는 논리이다. 하지만 마르크스주의자들이 모든 사회복지정책을 무조건적으로 반대한 것은 아니다. 위로부터 주어지는 개량주의적 사회복지정책은 단호하게 반대하였으나, 노동자계급이 자주적으로 얻어내고 또 진보적인 사회정책은 분명히 요구하였다(원석조, 2006).

또한, 사회주의자들은 사회보험에 대한 노동자들의 재정부담을 특히 반대하면서 국가와 자본가계급만의 부담을 요구하였는데, 그 이유는 다음과 같다(Rimlinger, 1971; 원석조, 2006).

첫째, 노동자의 임금은 겨우 생계를 유지할 정도에 불과하므로 보험료를 부담할 능력이 있을 수 없다.

둘째, 노동자 생계의 불안정은 노동자 자신의 잘못이 아니라 자본가의 이익에 봉사하는 자본주의체제의 잘못에서 기인하기 때문에 노동자는 보험료를 낼 필요가 없다.

셋째, 재정이 노동자의 임금에서 충당되어야 한다면 급여의 수준은 결코 충분할 수가 없다.

넷째, 사용자의 부담이 커지면 커질수록 자본주의는 빨리 붕괴될 것이다.

한편 복지국가 발달에 관한 마르크스주의적 설명은 복지국가가 모순적인 사회구성체라는 주장이다. 복지국가는 노동계급에게 이득을 주는 것을 의미하는 것이므로 환영받지만 동시에 자본계급을 보호하고 지지하는 의미이기도 하므로 또한 용인될 수 없는 것이다. 전후 기간부터 1970년대 중반까지 대다수의 마르크스주의자들은 복지국가가 부분적으로 계급갈등의 결과로 생겨났으며 노동계급에게 급여혜택이 주어지는 것에도 불구하고 결국은 복지국가가 자본계급, 사적 자본을 선호하는 것으로 여겼다(George & Wilding, 1987).

영국 사회보장제도를 분석한 긴스버그의 함의가 명확한데, 그의 총체적인 결론에 의하면 "사회보장제도는 자본주의적 사회관계를 재생산하는 데 관심이 있다(Ginsburg, 1979)." 이를 실행하기 위한 몇 가지 방법은 다음과 같다.

첫째, 사회보장제도는 급여수준을 낮게 책정함으로써 임금 수준을 끌어내리는 경향이 있다.

둘째, 건강한 실업자들의 경우에는 일자리가 있을 때 고용가능하도록 사회보장제도가 노력한다는 것이다.

셋째, 값싼 노동력인 기혼여성과 연금수령자에게도 마찬가지로 고용을 보장하려고 노력한다는 것이다.

넷째, 사회보장원칙과 법규는 기업의 규율을 유지하고 강화하도록 의도되었다(Ginsburg, 1979).

하지만 1970년대 일부 마르크스주의자들은 대규모 복지급부가 자본수익성에 미치는 정기능과 역기능을 논의하기 시작하였다. 오코너의 연구는 미국과 영국의 다른 마르크스주의자들의 연구에도 영향을 미쳤으므로 매우 중요하다(George & Wilding, 1987).

오코너의 첫번째 전제는 "자본주의 국가는 흔히 서로 모순되는 두 가지 기본적인 기능, 즉 축적과 정당화 기능을 수행해야 한다."는 것이다(O'Connor, 1973). 즉 국가는 사적 자본이 용이하게 이윤추구를 할 수 있도록 해 주며 자본주의체제에 대한 사회인식을 강화해 줄 수 있는 서비스와 급여를 제공해야만 한다는 것이다. 만약 국가가 축적기능에 소홀하다면 이윤추구와 경제성장이 해를 입게 되고, 반대로 정당화 기능을 경시한다면 궁극적으로 강제수단들에 의존해야 할 것인데, 이것은 국가의 공적 이미지와 정당성을 훼손할 것이다. 그러므로 사회복지서비스는 자본주의체제의 필수 부분으로 작용하는 것이다.

4) 신자유주의

신자유주의(Neo-liberalism)[26] 또는 반집합주의(Anti-collectivism)란 고전파 경제학자[27]들의 자유주의사상을 이어받은 오스트리아학파의 하이에크(F. A. Hayek)와 그의 미국인 제자, 프리드만(M. Friedman), 그리고 영국의 보수 정치인 포웰(E. Powell)의 자유방임주의적·반(反)복지적 사상을 의미한다(원석조, 2006).

신자유주의자들은 1970년대에 지적·정치적 세력으로 부상하며 1970년대와 1980년대에는 세계적으로 영향력 있는 위치를 확보하게 된다. 이들은 기본적으로 국가활동에 대한 고전적 자유주의의 비판을 발전시킴으로써 경제 및 사회정책상의 중요한 현안문제에 신자유주의적 비판을 적용한 것이었다(Geroge & Wilding, 1987).

또한 이들은 자본주의 시장체제를 신봉한다. 신자유주의자들에 의하면, 시장은 억압의 원천인 정치적 권위와 강제력에 대한 제동장치이고, 자유로운 경쟁, 수요와 공급, 이윤, 자유로운 임금교섭 등과 같은 시장의 힘은 사회적 평등의 신장에 크게 기여한다고 주장한다(Geroge & Wilding, 1987). 더불어 그레이(Gray, 1992)는 시장이란 "인간의 자율성을 구현하는 장치"라고 규정한다(오윤수 외, 2011).

한편 이들은 국가를 혐오한다. 왜냐하면 시민의 자유로운 생활에 개입하는 국가의 사회복지정책은 결국 사회적 분열을 가져오며, 자원 낭비적이고 경제적 비효율을 조장하고, 개인의 자유를 억압하기 때문이다. 이에 대하여 부연 설명하면 다음과 같다(Geroge & Wilding, 1987; 원석조, 2006).

26) 신자유주의(New liberalism)는 신자유주의(Neo liberalism)와 구분된다. 신자유주의(Neo-liberalism)는 1970년대부터 부각하기 시작한 경제적 자유주의 중 하나이다. 토머스 우드로 윌슨 대통령이 1920년대 제창했던 새로운 자유(The New Freedom)정책, 그리고 정치적·문화적 자유에도 중점을 두었던 자유주의와는 다른, 고전적 자유주의에 더 가까운 것이다(위키백과).

27) 아담 스미스(A. Smith)와 데이비드 리카도(David Ricardo) 등은 고전파 경제학자(classical economists)를 대표한다.

- **사회적 분열**: 사회적 욕구를 하나의 권리로 인정하여 잠재적인 수혜자층과 사회복지정책의 비용을 부담하는 사람들 간에 적대감이 조정될 수 있다.
- **자원 낭비**: 사회복지정책에 필요한 자원은 한정되어 있지만, 정책에 대한 수요는 무한하다. 만약 무상의 사회복지서비스가 제공될 경우, 가수요를 조장하게 될 것이고, 이는 수혜자에게 수치심을 줄 수도 있으며 서비스의 질을 하락시킬 우려가 있다.
- **비효율**: 공급자가 하나이며, 획일적인 국가의 사회복지정책은 시장의 이윤과 가격 메커니즘의 효율성을 따라잡을 수 없다.
- **전제와 독재의 초래**: 민주주의 사회에서 실제로 완전한 합의란 존재할 수 없기 때문에 집합주의적 계획은 개인의 자유를 억압하는 전체주의를 가져올 것이고, 그 형태는 사회주의, 파시즘, 공산주의 등으로 나타난다.

하지만 이들의 시장에 대한 신뢰는 국가의 역할이 어떠해야 하는가에 대해 명확한 입장을 보이지만 시장이 모든 국가 활동을 대행하는 것은 아니다. 이와 관련하여 프리드만은 국가의 활동이 정당하며 시장기능에 맡기는 것이 오히려 비효율적인 영역을 네 가지로 제시한다.

첫째, 국가의 확고한 기능은 시장체계가 효율적으로 기능할 수 있도록 합법적인 구조를 형성하는 '규칙입안자이자 중재자'의 역할이다.

둘째, 시장체계의 경제적 효과에 역행하지 않으며 국가가 제공할 수 있고 정당한 독점으로 합당하게 인식되는 경제활동영역, 이를테면 우편제도와 같은 영역을 국가가 담당해야 한다고 본다.

셋째, 시장기반 위에서 공급하기에는 너무 값비싼 서비스와 편익들은 정부가 무료로 제공하는 것이 합리적이라고 주장한다. 그 예로 도시공원은 그것을 이용하는 모든 사람에게 비용을 부과하는 것이 불합리하므로 시장제도가 작용될 수 없는 경우이다.

넷째, 스스로를 책임질 수 없는 사람들을 위한 온정주의적 급부는 바람직하다. 프리드만은 중증 정신질환자, 심한 학습장애를 가진 사람과 같은 집단들을 염두에 두고 말한 것이다(Friedman, 1962; Geroge & Wilding, 1987, 재인용).

이러한 신자유주의가 정치적으로 가장 분명하게 나타났던 것이 대처리즘(Thatcherism)이다. 대처리즘은 1979년 영국 경제의 쇠퇴와 사민주의 후퇴 속에서 대처가 이끈 보수당이 집권하면서 출현한 이래 거의 같은 시기에 등장한 레이커노믹스(1980년 미 대선에서 공화당의 레이건이 승리함으로써 등장)와 함께 전 세계를 신자유주의 이념으로 휘몰게 된다(원석조, 2006). 대처의 집권은 보수당 주류가 사회적 약자에 대한 온정주의적 배려를 중시했던 전통적 보수주의에서 자유시장과 경쟁을 중시하는 시장자유주의로 교체되었음을 의미했다. 대처를 중심으로 한 보수당의 신우파(The new right)는 전후 사회민주적 집합주의의 수명이 다했다고 확신했으며, 중도정치(middle ground of politics)에 대한 대중의 합의, 즉 전후의 합의정치(politics of consensus)를 청산해야 한다고 보았으며, 자유시장경제의 복권과 강한 국가의 구축을 도모하였다(Gamble, 1994; 원석조, 2006). 즉 케인스주의와 국가개입을 포기하는 대신 자유방임적 정치경제학(하이예크와 프리드만)을 되살리고, 자유시장경제의 재확립과 시장 기준의 확대 적용[28]을 통하여 사회제도의 권위, 국내질서 및 국가안보의 중요성을 강조했다(원석조, 2006).

개인과 국가, 그리고 경제와 복지에 대한 신념체계로서의 대처리즘은 다음의 여덟 가지로 정리할 수 있다(원석조, 2006).

첫째, 정부가 사회적 선(good)을 지속시키는 능력에 한계가 있으나, 사회적으로 해로운 것을 행하는 데는 큰 힘을 발휘한다.

둘째, 개인의 책임이 중요하고, 선과 악은 존재한다(대처는 사형제도의 부활을 주장한 극소수의 보수당 각료 중 하나였다).

셋째, 국가의 가장 중요한 임무는 법과 질서의 유지와 국방에 있다.

넷째, 국민들은 자신의 문제를 스스로 해결해야 하며, 정부에 책임을 미루어서는

28) 대처는 민간 기업가를 부의 유일한 창출자로 보았다. 그녀는 그러한 생각을 바탕으로 조세구조를 기업과 자본가에게 유리하도록 개편했다. 구체적으로, 그녀의 임기 중에 소득세의 최고한계세율을 83%에서 40%로 대폭 낮추었을 뿐만 아니라 자본이득세와 자본이전세의 기준선을 높였고, 투자 소득에 대한 세금 부담을 줄였으며, 기업세 또한 52%에서 35%로 대폭 하향 조정했다(고세훈, 1999).

안 된다.

다섯째, 경제성장 없는 공공지출의 증대는 세금 부담을 증대시키고 선택의 자유를 축소할 뿐이다.

여섯째, 시장은 경제성장과 자유선택을 촉진하고 개인의 자유를 수호하는 가장 좋은 수단이다.

일곱째, 한 분야의 지출 증가는 다른 분야의 지출 감소를 가져오게 된다. 그렇지 않으려면 부채 증가와 인플레이션이 불가피하다. 또한 그 비용은 납세자가 부담해야 한다. 그리고 납세자의 상당수는 그 수혜자보다 가난할 수 있다.

여덟째, 정부개입은 사회변화에 대한 사회의 적응 능력을 저하시킴으로써 비생산적이다. 제대로 된 대책(correct programmes)은 사회적 약자, 실업자, 병자 등에 대한 동정심의 표출보다 유용하다(Kavanagh, 1990).

또한 대처의 복지국가에 대한 관점은 다음의 세 가지로 정리될 수 있다.

첫째, 요람에서 무덤까지의 복지국가는 비용이 너무 많이 든다. 복지비 증가는 그 재원이 되는 국민소득의 증가를 상회하였다. 그러므로 이제는 복지비를 줄이고 조세 감면을 기하고 복지자원을 꼭 필요한 사람에게만 집중시켜 효율성을 기해야 한다.

둘째, 국가책임의 과잉은 개인의 책임의식, 가족과 공동체의 연대의식, 사적 자원의 가치를 약화시킨다. 국민 개개인은 자신의 문제는 스스로 책임져야 하며, 국가지원은 극빈층에 대한 사회안전망에 한정되어야 한다.

셋째, 복지윤리는 시장의 위험을 제거하고, 실패에 대한 쿠션을 제공하여, 열망에의 인센티브를 약화시키므로 기업에 해로운 것이다(Kavanagh, 1990).

이러한 대처의 반복지주의는 사회복지의 각 분야에서 후퇴와 변화를 가져왔다. 시영주택을 민영화하고, 국가의 소득비례연금과 사적연금인 직업연금 중 하나를 선택할 수 있도록 제도적 설계를 다시 하였으며, 실업급여 수급요건을 강화하여 노동복지적 요소를 강화했으며, 공공부조에서 사회기금을 신설하여 무상급여를 대여금으로 전화하는 등 다양한 민영화적 요소를 실행하였다.

하지만 그녀의 노력은 사회복지를 양적으로 줄이는 데는 실패하였다. 다양한 민영화전략, 복지축소정책에도 불구하고 그녀의 임기 동안의 복지비의 정부지출 대비 비율 및 GDP비율에는 큰 변화가 없었다. 1970년에서 1987년까지 복지비는 절대가치로 1/3가량 증가했다. 대처가 사회복지의 양적 규모를 축소시키는데 실패한 가장 큰 이유는 1986년까지 예상밖의 높은 실업률로 인한 복지 수혜층의 급증과 NHS에 대한 시민들의 높은 지지로 복지비 규모를 줄이는 것은 사실상 불가능했기 때문이다(원석조, 2006).

결국 대처는 복지국가를 축소하고자 하는 의지만큼은 강력히 표출하였지만, 실제로 복지국가를 부분적으로만 변화시켰을 뿐이었다(Kavanagh, 1990).

5) 제3의 길

블레어의 노동당은 1997년 5월 총선에서 승리함으로써 1979년 대처 보수당에 패배하여 정권을 내준지 18년 만에 여당이 되었다.[29] 블레어가 집권할 무렵 영국 정치는 완전히 우편향되어 있었고, 대처에 의해 케인즈주의는 경멸의 대상이 되어 버렸다. 65만 명의 종업원을 둔 17대 거대기업이 민영화되었으며, 무려 8개의 반노조입법으로 노조운동은 궤멸되었고, 복지국가가 체계적으로 침식되었으며, 코포라티즘은 사라졌다(고세훈, 1999; 원석조, 2006).

이러한 상황에서 블레어가 내건 슬로건이 '제3의 길'이었다. 제3의 길은 토니 블레어의 정책브레인으로 잘 알려진 영국 사회학자 앤서니 기든스(Anthony Giddens)가 이론적으로 체계화하였고, 이를 정치인 블레어가 자신의 정치노선으로 채택한 것이다. 기든스는 『제3의 길』이라는 저서에서 신자유주의와 사회민주주의를 모두 반대하고 '제3의 길'로 불리는 새로운 사회발전 모델을 주창한다. '제3의 길'은 기본적으로 선후 세계정치를 주도해온 전통적 사회민주주의와 신자유주의를 극복하자는 것

29) 노동당의 압승이 예상되는 가운데 노동당은 428석을 얻어 165석의 보수당을 크게 앞질렀다. 득표율에서도 노동당은 43%를 얻어 31%에 그친 보수당을 크게 앞섰다. 그리고 노동당은 1980년대부터 신행된 당 권력구조의 개편을 통해 노조운동과의 거리두기, 지구당과 좌파의 무력화, 당 지도부의 권한 강화를 도모했고, 결국 사회주의당 이념마저 폐기했다. 블레어의 제3의 길은 이를 배경으로 등장했다(고세훈, 1999).

이다. 제3의 길은 사회민주주의 복지국가에 대한 비판에서 시작한다. 복지국가의 문제가 많기 때문에, 우파의 비판을 수용해야 한다는 것인데, 우파의 비판이란 민간에 대한 정부의 과도한 간섭을 의미했다. 또한, 복지국가의 관료성과 비효율성을 문제로 지적한다. 여기서 제3의 길이 신자유주의처럼 복지국가를 청산하자는 것이 아니라, 이러한 복지국가의 한계점을 문제삼아서 복지국가 재건의 이유로 인식한다는 것이 차이점이다.

제3의 길에서 내세우는 대안, '적극적 복지(active welfare)'는 대략 세 가지로 정리할 수 있다(원석조, 2006).

첫째, 국민들에게 경제적 혜택을 직접적으로 제공하기보다는 그들의 인적 자원에 투자하는 복지국가, 즉 사회투자국가(social investment state)를 건설하자는 것이다. 사회투자전략의 대표적인 예가 노령인구대책과 실업대책이다. 지금까지 노령인구를 부양대상으로만 간주해 온 관점과 다르게 노령인구를 자원으로 간주하자는 것이다. 노인들에게도 적합한 일자리를 제공하여 일을 하도록 만들자는 것이다. 또한, 정부는 인적 자원에 투자하여 실업률을 줄여야 한다. 정부는 평생교육을 강조하고, 국민들이 일생동안 일을 지속할 수 있도록 교육하며, 직업을 변경할 때 필요한 교육도 지원해야 한다. 즉, 복지에 의존하는 대신 교육과 투자 기회를 이용하도록 장려해야 한다. 또한 일과 가정의 양립이 가능하도록 아동양육에 대한 지원과 함께 재택근무, 안식년제 등의 제도를 통하여 고용과 가사가 조화될 수 있도록 여건을 만들어 주어야 한다(A. Giddens, 1998).

둘째, 복지다원주의(Welfare pluralism)이다. 복지다원주의란 복지공급의 주체를 다양화하자는 것으로, 기존의 중앙정부 중심의 복지공급을 지양하고, 비영리부문, 기업, 지방정부 등도 복지제공 주체로 삼자는 것이다. 기든스는 세계 최초로 시행된 사회보험 또한 이미 제3부문에서 집단과 단체로 이루어진 복잡한 조직을 이용해왔다는 사실을 상기시킨다. 이 제3부문이란 시민사회 내부의 자발적 단체, 이를테면 시민단체, 종교단체, 직업집단, 지역공동체 등을 의미한다. 이들 제3부문은 물론 기업과 지방정부의 복지 역할을 다음과 같이 주장했다(원석조, 2006).

"적극적인 복지사회에서의 사회투자 국가는 어떤 것인가? 적극적인 복지로서 이해되는 복지에 대한 경비는 전적으로 국가를 통해서가 아니라 기업을 포함한 다른 기관들과의 결합을 통해 작동하는 국가에 의해 생성되고 분배될 것이다. 여기서 복지사회는 국가뿐만 아니라 그것의 위와 아래까지 확장된다. 예를 들면, 환경오염의 규제는 정부 혼자만의 문제가 될 수 없다(A. Giddens, 1998, 한상진·박찬욱 역, 2014)."

셋째, 의식전환이다. 기든스에 의하면, 복지국가는 자원보다 위험을 공동 부담하는 것이다. 복지 개혁을 위해서는 이 위험에 대하여 제대로 인식해야 하는데, 효과적인 위험관리는 위험을 최소화하거나 그것에 대해 보호하는 것만이 아니다. 위험의 긍정적인 측면을 이용하고 위험의 감수에 대한 자원을 제공하는 것이다. "혜택을 포기하고, 직업을 찾는 것, 또는 특정한 산업에서 일자리를 얻는 것은 위험성으로 고취된 활동이다. 그러나 이러한 위험 수용은 개인에게, 더 넓게는 사회에게 종종 이익을 준다(A. Giddens, 1998, 한상진·박찬욱 역, 2014)."는 것이다.

결론적으로 제3의 길에서 말하는 적극적 복지는 베버리지식의 복지 지양이다. 기든스는 베버리지의 5대 악(궁핍, 질병, 무지, 불결, 나태)에 대한 전쟁이 소극적인 복지를 중시한 것으로 본다. 적극적인 복지는 베버리지가 제기한 이러한 소극적인 요소들을 적극적인 것으로 대체시키는 것이다. 궁핍 대신에 자율성을, 질병 대신에 건강을, 무지 대신에 교육을, 불결 대신에 안녕을, 나태 대신에 진취성을 강조하자는 것이다(A. Giddens, 1998, 한상진·박찬욱 역, 2014; 원석조, 2006).

● 정리마당 ●

1. 정책에 영향을 주는 요인들?
2. 정책의 이론들의 특징?
3. 정책과 관련된 사상(이념)의 특성?
4. 정책과 관련된 사상의 개념 이해

Part 01 사회복지정책과 복지국가

1. 복지국가는 무엇인가?

복지국가라는 용어는 19세기 말 독일 비스마르크의 사회정책과 20세기 초반 영국 자유당 정부의 사회개혁에서 시작된다는 주장이 있지만(Mishra, 1977), 영국의 켄터베리 대주교 윌리엄 템플(William Temple)이 1941년 간행한 그의 저서 『시민과 성직자(*Citizen and Churchman*)』에서 나치 독일을 권력국가(power state)로, 영국을 복지국가(welfare state)로 대비하여 사용한 것으로 알려져 있다. 이후 복지국가라는 개념은 1945년 집권한 영국 노동당 정부가 베버리지 보고서(1942)에 입각한 사회보장제도(요람에서 무덤까지)를 실시함으로써 보편적으로 사용되기 시작하였다. 그래서 1948년을 '복지국가의 원년'이라고 부르는 학자들도 있다(박병현, 2005).

복지국가의 개념에 대해서는 학자에 따라 다양하게 정의되고 있다. 이는 학자들마다 소유한 이데올로기, 경험적 관점, 가치관 등에 따라 복지에 대한 관점을 상이하게 보며, 각 학자들이 살아온 시대적 환경의 차이에서 기인한다.

현재 복지국가에 대해 완벽하게 합의된 바는 없다. 복지국가를 협의의 관점에서 보면 정부의 사회복지정책을 지칭하기도 하고, 광의의 관점에서는 정치체제 또는 전체사회(자본주의 + 사회주의가 혼합)와 동일시하기도 한다(원석조, 2016).

브리그스(Briggs, 1961)는 "복지국가란 시장에서 오는 문제를 수정하기 위해 정치와 행정 그리고 조직화된 권력을 의도적으로 다음과 같은 방향으로 사용하는 국가"라고 정의하면서 복지국가의 목표를 다음의 세 가지를 제시하였다.

① 실업, 이혼, 노령 등과 같이 개인과 가족에게 위기를 초래할 수 있는 위험을 직면했을 때, 그들의 경제적 안정을 유지시켜 주는 것이다. 이 목적은 복지국가에서 가장 중요한 부분으로, 이에 해당하는 정책으로는 사회보험제도가 있다. 사회보험제도는 사전에 기여를 통하여 위기 직면 시, 소득의 상실을 보상해 줌으로써 경제적 불안정을 예방하는 제도로 빈민에게만 제공되는 제도가 아닌, 모든 계층을 대상으로 하는 보편적 성격을 지닌다. 그리하여 복지국가의 많은 예산을 사회보험에서 지출한다.

② 시장가치와는 상관없이 개인과 가족들에게 최저한의 소득을 보장해 주는 것으로써, 이에 해당하는 정책은 공공부조정책이다. 공공부조정책은 사회보험제도와는 달리, 어느 정도의 소득 이하인 계층을 대상으로 한다. 자산조사를 통해 대상을 선정하여 제공하기 때문에, 사회보험에 비해서 적은 수준의 재원이 소요되는 편이다.

③ 지위나 계급과 관계없이 모든 국민에게 사회에서 필요한 기본적 서비스를 제공받는 것이다. 이러한 목표는 최저수준(minimum)개념보다는 적정수준(optimum) 개념에 기초한다.

티트머스(1974)는 "사적인 시장을 통해 제공되지 않는 서비스를 받을 권리가 모든 시민에게 인정되어 있는 국가"를 복지국가라고 하였고, 윌렌스키(1975)는 "복지국가의 핵심은 국가가 모든 국민에게 최소한의 수입, 영양, 건강, 주택 그리고 교육을 보장하는 것이다. 국가에서의 복지제공은 자선이 아닌, 모든 국민이 누리는 정치적 권리에 대응하여 주어지는 것이다."라고 복지국가를 설명하고 있다.

미쉬라(Mishra, 1990)는 "복지국가란 국민의 삶과 관련된 최소한의 전국적 기준을 유지하기 위해 국가의 책임을 제도화하는 것이다. 특히 제2차 세계대전 후의 복지국가는 최소한의 전국적 기준을 보장하기 위해 완전고용의 실현, 국민의 기본적 욕구를 충족시키기 위한 보편적 서비스의 제공, 그리고 빈곤의 해소와 예방에 초점을 두는 국가"라고 설명한다.

에스핑 앤더슨(Esping-Anderson, 1990)은 "복지국가에는 다양한 복지체제(즉, 자유주의적, 조합주의적, 사회민주적 복지체제)가 존재하나, 복지국가 발전의 정도는 '탈상품화[30)]'와 '계층화'의 정도가 어느 정도인가에 달려 있다."고 복지국가를 설명한다.

복지국가의 개념이 이렇게 다양하게 정의되고 있음에도 불구하고 김태성과 성경륭(2008)은 다음 세 가지 측면에서 공통점을 찾고 있다.

첫째, 복지국가는 자본주의사회의 산업화 과정으로 인해 발생한 광범위한 빈곤, 산업재해, 경제적 불평등, 실업 등의 폐해에 대한 대응으로 등장하였다. 이러한 부분에서 복지국가는 어느 정도의 사회주의적 성향을 지닌다고 볼 수 있다.

둘째, 복지국가는 정치적 민주주의에 이르는 수단일 뿐만 아니라, 보존해야 할 가치 그 자체로 간주하므로 사실상 민주복지국가를 의미한다. 따라서 전체주의적 공산주의 국가 또는 권위주의 국가에서 자유권, 선거권, 참정권을 비롯한 정치권 등을 박탈한 채 국민에게 물질적 보장만을 제공한다면 결코 복지국가라 할 수 없을 것이다.

셋째, 복지국가는 모든 국민에게 최소한의 인간다운 생활을 영위할 수 있는 생활수준인, '국민최저선(national minimum)' 이상을 보장한다. 국민최저선은 1942년 베버리지 보고서에서 영국 복지국가의 영역으로 제시했던 개념이다. 이런 점에서 복지국가는 구빈법 시대와 같이 구제에 한정했던 국가와는 뚜렷이 구분되는 것이다(김태성·성경륭, 2006).

이와 같은 내용을 정리하면 다음과 같다. 복지국가는 ① 생존권 이념을 기반으로 하여 인간다운 생활을 보장하는 국가, ② 자본주의 경제를 바탕으로 하는 국가, 민주주의를 채택하는 정치체계를 지닌 국가, ③ 사회복지정책을 중시하는 다원사회적 국가, ④ 국가예산 중에 복지 분야 지출비중이 높은 국가 등의 특징을 지닌다(김종엽 외, 2009).

30) 탈상품화란 개인이 노동시장에서 이탈되었을 때 공공 사회보장제도를 통해 가능한 높은 임금대체율을 보장해줌으로써 시장에 대한 의존성을 약화시키는 것을 의미한다(박병현, 2005).

2. 복지국가의 모형(유형화)

윌렌스키(1975)는 복지국가를 결정하는 기준으로 국민총생산 중에 사회보장비가 차지하는 비율을 설정하고 그것이 15% 이상인 국가는 복지선진국, 10~14%는 복지중진국, 5~9%는 복지후진국이라고 정의하였다. 그러나 이 정의는 1975년 당시의 기준이며 현재는 적용불가능하다. 현재 복지선진국이라고 불리는 북유럽 국가들 중 1995년 기준으로 스웨덴의 경우 33.4%, 덴마크 32.6%의 수준을 차지할 만큼 높은 수준의 지출을 하고 있는 상황이다.

1) 티트머스(Titmuss)의 모형

티트머스는 처음에는 복지국가 모형을 선별주의 모형과 보편주의 모형으로 유형화하였다가, 후에 잔여적 모형과 제도적 재분배 모형, 산업성취수행 모형 등으로 유형화하였다(Titmuss, 1974).

(1) 잔여적 모형

잔여적 모형은 윌렌스키(1965)가 말한 사회복지의 잔여적 개념과 거의 유사한 개념이다. 그에 의하면 잔여적 모형은 개인의 욕구가 1차적으로 가족과 시장의 자연적 경로를 통하여 해결하고, 그것이 제대로 작동되지 못할 경우 사회복지제도가 일시적으로 시행되며 이것은 일시적인 조치라고 본다.

(2) 제도적 재분배 모형

제도적 재분배 모형은 사회복지를 사회에 있어서 중요한 통합된 제도로 간주하고, 다양한 사회적 위험이나 욕구의 원리에 입각하여 문제를 해결함에 있어서 국가의 보편적인 서비스를 제공하는 것이다. 이 모형은 사회적 평등의 원리에 기초하고 있으며, 기본적으로 자원의 재분배 시스템을 의미한다. 또한 윌렌스키의 제도적 개념과 유사하다.

(3) 산업성취수행 모형

티트머스(1974)는 당시 독일이나 소련 같은 국가들은 잔여적 혹은 제도적 재분배 모형으로 설명되지 않는다고 보면서 잔여적 모형과 제도적 재분배 모형 사이에 '산업성취수행 모형'을 추가하였다. 이 모형에서는 개인이 시장에서 일을 얼마나 했느냐 하는 근로실적, 직무수행 정도, 생산성의 정도를 사회복지급여 제공의 기준으로 본다. 즉, 사회복지급여 제공이 개인의 시장에서의 업적과 밀접한 관계가 있는 것을 강조하고 있다. 근로자가 일을 많이 하면 할수록 급여를 더 많이 받게 되는 것이다. 따라서 사회복지급여수준은 각 개인이 시장에서 수행하는 역할의 정도에 따라 결정되고 차등화되는 것으로서, 이에 속하는 복지제도로는 사회보험제도가 있다.

[표 4-1] **티트머스의 복지국가 유형**

구 분	잔여적 모형	제도적 재분배 모형	산업성취수행 모형
주요 내용	• 잔여적 복지제도와 유사 • 가족과 시장의 사회복지 역할 중시	• 시장 밖에서 욕구의 원칙에 입각하여 보편적 서비스를 제공하는 사회통합제도가 사회복지 • 사회복지는 가난한 사람에게 서비스를 제공하는 치료적 체계가 아닌 적극적 역할수행 • 티트머스가 가장 선호한 모델	• 사회복지급여가 시장에서의 역할(직무수행 정도, 생산성의 정도)에 따라 차등화 • 개인의 업적, 성취도, 생산성 중시
해당 국가	• 공공부조 프로그램 중시 • 미국	• 보편적 프로그램 중시 • 스웨덴, 노르웨이, 네덜란드	• 사회보험 프로그램 중시 • 독일, 프랑스, 스위스, 영국, 캐나다, 오스트레일리아

출처: Titmuss(1969)

2) 퍼니스와 틸톤(Furniss & Tilton)의 모형

미국의 사회과학자인 퍼니스와 틸톤(1977)은 사회복지 욕구에 대한 정부의 개입형태에 따라 복지국가의 유형을 적극적 국가(positive state), 사회보장국가(social security state), 사회복지국가(social welfare state) 등으로 복지국가를 유형화하였다.

(1) 적극적 국가

퍼니스와 틸톤은 정부의 역할이 경제적 안정과 재산 소유의 이익을 보장하려는 국가를 적극적 국가로 규정하고, 적극적 국가의 1차적 목표는 비규제적 시장의 문제점과 재분배 요구로부터 재산소유자를 보호하기 위한 것으로 보았다. 적극적 국가는 기업, 정부, 노동조합의 상호 협력의 조합주의를 통하여 경제성장을 추구하고, 정부와 기업의 협조를 중요시한다. 따라서 적극적 국가에서는 사회복지의 잔여적 개념이 수용되며, 사회복지정책은 경제정책의 하위적 개념에 속하고, 빈곤계층에 대한 정부의 지원은 경제성장에 대한 장애 요소로 인식되고, 특히 사회보험제도가 상대적으로 선호되고 있는 국가를 말한다.

사회보험제도가 선호되는 이유로는 먼저, 보험의 수혜자가 보험료를 부담하는 보험원칙에 의해서 재정이 충당된다. 이로 인해 정부의 지출은 최대한 억제될 수 있다. 다음으로는 사회보험에 가입되기 위한 전제조건으로서 보험료의 기여 조건은 근로계층의 근로의식을 유인할 수 있다. 그리고 정부는 사회복지정책에 대한 재정지출을 최소화하면서도 사회보험제도를 시행함으로써 근로자계층의 복지에 많은 관심을 기울이고 있다는 것을 과시할 수도 있다. 이러한 관점을 종합하면 적극적 국가로부터 보호받을 수 있는 계층은 자본주의체제에서 잘 순응하고 있는 중산층 이상이라고 할 수 있다(박병현, 2005).

결론적으로 적극적 국가의 복지정책은 기업이익의 보호 및 경제성장이라는 경제정책의 범위 안에서 행해지며, 또는 사회통제의 수단으로 사용된다. 따라서 시장에서의 역할이 없거나 적은 사람은 복지체계에서 가장 적고 낙인감을 느끼는 급여를 받는다. 퍼니스와 틸톤은 적극적 국가는 진정한 복지국가가 아니라고 하면서, 미국을 이 유형의 대표적인 국가라고 하였다.

(2) 사회보장국가

퍼니스와 틸톤은 사회정책을 통해 국민 누구에게나 최저수준의 복지를 보장하는 국가를 사회보장국가로 규정했다. 따라서 앞서 살펴본 적극적 국가와는 달리 사회보장국가는 사회복지정책을 통해 국민 누구에게나 최저수준을 보장하여야 한다.

즉, 국민의 사유재산체계가 국민 모두의 생활안정을 보장할 수 없기 때문에 국가는 이를 보전하기 위해 국민최저선(national minimum)의 보장을 사회복지정책에 도입하였다. 이러한 국민최저선의 보장하기 위해서는 기여를 전제로 하는 사회보험제만으로는 노동자의 주기적 실업이나 만성적 질병환자, 또는 장애인, 소년소녀가정 등의 취약계층을 포괄할 수 없다. 결국 이를 해결하기 위해 국가는 공공부조나 보편적 서비스의 제공과 같은 방법을 선택한다.

하지만 국가가 모든 국민을 위해 무한정의 국민최저선을 보장하는 것이 아니라 공적책임의 한계 내에서만 책임을 진다. 국가의 책임 못지않게 개인의 복지향상에 필요한 개인의 동기와 책임성 또한 중요시한다. 즉, 사회보장국가에서는 기회균등과 일정한 수준까지의 평등만을 보장하며, 완전한 평등을 추구하지는 않으면서 개인이 자발적으로 자신의 복지향상에 기여하도록 한다. 이 유형에 속하는 대표적인 국가는 영국이다.

(3) 사회복지국가

퍼니스와 틸톤은 광범위한 사회복지서비스의 제공뿐만 아니라 평등과 정치활동에의 참여를 촉진함으로써 모든 사람의 안녕을 보장하는 국가를 사회복지국가라고 규정한다. 사회복지국가는 경제정책이 사회정책의 구속을 받게 되는데, 사회복지국가에서는 국민화합에 방해가 되는 사유재산은 규제되며 환경오염 및 국민들의 삶의 질을 저하시키는 도시계획이나 재개발사업도 금지된다. 사회복지서비스는 취약계층에 대한 지원을 넘어서서 국가정책결정 과정에 참여하는 수단으로 인식된다. 퍼니스와 틸톤은 미국을 복지국가로 부르기를 거부하였는데, 그 이유는 국민 개개인들의 복지증진을 목적으로 하는 사회복지예산이 상대적으로 복지선진국에 비해 적게 책정되었기 때문이다. 그들은 사회복지국가의 대표적 국가를 스웨덴으로 보았다.

[표 4-2] **퍼니스와 틸톤의 복지국가 모형**

국가 유형	적극적 국가 (posotive state)	사회보장국가 (social security stste)	사회복지국가 (social welfare state)
해당 국가	미국	영국	스웨덴
특징	시장체계의 기능을 강화하기 위한 정부의 개입과 사회적 통제기능이 강한 나라들	국민들의 최저생활보장과 기회평등추구, 보험원칙에 의한 사회보험을 주로 하는 나라들	보편적인 삶의 질 향상을 추구, 정부와 노동조합의 협력에 의해 고용정책 수립하고 집행하는 나라들
국가 정책의 목표	자유시장의 불안정성과 재분배의 요구로부터 자본가 보호	국민 전체의 생활안정과 기회균등	국민화합과 평등성 추구
국가 정책의 방향	• 경제성장을 위한 정부와 기업의 협조 • 완전고용정책의 극소화	• 완전고용정책의 극대화 • 기회균등의 실현 • 모든 국민에게 직접적 혜택 부여	• 정부와 노조 간의 협력에 의한 완전고용정책 • 환경계획 • 욕구(필요)를 우선 고려
사회 정책의 방향	• 경제적 효율성에 기여할 수 있는 복지서비스만 실시 • 수평적 재분배와 수익자 부담의 원칙에 입각한 사회보험 프로그램을 강조 • 잔여적 복지모형 • 복지정책은 사회풍토의 수단(사회통제수단)	• 기본생존수준 이하의 빈곤은 퇴치 가능 • 기본생존수준은 전체 국민의 생활수준의 향상에 따라 개선 • 국민최저수준의 보장(개인의 복지권과 국가의 의무인정) • 사회보험제도 외에 정부의 무상서비스의 필요성 인정	• 국민최저수준 이상의 보장 • 사회보험과 사회부조 프로그램의 실시를 위한 정부차원의 극대화 • 권력의 분산과 시민참여의 확대

출처: Furniss, N., & Tilton, T.(1977).

3) 미쉬라(Mishra)의 모형

미쉬라(1984)는 복지국가의 유형을 복지에 대한 국가책임의 사상과 현실적 제도와의 관련을 통하여 구분하였다. 미쉬라는 분화적(differentiated) 복지국가와 통합적(corporate or integrated) 복지국가로 분류하였다.

(1) 분화적 복지국가

미쉬라(1984)는 영국과 미국의 사회복지는 상당한 차이가 있다고 주장한 티트머스를 반박하면서, 영국과 미국을 분화적 복지국가라는 하나의 유형으로 간주하였다. 그는 양국 모두 자유시장경제의 체제하에서, 이익집단들이 정치적 의사결정 과정에 영향을 미치기 위해 서로 경쟁하는 다원주의 정치체제를 지니고 있다. 특히 이들 국가에서의 사회복지는 경제와 구분되고 대립되는 개념으로 본다. 따라서 경제에 부정적 영향을 주는 사회복지는 제한되고, 잔여적 역할만 남게 된다. 또한 복지정책은 포괄적이지 않고, 단편화되는 경향이 있다(김태성·성경륭, 2008).

미쉬라는 영국을 분화적 복지국가로서 복지국가의 위기를 극복하기 위해서는 조합주의에 입각한 통합적 복지국가로 전환해야 할 것을 주장하였다. 한편 미쉬라가 두 개의 유형으로 구분할 때 사용한 기준은 정치, 사회복지, 경제 등 세 가지 요소이다.

① 정치: 분화적 복지국가는 이익집단의 다원주의가 지배하는 것이라면 통합적 복지국가는 중앙집권적 다원주의의 형태를 띠게 된다고 주장하였다.

② 사회복지: 분화적 복지국가는 사회복지가 경제로부터 자율성을 띠고 경제와의 명확한 관계까지 설정되지 않음에 통합적 복지국가는 사회복지와 경제가 상호 의존적 상관관계를 갖는다.

③ 경제: 분화적 복지국가의 경우에는 정부의 개입이 주로 수요측면에 치중되는 반면 통합적 복지국가에서는 수요와 공급의 양 측면으로 확대된다.

[표 4-3] **미쉬라의 복지국가**

국가유형	분화적 복지국가	통합적 복지국가
지지자	• 케인즈, 베버리지	• 후기 케인즈주의자
해당국가	• 미국, 영국	• 오스트리아, 스웨덴, 서독, 네덜란드
경제영역	• 수요측면에서의 경제조절 • 수요의 창조나 억제를 위한 정부의 경제활동 활성화 조치(재정 및 금융정책)	• 수요측면과 공급측면(이윤, 투자, 임금수준, 인플레이션, 노동시장의 조건 등)에서의 경제조절 • 광범위한 경제문제의 조절 및 합의형성
사회 복지영역	• 경제와 구별되는 상대적인 자율성 유지 • 경제와 관련하여 뚜렷한 연계를 거의 갖지 않는 국가의 사회적 서비스 제공	• 경제 및 경제정책으로부터 자율적인 영역으로 간주하지 않음 • 사회, 경제 간의 상호의존성, 상호관련성 제도화됨
정치형태	• 이익집단 다원주의적 성격 • 조직화된 집단, 정당 및 의회를 통한 분파적 이익을 추구 • 사회적 책임이 결여된 경제력 행사 • 정치형태 및 사회의 의사결정과정에서 자유경쟁 또는 시장모델 적용 • 산업분야에서의 자유로운 집단협상 방식을 선택 • 의회주의적 정부형태 • 완전한 시민적 · 정치적 자유	• 중앙집권적 다원주의 성격 • 광범위한 경제 및 사회정책에 걸쳐 주요 이해집단의 대표와 조합들 간의 협상 • 경제집단의 상호의존성이 인식되어 계급협력과 사회적 합의의 형태로 제도화됨 • 주요 경제집단에 사회적 책임 존재 • 의회주의적 정부형태 • 완전한 시민적 정치적 자유

출처: R. Mishra.(1984). *The Welfare State in Crisis*. New York: St. Martin Press.

(2) 통합적 복지국가

미쉬라는 유럽 국가들을 조합주의(Corporatism)를 바탕으로 하는 경제·정치체제를 지니고 있으므로 분화적 복지국가와는 다음과 같은 점에서 다르다. 첫째, 사회복지가 경제 분야와 따로 구분되지 않고 서로 상호의존적 관계로 인식되어 양자 간 통합 필요성을 제기한다. 즉, 포괄적 사회복지정책이 시장에서도 작동할 수 있다고 본다. 다음으로는 통합적 복지국가는 복지국가의 제도 속에 함축되어 있는 사회통합과 체계통합은 상호 밀접하게 관련되어 있다고 본다. 즉, 경제와 사회복지 간에 이루어지는 기능적 통합은 제도 간의 체계적 통합을 이룬다 하더라도 주요 경제집단 간의 동의를 얻어내지 못하며 효율성이 떨어질 가능성이 존재한다는 점을 고려해야 한다는 것이다(Mishra, 1984; 박병현, 2005). 따라서 사회복지정책은 계층 간 또는 집단 간의 갈등과 경쟁보다는 협력과 합의를 바탕으로 하는 것이다.

미쉬라는 1980년대 복지국가의 위기를 겪으며, 이에 대한 극복대안을 모색하는 과정에서 복지국가의 유형을 설명한다. 미쉬라는 복지국가 위기를 해결하기 위한 방안으로 우파에서 주장하는 자유방임주의로의 회귀나 좌파에서 주장하는 자본주의 철폐 모두 대안이 되지 못한다고 보았으며, 조합주의에 입각한 새로운 형태의 통합 복지국가가 복지국가의 위기를 극복할 수 있다고 보았다.

4) 조지와 윌딩(George와 Wilding)의 복지이념과 모형

조지와 윌딩(V. George & P. Wilding, 1976; 1994)은 복지국가에 대한 관점 즉, 정치적 이념의 차이에 따라 복지국가를 구분하였는데, 1976년 연구에서는 반집합주의(Anti-collectivism), 소극적 집합주의(Reluctant collectivism), 페이비언 사회주의(Fabian socialism), 마르크스주의(Marxism) 등 네 가지로 구분하여 설명하였다. 그 후 1994년에는 반집합주의는 신우파(신자유주의), 소극적 집합주의는 중도노선, 페이비언 사회주의는 사회민주주의, 마르크스주의는 그대로 이름 붙여 설명하면서, 페미니즘과 녹색주의를 더해 6가지로 복지이념을 구분하였다. 여기서는 앞의 네 가지 이념만 다루기로 한다.

4-1) 조지와 윌딩의 4분법

(1) 반집합주의

반집합주의는 19세기 영국을 지배했던 이념으로, 1940년대에서 1970년대 초까지 시대착오적 사상으로 취급되었으나, 1970년대 후반 경기침체로 인해 다시 부활하고 있다(이태복·심복자, 2006).

반집합주의는 기본적으로 집합주의에 대해 부정하는 입장으로, 정부의 개입에 대하여 반대하는 유형이다. 반집합주의자들이 주장하는 기본 가치는 자유, 개인주의,

불평등이다. 이들이 말하는 자유는 타인으로부터 간섭 또는 강제받지 않는 소극적 자유를 의미한다. 자유는 모든 인간이 지닌 천부적 권리이므로 어떠한 불가피한 상황에서도 자유의 축소는 정당화되지 않는 한 사회조직은 이 권리를 지켜 나가야 한다고 주장한다. 그러므로 만일 어떤 개인이 국가의 부당한 강제로부터 자유로울 수 있다면 그는 자신과 국가의 이익을 위하여 자신의 능력을 최대한 발휘할 수 있을 것이라고 본다. 개인주의란 사회는 개인의 자발적 협동과 경쟁에 기초해서 형성되어야 하며, 국가의 역할은 최소수준에 머물러야 한다는 것이다. 또한 개인의 자발적 협동과 경쟁에 기초하여 형성된 사회는 자유시장이 지배하는 사회이며, 시장은 강제를 행사할 수 있는 존재가 아니므로 시장에서 발생하는 빈곤이나 불평등은 자연스럽고 바람직한 것이다. 그리하여 이들은 사회정의라는 명분을 내세워 불평등을 완화하려는 시도가 오히려 개인의 자유를 침해하는 부당한 시도라고 주장한다(김태성·성경륭, 2006).

따라서 반집합주의자들은 복지국가에 대한 관점 역시 반대입장이 분명하다. 물론 사회적 최저수준을 보장하기 위한 정부의 역할까지는 인정하지만, 그 이상을 보장하는 것에는 반대한다. 이들이 생각하는 정부의 역할이란 시장의 자발적 작동을 위한 규칙을 만드는 규칙제정자로서의 역할과 스스로의 삶을 영위할 수 없는 사람을 보호하는 가부장적 역할로만 제한되어야 한다고 주장한다(김종명·송낙길, 2015). 또한 이들은 사회복지서비스를 무료로 보편적 제공을 하게 되면 한정된 자원으로 무한정인 수요를 감당할 수 없으며, 결국 국가는 가수요를 조장하게 된다고 생각한다. 즉, 복지국가는 경제적인 면에서 비효율적이고 개인의 자유를 박탈할 것이라고 주장한다. 그들은 서비스의 국가독점은 효율성을 충분히 고려하지 않고 필요 없는 지출을 초래하기 때문에 경제성장에 바람직하지 못하다고 주장한다(신윤창, 2002).

(2) 소극적 집합주의

소극적 집합주의는 다른 말로 케인즈주의라고도 한다. 이는 소극적 집합주의가 케인즈(J. M. Keynes) 경제이론을 토대로 하기 때문이다. 케인즈는 자본주의 경제가 유지되기 위해서는 시장실패를 해결하기 위해 국가의 적절한 개입을 주장하였다. 1929년 세계 대공황을 겪으면서 케인즈의 경제이론은 공공정책결정에 많은 영향을 미쳤다.

케인즈는 고전파 자유경제학자들이 생각하는 실업, 이자, 불평등 등의 개념에 대해 다르게 이해하고 있었다. 고전파 경제학자들은 임금수준이 높아지면, 고용주는 고용을 거부하게 되고, 그렇다면 실업률이 높아질 것이라고 주장한다. 그러나 케인즈는 고용이 증가해서 소득이 증가하게 되면, 유효수요(소비행위)가 증가하게 되어 경제가 활성화된다고 주장했다.

적절한 수준의 국가개입을 옹호하는 케인즈의 원래 목적은 자본주의를 보호하고 유지하기 위함이었다. 그러므로 자본주의의 기본가치인 자유, 경쟁, 개인주의 등을 신뢰하고 국가개입이 불가피하다는 실용주의적 입장을 취한다(이태복·심복자, 2006).

소극적 집합주의자는 반집합주의자의 복지국가에 대한 태도가 이념적이고 원칙적인 반면에, 이들은 복지국가의 실용성에 대하여 강조한다. 그러나 실용주의적이고 인도주의적 입장을 취함에 따라 지나친 불평등에 대한 개입을 인정한다. 이들은 지나친 불평등의 경제성장에 오히려 장애 요인으로 작용할 수 있기 때문에 불평등을 해소할 때 경제가 성장한다는 실용주의적 입장을 취한다.

따라서 소극적 집합주의자는 정부의 개입에 대하여 조건부 인정의 입장을 취하며, 복지국가에 대한 관점은 실용주의적 입장을 취한다.

그러나 이러한 소극적 집합주의(케인즈주의)는 1970년대 오일쇼크를 계기로 스태그플레이션이 발생함에 따라 경제적 자율성을 주창하는 통화주의자들에 의해서 더 이상 설득력을 얻지 못하고 무너지게 되었다.

(3) 페이비언 사회주의

페이비언 사회주의는 자본주의 체제가 필연적으로 실패할 수 있다는 점에서 이에 대한 폐해를 해결하기 위해 정부의 개입이 불가피하다는 입장이다. 그런데 자본주의를 수정의 대상이라 아니라 극복의 대상이라고 본 점이 케인즈주의와의 차이점이다.

페이비언 사회주의는 영국의 독특한 점직적이고 실용주의적인 사회주의로 1884년 영국 페이비언협회에 기원을 두고 있다. 버나드 쇼(G. Bernard Shaw), 시드니와 베아트리스 웹(Sidney & Beatrice Webb)부부, 토니(R. H. Tawney) 등 지식인들이 주도했으며, 이들은 초기에는 혁명적 노동운동과는 거리를 두었지만, 제2차 세계대전 후 그들의 이념은 영국 노동당의 복지국가 이념이 되었다(이태복·심복자, 2006).

페이비언 사회주의의 기본가치는 평등, 자유, 우애이다. 반집합주의자들이 불평등이 자연스러운 것이라고 하는 데 반해, 이들은 불평등이 자연적 정의에 어긋난다고 주장한다. 이들은 사회정의, 사회적 조화, 사회적 효율성, 개인적 자아실현 등 네 가지 측면에 바탕을 둔 평등을 주장한다. 즉, 불평등을 해소하지 않으면 비효율이 증대되기 때문에 불평등을 감소시킴으로써 사회안정과 사회조화 등을 실현시킬 수 있을 것이라고 주장한다.

페이비언 사회주의자들은 복지국가를 적극 찬성한다. 이들은 국가의 책임이란 사회정의 실현, 자유, 우애, 민주, 그리고 복지를 위하여 자본주의 시장체제의 폐해를 수정하고 보완하려는 것이다. 또한 빈곤완화에 대한 국가의 책임 역시 지속적인 불평등 완화에 무게를 두고 있다. 따라서 이들은 사회보장 프로그램이 중요한 기능을 한다고 믿으며, 이 유형은 높은 수준의 사회복지정책을 지향한다.

(4) 마르크스주의

마르크스주의자들은 기본적으로 자본주의체제를 착취체제로 보며, 자본주의의 비인간성을 비판하는 입장이다. 이들은 자유, 평등, 박애 등의 사회가치를 강조하며, 특히 자유를 적극적자유로 해석하고 적극적 자유의 실현을 위해서는 경제적 평등이 보장되어야 한다고 주장한다. 이들은 경제적 평등이 전제되지 않는 한, 정치적 평등 또한 실현될 수 없다고 본다. 왜냐하면 경제적 평등이 보장되지 않는다면, 정치권력은 경제권력의 시녀로 작용할 수 있다고 판단하기 때문이다. 또한 평등은 특권의 부재이며, 모든 사람에게 적절한 기회가 주어지는 것을 의미한다. 한편 이들이 강조하는 가치 중 하나인 박애(fraternity)는 인간이 서로가 필요한 존재라고 인식하고 좋은 사회를 만들기 위해 협동적으로 살아가는 것을 의미한다. 이러한 박애는 자본주의의 개인주의와는 여러 면에서 서로 대치되는 가치이다(김종일, 2010).

마르크스주의자들이 생각하는 정부의 역할은 생산 및 분배수단의 국유화이며, 정치적 민주주의를 확대시켜 노사갈등을 감소시키고 노사협조를 증진시키는 것이다. 그러나 사회복지정책을 통하여 자유와 평등을 보장하고 경제적 평등이 보장되는 사회를 얼마나 실현할 수 있을지에 대해서는 굉장히 회의적 입장이다. 이들은 사회복지정책이 근본적인 문제를 해결하는 것이 아닌, 일시적 방편이라고 비판한다.

[표 4-4] **조지와 윌딩의 복지이념과 모형**

복지 모형	반집합주의 (신우파)	소극적 집합주의 (중도노선)	페이비언 사회주의 (사회민주주의)	마르크스주의
대표 인물	Hayek, Friedman, Powel	Beveridge, Keynes, Galbraith	Titmuss, Crosland, Tawney	Laski, Miliband, O'Connor
사회적 가치	소극적 자유, 개인주의, 불평등	소극적 자유, 개인주의, 사기업, 실용주의, 인본주의, 합리주의	평등, 적극적 자유, 우애	착취, 소외, 비인간성, 평등, 적극적 자유, 박애
사회 조직	• 현존하는 불평등은 경제성장에 기여하므로 정당화될 수 있다고 봄 • 경쟁, 수요와 공급, 이윤, 자유방임, 협약의 중요성	자본주의는 비효율적이며, 낭비적 요소를 소지하고 있으며 비리와 빈곤을 소멸시킬 수 없고, 강자의 이해관계가 국익과 동일시되기 쉽다고 봄	수정자본주의하에서는 정치권력이 국민경제(생활)의 조정자가 될 수 있으며, 국가는 사회주의 건설의 도구로 이용될 수 있다고 확신	생산수단이 일부계급에 의해 독점될 때 갈등은 필연적이며, 계급갈등을 자본주의 고질병으로 간주. 자본주의 국가의 모든 기구는 중립적 심판관이 될 수 없고 오로지 자본가의 하수인에 지나지 않는다고 봄
정부의 개입	• 부정적 • 사회적 붕괴 • 자원낭비 • 경제적 비효율 • 개인자유 침해	• 조건부 인정: 자본주의의 원활한 기능 및 시장체계의 약점 보완을 위해 • 사회악의 제거와 사회적균형을 위해	• 적극 인정: 자유시장체제는 필연적으로 실패 • 시장체계의 수정, 보완 및 대리기능을 정부가 수행	적극 인정: 산업민주주의와 생산수단의 국유화는 경제적 평등을 실현시키며 계획경제체제는 정부의 개입에 의해 가능하다고 믿음

복지 모형	반집합주의 (신우파)	소극적 집합주의 (중도노선)	페이비언 사회주의 (사회민주주의)	마르크스주의
복지 국가론	• 반대: 중앙집권적 계획은 권위적사회주의 국가로 결과됨	• 찬성: 자동조절능력이 없는 자본주의 보완	• 적극 찬성: 복지국가의 확산을 통해 자본주의의 개혁이 가능. 복지국가는 사회주의 이행의 전 단계로 인식	• 조건적 반대: 복지국가는 자본계급의 노동계급에 대한 불가피한 최소한의 양보 – 복지국가를 통한 사회주의건설은 불가능
빈곤 완화의 국가 책임	필요악: 자선과 이웃사랑 정신에 입각	국민최저선의 보장에만 국가책임인정	점진적이고 지속적인 불평등의 완화에 대한 국가책임	자본주의체제가 존속되는 한 빈곤은 어떠한 형태 국가개입 의해서도 소멸불가능

출처: George & Wilding(1976; 1994).

결론적으로 마르크스주의자들은 복지와 사회개혁적 조치가 노동자계급에게 일정부분 이익이 될 수는 있으나, 복지의 진정한 수혜자가 노동자계급일 수 있는지에 대해서는 상당히 회의적인 시각을 갖는다(신윤창 외, 2002). 또한 빈곤완화에 대한 국가의 책임 역시 자본주의체제 하에서는 국가의 노력에도 불구하고 빈곤은 결코 소멸될 수 없는 것이라는 부정적인 입장을 취하고 있다.

4-2) 조지와 윌딩의 6분법

조지와 윌딩은 1976년 사회복지의 이념을 반집합주의, 소극적 집합주의, 페이비언 사회주의, 마르크스주의의 네 가지로 구분하였으나, 1994년에는 복지국가를 둘러싼 논쟁과 관련된 정치 이데올로기를 신우파(The New Right), 중도노선(The middle way), 사회민주주의(또는 민주적 사회주의; Democratic socialism), 마르크스주의(Marxism), 페미니즘(Feminism), 녹색주의(또는 생태주의; Greenism) 등의 여섯 가지로 구분하여 논의하고 있다. 이들 중 앞의 네 가지는 고전적 우파·좌파의 정치이념적 연속선상에서 논의되는 것이지만, 페미니즘과 녹색주의는 다른 맥락에서 제기된 것으로 전통적인 정치문제에 확고한 뿌리를 가진 이념은 아니다. 다시 말해서 20세기 후반 들어 새로이 등장한 관점들이다.

(1) 신우파

① 신우파는 오일쇼크 이후의 경제불황을 빌미로 확장 일로에 있던 공공복지를 공격하면서 등장하였다. 즉, 1970년대 후반부터 서구의 지식계와 정치계에는 국가의 활동을 비난하는 고전적 자유주의가 부활하기 시작했던 것이다.

② 신우파의 3대 가치는 자유, 개인주의, 불평등이다. 그 중에서도 자유는 으뜸가는 가치이며, 이들은 자유를 소극적 개념, 즉 강제가 없는 상태로 파악한다. 개인의 자유를 핵심가치로 내세우는 신우파는 복지에서 국가의 역할이 강화되는 것에 가장 강한 적대감을 보이는데, 이것은 높은 과세로 기업과 개인들에게 부담을 줌으로써 복지국가가 경제를 악화시킨다는 판단에 근거하고 있기 때문이다.

③ 개인주의는 자유와 상호보완적 개념을 지닌 가치로서, 특히 국가개입에 대한 개인의 자율성을 주장한다. 또한 개인은 자신의 이익을 최대한 자유롭게 추구해야 하고, 그 결과에 대해서 책임을 져야 한다는 것이 개인주의의 핵심사상이며, 서구의 정치사상사에서 이러한 입장은 보수주의와 연합하였다.

④ 신우파는 평등보다는 자유를 명백히 우선시하기 때문에 결과적으로 불평등을 옹호하는 입장이 된다. 평등을 이루기 위해서는 국가가 강제적으로 개입을 해야 하는데, 이는 개인의 자유를 침해하는 것과 같다고 보는 것이다.

⑤ 신우파가 생각하는 이상적인 복지사회는 국가의 역할이 축소되는 대신 시장이 더 많은 역할을 수행하는 형태이다. 이들은 시장이야말로 소비자의 선호를 발견하고 조정하는 최선의 시스템이라고 주장한다. 또한 시장을 통한 서비스 제공은 개인의 책임 및 이기심과 같은 인간의 본성에 적합하기 때문에 민주적이라고 본다.

(2) 중도노선

① 중도노선은 국가 차원의 복지정책을 통해 자본주의의 사회적 폐해를 완화할 필요가 있고, 또한 그것이 가능하다는 생각에 기초하고 있다. 이들은 기본적으로 시장경제를 선호하지만 시장경제가 언제나 원활하게 작동하지는 않는다

는 입장을 취한다.

② 실용적 성격을 지닌 중도노선은 신우파와 유사하게 자유, 개인주의, 그리고 경쟁적 사기업을 신봉한다. 그러나 신우파와의 차이는 중심 가치에 대한 신뢰의 강도이다. 즉, 중도노선은 중심 가치들을 절대적 가치로 믿지 않으며, 조건부로 신봉한다.

③ 중심 가치에 대한 믿음의 정도는 지적 실용주의에 의해 제한을 받는데, 이에 의하면 자본주의는 최선의 경제체제이지만 그것은 자동적으로 조절되지 않기 때문에 그것의 효율적이고도 공평한 운용을 위해서는 적절한 규정과 통제를 필요로 한다는 것이다.

④ 시장은 경기변동에 따라 불안정하고 생산과 분배기능에 있어 일정 한계를 가지고 있으며, 국가는 다양한 정책을 통해 이러한 시장경제의 결함을 시정하고 교정할 능력과 의무를 가진 것으로 간주된다. 복지국가는 자유시장체제의 모순들을 완화해 주며, 정부가 국민들의 안녕에 적극적인 관심을 갖고 있다는 느낌을 주어, 이로써 국가의 권위에 정당성을 부여한다는 것이다.

⑤ 중도노선에서는 합리적 행동에 기반을 둔 정부의 활동을 긍정적인 것으로 본다. 하지만 정부의 활동이 필연적이거나 효율적일 때에만 제한적으로 국가개입을 인정하며, 근본적으로는 정부의 개입을 최소화하는 것이 바람직하다고 본다. 중도노선에서 정부의 역할을 제한하는 이유는 다음과 같다.

⑥ 따라서 중도노선은 국가의 역할이 시장체제를 전면적으로 개혁하기보다는 시장에서 발생하는 사회문제를 실용적으로 해결하는 것에 한정되어야 한다고 본다.

(3) 사회민주주의

① 사회민주주의는 중도노선과 마르크스주의의 중간적 성격을 갖고 있지만, 구분이 모호한 경우가 많고 이념상의 좌우이동도 빈번하다.

② 사회민주주의는 복지국가가 사회의 조화, 즉 민주주의에 의해 제공된 정치적 권리와 시장의 힘만을 강조하는 자유시장의 한계 사이를 조정하는 중요한 힘

이라고 생각한다. 따라서 복지국가의 다양한 정책을 통해 불평등을 감소시키고, 계급 간의 폭력혁명을 통하지 않고도 자본주의 사회에서 사회주의 사회로 이행할 수 있다고 본다.

③ 사회민주주의의 중심적인 사회가치는 평등, 자유, 우애(fraternity)이며, 중심적 가치로부터 파생된 가치로서 민주주의와 인도주의가 있다. 불평등은 사회정의에 어긋나는 것이며, 사회통합을 위해서는 불평등의 완화가 필수적이라고 본다.

④ 사회민주주의의 '평등' 개념은 과도한 불평등의 감소를 의미하며, 그것은 국민최저선(national minimum)의 설정, 기회의 평등 촉진, 취약자에 대한 적극적 차별의 시행을 통해 이루어질 수 있다고 본다. 받아들일 수 있는 불평등의 수준은 논자에 따라 다르며, 불평등의 기준을 설정하는 것은 민주적 정치과정에 의해 결정된다고 믿는다.

⑤ '우애'는 이웃에 대한 애정, 이방인에 대한 무상의 베풂, 자기이익과 동시에 이타주의의 추구, 공동의 선을 강조하는 것 등을 의미하며, 탐욕사회를 예방하고 보편주의의 실현을 위해 우애가 필수적이라고 믿는다. 그러나 과도한 우애정신의 적용은 개인의 자유를 질식시킬 수 있다고 우려하기도 한다.

⑥ 기본적으로 시장기능에 대하여 불신을 가지고 있어 시장을 통해 이루어지는 분배와 각종 사적인 급부에 대해서는 강하게 반대한다. 또한 시장체계는 사회적 목표보다 개인의 권리에 대한 관심을 우선시하고 있어 공동목적을 성취하는 데는 비효율적이라고 보며, 시장원칙하에서는 경제적·사회적 변동의 비용을 약자가 부담하게끔 되어 있다고 본다. 따라서 이처럼 시장체계의 정의롭지 못한 분배를 시정하는 것이 정부의 역할이라고 보며, 국가는 주도적으로 사회복지서비스를 제공하고 교육, 의료 등을 탈상품화시켜 개인의 욕구를 시장이 아닌 국가에 의해 충족시켜야 한다고 주장한다.

(4) 마르크스주의

① 마르크스주의자들은 사회민주주의자들과 마찬가지로 자유, 평등, 우애를 중시한다. 그들이 사용하는 자유는 광의적이고 적극적인 개념이며, 경제적 평등

이 보장되지 않는 자유는 기만이다. 그들이 말하는 평등은 특권의 부재, 기회의 평등을 의미하는 것으로서 마르크스주의 안에서도 차이는 존재한다. 우애는 개인주의와 반대되는 개념으로서, 인간이 사회적 존재이며 상호협동적이라는 점을 강조한다.

② 이들은 복지국가의 근본적 기능이 자본주의적 생산관계의 유지와 재생산이기 때문에 이를 통해 사회통합과 이타주의라는 근본적 변화를 가져오기는 힘들다고 본다.

③ 마르크스주의에서 말하는 경제적 평등과 계급갈등에 대한 강조는 사회경제적 측면에서 정부의 강력하고 적극적인 역할로 이어진다. 경제적 평등은 산업민주주의와 대기업 및 영리단체의 국유화를 요구하게 된다.

④ 정부의 계획은 사회주의 사회의 중심적 면모이며, 마르크스주의는 정부계획과 효율, 그리고 민주주의가 병존 가능한 것으로 믿는다. 왜냐하면 계획된 민주주의를 통해 시장이 사회구성원의 가치체계와 존재목적에 종속되기 때문이다.

(5) 페미니즘

① 오랜 기간 동안 서구 복지국가의 발달은 자본과 노동 간의 투쟁과 타협으로 이해되었으나, 페미니즘은 성차별적인 정치권력의 결과에 초점을 맞춘 새로운 관점을 추가하였다.

② 복지국가가 노동시장에서 여성들이 평등한 지위를 보장받을 수 있도록 하는 데 필요한 서비스를 제공할 수 있다는 측면에서는 강한 지지를 보이면서도, 한편으로는 주로 남성들이 정책입안자이고 여성들은 단지 정책수혜사로 미무는 남성지배적인 국가라고 비판한다.

③ 기존의 사회복지정책을 분석할 때 간과되고 있던 여성의 시각과 입장을 과감히 도입함으로써 사회보장체계 내에서 발생하고 있는 여성집단에 대한 불공정한 대우, 점점 심화되고 있는 빈곤의 여성화 경향, 여성에 대한 과중한 돌봄노동 부여 등에 대해서도 강력한 비판을 제시하고 있다. 페미니즘이 추구하는 정책의 7가지 원칙들이 있는데 그 내용은 다음과 같다.

㉠ 유급노동과 가사노동 간에 선택 가능성을 높이는 것
㉡ 기회의 평등을 법적으로 보장하고 여성차별을 불법화하는 것
㉢ 학력, 계층, 고용형태를 막론하고 모든 여성을 급여대상자로 삼는 보편주의를 실천하는 것
㉣ 남성과 여성의 차이를 인정하는 것
㉤ 남성과 동등한 시민권을 여성에게 부여하는 것
㉥ 가정 내의 무급노동을 공공영역의 유급노동과 동등하게 취급하는 것
㉦ 사회정책을 경제정책에 종속시키지 않는 것

(6) 녹색주의(또는 생태주의, Ecology)

① 생태주의는 인간과 환경(자연)과의 상호작용 관계를 추구하는 이념, 삶의 자세, 사회운동 등을 가리킨다. 이러한 생태주의를 추구하는 생태주의자들은 사회문제를 해결하기 위해서 사회가 새롭게 조직되어야 한다고 주장한다. 나아가 생태주의자들은 기존과 다른 삶의 방식을 근본적으로 변화시켜야 한다고 주장한다. 사회복지정책의 측면에서 생태주의는 국가보다 작은 단위들이 사회보장, 교육, 보건의료, 돌봄서비스의 책임성 등을 강조한다. 생태주의자들은 시민들이 국가복지의 수동적인 존재이기보다는 스스로 공공복지의 책임을 공유한다는 사실을 인식해야 한다고 주장한다.

② 환경에 대한 관심은 전 세계적으로 다양하고 또한 긴 역사를 갖고 있지만, 이데올로기로서 녹색주의의 기원은 최근(1970년대)에 발생한 것이다. 앞에서 언급한 페미니즘이 여성에 대한 배려가 가능한 풍요사회에서 나타났듯이, 녹색주의도 지구의 미래를 배려할 수 있는 탈산업사회에서 등장했다.

③ 이들은 경제성장을 개인적 풍요나 공공서비스 자원을 증가시킴으로써 복지를 강화하는 수단으로 보고, 경제성장이야말로 엄청난 비복지라고 생각한다. 복지국가의 급여 및 서비스를 경제성장과 소비확대의 산물로 보고 이를 지구환경의 심각한 문제로 간주한다.

④ 자립심, 참여, 소단위를 강조하고 지역사회 내에서 복지서비스를 전달하고 주

민들이 서비스 발굴과 전달에 직접 참여할 것을 주장한다. 사회복지서비스는 소비를 조장하는 현금급여의 형태보다는 현물서비스를 제공함으로써 성장과 소비를 줄여야 한다고 주장한다.

[표 4-5] **조지와 윌딩의 6분법**

이 념		복지국가에 대한 입장	복지국가란?
우파	신우파	반대	자유시장의 걸림돌
	중도노선	제한적 지지	사회안정, 질서유지
좌파	사회민주주의	열광적 지지	사회조화, 평등한 사회실현
	마르크스주의	반대	자본주의 체제 강화
페미니즘		제한적 지지	여성의 평등 지위 보장
녹색주의(생태주의)		반대	환경문제를 조장

5) 에스핑-앤더슨(Esping-Anderson)의 모형

복지국가 유형 분류와 관련해 가장 많이 언급되는 유형은 스웨덴의 저명한 사회과학자인 에스핑 앤더슨(1999)이 나눈 유형이다. 에스핑 앤더슨은 복지지국가 체제를 자유주의 복지체제(liberal welfare state), 보수적인 조합주의 복지체제(conservative-corporatist welfare state) 그리고 사회민주주의 복지체제(social democratic welfare state)의 세 가지 유형으로 구분하였다. 이러한 구분의 기준으로는 탈상품하(decommodification)의 정도, 계층화(stratification) 유형, 국가, 시장 그리고 가족 간의 상대적 비중(탈가족화)이라는 세 가지 기순을 이용하여 복지유형을 분류하였다.

먼저 복지체제란 무엇을 의미하는가? 복지체제란 사회정책적 결정이나 사회지출의 전개과정, 문제의 규정방식 등으로 시민들의 복지욕구 표출형태를 형성하고 결정짓는 제도적 구조나 규칙 또는 이해방식을 말한다. 또한 그가 말하는 '체제'란 "복지 생산이 국가, 시장, 그리고 가계 사이에서 할당되는 방식을 지칭한다."(Esping-

Andersen, 1999). 즉, 국가복지 또는 사회정책만을 대상으로 복지국가의 유형 분류를 한 것이 아니라 시장과 가족의 복지공급 역할까지 고려한 복지 '체제'에 대한 유형 분류를 한 것이다.

그렇다면 유형을 구분하는데 사용한 각 기준에 대하여 살펴보자.

첫째, 자본주의 사회에서는 노동자들이 생존을 위하여 자신의 노동력 판매에 의존화하는 상품화가 진행된다. 자신의 유일한 소득원천은 자신의 노동력일 수도 있다. 그런데 만약 자신이 노동시장에서 일할 수 없는 상황에 처했을 때, 국가가 어느 정도 수준의 급여(사회보장제도)를 제공해 주는가의 정도가 탈상품화의 정도이다. 탈상품화란 노동자가 자신의 노동력을 상품으로 팔지 않고도 살 수 있는 정도로 이것이 높을수록 복지선진국가를 의미한다. 에스핑 앤더슨은 노동력의 탈상품화는 국가가 국민들의 사회적 요구를 충족시키기 위해 개입하는 정도를 결정하는 유용한 기준이라고 믿었다. 이러한 탈상품화는 노동자의 힘을 강화하고 고용자의 권위를 약화시킬 수 있다.

에스핑 앤더슨은 이 개념화한 탈상품화의 정도를 측정하기 위하여 탈상품화 점수를 제시하였다. 탈상품화 점수란 연금, 건강보험, 실업보험 등 3대 보험에 대하여, ① 최저급여액의 평균임금에 대한 비율, ② 평균 급여액의 평균임금에 대한 비율(소득대체율), ③ 급여 수급 자격요건(가입기간), ④ 전체 재정 중 수급자 부담의 비중, ⑤ 전체 인구 중 실제 수급자의 비율 등을 점수로 매기는 것이다(원석조, 2006).

둘째, 계층화란 복지제도를 통하여 노동시장에서의 계층구조가 유지 또는 고착화되는 정도를 말한다. 이를테면 A씨는 안정적이고 고임금을 보장하던 회사에서 오랫동안 일했다. 일하는 동안에 높은 소득에 비례한 높은 수준의 연금보험료를 기여하였다. 그에 비해 B씨는 비정규직의 낮은 임금 일자리에 평생 종사하며 낮은 수준의 연금보험료를 기여하게 된다. 이 경우 이들의 퇴직 후 연금수준은 차이가 난다. 많이 기여한 사람에게는 높은 수준의 연금이 보장되고, 그 반대의 경우에는 노후소득보장이 어려운 낮은 수준이 연금이 보장된다. 이렇게 복지제도가 노동시장에서의 지위를 유지하게끔 만드는 정도를 계층화의 정도라고 한다.

셋째, 국가와 시장, 가족 간의 상대적 비중이란 복지주체와 관하여 국가와 시장,

가족 간에 얼마나 부담하고 있는지를 의미한다. 이 기준 또한 각 국가의 사회배경, 자본주의 발전 정도에 따라서 차이가 나기 때문에 복지체제유형을 분류하는 기준으로 유용하다. 에스핑 앤더슨은 시장 관련 지표에서, 개인이 사적연금과 민간의료보험을 시장에서 구매하는 정도에 초점을 두었으며, 가족의 복지공급을 측정하는 지표로 주로 노인과 아동의 케어를 가구가 케어하는 정도와 여성의 가정노동시간의 정도를 측정하였다.

(1) 자유주의적 복지국가 모형

에스핑 앤더슨은 미국, 영국, 캐나다, 호주 등을 탈상품화의 효과가 가장 미약한 국가인 자유주의적 복지체제로 분류하였다. 이 유형은 기본적으로 자본주의 시장체제와 그 역할을 신뢰하며, 사회복지는 노동윤리를 손상시킨다는 관념이 널리 퍼져 있기 때문에 복지대상자를 저소득층으로 한정하고 있으며, 엄격한 선별주의 원칙이 적용된다. 또한 자유주의 복지체제는 시장의 중요성을 강조하다 보니, 시장을 통한 개인주의적 연대에 방해가 될 수 있는 정부나 가족의 역할을 주변화되어 있다. 그리고 시장을 통해 개인주의적 연대를 최대한 장려하기 위하여 국가중심의 탈상품화는 최소화되는 경향이 있다(남찬섭, 2002).

따라서 개인책임과 자조가 중요한 원리로 강조되고, 정책이 대상이 선별적으로 적용되는 공공부조제도가 상대적으로 중시된다.

자유주의적 복지체제의 대표적 국가인 미국의 경우, 경제 대공황과 제2차 세계대전을 겪으면서 뉴딜정책과 사회보장법 제정 등 사회복지 제도가 확장되었고 국가의 역할이 이전보다는 증가하였지만, 사회복지정책은 여전히 시장의 능력과 경제정책에 종속적이었으며, 결코 시장을 훼손하는 수준으로 사회복지를 확대하려고 한 적이 없다. 소수의 복지대상자에 대한 제한된 평등, 다수에 대한 시장중심의 복지, 이 두 집단 사이의 계급 정치적 이중구조가 계층적 질서를 형성하였다. 이렇듯 시장의존적 지향을 하였기 때문에 탈상품화 정도가 낮고 재분배 기능은 세 가지 체제 중 가장 약하여 불평등이 상대적으로 심하게 나타난다(최은영 외, 2006).

(2) 보수적 조합주의 복지국가 모형

보수주의적 조합주의 복지체제는 노동력의 탈상품화 효과가 어느 정도 발생하지만, 한계가 있는 체제로서 이에 속하는 국가로는 독일, 프랑스, 이탈리아, 오스트리아 등이 있다. 이 체제에서는 정부와 고용주(자본), 노동(노동자)의 협력관계에 의한 경제복지정책을 수행하는 것이 큰 특징이다. 또한 자유주의적 체제의 주된 관심이 시장의 효율성인 것에 비해, 이 체제에서는 가족주의적 요소가 강하며, 이를 국가가 보조적 역할을 하는 특징이 있다. 또한 가족의 중요성을 강조하는 전통적, 종교적 및 문화적 신념에 의해 지배받으며 교회나 자원봉사조직들이 사회복지의 역할들을 대신한다고 볼 수 있다. 따라서 보수주의 체제에서는 탈상품화가 가구주에게서 높게 나타난다든지, 복지제도가 조합주의적 국가주의적 모습을 보인다(남찬섭, 2002).

구체적으로 살펴보면 조합주의 체제는 자유주의적 복지체제의 관심인 시장과 상품화 문제는 중시하지 않았으며, 이들에게 복지체제는 후기 산업사회의 계급구조를 유지하기 위한 시스템이라고 할 수 있었다. 따라서 이들 체제에서 사회복지의 제공은 사회적으로 존재하는 계급, 지위의 차이를 유지하는 것과 밀접한 관련이 있었고, 결국 재분배 효과는 사회민주주의적 복지체제에 비하여 약할 수밖에 없는 것이다(김태성·성경륭, 2006).

이러한 배경을 바탕으로 조합주의적 복지체제는 사회보험을 활용하여 직업별 또는 계층별로 다른 종류의 복지급여가 제공되기 때문에 각자의 사회적 지위에 따라서 그 차이가 그대로 반영되는 형태를 보인다. 따라서 국민들의 사회권은 인정되나, 사회보험에 대한 의존은 자유주의 체제보다는 탈시장적이지만 보험원리 자체가 시장원리와 결합되어 있고, 탈상품화 효과는 한계를 가지고 있다.

(3) 사회민주주의적 복지국가 모형

사회민주주의란 "현존하는 정치체제를 통하여 자본주의로부터 사회주의로의 평화적이고 점진적인 사회변화를 주장하는 정치이념"이다. 즉, 생산수단의 사회적 소유와 사회적 관리에 의한 사회의 개선을 민주주의적 방법을 통해 실현하고자 하는 주장이나 운동을 총칭하는 것이다(김종명·송낙길, 2015). 중요한 것은 사회민주주의는 사회주의로 체제 변환을 하기 위한 혁명을 거부하고 점진적인 개선을 택한다는 점에서 마르크스주의의 원리에서 벗어난 것이다.

스웨덴이 대표적 체제로 알려져 있는 사회민주주의적 복지체제는 세 가지 체제 중 가장 높은 노동력의 탈상품화 정도를 나타내기 때문에 사회복지제도들이 높은 수준으로 제도화되어 있다. 즉, 정부가 시민의 복지를 위한 마지막 대안이 아니라, 가장 주된 제도인 것이다. 또한 사회민주주의 복지체제는 사회적 연대의 근거가 국가이며 국가의 역할이 크고, 국가는 탈상품화 효과를 높일 수 있으며, 보편주의적 개입을 통해 가족과 시장을 대체하는 특성을 갖는다(남찬섭, 2002).

그리고 보편주의적 개입은 적용대상과 보장하는 위험범위에서도 나타난다. 이 체제에서는 사회권에 의한 탈상품화의 정도가 보편적으로 확대되어 일부의 저소득층뿐만 아니라 중산층에까지도 확대되었다.

[표 4-6] **에스핑-앤더슨의 복지국가 모형**

	사회민주주의적 복지체제	조합주의 복지체제	자유주의 복지체제
가족의 역할	주변적	중심적	주변적
시장의 역할	주변적	주변적	중심적
국가의 역할	중심적	보조적 (subsidiary)	주변적
연대의 양식	보편주의적	친족중심적 조합주의적 국가주의적	개인주의적
연대의 근거	국가	가족	시장
탈상품화의 정도	매우 높음	높음 (가구주의 경우)	매우 낮음
전형적인 국가	스웨덴	독일, 이탈리아	미국

출처: Esping Anderson(1999); 박병현(2005).

복지에 필요한 재언은 누진적 조세제도를 활용하며, 육체노동자는 사무직노동자나 공무원과 상승하는 사회적 권리를 지녔으며, 모든 계층은 보편적 사회보험제도에 포함된다. 이 체제에서 시장기능은 공공부문의 기능에 의해 최소화되고, 복지국가를 위한 연대와 사회통합이 중요한 목표가 된다. 이러한 과정에서 보편적으로 시민 모두가 수혜자이고 모두가 의무를 느끼는 평등지향적 체제라고 할 수 있다(최은영 외, 2006).

[표 4-7] **에스핑-앤더슨의 탈가족화**

에스핑 앤더슨은 사회복지정책이 가족중심의 책임을 강조하면 가족주의, 가족에 대한 사회적 책임을 강조하면 탈가족화(또는 탈가족주의)라고 규정하였다. 그의 가족복지정책 유형은 다음과 같다.

복지국가 체계분류	가족복지 유형	가족과 국가의 역할과 개입	해당 국가
자유주의 복지체계	가족주의	국가개입 최소화, 가족 스스로의 책임과 전통적 가족기능 강조	미국, 캐나다, 호주 등
조합주의 복지체계	이원적 가족주의	국가가 상당부분 개입하나, 가족이 보호와 양육기능의 책임주체로서 역할 강화	독일, 프랑스, 오스트리아 등
사회민주주의 복지체계	탈가족주의	국가가 가족에게 부양과 양육의 책임을 전가하지 않음	덴마크, 스웨덴, 노르웨이 등

6) 스칸디나비아 복지국가

스칸디나비아 국가의 사회복지정책은 전 세계 사회복지의 절정 또는 이상적인 복지국가로 간주되고 있다. 특히 스웨덴이 그러하다. 스웨덴의 사회복지정책을 고찰할 때 중요한 것은 '스웨덴 모델'이다. 스웨덴 복지국가의 특징은 수요관리에 중점을 둔 케인스주의적 경제관리방식을 넘어 수요와 공급을 좀 더 포괄적으로 관리하는 것을 핵심으로 하는 '렌-메이드네르 모델(Rehn-Meidner model)'이다. 이 모델은 성장·고용·복지를 동시에 달성할 수 있었던 것이다. 따라서 스웨덴 복지국가는 영국식 '요람에서 무덤까지' 넘어 '태내에서 천국까지'의 수준 높고 진보성과 관대한 복지국가를 발전시킬 수 있는 것이다(원석조, 2016, 재인용).

7) 복지국가 유형화의 한계

복지국가 유형 분류는 각 국가의 복지체제에 대한 설명과 분석의 간결성을 제공해준다. 즉, 나무보다는 전체 숲을 보게 해 주는 것이 유형론의 가장 큰 유익함이라고 할 수 있다. 또한 다양한 종(種)을 중요한 속성에 따라 집락시킬 수 있다면, 그 집락의 운동논리, 인과관계까지도 더 쉽게 확인이 가능하다. 예를 들어, 인간을 백인종, 흑인종, 황인종으로 나눈다면, 만약 황인종을 만났을 때 그의 얼굴색을 보고 그 사람이 어느 국가에 속하고 어떠한 개인적인 특성을 가졌는지와 상관없이 황인종이 가진 유사한 특성을 바탕으로 그에 대해서 미루어 짐작해 볼 수 있는 장점이 있다. 또한 유형 분류는 가설을 설정하고 검증하는데 유리하다.

그러나 복지국가를 두 가지 혹은 세 가지로 유형화하는 것에는 한계가 있다. 이 한계에 대하여 박병현(2005)은 세 가지의 한계점을 제시한다.

첫째, 복지국가의 유형화 작업의 가장 큰 한계점은 다양하고 많은 국가들이 포함되지 않았다는 것이다. 대부분의 학자들이 복지국가를 정의내릴 때, 자본주의 경제를 바탕으로 한 혼합경제체계를 채택하고 있는 국가로 설정한다. 그리하여 공산주의 국가들은 복지국가 유형 분류에 포함되지 않았다. 그러나 공산주의 국가들의 사회정책을 연구한 데콘(Deacon, 1983)은 많은 공산주의 국가들이 제도적 사회복지 모델에 적합하다고 주장한다(원석조, 2016).[31)]

둘째, 각 유형에 속하는 국가들을 규정하는 작업이 어렵다는 것이다. 어떤 국가를 어떤 유형에 속한다고 분류하는 것은 매우 힘든 작업이다. 이 작업에 있어서 각 학자들마다의 다른 기준과 근거로 같은 국가가 다른 유형으로 분류되기도 한다. 예를 들어, 디트머스는 영국과 미국을 다른 유형으로 분류하지만, 미쉬라는 영국과 미국을 같은 유형으로 묶는다. 이러한 현상은 혼란을 불러일으킬 수 있다.

셋째, 대부분의 유형화 작업이 나름의 기준을 가지고 있지만, 어떠한 경우에는 개인적 이데올로기의 선호 여부가 많은 영향을 미칠 수 있다. 예를 들어, 복지국가 유

31) Midgley(1997)는 공산주의 국가에서의 사회복지는 욕구에 근거한 사회복지보다는 사회통제 목적의 사회복지이기 때문에 진정한 제도적 사회복지라고 보기 힘들다고 하였다(박병현, 2005).

형화 작업에서 미국은 부정적인 국가로 자주 소개된다. 핑커(1979)는 티트머스가 제도적 사회복지 모델에 대하여 자신의 도덕적 선호도에 근거하여 복지국가의 유형을 분류한다고 비판한다. 다시 말해, 복지국가의 유형화를 하는 학자들의 개인적인 도덕적 선호가 과학적 객관성을 침해할 소지가 있다는 것이다(Midgley, 1997; 박병현, 2006, 재인용).

3. 복지국가의 발전과정

1) 복지국가의 정착기

① 1920년대부터 제2차 세계대전 종결시점(1945)까지의 시기

② 세계적인 대규모 전쟁과 경제 대공황이 복지국가 발전의 가장 중요한 요인이 됨

③ 제1차 세계대전의 전후 처리문제, 경제 대공황, 제2차 세계대전의 수행과 관련하여 복지국가의 발전은 구미 각국에서 새로운 복지제도의 확충, 복지수혜자의 범위 확대, 사회복지를 위한 국가의 재정지출 대폭 증가라는 세 가지 측면에서 진행되었다고 할 수 있음

④ 대표적인 예

㉠ 스웨덴: 1932년 사회민주당이 집권하면서 복지국가의 발전이 가속화되어 고용창출을 위한 프로그램, 다자녀 가정을 위한 주택지원 프로그램, 생계비와 연금의 연동, 무료출산과 모자보건서비스, 신혼가정을 위한 국가 대출 프로그램 등과 같은 다양하고 광범위한 사회복지서비스들이 제도화되었다.

㉡ 미국: 복지 지체국이라 불리는 미국의 경우 케인즈이론을 바탕으로 뉴딜정책이 추진되어 대공황을 극복할 수 있었고, 또한 1935년에 제정된 사회보장법을 통해 취약계층에 대한 지원이 제도화되었다.

***케인즈주의**

- 자본주의 경제는 국가가 적절히 개입해야만 그 건강성을 유지할 수 있다고 주장
- '유효수요의 원리' 제시, '풍요 속의 빈곤'
- 소극적 집합주의 또는 국가개입주의라고도 함

ⓒ 영국: 1942년, 복지국가의 청사진으로 불리는, 베버리지 보고서를 통해 복지국가의 기틀을 마련하였다.

2) 복지국가의 팽창기

① 제2차 세계대전이 종결된 1945년부터 대략 1970년대 중반까지의 시기로, 복지국가의 황금기로도 불린다.

② 복지국가 정착 이후 약 30년간 경제적 번영과 함께 복지국가의 발전이 모든 측면에서 극대화되었다.

③ 그 이전까지 구축되어 온 다양한 복지제도들이 개별 국가들로 빠르게 확산되었고, 개별 사회서비스와 공공부조를 위한 제도들도 더욱 확충되었으며 복지에 대한 혜택이 보편화된 시기였다.

④ 복지제도의 포괄성(다양화), 복지수혜자의 보편성, 복지혜택의 적절성이라는 세 측면에서 복지국가 발전의 절정기라고 할 수 있다.

3) 복지국가의 위기와 재편(← 정부의 실패)

① 1970년대 두 차례에 걸친 오일쇼크(석유파동)와 그로 인한 경제성장률 하락, 스태그플레이션 등이 과거 약 30년간 유지되어 온 국가－자본－노동 간의 화해적 정치구조에 균열을 가져왔다.

② 불황과 물가상승을 동시에 발생시킨 오일쇼크로 인해 케인즈주의 붕괴, 이후 오늘날까지 구미의 복지국가들은 재편기에 접어들게 되었다.

③ 1979년 영국에서는 보수당의 대처(대처리즘)가, 1980년 미국에서는 공화당의 레이건(레이거노믹스)이 집권하였다.

④ 신자유주의(신보수주의·신고전주의·신우파)

㉠ 스태그플레이션의 극복을 위해서는 케인즈주의 경제사회정책을 포기하고, 화폐공급을 억제하여(통화주의 정책) 경제의 자율성을 회복시키는 방법밖에 없다고 보았다.

㉡ 1970년대 중반 이후의 경제위기가 오일쇼크라는 외적 요인에 의해서만 발

생한 것이 아니라, 국가의 경제개입과 복지개입이라는 내적 요인에서부터 비롯되었다고 주장하였다.

㉢ 따라서 시장의 경쟁력 강화(시장경제의 원리 복원, 시장의 자율성 극대화), 경제성장, 고용증대를 이루기 위해 국가의 개입 축소는 물론 복지지출도 감축해야 한다고 주장하였다.

㉣ 작은 정부 지향, 기업의 경쟁력 강화를 위한 법인세 인하, 탈규제화, 민영화 등을 추구한다.

⑤ 제3의 길

㉠ 사회주의 국가가 붕괴된 이후, 1990년대에 집권한 유럽의 좌파정권들은 좌파의 이념과 신자유주의적 요소를 접목한 기든스(Giddens)의 이론을 근거로 하여 '제3의 길(The third way)'을 제시하였다.

㉡ 기든스는 1998년에 발간된 『제3의 길』이라는 저서를 통해 사회민주주의와 신자유주의를 대신할 새로운 정치이념을 '제3의 길'로 명명하였다. 그는 시장경제를 수용하면서도 능동적인 정부의 역할을 강조하고 있으며, 또한 정부의 역할을 인정하면서도 활력 있는 시민사회를 강조하며 정부, 기업, 시민사회 간의 공생과 협력관계를 중시하고 있다.

㉢ '제1의 길'이 '요람에서 무덤까지'로 대표되는 복지국가를 목표로 한 사회민주주의적 기획이라면, '제2의 길'은 시장의 자유를 극대화하고 국가의 개입을 최소화하려는 신자유주의적 기획이다. '제3의 길'은 사회민주주의적 가치와 신자유주의적 가치를 동시에 추구하는 것으로서, '제1의 길'에 대해서는 시장의 효율성을 강조하고, '제2의 길'에 대해서는 사회적 평등을 부각시키는 전략으로 새로운 종합을 모색하고 있다.

㉣ 제3의 길 복지정책은 사회보장과 재분배에 관심을 기울이는 동시에 경제적 부의 산출에도 많은 관심을 기울이고 있다. 이런 맥락에서 제3의 길은 경쟁력과 부의 산출을 중시하는 '신혼합경제'를 옹호하며, 베버리지 시대의 소극적 복지수급자와는 대조적으로 적극적인 복지시민의 위상정립에 정책의 초점을 맞추고 있다.

ⓜ 경제적 부양비를 직접 제공하기보다는 가급적 '인적 자본'에 투자할 것과 적극적인 복지사회의 맥락에서 작동하는 '사회투자국가'의 건설을 강조한다.

ⓑ 정부와 민간단체 그리고 개인의 협력 강화를 강조한다. 즉, 근본적인 복지제도의 책임은 정부에 두면서 최대한 민간 부문과 개인들의 노력을 함께 유도하여 정부의 개입을 축소하는 효율성을 가져오는 것이 제3의 길 정책의 기조이다. 이는 정부와 비정부기구가 동반자적 관계를 유지하면서 함께 복지수준 향상에 적극 나서는 것을 핵심으로 하는 '복지다원주의'로 설명되기도 한다.

ⓢ 제3섹터(또는 제3부문·비영리 자발부문, The third sector) 기관들이 제대로 활동하지 못하는 곳에서는 그것들이 복지서비스를 제공하는 데 좀 더 적극적인 역할을 수행해야 한다고 본다. 아울러 혜택의 하향식 배분은 좀 더 지방적인 차원에서의 분배제도로 바뀌어야 한다. 더욱 일반적으로는 복지 제공의 개선이 시민사회의 적극적인 발전을 위한 프로그램과 통합되어야 함을 인식해야 한다고 본다.

ⓞ '제3의 길'의 주요 개혁과제

ⓐ 정부개혁 및 공공부문의 일방적 축소가 아닌 쇄신과 강화를 목표로 하는 개혁

ⓑ 긴축재정과 균형예산의 유지

ⓒ 낮은 인플레이션과 안정적 경제성장을 돕는 건전한 거시경제 운용

ⓓ 복지국가의 문제점과 결점에 대처하기 위한 구조개혁

ⓔ 적극적인 고용창출을 위한 활발한 노동시장정책의 채택

ⓕ 권리와 책임의 동반, 확고한 인류 평등주의 및 공공기관 혁신의 토대로서의 시민사회 개혁

ⓩ '제3의 길' 정책 대강

ⓐ 정부의 재구성을 통해 행정기구를 간소화하면서도 역동적인 조직으로 재편한다. 새로운 정부의 역할은 세계화를 추진하면서도 지역의 자율성을 강화해야 한다.

ⓑ 시민사회를 재구성하여 정부, 시장, 시민사회의 삼자간 균형을 이루어야 한다.

ⓒ 새로운 경제체제는 자유시장과 정부의 역할이 조화를 이루도록 해야 한다. 기존

의 혼합경제가 국유화와 민영화를 중심으로 논쟁을 벌였다면, 새로운 혼합경제는 규제와 탈규제 간의 균형을 추구한다.

ⓓ 복지국가는 수동적 위험체계에서 적극적 복지체계로 바뀌어야 한다.

ⓔ 경제성장과 동시에 새로운 생태학적 근대화를 위한 전 인류적 노력을 기울여야 한다.

ⓕ '세계적 거버넌스(global governance)'를 위한 국제적 협조를 발전시켜야 한다.

㉧ '제3의 길'의 프로그램과 내용([표 4-8] 참조)

[표 4-8] **제3의 길의 내용**

급진적 중도	내 용
새로운 민주국가 (적이 없는 국가)	권력의 지방이양, 공공영역의 쇄신-투명성, 행정적 효율성, 직접민주주의 메커니즘, 위험성 관리자로서의 정부
활발한 시민사회	정부와 시민사회의 동반자 관계, 지방주도를 통한 공동체 쇄신, 제3부문의 관여, 지방 공공영역의 보호, 공동체에 기반한 범죄 예방, 민주적 가족
민주적 가족	정서적 · 성적 평등, 관계에 있어서 상호 권리와 책임, 공동양육, 평생양육 계약, 아이들에 대한 타협적 권위, 부모에 대한 아이들의 책무, 사회적으로 통합된 가족
신혼합경제 (new mixed economy)	공공부문과 민간부문의 상승효과, 공익을 염두에 둔 시장의 역동성 이용, 규제와 탈규제 사이의 균형, 사회생활의 균형
통합으로서의 평등	포용으로서의 평등, 제한적인 능력 지배, 공적 영역(시민 자유주의)의 부흥, 적극적인 복지(복지국가 대신에 적극적인 복지사회 맥락에서 작동하는 사회투자국가 건설)
사회투자국가	인적 자본에 투자, 평생교육 강조, 가족친화적 정책, 복지재정을 국가뿐만 아니라 기업, 여러 기관들과 결합하여 조달하고 분배
적극적 복지사회	복지서비스 제공에서 제3부문(자원부문)의 적극적 역할, 시민사회의 적극적 발전을 위해 복지서비스 개선
세계주의적 민족	안정화 세력으로서 민족의 역할 재정립
세계적 민주주의	범세계적 규모로 작동하는 민주주의, 범세계적 경제불평등 해소, 생태적 위험성을 통제하기 위한 조건

4) 복지국가 재편의 내용: 민영화

위기 이후 복지국가는 크게 신보수주의적 개편과 조합주의적 재편이 이루어졌고 그 내용은 서로 다르기 때문에 공통적 특성을 도출해내기 어렵다. 그러한 특성 중 정도의 차이는 있지만 민영화(privatisation)는 1980년대 이후 복지국가에서 나타나는 일반적인 경향의 대표적인 예로 볼 수 있다. 여기서 말하는 민영화는 단순히 국유기업을 민간에 매각 또는 이전하는 조치뿐만 아니라 사회복지시스템에 있어서 민간원리를 도입하는 경향 전체를 표현하는 용어이다(박광준, 2007). 이 절에서는 복지국가 재편의 내용으로서 민영화는 어떤 의미이며, 어떻게 추진되었고, 어떤 문제를 가지고 있었는지를 살펴보겠다.

(1) 민영화의 개념

도니슨(David Donnison)에 의하면, 민영화라는 용어는 정치가가 생각해낸 정치적인 저널리스트들에 의해 보급된 용어로써, 보통 '복지서비스에 있어서 사적 생산 혹은 사적 재정의 상대적 역할증가(Higgins, 1981)'를 의미하는 것이다. 이를 사회복지 분야와 관련지어 본다면, 국가급여의 질과 양을 줄인다거나, 어떤 제도에 대한 국가의 지원과 보조를 축소시키는 것, 혹은 국가가 운영하던 제도를 시장기능(민간부문)에 맡기는 방안 등 사회복지제도가 가지는 '사회성'을 부분적 또는 전면적으로 부정하고, 적극적인 국가개입에 의해 행해진 사회복지체제에 대하여 국가개입의 정도나 범위를 줄이고 그만큼 사적시장경제의 원리를 도입하는 일련의 과정을 뜻하는 용어이다(박광준, 2007).

(2) 민영화의 목적

박광준(2007)에 의하면, 사회복지 분야에서 민영화를 추구하는 목적은 '국가재정의 안정적 확보'라는 측면과 이데올로기적 측면에서 '민간부문의 효율을 촉진'하고 국가에 대한 의존성을 감소시킨다는 두 가지 목적으로 추진되었다. 먼저, '국가재정의 안정화'라는 측면에서 민영화는 국가개입을 줄임으로써 보조금지출을 삭감한다. 그리고 적자로 운영되는 공기업을 사적영역으로 옮기면서 적자부문을 정리하고,

국유자산을 매각함으로써 막대한 정부수입을 확보해서 국가재정을 호전시키려는 것이었다.

민영화의 두 번째 목적은 '효율의 추구'이다. 효율추구 경향은 국가에 따라 그 정도의 차이가 나타나지만 신보수주의적 복지국가 재편과정을 단행한 국가들에서는 효율 그 자체가 가진 이데올로기적 측면이 매우 강조되었다. 이러한 견해는 자원의 할당과 운영에 있어서 시장경제의 원리가 가장 효율적인 방법을 제공해 줄 것이라는 믿음에서 근거한다. 곧 민영화는 시장경제체제를 온전히 받아들이지 않는 복지국가체제는 근로의욕이나 저축의욕을 저하시켜서 경제의 생산력을 떨어뜨리며, 그 서비스는 공급자 및 소비자 양자에 의해 자원의 낭비를 조장한다는 두 개의 가정에 기초하는 것이다(Le Grand, 1982; 박광준, 2007, 재인용).

(3) 민영화의 형태

사회복지 분야를 포함하는 사회 경제활동에 대한 국가의 개입은 다음의 세 가지 형태, 즉 공여(provision), 보조금 지급(subsidy), 그리고 규제(regulation)로 이루어진다. 이를테면, 영국의 NHS의 경우 정부는 병원의 공적 공여를 통하여 의료서비스를 제공하고, 그것을 일반적으로 무료로 제공함으로써 의료비를 보조하고, 의료공급자의 자격조건을 규정하여 의료서비스의 질을 규제하고 있다(오윤수 외, 2011).

한편 국가의 개입이 위에서 살펴보듯이 세 가지 형태로 나타난다면, 반대로 민영화는 세 가지 형태의 국가개입을 축소하는 방향으로 나타나므로 민영화 또한 세 가지 형태로 나누어 살펴볼 수 있다(박광준, 2007).

민영화의 첫 번째 형태는 국가적 공여를 축소시키는 것으로, 이를테면 공영주택을 매각하거나 민간의료 영역을 넓히는 것, 건강보험의 보장영역을 축소시키는 것 등이다. 두 번째는 국가에 의한 보조금을 삭감하는 방식이다. 예를 들어 그동안 제공했던 학비보조금을 학비융자로 대체하는 것, 건강보험에서 본인부담금 부분을 확대하는 것 등이 있다. 세 번째는 사회복지의 민간제공자에 대한 규제의 완화이다. 이는 집세규제의 완화, 공영지하철회사와 민간지하철회사 간의 경쟁에 관한 규제를 완화하는 것 등이 그 예이다(박광준, 2007).

(4) 민영화의 효과

민영화(사적 소유)가 공적소유에 비해서 가지는 효과가 다음 표에서 제시하고 있다. 하지만 그러한 효과가 실제로 나타나고 있는지에 대해서는 여전히 확신할 수 없다. 민영화의 효과는 민영화를 주장하는 이들의 의견이며, 현재까지 민영화를 통하여 주요 경제문제들이 해결하지 못한 것으로 나타난다(박광준, 2007).

[표 4-9] **민영화 효과**

구분	공적 소유	사적 소유
독점	① 제품시장에 있어서 경쟁이 없으므로 인하여 생산이 비효율적 ② 도산의 위험 없음 ③ 정부개입이 생산비 효율에 영향을 미침 ④ 제품가격은 코스트를 반영하고 그 점은 자원분배의 효율화를 나타내지만 ①, ③의 요인에 의해 코스트를 최소화하기가 불가능함	① 제품시장에 있어서 경쟁이 없으므로 인하여 생산이 비효율적 ② 생산비효율은 낮지만 도산의 위협이 존재함에 의한 효율화 발생 ③ 정부개입이 없으므로 효율화가 진전 ④ 제품가격은 독점으로 인하여 코스트와의 관련이 희박해짐. 또한 위의 요인들에 의해 코스트 최소화는 불가능하고 독점적 지위를 방어하기 위하여 자원의 낭비가 발생함
경쟁	① 시장의 경쟁관계에 의하여 생산의 비효율성이 감소 ② 도산의 위험이 없기 때문에 생산의 효율화는 극대화되지 못함 ③ 제품가격은 코스트를 반영하지만 코스트 최소화는 달성 불가능	① 제품시장의 경쟁으로 생산효율이 제고됨 ② 시장에 의한 기업통제가 생산효율을 높임 ③ 도산의 위험이 효율화를 촉진 ④ 제품가격이 최저코스트를 반영하고 생산과 자원배분이 효율적임

출처: 박광준(2007), 재인용.

● 정 리 마 당 ●

1. 학자별 복지국가 유형화 정리
2. 각 국가별 복지국가 모형?
3. 복지국가의 역사적 의미?
4. 민영화 및 시장화에 대한 이해

Part 01

사회복지정책의 과정

정책은 특정 상황에서 목표의 선택과 그 목표를 달성하기 위한 수단과 관련된 일련의 상호결정과정이라고 볼 수 있다. 이것은 정책이 단일의 결정이라기보다는 일련의 행동 또는 의사결정들을 내포하고 있으며, 다음과 같은 의미가 있다.

① 정책은 오랜 기간에 걸쳐 만들어지며, 초기 정책결정 이후에도 다양한 결정요인들이 인과관계를 형성할 수 있다.

② 정책은 이러한 일련의 결정들이 합쳐져서 정책내용을 이룬다.

③ 정책은 필연적으로 시간에 따라서 변한다는 점이다.

위의 내용은 어떤 한 정책을 연구함에 있어서 연구를 포괄적이고 거시적인 관점에서 연구해야 함을 시사하고 있으며, 이것은 정책의 형성뿐만 아니라 전개, 변화의 과정까지도 연구해야 함을 의미한다(박경일, 2007).

나카무라와 스몰우드(Nakamura & Smallwood, 1980)는 기능적 환경의 관점에서 정책과정을 정책형성, 정책집행, 정책평가 등의 3가지 단계로 구분한 바 있다.

먼저 정책형성이라는 과정에서 핵심적 공공행위자로서 합법적인 정책결정자(예: 대통령, 국회, 지방의회 등)와 이들에게 영향을 미칠 수 있는 정부 외부의 개개인 및 집단(예: 시민단체, 이익집단, NGO, 일반시민 등)이 중심적인 역할을 한다.

둘째, 정책집행에서 행위자와 구조는 정책의 유형에 따라 다양하게 나타난다. 즉, 정책집행의 행위자들은 정책결정자에 의해 입법화된 지시에 따르게 되나, 그들 또한 자신의 인식과 집행노력을 위하여 지지를 모으려고 하는 시도에 의해 영향을 받는다. 그러므로 정책집행은 행위자들의 구성상태, 성향 그리고 상호작용과 그 환경의 상황에 따라 달라질 수 있다.

셋째, 정책평가는 정책과정들 중에서 가장 추상적인 특성을 지닌다. 평가에 관계된 행위자는 계획, 감독, 모니터링 활동을 기획하는 데 종사하는 정책결정자 및 집행자까지 포함된다. 반면 만약 평가가 사후의 바탕에서 행해진다면 행위자는 해당 분야의 전문가나 학자 또는 정책형성과정에 전혀 관여하지 않았던 사람들도 포함될 수 있다(박경일, 2007).

정책의 주요한 세 가지 과정들은 행위자 간에 복잡한 일련의 상호작용이 이루어진다. 그 과정을 간단히 도식화하면 〈그림 5-1〉과 같다.

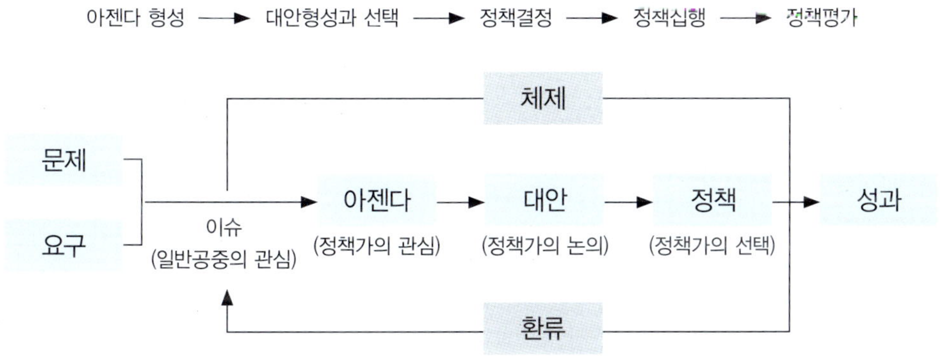

〈그림 5-1〉 **사회복지정책의 결정과정 단계**

출처: 박경일(2008)

이러한 정책과정은 학자들의 접근하는 입장의 차이로 인해 다양하게 분류되고 있으나, 본 장에서는 먼저 정책과정의 주요 개념을 살펴본 후, 아젠다 형성과정, 대안 형성과정, 정책결정 과정, 정책집행과정, 정책평가과정 등으로 살펴보고자 한다.

1. 사회복지정책과정에서의 주요 개념

정책아젠다의 형성과정이란 한마디로 이슈화 과정이라고 할 수 있다. 즉 문제나 요구가 이슈로 전환되어 일반 대중이 이에 관심을 갖게 되고, 해결을 위해 정책행위자들에 의하여 공공정책으로 논의되고, 제시된 여러 대안 중 하나가 선택되어 정책결정이 행해진다.

1) 사회문제

문제는 사적 문제(private problem), 사회문제(social problem), 공공문제(public problem)로 구분할 수 있다. 만약 문제의 원인, 영향, 해결 가능성, 인지 범위 등이 개인에게 국한되어 있으면 이를 개인문제(personal problem) 또는 사적 문제라 할 수 있으며, 그러하지 않은 경우 이를 사회문제이라고 부른다.[32] 한편 사회문제라는 말과 공공문제란 말은 혼용되어서 쓰이는데, 이를 엄격히 구분하는 입장도 있다. 사회문제 중 해결에 요구되는 자원이 공공 자원인 경우 이를 공공문제로 정의내리는 아이스톤이 그러한 입장이다(Eyestone, 1978).

사회문제는 사회복지정책이 만들어지는 정책과정의 출발점으로서 무엇이 사회문제인가를 결정하고 규정하는 일은 사회문제를 해결하기 위한 시작이다. 그러나 어떠한 현상을 '사회문제'로 정의할 것인지에 대해서는 개개인의 주관이 개입될 수 있기

32) 존스는 공공(사회)문제와 사적 문제의 구별에 관하여 문제가 미치는 영향의 범위를 기준으로 분류한다. 그러나 현대 사회문제의 특성상 이러한 단순한 기준만으로 분류하는 것은 사회문제의 범위를 너무 축소하며, 개인적 책임 사상에 너무 편중하는 경향이 있다. 곧 현대 사회문제의 특징은 첫째, 문제가 다양화되어 양적으로 증대되어 왔고, 둘째, 문제 자체도 대규모화되어 있는 경우가 많으므로 문제를 취급할 때 클라이언트를 하나의 시스템으로 보아야 할 필요성이 생기며, 셋째, 문제의 복합적 성격 때문에 문제와 문제 사이에는 그 원인이나 해결에 밀접한 관련이 있으며, 넷째, 문제 원인 자체가 개인에게 있는지 불명확한 경우도 많고, 다섯째, 설사 개인에게 문제의 책임이 있다고 하더라도 그 개인의 힘으로는 그 문제를 해결할 수 없는 경우도 많기 때문에, 이러한 경우 사회적인 해결이 요구된다는 점 등이 뚜렷하다. 따라서 사적인 문제와 사회문제의 구별 기준은 문제가 미치는 영향의 범위뿐만 아니라 문제의 원인, 개인적 해결 가능성, 문제의 인지 범위 등 여러 기준에 의해야 할 것이다(Jones, 1984; 송근원, 1978; 송근원, 2004, 재인용).

때문에 합의적 정의에 도달하기가 어렵다. 따라서 사회문제를 정의하기 위해서는 사회문제의 특성을 이해하고 자연스럽게 사회문제를 이해할 수 있도록 해야 한다(김종명·송낙길, 2015).

여기서는 여러 학자의 견해를 정리하여 사회문제의 특성을 다음과 같이 정리한다(최성재·남기민, 2000).

사회문제란 어떤 사회적 현상이 ① 사회적 가치(규범)에서 벗어나고, ② 상당수의 사람들이 그 현상으로 인하여 부정적 영향을 받고 있으며, ③ 그 원인이 사회적인 것이며, ④ 다수의 사람들이나 영향력 있는 사람들이 문제로 판단하고 있고, ⑤ 사회가 그 개선을 원하고 있고, ⑥ 개선을 위하여 집단적·사회적 행동이 요청되는 것이다.

2) 요구

요구(demand)란 문제가 해결되기를 바라는 경우를 나타내는 '구체적 행위'를 말한다. 예를 들면, 기아나 질병을 문제로 인식한 사람들이 그 문제를 공공의 차원에서, 또는 사회복지 제도나 정책상의 결함을 시정함으로써 해결해 달라고 캠페인을 벌이거나 정부 관계 부서에 청원을 하는 활동을 할 때, 그 문제는 사회복지에 관한 하나의 요구로 전환된다. 이러한 요구는 국민들의 욕구나 문제를 정책과정에서 다룰 수 있도록, 구체적인 행동으로 표현된 정치체제에의 적극적 투입물이라 할 수 있으며 정책형성과정의 첫걸음에 해당된다고 볼 수 있다(송근원, 2004).

3) 이슈

(1) 이슈의 개념

이슈(issue)란 정치적 논점으로 부각된 문제나 요구로서 정치의 연료(fuel of politics)이다(Eyestone, 1978). 이슈는 사람들의 관심과 에너지를 불러일으키기 때문이다. 또한 이슈는 주어진 사회문제에 대한 정의, 분류, 설명, 평가 등에 있어서 이해관계자 사이에서 나타나는 의견의 불일치로 인하여 발생하는 것을 가리킨다(이태영, 2008).

그밖에도 이슈는 다양한 방식으로 규정될 수 있는데, 광의의 개념에서 이슈란 어떤 문제(problem)이나 요구가 공공의 관심을 끌어 공공정책상의 논점으로 제시되는 것을 말한다. 어떤 문제에 대해서 해결을 원하는 행위가 일어났다고 하더라도 공공의 관심을 끌지 못하거나 공공정책상의 논점이 되지 못하는 경우에는 이슈라고 할 수 없다(김종명·송낙길, 2015).

이러한 광의의 개념에서 이슈 개념은 공공의 관심 및 공공정책상의 논의라는 두 가지 요건만 갖추면, 이슈라고 보기 때문에 규범적 이슈나 가치 이슈도 이슈의 개념 속에 포함하여 다룰 수 있다는 장점이 있으나, 이슈 갈등을 뚜렷하게 부각시켜 주지 못한다는 단점이 있다. 그러나 이슈의 개념과는 달리, 정책문제란 공공의 관심과는 상관이 없이 정책꾼들에 의해 공공정책상의 논점으로 제기되는 경우를 말한다. 그러므로 많은 이슈들이 정책문제로 등장하지만, 모든 이슈가 다 정책문제는 아니며, 모든 정책문제가 다 이슈는 아니다. 예를 들면, 새롭게 개발된 무기구입에 대한 결정문제는 정책문제가 될 수 있으나, 이슈는 아닌 것이다(송근원, 2004).

협의의 개념에서 이슈란 어떤 문제나 요구가 공공의 관심을 끌어 공공정책상의 논점으로 제시되어 이해갈등이 나타나는 경우를 말한다. 특히 정책결정자의 관심을 끌어 정책행위자에 의하여 논의되고, 이와 관련된 사람 간의 이해관계가 드러나는 경우를 의미한다. 또한 엄격한 의미에서 이슈란 문제나 요구가 대중의 관심을 집중시키고, 정책꾼들에 의하여 논의되고, 여기에 관련된 사람들 사이의 이해관계가 논의된다는 점에 있다(송근원, 2004).

콥과 엘더(Cobb & Elder, 1983)는 이러한 점에서 이슈의 본질이 '이해 갈등'에 있다고 하며, 스파이로(Spiro, 1962)는 '의견의 불일치(disagreement)'로부터 이슈해결을 위한 '정치(politics)'가 나타난다고 하였다. 또한 존스(Jone, 1984)는 문제해결에 대한 대책에 관하여 아무론 반론이 없으면 그 공공문제는 이슈로 발전하지 않는다고 주장한다. 결론적으로 이슈의 본질은 논쟁(controversy)에 있다는 것이다. 이러한 점으로 미루어 보아, 이슈란 상반된 이해 당사자들이 서로 유리한 위치에 서기 위해 명분을 내세우고 합리화하기 위한 논쟁과정에서 나타나는 '문제에 대한 개념 규정들 간의 갈등(conflict among problem definitions)'으로 파악할 수 있다(Jones, 1984).

하지만 이러한 정의는 이슈의 범위를 너무 한정함으로써 이슈의 규범적인 면을 간과하는 경향이 있다. 곧 이슈의 개념을 구성하는 필수 요인인 '이해갈등'은 이해다툼이 해결되어 나가는 정책과정에서 본질적인 요소임에는 틀림없으나, 이슈 구조상의 여타 부분 즉, 명분이나 가치 전제 따위의 규범적 요소를 간과하기 쉽다는 한계가 있다(송근원, 2004).

(2) 난-이슈와 잠재적 이슈의 개념

어떤 문제나 요구가 공공의 관심을 끌거나 정치체제의 정책의제 위에 오르지만, 정치체제나 정책행위자들에 의하여 의제의 지위를 획득하지 못하고 밀려나거나 통제되는 경우가 있으며, 정책의제 지위를 획득하였다고 하더라도 정책행위자에 의하여 논의되지 않고 계속 무시되는 경우, 그것을 억압된 이슈(dcpressed issue) 또는 난-이슈(non-issue)라고 부른다. 예를 들면, 제5공화국 시대의 통일 이슈나 노동 이슈가 난-이슈의 좋은 본보기이다. 난-이슈는 어떤 문제나 요구가 공공의 관심을 끌었으나, 공공정책상의 논점으로 제시되지 못하고 무시되는 경우로 이슈갈등이 잠재화되면서 계속 억압되기 때문에 언젠가는 체제가 허용하는 범위를 넘어서는 요구표명행위를 통하여 표출되게 된다.

또한, 한때 공공의 관심을 끌어 정책행위자들의 관심을 끌기는 하였지만 공공의 관심 밖으로 사라지거나 논의가 중단된 경우, 그 순간 더 이상 이슈가 아니지만 시간이 지나면 다시 이슈로 등장할 가능성은 존재한다는 이유에서 잠재적 이슈라고 부른다. 사회문제의 대부분은 잠재적 이슈의 성격을 갖는다. 그 이유는 대부분의 사회문제는 한때 공공의 관심을 끌고 논의되었던 이슈이나, 아젠다의 공간의 제약성 또는 새로운 이슈의 부상에 의하여 공공 또는 정책행위자들의 관심권 밖으로 밀려났기 때문이다(송근원, 2004).

3) 의제, 대안, 정책

일반적으로 어떤 문제나 이슈가 공공의 관심을 집중시키거나 정책결정자의 관심을 끌면서, 공공정책의 형성을 위하여 논의될 수 있는 상태에 놓일 때 그 문제나 이슈가

의제에 위치한다고 할 수 있다. 따라서 의제란 공공정책으로 전환하기 위하여 정책결정자의 관심을 불러일으키고 논의될 수 있는 상태에 있는 문제나 이슈를 의미한다(오윤수 외, 2011).

한편 정책아젠다에 수록된 이슈는 정책결정자들의 논의를 통하여 여러 가지 해결방안을 모색하게 된다. 이때 정책결정자들에 의하여 논의되는 이슈를 의제(agenda issue)라고 한다. 이때 모색되는 해결방안들은 그 이슈가 어떻게 정의되느냐에 따라서 달라진다. 예를 들어, 빈곤이라는 이슈를 '물자의 부족'이라고 정의하고 접근할 경우, 그에 대한 해결책은 소득재분배 정책으로 수립될 것이며, '일할 기회의 결핍'이라고 정의할 경우에는 고용기회의 확대라는 방향으로 해결책이 모색될 것이고, 만일 빈곤층이 주로 노동자들이며 '노사관계에서 발생하는 권력관계' 때문에 빈곤의 원인이 있다고 본다면, 노조의 활성화 방향으로 해결방안이 검토될 것이다.

이와 같이 어떠한 문제나 이슈가 정책의제로 결정되어 논의되는 과정 속에서 나타나는 여러 가지 해결방안을 대안(alternative)이라고 하며, 이들 중에서 권위를 가진 정책결정자에 의하여 선택된 대안을 정책(policy)이라고 부른다(송근원, 2004).

2. 사회복지정책의 아젠다(agenda; 의제) 형성

1) 아젠다 형성의 의미

아젠다란 공공정책으로 전환되기 위하여 정책결정자들의 관심을 불러일으키고 논의될 수 있는 상태에 있는 문제나 이슈의 목록을 의미한다. 이러한 입장에서 킹돈(Kingdon, 1984)은 "아젠다란 주어진 어떤 시점에서 정부 관리들 및 이들과 밀접한 관련이 있는 사람들이 어느 정도 중요한 관심을 기울이는 주제 또는 문제의 목록"이라고 정의내린다. 또한, 라이트(Light, 1983)는 대통령 아젠다가 명문화되는 경우는 드물지만 항상 변화하고 주목받을 만한 하나의 목록으로서 이슈(issue), 대안(alternative), 정책 우선순위(priorities) 따위로 구성된다고 하였다.

정책의제 형성과정(policy agenda setting process)은 입법부, 행정부 등이 사회문제를 정책문제로 전환시키는 과정, 즉 비제도적 공중의제[33]를 제도적 정책의제로 채택시키는 과정을 의미한다(김경우 외, 2008).

수많은 사회문제들 중에서 단순한 사적 문제로 취급되어 방치되는 경우가 있는가하면 그중 일부는 공적 문제로 취급되어 정부에서 해결하기 위해 공식적으로 채택하는 문제도 있다. 이렇듯 사회 내에서 문제가 발생하여 정책문제로 채택되기까지는 여러 단계를 거친다(정정길, 1993). 즉, 어떤 사회문제가 채택되어 정책문제로 어떻게 전환되느냐 하는 것은 매우 중요한 사항이 된다. 여성들의 사회진출과 일·가정 양립의 어려움 등으로 저출산 문제가 심각해짐에 따라 이를 공중의제에서 정책의제로 전환시키는 과정 등이 이에 해당된다고 할 수 있다.

의제형성에 관한 이론적 모형은 학자마다 다양한 관점에서 다양하게 분류하고 있으나 그 일반적 유형은 〈그림 5-2〉와 같다.

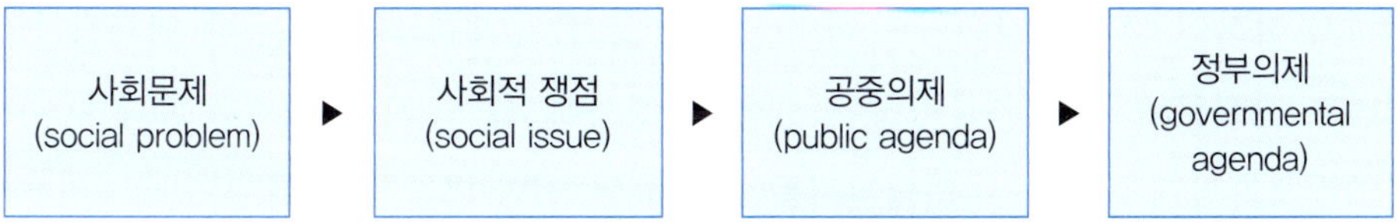

〈그림 5-2〉 **정책의제의 형성과정**

출처: 양정하 외(2008)

2) 의제형성의 참여자

사회복지정책 의제형성에 가장 많은 영향을 미치는 참여자로는 사회복지문제를 이슈화시키고 정책가로 하여금 논의하도록 만드는 이슈제기자, 사회복지이슈와 관련된 이해관계자, 사회복지이슈를 정책의제로 다루는 정책가, 클라이언트, 사회복지 전문가, 일반 국민 등이 있다(김종명·송낙길, 2015).

---

33) 사회문제가 확대되어 대중의 관심이 커지고, 정부에 의해 공식적으로 채택되지는 않았으나 정부가 문제해결을 위해 노력하는 것이 정당한 것으로 인정되는 의제를 말한다(김경우 외, 2008).

(1) 이슈제기자

사회복지문제를 이슈화하여 대중에게 인식시키고 정책가로 하여금 논의하도록 만드는 데 적극적인 활동을 통하여 의제형성과정에 참여하는 사람을 말한다. 이슈제기자는 사회문제를 이슈화시키고자 하는 의욕을 가지고 활동하는 한 누구나 될 수 있다. 또한, 사회문제로 고통받고 있는 개인이나 집단이 이슈를 제기할 수 있으며, 사회복지문제를 다루는 사회복지사가 이슈제기자 역할을 할 수도 있고, 언론매체가 이슈제기자로 활동할 수 있으며, 정치가가 이슈제기자로 등장할 수도 있다.

(2) 이해관계자

사회복지정책 관련 이해관계자는 현재 사회적 배제나 사회문제로 인해 고통을 받고 있는 클라이언트와 그에 대해 비용을 부담하는 기득권자로 크게 나누어 볼 수 있다. 클라이언트는 사회문제가 해결될 경우 혜택을 받는 입장이며, 또는 이슈를 제기하기 어려운 약자 입장이기도 하며 그들 스스로 문제를 제기하는 데 한계점이 있더라도 사회문제가 제기되는 경우 정책의제형성에 적극적으로 지지를 보내며 사회복지정책의제가 어떻게 논의되는지를 주시하는 집단이다. 반면에 사회복지비용의 부담자는 크게 두 부류로 나눌 수 있는데, 많은 비용을 부담하게 된다고 느끼거나 현 체제 속에서 누리고 있는 기득권을 빼앗기게 된다고 생각하는 기득권층과 비교적 비용부담을 많이 느끼지 못하는 일반국민으로 나누어 볼 수 있다.

(3) 정책가

정책의제를 다루는 정책가는 사회복지정책 의제형성에서 매우 큰 영향을 미친다. 특히 이들이 지닌 의지나 이념성향 등은 사회복지정책 의제형성에 직접적인 영향을 미치게 된다.

(4) 클라이언트

사회복지 관련 문제를 가지고 있으며, 문제의 해결을 원하는 사람이기 때문에 문제를 제기하기도 하고, 제기된 문제를 해결하도록 압력을 행사할 수도 있다. 그러나 클라이언트는 대부분 사회적 약자의 경우가 많으므로 클라이언트 개인이 사회복지 문제를 이슈화시켜 정책의제로 끌고 가는 데는 한계가 존재한다.

(5) 사회복지 전문가

클라이언트와 직접 접하는 위치이기 때문에 그들의 문제와 해결방법에 대하여 잘 알고 있을 뿐만 아니라, 언론 및 정치인에게 그들의 문제를 전달하여 이슈화시키고 정책의제로 논의하도록 만드는 경우에 클라이언트를 대리할 수 있는 위치에 있다.

(6) 일반국민

보통은 특별한 경우가 아닌 이상, 일반국민이 사회복지정책 의제형성에 큰 영향을 미치는 경우는 드물지만, 사회복지문제가 어떤 사건을 통해 크게 이슈화되는 경우에는 압력을 행사하기도 한다.

3) 사회복지정책 의제형성에 관한 모형

(1) 아이스톤(Eyestone)의 모형

아이스톤(1978)은 〈그림 5-3〉에서 보듯이, 의제형성모형을 여러 단계로 구분하여 제시했다. 이는 사회문제의 태동, 사회문제의 인지, 타집단의 관여, 사회쟁점의 표출, 공중의제의 형성, 쟁점창도자의 활동, 공식의제의 형성, 정책결정, 그리고 정책집행 순으로 분류된다. 사회문제가 집단에 의하여 인지되고, 다른 견해를 가진 집단이 관여하면 사회문제가 사회적 쟁점(이슈)으로 성립하고, 더 많은 집단들이 계속 관여함으로써 공공의제의 이슈가 되고, 이슈제기자(쟁점창도자[34])의 활동을 통해 공식의제(official agenda)로 발전한다고 본다.

34) 여기서 쟁점창도자들은 주로 공중을 위해서 쟁점을 만들어 내고, 이것을 정부에 전달하는 중개인 역할을 한다. 그들은 쟁점창도자인 동시에 쟁점중개자이다. 즉, 쟁점창도자들은 시민들의 이익을 증진시키기 위하여 사회쟁점을 창조함과 동시에 시민집단과 공직자들 사이에 교량적 역할을 하며 사회에 봉사하는 사람들이라고 볼 수 있다(김경우 외, 2008).

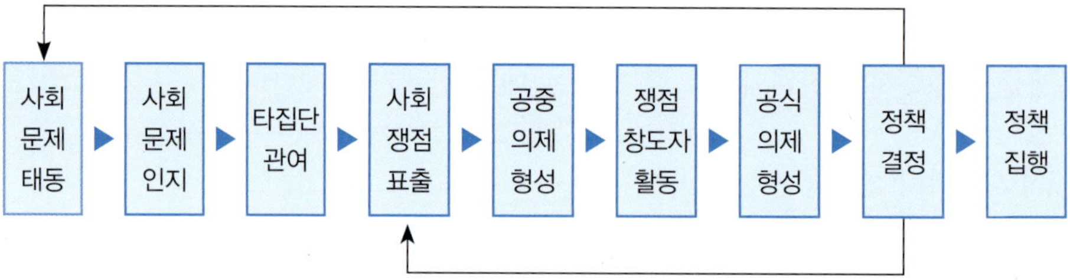

〈그림 5-3〉 **아이스톤의 정책의제형성 모형**

출처: 오윤수 외(2011), 재인용.

여기서 사회문제란 '사회구성원의 인지나 신념상에 나타나는 사회적 상황에 대해 광범위한 결핍감이나 불만족의 상태'를 말하며, 사회적 이슈란 '사회문제 중 그 해결 방법에 대해 의견이 엇갈리고 있는 문제'를 의미한다. 공공의제는 '사회적 이슈로 등장한 이슈 가운데 정부의 정책적 해결 노력이 필요하다고 많은 사람들이 믿고 있는 사회의제의 집합체'를 말한다. 공식의제란 '공공의제 가운데 이슈제기자의 활동에 의하여 정책결정의 대상이 되어 정책결정이 이루어지는 의제'를 말한다(김종명·송낙길, 2015).

결론적으로 아이스톤의 정책의제형성 모형은 공공체계의 의제설정을 순환과정으로 설명하는 데 의의가 있는 것으로, 이는 사회문제가 집단에 의해서 인지되기 전에 문제의 태동기간을 인정하고 있으며, 무엇보다도 쟁점창도자들의 역할을 중요시한다는 점에서 포괄적이라고 할 수 있다(오윤수 외, 2011).

(2) 콥과 로스(Cobb & Ross)의 모형

콥과 로스는 정책의제 형성과정을 이슈의 제기(initiation), 구체화(specification), 확산(expansion), 진입(entrance)의 네 단계로 나누며, 세 가지 유형의 의제 형성 모형을 제시하였는데, 외부주도 모형(outside initiative model), 동원 모형(mobili-zation model), 내부접근 모형(inside initiative model)이다(Cobb, Ross, & Ross, 1976).

가. 외부주도 모형

정부기관 외부의 집단이 불만이나 고통을 표출하고 구체화시켜 이슈화하여 공중의제(public agenda)를 만들고 의사결정자들이 문제해결을 심각하게 고려하도록 압력을 행사하여 공식의제를 설정하는 모형이다.

나. 동원 모형

새로운 이슈가 정치지도자나 정부에 의해 먼저 생성되고 그 후 국민의 지지를 획득하기 위하여 공공화하는 것이다. 이슈가 제기되고 국민의 요구나 기대를 수렴하는 구체화 단계를 거쳐 공식의제에서 공중의제로 이슈가 이동하는 과정을 설명하는데 적합하다. 이 모형은 좀 더 계층적인 사회나 지도자에게 강력한 권력이 부여된 사회에서 나타난다.

다. 내부접근 모형

이슈가 제기되는 단계에서 이슈가 정부나 정책결정에 의해서 생겨난다. 이 이슈를 일반 공중에게 확신시키지 않고 바로 공식의제로 채택하게 하는 경우를 설명하는 모형이다. 이는 오히려 대중의 관심이 정책추진에 방해요소로 작용할 것이라고 보기 때문이다.

[표 5-1] **콥과 로스의 정책의제 형성 모형**

	외부주도 모형	동원 모형	내부접근 모형
제기 단계	환경으로서의 한 개인이나 집단에 의한 고충의 표명	정부 정책결정자에 의한 새로운 정책의 공표	정책결정자나 측근자에 의한 정책안 제시
구체화 단계	고충의 특정 요구화	공표된 정책의 세목결정	구체적 제안 제시
확산 단계	여타 환경집단에게 논제의 중요성 인식 (대중매체와 상징이용)	환경집단으로서의 공중에게 정부정책의 중요성과 유용성 인식 (대중매체와 상징 인식)	-
진입 단계	체제의제의 정부의제화 (정부기관의 관심표명)	정부의제의 체제의제화 (정책에 대한 공중의 지지표명)	-
문제전환의 방향	환경 → 정책결정자	환경 → 정책결정자	양자 간 관계없음

출처: 안해균(1986).

3. 사회복지정책대안의 형성

1) 정책대안의 의미

특정한 문제가 사회문제로 이슈화되고 그것이 공공정책으로 전환하기 위한 의제로 형성된 다음의 정책과정 단계는 그 문제를 해결하기 위한 대안을 개발하는 것이다. 정책대안이란 문제의 해결방법을 의미하며, 정책대안의 형성과정이란 협의의 관점에서는 '주어진 목표달성을 하기 위해 여러 가지 대안을 모색하고 개발하는 과정'을 뜻한다.

정책분석가는 정책대안을 탐색한 후 여러 가지 대안 중에서 어떤 것이 문제의 해결에 가장 최선인지를 결정하기 위해서 각각의 대안이 채택되어 집행될 경우 어떤 결과를 가져올 것인지를 예측해야 하고, 그 결과를 일정한 기준을 적용하여 비교·선택한다. 이 장에서는 정책문제를 둘러싼 상황을 파악하여 정책목표를 세우고 대안을 형성하기 위해 미래의 상황을 예측하는 방법과 개발된 정책대안을 비교분석하기 위해 사용하는 기법을 살펴보겠다(송근원·김태성, 1995).

2) 사회복지정책대안의 형성과정

사회복지에 관한 문제는 누군가가 그 문제에 대해 문제라고 믿고, 해결되어야 한다고 믿는 사람들이 존재하고, 그에 필요한 비용이나 자원을 제공해 주는 사람들이 존재함으로써 성립한다. 따라서 사회복지문제를 파악하기 위해서 먼저 문제가 생성되는 조건과 그것을 문제로 인식하는 사람들이 느끼는 욕구가 무엇인지를 정확히 파악해야 한다. 또한 그 문제를 해결하기 위해 필요한 비용과 자원은 무엇이며, 얼마나 필요한지, 그리고 그것들을 부담하는 사람들의 문제를 보는 시각에 대한 정확한 이해가 필요하다(송근원, 2004).

(1) 미래예측 방법

우리는 미래의 예측을 통하여 정책의 비전을 정할 수 있고, 또한 정책에 대한 이해력과 통제력, 사회지도력 등을 확장할 수 있다. 즉, 미래를 예측하는 능력은 성공적인 정책분석과 정책결정의 개선에 중요한 영향을 미친다. 먼저 예측(forecasting)이란 정책문제에 대한 기존의 정보를 기초로 미래의 바람직한 상태에 관한 정보를 산출하는 과정을 말한다. 미래예측은 과거로부터 현재까지의 변화 추세를 미래로 연장한 것에 기초한 투사(projection), 명백한 이론적 가정에 기초한 예견(prediction), 미래의 상태에 대한 전문가의 판단에 기초한 추측(conjecture) 등이 주요한 형태이다. 또한 미래 예측의 목적은 현재의 정책집행결과로 미래에 나타날 변화에 관한 정보를 제공함에 있다. 다음의 미래의 예측방법에 대하여 살펴보자(송근원, 2008).

가. 유추

유추(analogy)란 '같은 꼴(iso-morphism)'을 통하여 미래의 상황이나 문제를 추정하는 방법을 의미한다. 이를테면 새로운 문제의 해결방안을 찾을 때 그와 유사한 문제와 상황에서 적용했던 선례를 다시 찾아 적용하는 경우가 그러하다. 하지만 이 방법은 유추하는 사례와 미래의 사례 간의 속성이 유사함을 전제로 하기 때문에 그 속성이 다를 경우에는 적용하기 어렵다.

나. 경향성 분석

경향성 분석(tendency analysis)이란 과거의 경향이나 추세를 미래에 연장시켜 추측하는 방법이다. 이것은 다수의 시점에서 수집한 수치들을 시간의 흐름에 따라 배열하여 분석하는 일종의 시계열 분석방법인 것이다. 이러한 경향성 분석은 인구의 증가나 감소, 경제 성장, 에너지 소비 등을 투사하는 데 이용된다. 이를테면 최근 5년간의 출산율의 감소 추세를 가지고 앞으로의 출산율 변화 추세를 예측하는 방법이다. 이 방법은 미래 예측 방법 가운데 쉽게 이해할 수 있는 방법이지만, 연속적인 과정에만 적용 가능하며, 불연속적인 과정이나 급격한 사회변화 등이 일어나는 사례에 대해서는 정확한 예측을 보장해줄 수 없다.

다. 마르코프 모형

마르코프 모형(Marcov model)은 과거에 있었던 변화를 바탕으로 미래에 나타날 변화를 연속적으로 예측하는 데 사용되는 모형이다. 즉 어떤 상황이 시간의 흐름에 따라 일정한 확률에 따라 변화하는 경우에 최종적 상태를 예측하여 정책결정에 도움을 줄 수 있는 확률적 정보를 제공해준다. 이러한 확률적 정보를 이용하여 미래의 변화를 예측하는 방법이다.

라. 회귀분석

회귀분석(regression analysis)이란 변수들 사이의 인과관계를 이용하여 만들어낸 회귀 방정식을 통하여 미래를 예측하는 방법이다. 즉 독립변수와 종속변수 간의 관계를 추정하는 일반적인 미래 예측 방법이다. 사회복지정책의 결정 요인이나 영향을 회귀분석을 통하여 분석하고 미래를 예측할 수 있다. 예를 들면 결식아동을 대상으로 하는 급식제공의 예산을 결정에 영향을 미치는 변수로서 절대빈곤율, 상대빈곤율, 아동빈곤율, 다른 예산 등의 변수를 가지고 회귀분석을 하면, 각 변수들이 예산 결정에 어떠한 영향을 끼쳤는지 알 수 있고 다음 해의 예산되는 각 변수들의 수치를 가지고 다음 해 급식제공의 예산을 예측할 수 있다. 그러므로 이 방법은 원인을 설명해 주는 변수들을 정확하게 선정하고 측정하는 것이 매우 중요하다.

마. 델파이기법

델파이(Delphi)기법은 미래를 예측하려는 현상이 과거에는 비슷한 선례가 없었고, 그러므로 현재 이용할 수 있는 적절한 자료가 없을 때 사용할 수 있는 방법으로, 미래의 사건에 대한 전문성보다는 식견 있는 다수의 견해를 구하고 교환하는 반복적인 사회학습과정을 통해 합의를 도출하는 기법이다. 이 기법을 이용하는 과정은 ① 예측하고자 하는 중요한 문제(또는 사건)에 관한 설문을 다수의 전문가에게 보낸다. ② 다수의 전문가에 의해 예측되는 사건의 발생 시기를 추정하여 종합하고, 중위수, 1사분위수, 3사분위수 등 대푯값을 산출하고 그 이유에 대해 요약 정리를 한다. ③ 전문가들에게 다시 되돌려주고 재추정하게끔 하여 종합의견과의 차이가 있을 때는 그 근거를 다시 제시하도록 새로운 설문을 작성하여 배포한다. ④ 연구책임자가 만족할 때까지 이러한 과정을 되풀이하는 동안 제1사분위와 제3사분위는 매 단계마다 점점 좁혀지고, 중위수도 변하게 되는 것이다.

이 방법은 미래에 대한 광범위한 지식을 얻을 수 있고, 특정 전문가 개인이 가지는 자의적 판단이나 편향된 지식의 한계를 극복할 수 있다는 장점이 있지만, 특정 전문가들의 고집이나 합의에 따른 비합리적 결정합의가 이루어질 가능성도 있다. 한편 가장 중요한 문제가 상층부에 전달되지 않는 경우가 발생할 수 있는 단점이 있다.

[표 5-2] **정책대안의 형성기법**

종 류	내 용
유추	• 비슷한 구조의 사례를 통해 미래상황이나 문제를 추정하는 방법
경향성 분석	• 과거의 경향이나 추세를 미래에 연장시켜 추측하는 방법
마르코프 모형	• 과거에 있었던 변화를 토대로 앞으로 나타낼 변화를 연속적으로 예측하는 데 사용되는 모형으로 확률적 정보를 제공
회귀분석	• 변수들 사이의 인과관계를 전제로 하여 만들어낸 회귀방정식을 통해 미래를 예측
델파이기법 (전문가 합의법)	• 예측하려는 현상의 선례가 없는 경우 자주 사용 • 전문가들의 의견수립, 중재, 타협의 방식으로 반복적인 피드백을 통한 의견 도출 방법 • 장점 – 미래에 대한 광범위한 지식을 얻을 수 있고, 연구자의 주관 · 편견 배제가능 – 무기명으로 이루어지기 때문에 솔직한 의견반영이 가능 • 단점 – 전문가의 이해관계, 고집에 따라 비합리적 정책이 결정 – 비용과 시간이 많이 소요 – 옳은 의견이지만 극단적이라는 이유에서 배제가능

(2) 정책대안의 비교분석기법

정책대안들을 형성한 후, 이들 대안에 대하여 여러 가지 기준을 이용하여 분석하고 대안 집행시 나타날 결과를 예측하며 다른 대안들과 비교평가하는 과정을 갖는다. 하지만 대안 분석 시 여러 가지 이유로 인하여 모든 대안을 다 분석하는 경우는 드물다(Quade, 1982; 송근원·김태성, 2002, 재인용). 예를 들면 분석에 사용되는 비용의 한계와 시간의 제약, 기술상의 문제점 등의 이유로 인하여 형성된 모든 대안을 다 분석하지 못하는 것이 현실이다. 그러므로 본격적인 분석 이전에는 예비분석(preliminary analysis)을 통하여 본격적으로 검토할 대안을 고르는 작업이 행해진다. 예비 분석으로 추려진 대안들은 각각 지니고 있는 장단점과 비용, 효과 등의 측면에서 자세히 분석되는데, 이때 이용하는 방법이 정책 분석기법들이다. 여기에서는 정책대안의 비교분석에서 사용하는 분석방법 몇 가지를 간략히 살펴보겠다(송근원, 2008).

가. 비용편익분석(cost-benefit analysis)

비용편익분석은 각각의 정책대안을 시행했을 때 들어가는 비용과 예상되는 편익을 비교해보는 방법이다. 이 기법은 모든 비용과 편익을 화폐 가치로 환산하여 기간별로 추정하고 이에 할인율을 적용해서 전체 기간에 걸친 비용과 편익의 현재 가치를 계산한다. 이때, 편익의 현재 가치에서 비용의 현재 가치를 뺀 것이 순 현재 가치이며, 편익을 비용으로 나눈 비율을 편익비용비율이라고 부른다.

비용편익분석을 활용 시에 우선, 순 현재 가치가 정(正)이면 그 대안은 채택할 수 있다고 분석되지만 그렇다고 모든 정(正)의 대안이 다 채택될 수 있는 것은 아니며, 서로 배타적인 여러 개의 대안 중에서 순 현재 가치가 가장 큰 대안이 채택된다.

이 기법은 다음과 같은 장점을 지니는데, 첫째, 비용과 편익은 화폐 가치로 측정되므로 하나의 정책대안 수준을 뛰어넘어 편익을 사회전체의 소득과 연결시켜서 살펴볼 수 있다. 둘째, 편익이 화폐 단위로 표현되므로 분석가들은 이 기법을 통해 다른 분야의 프로그램과도 상호 비교가능하다.

하지만 문제는 사회복지정책의 모든 분야가 과연 화폐로써 환산이 가능하냐는 것이다. 사회복지정책에서 화폐 가치로 계량화할 수 없는 부문이 있으며, 비금전적인 효과가 무시될 수 있고 경제적 합리성 추구로 인하여 사회복지의 가치인 사회적 형평이나 클라이언트의 반응성 등이 간과될 수 있다.

나. 비용효과분석(cost-effectiveness analysis)

비용효과분석은 대안의 시행 시에 사용되는 비용과 나타나는 효과를 비교분석하는 방법으로 이 기법은 비용편익분석과 기본적 논리는 유사하나 비용은 화폐 단위로 특정되고 효과는 화폐 가치뿐만 아니라 물건의 단위, 용역 단위 등으로 측정된다.

다. 모의실험기법(simulation)

모의실험이란 정책대안들이 어떠한 변화를 가져올지에 대하여 실제로 집행하는 것이 아닌, 비슷한 상황 속에서 분석함으로써 미래를 예측하는 방법이다.[35] 따라서 모의실험기법은 정책결정을 위한 정보를 산출하는 데 많이 쓰이는데, 특히 수학적 모형의 적용이 어려운 경우, 실제 상황에서 실행 시에는 많은 위험이 수반될 경우, 실제 실행이 불가능한 경우 등에 유용하게 사용할 수 있다.

이 기법은 복잡한 수학적 이론을 이용하지 않으므로 비교적 간단하게 실행할 수 있으며, 여러 조건에 따라 적절히 가감한 실험이 가능하며, 필요한 경우 수시로 실험하여 더 빠른 정책결정을 할 수 있게 해 주는 장점이 있다. 그러나 단점으로는 최적값을 구하기 어려운 점과 정확한 모형의 구축이 어렵다는 것이다.

라. 줄시기 분석기법(queuing)

줄서기 분석기법은 줄을 서서 기다리는 시간 등의 사회적 비용과 이를 줄이기 위해 투자하는 시설 투자비의 적정 수준을 찾아내기 위한 분석기법이다. 즉 서비스를 이용하기 위한 대기시간과 공공서비스의 수준을 결정하기 위해 사용하는 경제학적 분석기법의 하나이다.

줄서기의 문제가 발생하는 것은 서비스 시설 또는 서비스를 제공하는데 들어가는 자원 등이 한정적이기 때문에 욕구가 있는 모든 클라이언트에게 서비스를 즉각적으로 제공할 수 없기 때문이다. 클라이언트의 대기시간을 줄이기 위해서 그만큼 많은 시설과 자원이 필요하지만, 클라이언트의 대기시간을 완전히 없애기 위해서는 그 비용이 너무나도 막대하게 들어가기 때문에 실제로는 불가능한 것이다. 예를 들어, 전 국민의 의료서비스 이용의 접근성을 높이기 위해 섬마을까지 최첨단 기술을 보유한 병원을 설치할 수는 없다.

결론적으로 줄서기 모형은 서비스를 받기 위해 대기하는 시간과 사용할 수 있는

35) 모의실험기법은 결정짓기나 경영관리뿐만 아니라, 미래의 우주비행사들이 무중력 상태에서 작업할 수 있도록 실험실에서 하는 모의 우주비행실험, 비행기 조종사들이 실제 비행을 하기 전에 교육과정에서 하는 모의 이착륙 실험 등에서 활용된다(송근원, 2008).

시설 수준에 관한 정보를 제공해 주는 분석기법이다. 한편 줄서기 모형을 사용하여 비용을 평가하는 경우 정책결정에 필요한 정보를 제공해 줄 수 있다. 그러나 줄서기 모형에서 모든 요소를 화폐 가치로 환산하는 것이 쉬운 일이 아니지만, 만약 그것이 가능하다면 대기시간과 서비스 수용 능력에 관한 효과적인 정보를 산출해낼 수 있을 것이다.

마. 결정분석기법(decision analysis)

결정분석기법은 정책대안의 결과를 예측하기 위해 일어날 수 있는 확률적 사건을 나뭇가지처럼 그려 놓고 분석하는 방법이다. 이때 그려진 그림을 결정나무그림(decision tree)이라고 하며, 결정나무그림은 몇 개의 마디를 가지고, 정책대안들이 가지처럼 뻗어나가는 결정마디와 확률적 사건들이 가지처럼 뻗어나가는 기회마디가 있다.

[표 5-3] **정책대안의 비교분석기법**

종 류	내 용
비용편익분석	• 각 대안의 실행에 필요한 비용과 대안이 결과적으로 가져올 편익을 비교, 평가 • 모든 내용, 편익을 화폐 가치로 환산하여 기간별로 추정하여 가장 가치가 큰 대안 선택 • 장기 계획 시 유리 • 비화폐적 요소의 소득 측정에 제약
비용효과분석	• 비용은 화폐 단위(화폐적), 효과는 재화 단위나 용역 단위 또는 기타 가치 있는 효과단위로 측정(비화폐적) • 최소비용기준과 최대효과기준으로 대안 선택 • 효과를 화폐 가치로 측정하지 않기 때문에 비교적 적용 용이 • 비용과 효과가 서로 다른 단위로 측정되기 때문에 총효과가 총비용을 초과하는지 여부에 대한 직접적 증거는 제시할 수 없음
모의실험기법	• 비슷한 상황 속에서 모의실험을 시도함으로써 예측 • 실제 상황에서 위험이 수반, 실제행동이 불가능할 경우 유용
줄서기 기법	• 서비스 대기시간 등의 사회적 비용과 이를 줄이기 위한 적절한 시설수준을 찾아내기 위한 방법
결정분석기법	• 확률적 사건을 나뭇가지처럼 그려 놓고 분석

3) 사회복지정책대안의 형성과정에서 나타나는 문제점

사회복지정책대안의 형성과정은 문제와 상황의 파악, 미래 예측, 대안의 확보, 그리고 대안의 비교분석과정으로 행해지는데, 이러한 과정이 항상 합리적일 수 없다. 그 이유는 다음에서 살펴볼 ① 예측 능력의 한계, ② 계량화의 문제, ③ 대안비교기준으로서 공동척도 결핍, ④ 비용과 시간의 문제, ⑤ 다른 목표와의 관계 등이 정책대안의 형성에 문제점으로 작용하기 때문이다. 그러므로 문제 상황에 대하여 정확하게 파악하지 못하는 경우도 있고, 그것이 정확하지 못하기 때문에 정책목표가 뚜렷하지 못한 경우도, 또한 정책대안의 결과를 정확하게 예측하지 못하는 경우도 있다. 그러한 문제점들을 살펴보면 다음과 같다(송근원, 2008).

(1) 예측 능력의 한계

문제상황에 적절한 정책대안을 만들기 위해서는 현재의 문제와 상황에 대하여 정확한 파악이 선행되어야 한다. 현재 상황에 대해 정확하게 파악하여 목표를 설정한 후, 미래상황에 관한 정확한 예측 속에서 대안의 결과를 비교분석해야 한다. 그러나 인간의 미래상황에 대한 정보는 정확하지 못한 경우도 많다. 이런 불확실한 정보와 자료의 부족 그리고 정책분석가의 잘못된 판단 등의 원인 때문에 정확한 예측을 하지 못하는 경우가 많다. 따라서 이와 같은 예측 능력의 한계를 극복하기 위해 행정정보 관리체제를 구축해야 하며, 행정기관 사이의 유기적인 자료 교환 및 협력이 필요하며, 보고 제도를 체계화시키고 정책결정 과정에 대한 기록의 의무화와 정보 공개 등이 요구된다.

(2) 계량화의 문제

사회복지정책의 대안들은 주로 인간을 대상으로 만들어지기 때문에 모든 정책을 계량화하기는 어려운 점이 있다. 즉, 사회복지정책의 분야에서는 본질적으로 계량화할 수 없는 분야가 많다. 예를 들어, 정책결과를 평가할 경우에 질적인 측면의 효과는 수치로 계량화하기가 곤란하기 때문에 제외되는 경우가 많은 편이다.

계량화의 한계를 극복하기 위해서는 정책대안의 목표를 더 명백하게 규정하도록 하고, 그와 관련하여 측정에 필요한 지표와 척도의 개발이 요구된다.

(3) 대안비교기준으로서 공동척도 결핍

사회복지문제에 대한 대안정책을 결정하기 위해서는 그 문제와 관련된 여러 대안을 비교하여 그들의 장·단점을 비교해야 하는데, 이들을 서로 비교하기 위해서는 공동척도가 필요하다. 그러나 공동척도가 없는 경우가 많다. 그러므로 각 대안들의 결과는 알 수 있지만, 여러 대안 중에서 어떤 대안이 더 좋은 것인지 비교가 불가능한 경우가 있다. 이는 각 대안들마다 적용되는 사회적 가치들이 다양하기 때문인데, 이러한 사회적 가치를 어떻게 비교할지에 대한 과제도 남아 있다.

(4) 비용과 시간의 문제

정책대안의 형성과정에서 이용할 수 있는 시간과 비용은 한정되어 있으므로 그 한계 속에서 정책대안이 탐색되고 개발될 수밖에 없다. 만약 무한한 시간과 비용을 사용할 수 있다고 해도 그 정책대안이 실행될 경우에 나타나는 정책의 결과대안 형성과정에서 들어간 시간과 노력에 상응할 정도의 가치가 있어야 하는데, 그렇지 못한 경우가 대부분이다.

(5) 다른 목표와의 관계

사회복지정책대안의 형성과정에서 단순히 사회복지문제만을 고려하여 정책대안을 형성할 경우, 국가의 다른 목표 또는 다른 정책과 상충하는 경우가 있을 수 있다. 그러므로 다른 분야 정책의 목표들을 확인하고 조정할 필요가 있다. 즉, 사회복지 전문가적 시각과 인접 정책 분야에 관한 이해를 넓히는 것이 중요하다.

4. 사회복지정책의 결정

1) 정책결정의 의의

정책결정이란 권위를 가진 정책결정자가 문제해결을 위한 여러 대안 중 하나를 선택하는 과정으로, 광의로는 사전적·예비적·탐색적인 정책대안의 분석과정을 포함하기도 하나, 일반적으로 정책결정자가 하나의 대안을 정책으로 채택하는 행위를 일컫는 경우가 많다(송근원, 2004). 한편, 정책결정 과정(policy making process)은 공공기관이 국가목표를 달성하기 위해 정책대안을 탐색하고 그 결과를 예측·분석하여 채택하는 역동적인 과정을 의미한다. 즉, 정책결정 과정은 정책이 추구하는 바람직한 목표 상태를 결정하며, 정책목표달성의 수단으로서의 정책대안을 개발·분석·채택하는 일련의 과정이다(김경우 외, 2008).

조선일(1995)은 정책결정 과정의 특징을 다음과 같이 정리하고 있다.

첫째, 정책결정 과정의 참여주체는 매우 다양하다. 사회에는 제각기 이익이 상반될 수도 있는 다양한 개인이나 집단이 존재하며, 이들은 각기 다양한 방법과 수단을 통하여 정책결정자에게 접근하여 그들의 입장을 관철시키려고 하는 것이다.

둘째, 정책결정 과정은 역동적인 과정이다. 정책결정 과정에서 참여자들은 어느 순간에만 활동하는 것이 아니고, 지속적인 과정을 통해 자신들의 이익을 관철시키기 위하여 노력을 한다. 이러한 과정에서 높은 수준의 자원을 가진 참여자의 주장이 관철되는 것이다.

셋째, 정책결정 과정은 문제해결을 위한 공식적 목표와 수단을 개발하는 과정이다. 정책결정은 차후 실현할 목표를 설정하게 되는데, 이러한 목표를 달성하기 위해서는 그 하위정책인 대안을 마련해야 하는 것이다.

넷째, 정책결정 과정은 행동지향적이라고 할 수 있다. 정책결정 과정은 사회문제를 정책문제로 채택하여 이를 해결하기 위하여 여러 가지 대안을 마련하며, 이러한 대안의 집행을 통하여 사회에 영향을 미치려는 행동의지가 담겨 있는 것이다.

마지막으로 정책결정 과정은 미래지향적이다. 정책결정 과정에서 현실적으로 직접적인 행동을 취하기보다는 사전에 행동노선을 마련하는 것이므로 항상 불확실성을 내포하게 된다. 예를 들어, 실업기간 동안의 소득보장을 위하여 최적 대안인 실업보험제도를 산출하는 과정이 정책결정 과정에 해당된다.

2) 정책결정의 모형

(1) 합리 모형

합리 모형(rational model)은 다른 정책결정 모형들이 이를 비판하거나 현실에 맞게 수정하는 과정에서 도출되었기 때문에 대다수 정책결정 모형의 원형이라고 할 수 있다(김경우 외, 2008). 합리 모형은 인간의 이성과 합리성을 전제로 하여 정책결정자가 고도의 합리성을 지니고 있다고 보며, 주어진 상황에서 주어진 목표의 달성을 극대화할 수 있는 정책대안을 찾아낼 수 있다고 보는 정책결정 모형이다. 또한 인간의 능력에 대한 신뢰를 전제로 하기 때문에 합리적 정책결정자에 의하여 문제해결에 필요한 최선의 정책대안을 찾아냄으로써 정책결정이 이루어진다고 본다.

한편, 이 모형은 다음과 같은 점에서 가장 비현실적인 정책 모형이라고 비판받고 있다. 먼저 인간이 항상 이성적이고 합리적이지 않기 때문에 최선의 정책대안을 선택하는 정책결정만 존재하는 것은 아니라는 것이다. 또한, 정책문제의 해결에 관한 정보가 항상 충분한 것이 아니고, 문제를 해결할 수 있는 최선의 방안을 강구할 수 있는 시간적 여유가 없는 경우가 있다. 그리고 매몰비용(sunk cost)의 문제로 비판받는다. 최선의 정책대안을 알고 있지만 과거의 잘못된 정책결정으로 인해 현재 진행 중인 비합리적 정책안을 계속 사용하거나 일부 수정하여 사용할 수밖에 없는 경우도 있다(김종명·송낙길, 2015).

본 합리 모형을 정리하면 다음과 같다.

합리 모형의 특징	합리 모형의 한계 및 문제점
① 인간의 이성과 합리성 : 정책결정에 관여하는 인간이 이성적이고 합리적이라고 가정 ② 주어진 목표와 상황 : 주어진 상황 속에서 주어진 목표를 해결하기 위해 최선의 정책대안을 찾을 수 있다고 가정 ③ 인간의 능력에 대한 신뢰 : 주어진 조건하에서 최선의 정책대안을 만들어낼 수 있는 인간의 능력을 암묵적으로 전제 ④ 대안의 비교 기준 : 각 정책대안들을 비교평가하는 데 필요한 판단기준이 명백하게 존재한다는 점을 가정 ⑤ 최선의 정책대안 선택 : 문제해결에 필요한 최선의 정책대안을 찾아내어 정책결정이 이루어진다고 봄	① 인간이 항상 이성적이고 합리적이지는 않다. 따라서 비합리적인 정책결정 과정이나 행태는 합리 모형으로 설명할 수 없다. ② 정책목표라는 것이 항상 명백하게 주어지는 것은 아니며, 정책상황 역시 불확실성을 띠면서 변화한다. ③ 정책문제 및 그 해결에 대한 정보나 시간적 여유가 항상 충분한 것은 아니다. ④ 정책대안을 비교평가하는 기준이 항상 뚜렷하게 존재하는 것은 아니다. ⑤ 매몰비용(sunk cost)의 문제로서 최선의 정책대안을 마련했더라도 과거의 잘못된 정책결정에 의하여 시행 중인 정책에 이미 많은 자원이 투입되어 있는 경우 즉시 새로운 대안으로 바꿀 수 없는 경우도 있다.

(2) 만족 모형

마치와 시몬(March & Simon, 1958)에 의해 제기된 만족 모형(satisficing[36] model)은 합리 모형과는 다르게 인간의 '제한된 합리성'을 전제로 인간은 '최적의 대안'을 선택할 수 없으며, '만족스러운 정도의 대안'을 선택할 수밖에 없다는 현실적이고 실증적인 이론 모형이다. 즉, 사람은 자신의 제한된 능력과 환경적 제약으로 인해 모든 대안이 초래할 결과를 완전히 예측할 수 없으며, 현실적인 사람은 그의 한계성으로 인해 최적의 대안을 선택할 수 없으며, 만족스러운 결과를 낼 수 있다고 생각하는 정책결정을 내리게 된다.

이 모형에서는 정책결정자가 정책목표를 간소화시켜 인지하고, 정책대안의 탐색 과정에서도 유력해 보이는 몇 개의 대안을 우선 검토하고, 대안 사이의 비교평가기준도 상황에 따라 가변적인 기준을 사용한다. 마지막으로 만족스러운 정도의 정책

36) satisficing은 satisfying과 sufficing의 결합으로 '충분히 만족스러운 수준이다. 그 정도면 충분하다'라는 의미의 합성어이다.

대안을 선택함으로써 정책결정이 이루어진다고 봄으로써 합리적 모형의 비현실성을 완화시킨 현실적이고 경험적인 정책결정 모형이다.

그러나 이 모형은 만족한다는 수준에서 대안을 결정한다고 할 때 그 만족할만한 수준이 어느 정도의 수준인지에 대한 객관적인 판단기준이 없다는 점, 만약 만족할 만한 정책대안을 발견하여 대안의 탐색이 중단된 경우 더 좋은 대안이 나타나더라도 그대로 사장될 때, 이는 창의적인 문제해결보다는 보수적인 성향을 띠게 되고 발전을 위한 노력이 아닌, 책임 회피와 무사안일적 정책결정 형태를 조장하는 까닭에서 한계점을 지니고 있다(송근원, 2004).

만족 모형의 특징	만족 모형의 한계 및 문제점
① 제한된 합리성 : 인간이 합리적이긴 하지만 완전한 합리성을 가진다고 보지는 않음 ② 정책목표 및 기준의 불확정성 : 정책목표는 물론 정책대안들 중 우선순위를 평가할 수 있는 기준들도 명백하진 않다고 봄 ③ 제한된 대안의 탐색 : 정책결정 과정에서 모든 정책대안이 다 고려되지도 않고 고려될 수도 없으며 또한 고려될 필요도 없다고 봄 ④ 만족스러운 대안의 선택 : 만족할 만한 정책대안을 찾으면 그 대안을 선택함으로써 대안의 탐색이 중단되고 정책결정이 이루어진다고 봄	① 어느 정도의 수준이 만족할 만한 수준인지에 대한 객관적 판단기준이 없다. ② 크게 중요하지 않은 사안에 대해서는 이 모형이 적용될 수도 있겠지만, 매우 중대한 사안에 대해서는 합리 모형에서와 같은 정책결정형태가 더 설명력 있고 바람직하다. ③ 만족할 만한 정책대안이 나타날 경우 더 이상의 대안탐색이 중단되는데 이 경우 더 훌륭한 정책대안이 있어도 그대로 사장될 수밖에 없다. → 반쇄신적 · 보수적 성향

(3) 점증 모형

점증 모형(incremental model)은 린드블롬, 브레이브루크, 윌다프스키 등이 주장하는 정책결정 모형으로서 학문적 배경으로 정치학, 사회학 등을 두고 있다(Lindblom, 1959; Braybrooke & Lindblom, 1963; Wildavsky, 1979).

이 모형은 합리 모형을 전적으로 거부하고, 정책의 실현 가능성을 중요시하는 이론이다. 1959년 린드블롬이 공공정책 개발방식을 설명하는 논문에서 그는 공공정책결정이 합리적이고 모든 선택 가능한 대안을 고려하여 이루어지는 것이 아니라고 반박하면서 점증주의론을 제시하였다. 점증주의는 기존의 정책결정을 토대로 하여 점증적으로 수정하여 나가는 모형이다. 곧 정책결정은 기존 정책, 전년도 예산, 관례, 전례 등에 따라 부분적으로 수정하거나 문제점을 개선하는 정도에서 결정된다는 것이다(김종명 외, 2009). 이러한 점에서 정책결정에서 점증 모형이 지니는 장점은 정책을 점증적 단계를 통하여 계속적으로 구성하기 때문에, 변화의 폭을 계산하기 쉽다는 점, 점증적 대안결정은 정치적으로 실행 가능하다는 점, 점증주의는 과거의 공약을 유지함으로써 고객이나 종업원, 계약자, 그리고 정부 보조를 받는 대상들이 변화의 위협을 느끼지 않는다는 점 등을 들 수 있다(Edwards & Sharkansky, 1978).

그러나 점증주의의 적용에 대하여 다음과 같은 한계와 문제점들이 제시되고 있다. 첫째, '점증'에 대한 확고한 기준이 없고, 정책결정의 계획성이 결여되며 그 평가기준이 명백하지 않다. 둘째, 사회적 가치의 근본적 재분배를 필요로 하는 정책보다는 항상 정치적으로 실현 가능한 임기응변적 정책을 모색하는 데 치중하게 된다. 셋째, 점증 모형은 과거나 현재의 사업에 근거를 두고 이를 약간만 변화시키는 것이기 때문에 새로운 대안을 과감히 기용하는 데 미흡할 수밖에 없다(오윤수 외, 2011).

점증 모형의 특징	점증 모형의 한계 및 문제점
① 비합리성 : 합리 모형과 정반대로 인간의 비합리성을 전제로 함 ② 정책목표와 수단의 조정 : 항상 수단을 목적에 맞추는 것이 아니고 목적을 수단에 맞추기도 하는 이른바 수단과 목적 사이에 서로 조정이 이루어짐 ③ 정치적 성격 : 정책대안의 선택에는 다른 조직과의 상호작용 및 다양한 이해당사자들에 대한 고려 등 정치적인 배려가 포함됨 ④ 보수적 성격 : 이전의 정책과 전혀 다른 정책을 선택하는 것은 현재까지의 정책이 잘못된 것임을 자인하는 것이라고 보기 때문에, 있을 수 없다고 본다.	① '점증'에 대한 확고한 기준이 없다. ② 정치적으로 실현 가능한 임기응변적 정책을 모색하는데 치중하게 되므로 강자에게 유리하고 약자에게는 불리하게 작용할 수 있다. → 형평성의 문제 ③ 쇄신이 강력히 요구되는 사회에는 적합하지 않다. → 반쇄신적 성격 ④ 위기상황에서의 정책결정 시 적합한 지침을 제시할 수 없으므로 그 대처능력에 한계가 있다.

(4) 혼합 모형

혼합 모형(mixed scanning model)은 합리 모형과 점증 모형의 절충형이라 할 수 있다. 이 모형은 에치오니(Etzioni, 1968)에 의해 제기된 적극적인 의사결정 접근법으로서, 이 모형은 정책결정을 기본적 결정과 세부적 결정의 두 개 수준으로 나누어 놓고, 이 둘 사이의 관계를 설정함으로써 합리 모형의 지나친 이상성과 점증 모형의 지나친 보수성이라는 약점을 극복할 수 있는 전략으로서 제시되었다는 점, 또한 에치오니가 주장하는 능동적 사회(active society)의 결정 전략으로 주장하였다는 점(Etzioni, 1968)에 의의가 있다. 그러나 이 모형이 두 개의 대립되는 극단의 모형들을 혼합·절충한 것에 지나지 않으며, 현실적으로 그의 주장대로 실현될 수 있겠는가에 대하여 비판이 있다(송근원, 2004).

혼합 모형의 특징	혼합 모형의 한계 및 문제점
① 종합적 합리성 : 기본적인 결정에서는 합리성이 작용하지만 세부적인 결정에서는 점증적인 결정이 이루어진다고 봄 ② 결정의 구분 : 정책결정 과정을 기본적 결정(합리 모형)과 세부적 결정(점증 모형)으로 구분함 ③ 사회의 조직원리 : 합리 모형은 개발도상국가의 계획지향적인 정책결정에, 점증 모형은 다원주의 사회의 정책결정에, 그리고 혼합 모형은 능동적 사회※에 적합한 모형이라고 주장	① 합리 모형과 점증 모형이라고 하는 두 개의 대립되는 극단의 모형들을 혼합·절충한 것에 지나지 않는다. ② 따라서 현실적으로 적용될 수 있는 결정 모형인가에 대해 비판이 있다.

※ 능동적 사회: 개인이 능동적 경향을 띠고 스스로 책임을 지는 사회

(5) 최적 모형

드롤(Dror, 1964)에 의해 제시된 최적 모형(optimal model)은 정책결정을 체계론적 관점에서 파악하고 정책성과를 최적화하는 데 주안점을 둔 모형이다. 여기서 정책성과를 최적화한다는 의미는 정책결정 과정에서 투입보다 산출이 커져야 한다는 의미이다.

드롤(1964)에 따르면, 정책결정의 문제를 합리 모형이나 점증 모형 가운데 어느 하나만으로 설명하거나 적용하는 것은 잘못이며 위험한 것이라고 주장하며, 최적 모형은 합리성과 초합리성(직관·판단·통찰력 등의 초의식적 요소)을 바탕으로 하는 질적 모형의 특징을 지닌다고 주장하였다. 또한, 현실의 여건이 합리성을 제약하므로 경제적 합리성과 함께 초합리성을 동시에 고려해야 한다고 하였다. 여기서 경제적 합리성이란 합리적 결정의 효과가 합리적 결정에 드는 비용보다 많은 경우이다.

초합리성이란 직관, 판단, 통찰력, 영감 등 인간 의식의 밑바탕에 깔려 있는 아래 의식(sub-conscious)적 요소를 뜻하는데, 이들이 정책결정에 도움이 된다고 본다. 그러나 전적으로 초합리성에 입각한 정책결정을 주장하는 것은 아니며, 합리성(정보에 입각한 직관 또는 과학적 근거를 바탕으로 하는 것)과 초합리성을 융합적으로 이용하는 정책결정을 주장한다(Dror, 1964).

최적 모형은 그동안 간과되었던 초합리적 요소를 정책결정 모형에 반영함으로써 이들이 실제 정책결정 과정에서 사용되고 있음을 밝혀냈다는 점에서 의의가 있으나, 이러한 요소를 강조하다 보면 신비주의(mysticism)에 빠질 가능성이 있으며 주먹구구식 정책결정에 대한 변명거리로 사용될 수 있다는 비판점이 있다(송근원, 2004).

최적 모형의 특징	최적 모형의 한계 및 문제점
① 질적 모형 : 합리적 요소와 초합리적 요소, 즉 경제적 합리성과 초합리성을 바탕으로 하는 질적 모형 ② 경제적 합리성과 초합리성 : 현실여건이 합리성을 제약하므로 경제적 합리성과 함께 직관이나 판단력, 창의력과 같은 초합리성을 고려함 ③ 정책결정 단계 : 정책결정 과정을 세 단계 18개 국면으로 구분함	① 정책결정에 있어서 사회적 과정에 대한 고찰이 불충분하다. ② (초합리적 요소가 실제 정책결정 과정에서 사용되고 있음을 밝혀내는 데는 이바지하였으나) 초합리성의 구체적인 달성방법이 명확하지 않다. ③ 초합리적 요소를 강조할 경우 신비주의에 빠질 가능성이 있고 주먹구구식 정책결정에 대한 변명거리로 사용될 수 있다.

(6) 쓰레기통 모형

쓰레기통 모형은 합리성이나 협상타협 등을 통해서 정책결정이 이루어지는 것이 아니라 '조직화된 무정부 상태(organized anarchies)'[37] 속에서 나타나는 몇 가지 흐름에 의하여 우연히 이루어진다고 보는 과정지향적이고 참여지향적인 모형이다(Cohen, March, & Olson, 1972; Kingdon, 1984).

쓰레기통 모형의 세 가지 전제 조건으로는 ① 참여자 개인이 무엇을 선호하는지 모르면서 정책결정에 참여하므로 참여자 간에 바람직한 대안의 선택에 합의를 할 수 없다는 점에서 '문제성을 띠는 선호(problematic preference)', ② 정책결정에서 달성하려는 목표와 수단 간에 존재하는 인과관계를 기술이라고 부르는데, 이러한 인과관계가 불분명한 '불명확한 기술(unclear technology)', ③ 참여자 개인은 정책결정의 전반적인 과정에 참여하기보다는 자신에게 중요한 사항의 해결에만 참여하는 '수시적 참여자(part time participants)'를 들고 있다.

이들이 가정하는 것을 발전시켜 킹돈(1984)은 쓰레기통 모형을 제시하고 정책결정에 적용하는데, 이를 살펴보면 다음과 같다.

킹돈은 정치의 흐름(political stream), 문제의 흐름(problems stream), 정책(대안)의 흐름(policy stream)이라는 세 가지 흐름이 따로 존재하며, 각 흐름의 주요 참여자도 다르다고 주장한다. 즉, 어떤 문제에 대한 정책대안들은 그 문제가 이슈화되어 정책아젠다에 오르거나 오르지 않건 학자들이나 관료들에 의해 계속 연구되어, 일정한 흐름을 형성하고 있으며 정치의 흐름은 정치적 사건들에 의해서, 그리고 문제의 흐름은 여러 문제들에 의해 각각 흐름을 형성한다고 한다(송근원, 2004).

---

37) 김종명 외(2009)에 따르면, '조직화된 무정부상태'는 쓰레기통 모형에 가장 잘 어울리는 경우로 인적·물적 자원의 여유가 있는지, 없는지에 따라서 의사결정방식을 크게 두 가지로 나눌 수 있다. 첫째, 자원이 있는 경우는 문제를 해결 또는 준해결하게 된다. 둘째, 조직체가 자원의 여유가 없는 경우로 가장 특징적인 다음의 두 경우를 들 수 있다.

① 진 빼기 작전: 해결해야 할 문제들이 다른 문제들로 인하여 결정이 행해지지 않을 때 관련된 문제들이 스스로 다른 선택의 기회를 찾아 떠날 때까지 기다려서 결정을 하는 것이다. 즉, 관련된 문제의 주장자들이 자신의 주장을 되풀이하다가 힘이 빠져 기회를 찾을 때 의사결정을 하는 것이다.

② 날치기 작전: 관련된 다른 문제들이 제기되기 전에 재빨리 의사결정을 하는 것이다.

이 모형에서 가정하는 조직화된 무정부상태는 오늘날 공공조직, 교육기관, 불법조직에서 쉽게 발견할 수 있는 만큼 실용성이 인정된다고 볼 수 있다. 하지만 그러한 상태가 모든 조직 결정행태에서 발견되는 것은 아니므로 일부 조직에서 일시적으로 나타나는 결정행태를 설명하는 데 적합할 뿐이라는 비판을 받는다(김종명 외, 2009).

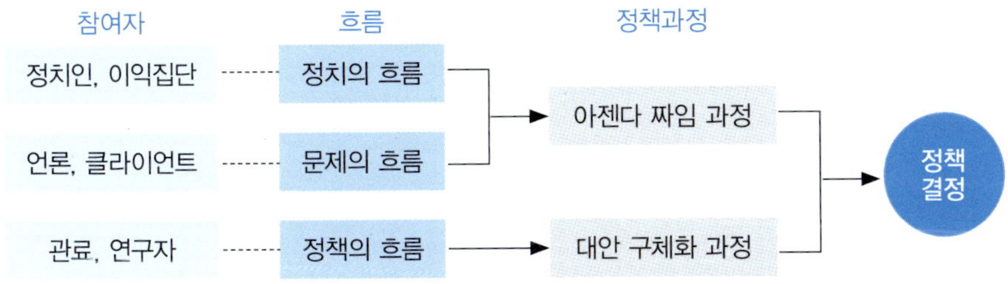

〈그림 5-4〉 **킹돈의 정책결정 모형**

(7) 공공선택모형

공공선택모형(public choice model)의 기본적인 이론적 관점은 개인주의에서 시작된다. 어떤 식으로든 개인이 국가, 사회보다 우선한다는 것이다. 구체적으로 국가는 인격이 있는 유기체가 아니라 개인의 총합일 뿐이라고 보며, 개인은 어떤 행위이든 이기적으로 행동한다는 것이다. 또한 정치가나 관료 역시 기업가와 마찬가지로 자기 자신의 이익을 위해 노력한다는 가정에서 출발한다. 즉, 개인들 각자가 자신의 이익을 극대화하는 방향으로 정책을 선택하고 결정한다는 것이다.

[표 5-4] **정책대안의 비교분석기법**

종 류	내 용
합리이론	• 산업화 → 사회문제 → 인간의 합리적 문제해결책 = 사회복지정책 • 경제적 합리성에 따라 최선의 정책대안선택
만족 모형	• 인간의 합리성에는 한계가 있음을 인정

(계속)

종 류	내 용
점증 모형	• 과거의 정책결정을 기초로 대안을 검토, 수정한 결정
혼합 모형	• 합리 모형과 점증 모형을 혼합 절충
최적 모형	• 합리적 · 초합리적 요소를 포괄하여 정책결정의 성과를 최적화
쓰레기통 모형	• 몇 가지 흐름에 의해 우연히 정책결정이 이루어짐
공공선택이론	• 각 개인들이 스스로의 이익을 위해 노력한다는 가정

5. 사회복지정책의 집행

1) 정책집행의 의미

정책집행이란 정책목표를 달성하기 위해 결정된 정책을 구체화시켜 나가는 과정으로서 의도하였던 정책문제를 해결하는 정책의 실현과정이다. 따라서 정책집행과정에서 의도된 정책목표를 달성하기 위하여 구체적 활동이 이루어진다.

정책집행의 일반적 특징을 살펴보면 다음과 같다(송근원, 2004).

첫째, 정책집행에서 정부관료제가 집행의 모든 과정을 통제하는 것은 아니지만 그 과정에서 행사하는 직·간접적 영향력은 결코 무시될 수 없을 정도로 중요하므로 가장 중요한 역할을 수행하는 요소는 정부 관료제이다.

둘째, 정책집행과정의 참여자들은 다양한 신념체계, 이익, 가치 등에 따라 행동하나, 정책목표의 모호성, 정치체제의 복잡성 및 상황적 가변성 때문에 다양한 참여자의 기대에 부응할 수 없다.

셋째, 집행되는 정책의 사회적 목표에 따라 집행유형은 달라지며, 효과적 집행은 획일적이지 않고 상황에 따라 달라질 수 있다.

넷째, 정치체제의 분권적 성격이 집행에 영향을 미친다.

다섯째, 정책집행과정은 여러 참여자들 사이의 상호작용 과정이며, 참여자의 협상과 타협을 통해 원래의 정책목표를 왜곡, 지연, 무산시키기도 한다.

여섯째, 정책의 집행은 여러 사회세력의 세력관계를 반영해 주는 과정으로서 정치적 성격[38)]을 띤다.

한편 사회복지정책 집행의 특징을 살펴보면 다음과 같다(김종명·송낙길, 2015).

첫째, 재분배적 성격의 사회복지서비스 전달사업은 정치적 성격이 강하다. 즉, 재분배 목적을 지니는 사회복지정책의 집행에 의해 피해를 입는다고 느끼는 집단에 의해 정치적 반대가 심할 수 있다.

둘째, 사회보장제도는 보통 재분배 정책의 성격을 지니는데, 이에 대해 반대하는 집단의 압력 또는 로비에 의해 원래의 목표가 변질될 수 있다. 즉, 재분배 정책의 혜택을 보는 클라이언트는 보통 사회적 약자의 입장으로 불리한 입장에 놓이게 된다.

셋째, 사회복지정책의 대상인 사회적 약자들이 정책결정 과정, 집행과정에서 소외되지 않고, 또한 이들을 위한 정책의 목표를 달성할 수 있도록 적극적으로 참여하고 옹호하는 역할이 필요하다.

2) 정책집행에 미치는 영향 요인

사회복지정책의 집행의 성공과 실패를 결정짓는 요인은 무엇인가? 송근원(2008)은 정책집행에 작용하는 요인들 가운데 사회복지정책의 성과와 실패에 영향을 미치는 요인들로서 중요하다고 여겨지는 정책내재적 요인(타당성과 구체성, 수단과 절차, 서비스 유형 등), 정책행태적 요인(정치기관의 지지, 정책집행자와 기관, 상급관청과 경쟁부서의 태도, 수혜자의 욕구와 가치 및 태도, 이익집단 등), 정책환경적 요인(정치적 상황의 경제적 상황, 사회적 상황 등) 등 세 가지로 나누어 정리하고 있다. 정책내재적 요인은 정책형성과 관련된 것이며, 정책행태적 요인은 정책활동과 관련된 것이고, 정책환경적 요인은 정책을 둘러싼 환경과 관련된 것이다(송근원, 2008).

---

38) 잉그램(Ingram, 1977)은 정책집행을 협상(bargain) 과정으로 보며, 바르다크(Bardach, 1977)는 정치적 게임(implementation game)으로, 맥로린(McLaughlin, 1976)은 상호적응과정(mutual adaptation)으로 보는데, 이들의 견해는 집행의 정치적 성격을 지적한 것이라고 볼 수 있다(송근원, 2004).

6. 사회복지정책의 평가

1) 정책평가의 의미

사회복지정책의 평가는 사회복지정책의 성과에 대한 분석으로서 사회복지정책의 계획적 결과를 기술하고 검토하는 것으로 규정한다(Gilbert & Terrell, 1998). 평가된 내용은 다시 정책과정에 영향을 주게 되므로 평가는 사회복지정책과정에서 매우 중요한 과정이다.

여기서 평가란 어떤 활동에 대해 정보를 수집하고 분석하며 해석함으로써 그 가치를 판단하는 것을 말한다. 따라서 정책평가란 정책활동의 가치를 따져 보기 위하여 정부를 수집·분석·해석하는 활동이다. 이 과정에서 정책활동의 범위를 어떻게 잡느냐에 따라서 협의의 정책평가와 광의의 정책평가로 나눌 수 있다.

협의로 쓰이는 경우, 정책집행의 결과에 대한 평가, 즉 정책이 처음 의도한 결과를 얼마나 효과적으로 달성했는지에 대한 평가활동을 의미한다. 한편 광의의 정책평가란 정책과정 전반에 걸친 평가 활동을 의미한다. 즉 정책결정 이전부터 정책집행 이후까지의 모든 정책과정 속에서 이루어지는 활동에 대한 평가를 뜻한다.

2) 정책평가의 필요성 및 목적

- 정책활동의 책임성 확보
- 정책평가, 집행, 감독에 있어서 정보를 제공
- 정책의 이론 형성, 자료나 연구의 기반 마련
- 정책의 자원에 대한 합리성 파악
- 의도대로 집행되었는지를 파악
- 기존 프로그램 개선
- 정책의 시행, 관리의 효용성 평가
- 정책의 성과를 홍보하는 수단

3) 정책평가의 기준

사회복지정책의 평가기준은 정책의 목표와 매우 밀접하게 관련되는데 이는 목표를 바라보는 관점에 따라 다른 기준이 적용되기도 한다. 이를테면 정책결정자는 공식적 목표가 얼마나 달성되었는지에 관심을 두지만, 일선 정책집행자는 정책환경 속에서 어떻게 반응하는지, 대상 클라이언트들에게 제공된 서비스가 실제로 얼마나 도움이 되었는지에 관심을 둔다(Mazmanian & Sabatier, 1983; 송근원, 2008, 재인용). 그러므로 정책평가의 기준은 평가자의 시각에 따라서 달라진다고 할 수 있다. 이 장에서는 일반적으로 논의되는 정책평가의 기준을 간단히 살펴보겠다(송근원, 2008).

(1) 효과성

효과성이란 사회복지정책의 목표달성을 말한다. 즉 사회복지정책의 목표에 비추어 볼 때 어느 정도로 사회복지서비스를 산출하였는지에 관한 평가기준이다. 구체적으로 보면, 처음에 의도했던 정책의 결과를 실행 후에 얼마나 달성하였는지에 대한 것뿐만 아니라, 의도하지 않았던 부수적 효과가 얼마나 나타났는가도 이에 포함된다고 할 수 있다(안해균, 1986; 송근원, 2008, 재인용). 한편 효과성의 기준은 능률성이라는 기준과 연관되어 있지만, 능률성이 투입과 산출의 비율을 의미하는데 비해, 효과성은 정책의 산출이 정책의 목표와 비교할 때 어느 정도나 달성되었는가를 본다는 점에서 차이가 있다. 그러므로 능률성이 높다고 해서 반드시 효과성이 높은 것은 아니며, 효과성이 높다고 능률성이 높은 것도 아니다. 둘의 관계는 거의 독립적인 관계, 반(半)독립적인 관계라고 할 수 있다.

(2) 능률성

능률이란 투입과 산출에 대한 비율을 의미하며, 능률성이란 투입에 대한 산출의 비율이 최대화되는 것을 말한다. 사회복지정책의 경우 제한된 자원을 이용하여 어느 정도의 사회복지서비스를 산출하였는가를 평가하는 기준이 된다.

(3) 형평성

형평성 또는 사회적 형평이란 사회계층 간의 불평등이 어느 정도 시정되는가에 관한 평가기준을 말한다. 즉, 사회계층 간 또는 지역 간에 정책결과가 어느 정도로 형평하게 적용될 것인지 또한 적용되었는지를 판단하는 기준이다.

(4) 반응성

정책평가의 기준으로서 반응성은 특정 정책대안이나 정책결과가 어느 정도의 특정 집단의 요구나 선호, 가치 등을 반영시켰는지, 또는 만족시켰는지를 판단하기 위해 평가하는 기준이다. 그러므로 반응성에 대한 평가결과는 정책대상집단에 따라 다르게 나타난다.

(5) 적절성

적절성이란 문제해결을 위한 정책이 어느 정도로 관련성이 있는지, 수단과 방법이 바람직하게 이루어졌는지를 평가하는 기준이다.

4) 평가의 유형

(1) 형성평가와 총괄평가

스크라이븐(Scriven, 1981)은 평가 목적에 따라 형성평가(formative evaluation)와 총괄적 평가(summative evaluation)로 구분한다. 형성평가는 정책대안의 개발이나 시행 중인 정책을 개선하기 위하여 이루어지는 정책평가로서 정책의 형성을 목적으로 하는 평가이다. 총괄평가는 정책종료 이후에 정책이 잘 실행되었는지 여부를 파악하기 위하여 시행하는 평가이다.

(2) 과정평가

과정평가는 정책집행과정에 나타난 활동을 분석, 평가하는 방법이다. 모니터링은 과정평가의 한 방법으로, 커버리지(coverage)와 바이어스(bias)를 살펴야 한다.

커버리지란 정책 프로그램에 대한 대상 집단의 참여가 실제로 얼마나 이루어지고 있는가 하는 정도, 즉 충족도(만족도)를 말한다. 낮은 커버리지는 욕구가 있으나 아직 충족되지 않고 남아있는 대상의 비율, 초과 커버리지는 부적절한 수급자가 많음을 의미하는 것으로 정책 설계가 잘못되었음을 나타낸다. 바이어스는 지정된 대상집단의 각 하위집단들의 다른 참여 정도를 나타낸다.

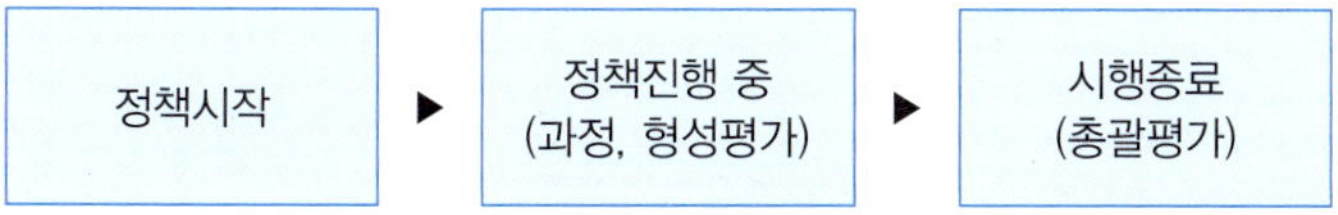

〈그림 5-5〉 **평가의 유형**

(3) 정책영향평가

정책영향평가는 사회복지정책이 집행된 이후 나타나는 정책의 효과에 대한 평가이다. 즉, 사회복지정책이 원래 의도한 목표를 성취했는지, 그러한 변화가 투입된 비용에 비추어 비교했을 때 정당화될 수 있는지, 혹은 원래의 목표를 성취했거나 성취하지 못하였다면 그 원인은 무엇인지, 그리고 원래의 사회복지정책이 의도하지 않았던 효과는 무엇인지에 대한 평가를 하는 것이다(송근원, 2008).

[표 5-5] **평가의 유형**

총괄평가	과정평가	형성평가	영향평가
• 정책효과를 평가 • 사업종결 이후 실시	• 집행과정의 활동을 분석, 평가 • 모니터링은 과정평가의 한 방법(커버리지, 바이어스)	• 프로그램 도중에 실시 • 선택의 수정, 보완이 목적	프로그램이 얼마나 영향을 미쳤는지, 파급효과에 대한 평가

● 정 리 마 당 ●

1. 정책과정의 전반적 이해?
2. 아젠다 형성과정?
3. 정책의 대안형성 기법?
4. 정책의 의사결정과 평가기준 정리

Part 01

사회복지정책의 분석틀

사회복지사는 사회복지제도에 대한 실무적인 지식을 확보하기 위해서 사회복지정책을 분석하는 방법을 알아야 한다. 드롤(1971)은 정책분석을 "복잡한 정책문제와 관련하여 바람직한 대안을 식별, 고안하기 위한 방법론"이라고 했으며, 던컨과 와일더(Duncan & Wilder, 1984)는 정책분석을 "여러 대안 사이에서 최선의 정책을 선택하기 위해 이성적인 사고와 실제적인 증거를 활용하는 것"이라고 했다. 즉, 정책분석은 "최상의 정책대안을 찾아내기 위해 정책의 전체 과정에 대한 체계적 분석을 하는 과학적 방법"이라고 정의될 수 있으며 분석이란 최선의 사회복지정책대안을 제시하기 위한 과학적이고 체계적인 활동이다(박경일, 2007).

일반적으로 사회복지정책 분석은 ① 정책입안가들을 안내하고 그들에게 방향을 제시하기 위해서(Dobelstein, 1986), 또는 ② 사회문제에 대한 해결책을 제시하기 위해서(Dunn, 1994) 실시된다. 또한 사회복지정책에 대한 분석은 크게 두 가지로 나누어 볼 수 있다. 하나는 사회복지정책을 여러 개의 차원으로 나누어 분석하는 차원분석이고, 다른 하나는 사회복지정책이 만들어지는 제반 과정을 분석하는 정책형성과정분석이다. 이 장에서는 사회복지정책의 차원분석에 대해서 살펴보겠다.

1. 사회복지정책의 분석 유형

1) 과정분석

과정분석은 사회복지정책에 있어서, 사회복지정책 형성의 역동성을 사회정치적 변수와 기술적-방법적 변수를 중심으로 분석하는 방법을 말한다. 또한 전체 혹은 부분적인 과정과 연관한 분석으로, 계획에 관련된 각종 정보와 다양한 정치조직, 정부조직, 그리고 기타 여러 조직들 간의 관계 및 상호작용(정보와 관계 및 상호작용은 정책형성의 투입요소임)이 정책형성에 어떻게 영향을 미치는가를 분석하는 데 많은 관심을 가진다.

과정분석은 정책사정(policy assessment)이 어떻게 이루어지는지를 이해하기 위한 목적에서 행해지는데, 일반적으로 과정분석은 정책결정과 관련된 정치적, 기술적 투입을 파악하는 사례연구의 형태를 띠게 된다.

2) 산출분석

산출분석은 계획과정을 거쳐 결정된 일련의 정책선택에 중점을 두는 분석방법이다. 산출분석의 과제는 정책이 형성되는 사회정치적 맥락을 고찰하거나 정책의 결과를 평가하는 데 있지 않고, 정책설계의 중요한 구성 요소들을 구분하고 분해하는 데 있다. 산출분석의 관점은 정책설계의 기본적인 구성 요소인 선택의 차원(dimensions of choice)에 관심을 갖는다. 이 장에서는 사회복지정책의 설계에 관련된 기본적인 선택들을 분석하는 틀을 구체적으로 살펴볼 것이다.

3) 성과분석

성과분석(studies of performance)은 특정한 정책선택에 의해 실행된 프로그램이 낳은 결과를 기술하고 평가하는 데 관심을 둔다. 프로그램의 결과를 분석하는 경우에는 프로그램의 경계가 더욱 분명하게 정해질 수 있으므로, 결과분석은 과정분석이나 산출분석보다 객관적이고 체계적인 관찰이 쉽다. 성과는 질적·양적 자료의 수집을 통해서 그리고 여러 가지 학문 분야에서 개발된 다양한 방법론적 도구를 통해서 측정할 수 있다.

성과분석에서 연구자는 다음과 같은 두 가지의 질문을 하게 되는데 먼저, 프로그램이 얼마나 잘 실행되었는가라는 질문이며, 다음은 프로그램을 실시하여 얻은 영향이 무엇인가라는 질문이다. 첫 번째 질문과 관련하여, 프로그램이 무엇으로 구성되었는지, 원래 목표로 한 표적집단에게 프로그램이 잘 도달되었는지, 프로그램 실시에 든 비용은 어느 정도인지 하는 점들이 검토의 대상된다. 두 번째 질문에서 말하는 영향은 "프로그램 실시 전의 행동 및 조건과 프로그램 실시 후의 행동 및 조건 간의 차이로서, 그 차이의 원인이 프로그램의 실시에 있다고 합당하게 간주할 수 있는 차이"를 말한다. 결론적으로 성과분석은 사회복지 프로그램의 효과와 효과성, 효율성 등을 측정하려는 시도를 하는 것이다.

2. 사회복지정책의 분석틀

이 절에서는 사회복지정책의 차원분석틀로서 가장 대표적인 길버트와 테렐(Gilbert & Terrell)의 기본 틀(basic framework)을 살펴볼 것이다. 이들은 사회복지정책을 분석하는 기준으로 급여대상, 급여의 형태, 재원, 전달체계를 제시하고 있다. 구체적으로 사회복지정책 분석틀을 네 가지 선택 차원에 따라 구성하여 다음의 질문형태로 표현한다.

첫째, 사회적 할당의 기반 혹은 근거(the bases of social allocation)는 무엇인가? 즉, 사회복지급여를 누구에게 제공해야 할 것인가?

둘째, 사회적 급여의 형태(the types of social provisions)는 무엇인가?

셋째, 사회적 급여를 전달하기 위한 전략(the strategies for the delivery)은 무엇인가?

넷째, 사회적 급여에 필요한 재정을 마련하기 위한 방법(the ways to finance)은 무엇인가?

이를 네 가지 선택의 차원(dimensions of choice)이라고 하는데, 부연하여 설명하면 다음과 같다(Gilbert & Terrell, 2002). 사회복지정책이 누구에게(급여대상), 무엇을(급여 내용), 어떻게(재원과 전달체계) 제공하는가의 질문에 대한 응답이라고 할 수 있다. 이 네 가지 대상을 각각 사회적 배분(급여대상체계), 사회적 공급(급여체계), 전달체계, 재정체계라고도 한다.

[표 6-1] **사회복지정책의 분석틀**

선택의 차원	의미	선택의 대안
사회적 배분	수급자격: 급여대상체계	• 보편주의와 선별주의 • 사회적 공헌, 사회적으로 부당하게 당한 손실에 대한 보상 • 전문가 판단에 의한 진단적 차별 • 귀속적 욕구 • 개인, 가족의 자산상태에 따른 욕구
사회적 공급	급여종류: 급여체계	• 현금, 사회서비스, 물품, 신용(변제), 물품교환권(증서), 기회, 권력 등
전달	전달방법: 전달체계	• 중앙집권 또는 지방분권 • 협력관계 또는 대화단절 • 복수 또는 단수 서비스 • 동일 또는 다른 건물에 위치 • 공공행정가 또는 민간행정가 • 전문가 또는 소비자 및 준전문가 의존
재정	재정마련 방법: 재정체계	• 민간재원(사용자 부담, 민간모금 등) • 공공재원(사회보험, 과세) • 공공과 민간 재원의 혼합

1) 할당(배분; 급여대상)체계

사회복지정책에 있어서 누구를 대상으로 할 것인가? 누가 혜택을 받을 것이며, 그 자격조건을 어떻게 규정할 것인가라는 문제만큼 격렬한 논쟁을 일으킨 쟁점은 아마 없을 것이다. 한 사회의 한정된 자원을 다양한 욕구를 지닌 사람들에게 할당하는 문제는 다소 정치적이며 윤리적인 문제이다. 길버트와 테렐이 말하는 사회적 할당의 기반이란 누구에게 사회복지정책의 혜택을 줄 것인가를 결정할 때의 다양한 기준에 내재되어 있는 일반적인 원리를 가리킨다.

(1) 보편주의, 선별주의

수급자격에 관한 원리를 정립하려는 시도는 보통 보편주의(universalism)와 선별(선택)주의(selectivity)라는 두 가지 원칙에서 시작된다. 먼저 보편주의란 티트머스(1974)에 의하면, 전 국민을 사회복지의 대상자로 삼는 것으로 시민권(citizenship)에 입각해 하나의 권리로 복지서비스를 제공하고, 복지수혜 자격과 기준을 균등히 하여 복지서비스의 수급자들이 낙인감 또는 열등감 등을 갖지 않게 하는 것이다.

보편주의에서 가장 중요한 것은 사회복지 수급이 전 국민의 기본권으로 보장한다는 것이다. 또한 보편주의는 사회구성원에게 정부가 서비스나 재정적 원조를 제공하는 것이고, 자산조사를 필요로 하지 않으며, 특정한 인구범주(아동, 장애인, 65세 이상 노인 등) 또는 시민이라는 사실 외에 자격조건이 필요하지 않다. 전 국민을 대상으로 하는 사회보험, 공공교육 등이 좋은 예이다.

길버트와 테렐(2002)은 보편주의 원칙을 다음의 네 가지로 정리하였다.

가. 권리보장

사회복지급여는 사회적 권리(social right)로서 모든 사람에게 주어져야 한다. 모든 시민들에게 아무런 조건 없이 정치권이 부여되어 있는 것처럼 그들의 경제적 또는 사회적 지위와 상관없이 복지권을 보장해야 한다는 것이다. 그 예로는 노인을 위한 사회보장급여와 청소년을 위한 공공교육 등을 들 수 있다.

나. 모든 시민을 대상으로 하는 프로그램

보편주의자들은 사회복지정책의 대상이 장애인이나 빈민 등 특별한 어려움에 처한 사람들만 당면하는 문제가 아니라 모든 사회구성원이 사회에서 나타나는 다양한 문제와 욕구에 언젠가는 한번 직면하게 된다는 점에서 모든 시민은 '위험에 처해 있는 것'으로 보고, 모든 시민의 생활문제에 대한 것으로 본다. 그리하여 복지국가는 부자이냐 빈민이냐 또는 여자냐 남자냐 하는 등의 기준에 따라 시민들을 다른 이질적 범주로 구분할 것이 아니라 문제와 욕구에 대응할 수 있는 광범위한 프로그램의 조직을 목적으로 삼아야 하는 것이다.

다. 사회통합

보편주의자들은 사회보험, 공공교육 등의 소득수준에 관계없이 혜택을 주는 제도를 실시하게 되면 사회구성원이 주는 자와 받는 자로 구분되지 않고 그 결과 인간의 존엄성과 사회적 통합이 유지될 수 있다고 주장하며, 인간의 존엄성과 사회통합을 유지함으로써 사회적 효과성을 높일 수 있다고 강조한다.

라. 정치적 이점

보편주의자들은 다양한 인구집단을 지원하는 정책의 강점(포괄성, inclusiveness)을 예로 들면서 통합과 포용을 기본으로 하는 사회 프로그램들이 가져다 줄 수 있는 정치적 이점을 강조한다. 물론 보편적 프로그램이 더 많은 비용을 필요로 하는 것은 사실이지만 사회적 배제집단만을 대상으로 하는 자산조사 프로그램보다 훨씬 대중적이며, 일부 특정 대상만으로 실시하는 한정된 자산조사 프로그램(미국의 AFDC가 가장 대표적인 예가 될 수 있다)은 정치적으로 공격받기 쉬운 취약한 제도라고 할 수 있다.

한편 선별주의란 급여는 개인의 욕구에 기초해 주어져야 한다는 원칙으로, 이때 개인의 욕구는 주로 소득조사에 의해 판별된다. 또한, 사회복지대상자를 사회적·신체적·교육적 기준에 따라 요건을 매우 엄격하게 제한하여 구분한 후 복지서비스를 제공하는 것이다. 자산조사를 통해 원조의 필요가 있다고 인정된 사람, 즉 장애인, 노동무능력자, 도움이 필요한 노인, 빈민 등을 복지대상으로 한다. 선별주의 원칙이 적용된 급여의 예로는 빈민만을 대상으로 하는 공공부조와 공공주택 등을 들 수 있다.

선별주의자들은 사회복지 혜택을 받고자 하는 개인과 가족은 그러한 혜택을 받을만한 욕구(필요)가 있음을 증명해야 한다고 생각한다. 이러한 생각의 이면에는, 적절한 사회정책은 그 범위가 제한된 사회정책이라는 견해와 스스로의 욕구를 충족시킬 능력이 있는 사람은 정부로부터 급여를 받아서는 안 된다는 견해, 그리고 세금을 납부할 능력이 있는 사람은 자활능력이 없는 소수의 사람들을 위해서만 세금을 납부해야 한다는 견해가 놓여 있다.

[표 6-2] **보편주의와 선별주의**

구분	보편주의	선별주의
주요 내용	• 전 국민을 대상 • 시민권에 입각 • 복지 수혜 자격, 기준을 균등화	• 자산조사를 통해 원조가 필요한 사람에게 서비스 제공 • 사회복지대상자를 사회적 · 신체적 · 교육적 기준에 따라 요건을 엄격히 제한하여 구분 후 서비스 제공
장점	• 낙인, 열등감이 없음 • 자산조사가 필요 없으므로 행정 절차 용이 • 시혜의 균일성 유지 • 유효수요를 유지시켜 경제적 안정, 성장에 기여	• 서비스를 도움이 필요한 사람에게만 집중 • 자원의 낭비 없음 • 비용절약, 효율성 높음
단점	• 한정된 자원을 효과적으로 사용하는데 한계	• 자산조사과정에서 낙인감을 줌 • 자산조사에 따른 행정비용
예	• 영국 국민보건서비스(NHS), 한국의 4대보험, 사회수당, 아동에 대한 의무교육	• 공공부조, 기초노령연금, 빈민을 위한 임대주택

(2) 대상자 선정의 네 가지 차원분석(할당의 세부 원칙)

수급자격에 관한 개념을 확립하는 데 보편주의와 선별주의의 이분법은 매우 유용한 도구이지만, 실제로 사회적 할당의 기반은 그러한 이분법적인 개념보다 훨씬 더 복잡한 성격을 가지고 있다. 지금까지 우리가 사용한 선별주의라는 용어는 좁은 의미의 선별주의로서 자산조사를 실시하여 할당의 기반을 정하는 것만 지칭하였다. 하지만 티트머스가 지적한 바와 같이, 선별주의적 할당은 자산조사에 근거하지 않고 욕구의 차별성에 근거할 수도 있는 것이다. 예컨대, 고용차별금지조치, 장애인을 위한 특수학급, 퇴역군인을 위한 혜택 등은 자산조사에 의한 것은 아니지만 다소간의 선별적인 속성을 가지고 있는 것들이다. 따라서 할당의 원리를 개념화하는 방법은 여러 가지이다. 개인이나 집단이 사회적 급여를 받을 수 있는 것은 여러 가지 조건에 의해서라는 것이다(Gilbert & Terrell, 2002). 이러한 관점에서 길버트와 테렐은 사회적 할당의 기반을 네 가지의 할당원리에 따라 분류하였다. 그 네 가지는 귀속적 욕구, 보상, 진단적 구분, 그리고 자산조사에 의한 욕구이다.

가. 귀속적 욕구

귀속적 욕구(attributed need)에 의한 할당원리는 '시장에 존재하는 기존의 제도에 의해서는 충족되지 않는 욕구를 공통적으로 가진 사람들(집단)에 속할 것을 조건으로 할당'하는 원리이다. 특정한 집단구성원으로서의 조건을 갖춘 사람을 대상으로 하며, 한 국가의 전 국민 모두가 대상이 될 수 있으며 또는 특정 계층이나 지역 주민이 대상으로 선정될 수도 있다. 귀속적 욕구에 대한 전문가의 규범적 판단기준(normative criteria of need)에 따라 특정한 사람들(집단)이 대상자로 선정된다. 우리나라에서는 의무교육이나 노인교통수당 등이 이 범주에 속하며, 영국의 국민보건서비스(시민권자)와 모든 아동에게 지급되는 아동수당 등이 여기에 속한다.

나. 보상

보상에 근거한 할당원리는 '사회·경제적으로 특별한 혹은 일정한 공헌을 한 사람들의 집단 또는 사회로부터 부당한 피해를 입은 사람들의 집단에 속할 것을 조건으로 할당'하는 원리이다. 사회·경제적으로 특별한 혹은 일정한 공헌을 한 사람들로는 국가유공자, 퇴역군인이나 사회보험에 보험료를 기여했던 사람들을 들 수 있고, 사회로부터 부당한 피해를 입은 사람들로는 사회적 차별에 의해 불이익을 입은 사람들을 예로 들 수 있다. 보상의 조건은 ① 형평성에 맞춰 전문가가 규범적으로 판단하는 것, ② 특정한 집단을 대상자로 선정하는 것이다.

다. 진단적 구분(등급 분류)

진단적 구분(diagnostic differentiation)에 근거한 할당원리는 '각 개별적 사례에 대해 전문가가 어떤 재화 혹은 서비스를 특별히 필요로 하는가를 판단할 것을 조건으로 할당'하는 원리이다. 예를 들어, 정신장애인의 경우 그들이 어떠한 재화와 서비스를 필요로 할지를 전문가가 판단해야 한다. 또한 장애연금의 등급 분류가 좋은 예이다. 진단적 구분의 원리는 ① 욕구에 대한 기술·진단적 기준(technical diagnostic criteria of need)에 근거, ② 개별적으로 대상을 선정하는 것(individual allocation)이다.

라. 자산조사에 의한 욕구

자산조사에 의한 욕구(means-tested need)에 기초한 자격조건이란 '한 개인이 필요한 재화나 서비스를 구입할 능력이 없음을 나타내는 증거를 기초로 하여 수급자격을 판정하는 것'을 말한다. 사회복지급여의 수급 여부는 주로 대상자의 경제적 조건에 의해 결정된다. 자산조사에 의한 욕구원리는 ① 욕구에 대한 경제적 기준에 근거하며, ② 개별적으로 대상자를 선정하는 것이다.

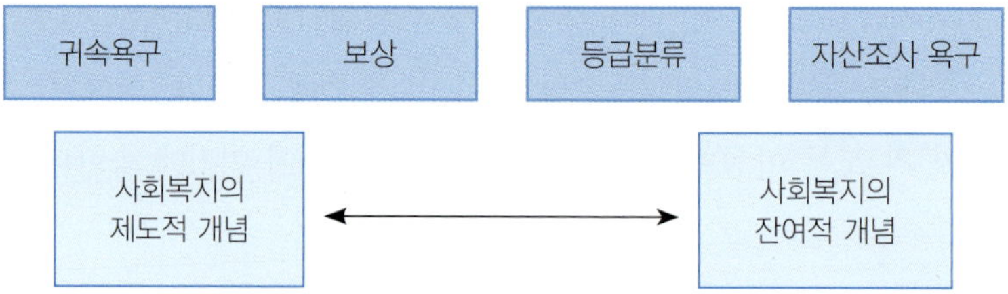

〈그림 6-1〉 **대상자 선정의 네 가지 원칙**

출처: Gilbert & Terrell(2002)

[표 6-3] **할당의 세부 원칙과 결정의 기준 및 구체적 예**

할당의 세부 원칙	원칙의 결정 기준 및 구체적 예		
귀속적 욕구	욕구의 규범적 기준	노인교통수당(※ 2009년 폐지), 초등 · 중학교 의무교육 등	집단지향적 할당
보 상	형평을 위한 규범적 기준	사회보험가입자, 국가유공자, 의사상자, 성차별 피해자 등	
진단적 구분	욕구의 기술적 분류 기준	「장애인복지법」상의 급여 제공 등	개인적 할당
자산조사	욕구의 경제적 기준	국민기초생활보장 · 의료급여 수급자, 기초노령연금 수급자 등	

2) 급여(공급)체계

누구에게 사회복지서비스를 제공할 것인가와 관련하여 보편주의자와 선별주의자 간의 가치갈등이 나타나듯이, 급여를 어떤 형태로 제공할 것인가를 둘러싸고 논쟁이 일어난다. 그 대표적인 것이 현물급여와 현금급여 논쟁이다.

(1) 현금급여와 현물급여

급여형태는 기본적으로 현금급여(in cash)와 현물급여(in kind)로 구분된다. 현금급여란 사회복지대상자에게 복지서비스가 현금의 형태로 전달되는 것이고, 현물급여는 그것이 현물의 형태로 전달되는 것을 의미한다. 현금급여로는 「국민기초생활 보장법」을 통하여 최저생계비를 현금급여로 보장해 주는 것 또는 국민연금 등이며, 현물급여로는 건강보험의 진료서비스, 빈곤아동에게 무료급식지원 등을 예로 들 수 있다.

현금급여와 현물급여를 둘러싼 논쟁은 과연 어느 형태의 급여가 더 효과적인가 하는 것이다. 1930년대에 스웨덴에서는 아동을 대상으로 하는 복지급여의 형태를 무엇으로 할 것인가를 둘러싸고 커다란 논쟁이 일어났는데, 이 당시 스웨덴의 저명한 경제학자인 알바 뮈르달(Alva Myrdal)은 아동복지의 급여형태를 현물급여로 할 것을 주장하였다. 그는 규모의 경제라는 면에서 우수하다고 주장하였는데, 공기업은 신발이나 의류와 같은 재화를 대량생산하고 분배하는 데 효율적일 수 있기 때문에 저렴한 가격으로 제공할 수 있다는 것이며, 민간기업이 생산한 재화를 구입할 수 있도록 현금을 급여로 주는 것은 훨씬 비용이 더 많이 든다고 하였다. 그 당시(1930년대 전후) 국가계획적 관점에서 획일적인 급여, 대량생산 분배된 상품이 시상에서의 낭비적 요소를 줄이는 것으로 간주되었다.

뮈르달은 또한 현물급여가 현금급여에 그것이 표적으로 하는 수혜집단에게 정확히 전달될 수 있다는 점에서도 현금급여보다 효과적이라고 보았다. 현물급여는 정책의 의도 외의 용도로 사용할 수 없기 때문에 정책의 목표달성에 유리하다는 것이다. 반면 현금급여는 급여의 소비시점에서 소비행위를 통제할 수 없는 단점이 있다. 뮈르달은 사회적 급여가 그 본연의 목적을 달성할 수 있으려면 공적인 혜택의 형태를 구체적으로 지정하여 "소비측면에서의 통제를 좀 더 강화할 필요가 있다."고 주장하였다. 뮈르달에게 현물급여는 '개인적 이익의 보장'보다는 '사회공학'으로서 '공통의 목적을 위한 자원의 공유 및 사회연대'에 기초하는 것이다(Gilbert & Terrell, 2002).

반면에 수혜자의 최대 선택보장과 그들의 효용(utility)과 행복을 강조하는 복지경제학의 고전적 이론을 지지하는 사람들은 현금급여가 최적의 급여형태라고 주장한다. 이들은 현금을 지급하여 소비의 권한을 개인의 자유에 맡기면, 현물급여를 받는 것보다 더 높은 수준의 만족(복지)을 극대화시킬 수 있다고 본다. 물론 이 이론은 소비자가 합리적인 존재이며 자신에게 '최선의 이익'이 되는 것이 무엇인지를 정확히 판단할 능력을 가진 존재라는 것을 가정한다. 또한, 공동체의 복지는 개개인의 복지의 총합이라는 관점에서 개인의 선호를 극대화하는 것이 곧 전체 사회에도 이익이 된다고 가정한다. 그러나 이러한 가정이 틀릴 경우 이론도 실현될 수 없다. 이러한 입장은 개인의 자기결정권(the right to self-determination)과 시장에서의 소비자주권론(consumer sovereignty)과 깊은 연관이 있다(원석조, 2006).

이에 대해 현물급여의 정책효과성이 현금급여보다 우월하다는 입장에서는 소비를 개인의 자유에 맡길 수 없는 영역이 있다고 한다. 예를 들면, 식료품이나 의료서비스, 학교급식 등 기본적인 욕구의 영역이다. 수혜자들에게 선택권보장의 명목으로 현금급여를 제공했을 때, 수혜자들은 급여로 받은 돈으로 기본적인 욕구 해결 대신에 술을 마시거나, 값비싼 운동화를 사는 데 소비할 수 있다. 이러한 '부적절한' 선택을 나쁜 선택(bad choice)라고 한다. 하지만 현물급여를 제공 시에는 이와 같은 부적절한 선택은 제한되고 바람직한 소비행위에 관한 사회적 판단이 관철될 수 있다(Gilbert & Terrell, 2002).

그러나 오늘날 현물급여가 효과적이라는 주장에 많은 도전이 가해진다. 국가의 독점생산이 더 낭비적이라는 비판과 함께, 규모의 경제가 발휘될 수 없는 상담과 사례관리 등과 같은 사회복지서비스 분야가 있다. 의류 등과 같은 생산물에 표준화를 적용하는 것 또한 점점 시대에 맞지 않는 상황이다. 그리고 현금급여는 급여를 제공하는 과정에 따르는 비용이나 급여를 관리하는 데 각종 규제 관련 비용이 거의 들지 않기 때문에 관리운영이 간편하고 운영비가 적게 소요된다. 그리고 현금급여는 현금

제공이기 때문에 빈민들의 소득을 직접적으로 향상시키는 면이 있으며, 빈민이 지출을 스스로 결정할 수 있기에 낙인감도 줄일 수 있는 장점이 있다.

하지만 현물급여 중의 일부는 현금급여보다 수급자의 복지수준을 더 많이 향상시킬 수 있는 면도 있는데, 이를테면 건강보험의 의료서비스 제공은 현금으로 환산할 경우, 공공부조의 현금급여 액수 이상일 경우가 많다(원석조, 2006).

[표 6-4] **현물급여와 현금급여**

구분	현물급여	현금급여
주요 내용	• 사회통제와 집합적 선 중시	• 개인의 자유와 소비자 선택 중시
장점	• 규모의 경제 효과 • 용도 외 사용금지 • 정치적으로 선택될 수 있음 • 목표달성에 효과적	• 선택의 자유 극대화 • 관리비용 절감 • 빈민소득이 직접적 향상 → 빈곤문제 해결 • 낙인 없음 • 운영효율성 높음
단점	• 선택의 자유 제한 • 관리비용이 많이 듦 • 정치적 목적으로 사용될 가능성	• 용도 외 사용 가능(낮은 목표효율성)
예	• 건강보험의 진료서비스	• 공공부조의 현금급여

(2) 사회적 급여의 형태

사회적 급여의 형태에는 기본적으로 현물급여와 현금급여 두 가지 형태가 있지만, 실제로는 다양한 형태의 급여가 존재한다. 예를 들어, 주택에 관련된 급여는 주택구입을 돕기 위해 보조금을 지급하는 것, 공공주택을 지어 제공하는 것, 가택수리서비스 등의 여러 가지 형태가 있을 수 있다. 길버트와 테렐(2002)은 사회적 급여의 형태를 기회, 서비스, 재화, 증서 및 세액공제, 현금, 그리고 권력 등으로 범주를 나누었다.

가. 기회(opportunities)

기회란 서비스나 재화와는 다르게 무형의 형태로 급여형태로서는 가장 모호한 형태이지만, 중요성은 작지 않다. 사회복지정책의 많은 부분이 기회의 창출과 분배에 관련되어 있기 때문이다. 기회란 바람직한 어떤 목적을 달성하기 위해 활용되는 유인과 제재를 말한다. 기회급여는 시민의 권리보장이나 특별한 기회를 제공하여 동기를 부여하는 역할을 한다. 예를 들어, 공무원임용시험에서 퇴역군인에게 가산점을 부여하는 것, 사회에서 불이익을 받는 계층에 속하는 학생들에게 특례입학을 허용하는 것 등이 있다. 그리고 기회급여는 타인에게 양도할 수 없으며, 재화나 서비스 또는 그 밖의 다른 급여와도 교환할 수 없다.

나. 서비스(services)

서비스란 클라이언트를 위해 제공되는 활동을 말한다. 상담, 사례관리, 직업훈련, 재가복지 등 보호해야 할 사람의 이익을 위해 제공되는 것이다. 서비스 또한 시장에서 다른 재화와 교환할 수 없으며, 직접적으로 시장가치를 부여하지 않는다.

다. 재화(goods)

재화란 식품, 의류, 주택 등과 같은 물질적인 상품을 말한다. 재화급여의 장점은 정책의 목표를 직접적으로 달성할 수 있어 효율성이 높다. 영양상태를 개선하기 위해 직접 식품을 제공하면 그 효과를 분명하게 볼 수 있다(이태복·심복자, 2006). 그러나 수급자의 선택권이 제한되거나 수치심을 줄 수 있는 단점이 있다.

또한, 재화는 현금에 비해 교환가치가 낮아 유통경로가 매우 제한적인 면(벼룩시장, 비공식적 물물교환 등)이 있다(원석조, 2006).

라. 증서(vouchers)와 세금공제(tax credits)

증서와 세금공제(요금감면)는 구조화된 교환가치를 가지고 있는 급여로서, 일정하게 정해진 범위 내에서 자원을 선택할 수 있는 전이가능성을 가지고 있다. 예컨대, 보육서비스의 요금감면은 보육료의 일부를 상쇄하여 수급자의 가계수입을 증대시키는 효과를 발휘할 수 있으며, 식품권은 다양한 식료품과 교환될 수 있다. 증서는 재화나 서비스에 비해 선택의 자유를 더 많이 줄 수 있다. 왜냐하면 증서는 그것이 사용되는 부문 안에서 소비자 선택권을 보장할 수 있는 동시에 해당 부문 안에서만 선택이 제한되어 있기 때문에 사회통제도 가능하게 한다. 따라서 증서는 집합주의자들과 개인주의자들 양쪽 모두에게 지지를 받고 있다.

마. 권력(power)

권력이란 재화와 자원의 통제에 대한 영향력을 재분배하는 것을 말한다. 권력은 정책결정 권한을 소수의 사람에 이전함으로써 얻을 수 있다. 우리나라의 경우 국민연금가입자 대표(시민단체나 노동조합의 추천을 받은 자)를 정책 관련 의사결정에 참여시키는 것이 이에 해당한다. 권력은 재화나 서비스와 같이 소비되는 것은 아니지만, 재화나 서비스, 기회에 비해 사회·경제적 선택에 큰 영향을 주기 때문에 수급자에게 매우 중요하다. 이러한 점에서 권력은 유동적인 교환가치를 갖는 것이다.

3) 재정(재원)체계

사회복지정책을 실현시키기 위해서는 충분한 재원이 전제되어야 한다. 게다가 최근 들어 나타나는 인구고령화, 저출산, 가족해체나 가족형태의 변화 등의 인구학적 변화와 함께 나타나는 다양한 사회적 욕구 증가는 모두 비용의 증가를 동반하기 마련이다. 또한 정책의 형성 및 결정과정에서 항상 관건이 되는 것은 비용(재정)의 문제이다. 재정의 정도에 따라서 정책의 양과 질이 달라질 수 있다. 그러므로 효과적인 정책 제공을 위해서는 안정적 재원확보가 우선이다.

그런데 사회복지정책은 공공부조, 사회보험, 사회서비스 등 다양한 제도로 구성되어 있으며, 각 제도의 특성상 다양한 재정구조를 지닌다. 보통 사회복지정책의 재원을 크게 보면, 공공재원과 민간재원으로 나뉜다. 먼저 사회복지정책의 공공재원으로는 조세가 큰 비중을 차지하며, 조세 외에 조세지출, 사회보험료 등이 속하고, 민간재원으로는 자발적 기여금, 이용자 부담비, 기업복지비용, 비공식부문 재원 등으로 이루어진다.

(1) 공공부문의 재원

가. 조세

조세는 국가에서 정부운영비용으로 사용하기 위해 국민들로부터 강제적으로 징수하는 화폐로 일반조세[39]와 특수목적으로 징수하는 목적세가 있다. 일반세는 조세의 지출용도를 정하지 않고 징수하는 세금으로 소득세, 소비세, 재산세가 있다.

먼저 소득세는 개인소득에 부과되는 것으로 누진세율을 적용하고, 이는 소득계층 간 소득재분배 효과가 가장 크다. 소비세는 상품을 소비할 때 부과되는 것으로 일반소비세와 특별소비세가 있다. 일반소비세는 상품을 소비할 때 소득과는 상관없이 누구나 동일한 세금을 부담해야 하므로 소득역진성이 강한 편이고, 특별소비세는 보통 사치품에 부과되는데, 이러한 상품의 주된 소비자가 중상위계층이기에 소득역진성이 일반세보다 작은 편이다. 재산세는 개인이 소유한 재산의 가치에 부과되는 세금으로 지방정부의 주요재원이다.

일반세와 다르게 목적세는 지출용도가 정해진 세금으로 특별한 사용목적이 정해져 있어 재원확보를 둘러싸고 다른 정책분야와 경쟁하지 않기 때문에 재원으로서의 안정성 확보의 장점이 있다. 그러나 재원의 확보가 어렵고 목적세의 혜택을 받지 못하는 대상들로부터 조세저항이 나타날 수 있다.

한편 세금의 납부방법에 따라 직접세와 간접세로 구분하기도 한다. 직접세는 소득세와 상속세 등으로 재산이나 소득에 부과하는 세금으로 재산이 많을수록 많은

---

39) 우리나라 「헌법」 제38조에서는 "모든 국민은 법률이 정하는 바에 의하여 납세의 의무를 진다."라고 하고, 제59조에서는 "조세의 종목과 세율은 법률로 정한다."라고 명시하여 「헌법」상 납세의무를 규정함과 동시에 국회를 통한 법률에 의하여 납세의무를 이행하도록 하는 '조세법률주의'를 천명하고 있다. 세금은 크게 국세와 지방세로 나눌 수 있고 국가의 경비로 쓰기 위해서 국민들에게 징수하는 세금으로 국세는 크게 내국세와 관세로 나눌 수 있다. 내국세는 국내에 있는 과세 물건에 대해서 부과하는 조세이며, 국세 중에서 관세를 제외한 총체적인 것으로 보통세와 목적세로 분류된다. 보통세는 국가 또는 지방자치단체의 일방적 지출에 충당하기 위한 조세를 말하며 여기에는 직접세와 간접세가 있다. 직접세는 납세의무자와 실질적으로 그 세금을 부담하는 자가 일치하는 세금으로서 소득세, 법인세, 상속세, 증여세, 종합부동산세, 부당이득세 등이 있다. 납세의무자와 실질적으로 그 세금을 부담하는 자가 일치하지 않는 세금인 간접세에는 부가가치세, 특별소비세, 주세, 인지세, 증권거래세 등이 있다(박경일, 2007).

세율이 적용되는 누진세로서, 간접세에 비하여 소득재분배 효과가 높은 편이다. 따라서 직접세의 비중이 높을수록 조세 형평성이 높다고 본다. 다음으로 간접세는 과세 대상의 재산이나 소득 수준과는 상관없이 동일한 세율이 적용되는 세금으로 보통 상품에 부과되는 세금을 말한다. 이는 직접세보다 역진적인 편이다.

나. 사회보험료

사회보험료는 사회적 위험에 직면하여 소득이 상실되거나 감소될 때를 대비하는 것으로 사회보장성 조세라고도 한다. 이는 보험가입자가 일정한 기간 동안에 정기적으로 일정한 금액을 기여하는 방식으로 사회보험의 재정은 주로 보험료도 충당되고, 경우에 따라 목적세와 본인부담금(user change)으로 보충된다(Murphy, 1979).

사회보험료는 소득비례보험료(정률제)와 정액보험료(정액제) 둘로 구분되는데, 먼저 소득비례보험료는 가입자의 소득에 대한 일정률을 갹출하는 것이고, 정액보험료는 소득이나 재산과 상관없이 모든 가입자에게 동일한 액수의 보험료를 부담하는 것이다.

사회보험은 대상자가 직접 사회보험료에 기여한 것을 전제로 사회적 위험에 직면했을 때, 급여를 받도록 설계된 제도로 수급권에 대한 낙인을 부여하지 않고 권리성을 확보할 수 있는 장점이 있다. 그리하여 사회보험료를 권리로 생각하여 일반 예산을 통해 사회보장급여를 받는 것보다 더 선호하는 경향이 있다. 그러나 사회보험료에는 보험료 갹출방식에서 소득상한선이 있기 때문에 역진성이 강하다는 단점이 있다. 즉, 모든 소득계층에 동일한 비율로 부과될 경우 저소득층의 부담률이 높아질 수 있다.

사회보험 재원의 기본 원칙으로 삼사부담제도(tripartite scheme)라는 것이 있다. 삼자부담제도는 사회보험의 가입자인 근로자와 고용주 그리고 사회안정의 주요 책임자인 정부, 이 삼자가 사회보험의 재정을 공동으로 부담하는 원칙을 의미한다(원석조, 2006).

마지막으로 보험료 선택의 고려사항을 살펴보자. 사회복지정책의 재원으로서 사회보험료를 활용할 경우 검토되어야 하는 사항에 대해 박경일(2007)은 네 가지로 제시하고 있다.

① 보험료의 부과기준 소득을 어떻게 설정할지에 대해 고려해야 한다. 예를 들어, 우리나라 국민건강보험에서 지역가입자의 경우 대통령령이 정하는 등급구분에 의해 부과표준소득을 설정하여 월 보험료액을 부담하도록 한다.

② 가입자의 부과기준소득에 대한 상한(ceiling)을 설정하는 문제이다. 상한선이 없을 경우에 국민연금은 고소득자에 대하여 노동기간의 높은 소득에 대한 높은 보험료율을 기여하였기 때문에, 그에 비례하는 소득대체율을 노후에도 계속해서 보장해 주어야 하기에 재정압박을 겪을 수 있다. 그러한 경우를 대비하여 적당한 수준의 상한선을 두고 있다. 즉, 표준보수(소득)가 어떤 수준을 상회하면 보험료 부담은 상한선을 통하여 정액화되고, 보수의 상승으로 인한 보험료 증가는 없다.

③ 보험료율을 어떻게 정할지에 대한 문제이다. 소득비례보험료(정률제)의 경우, 보험료를 그 부담능력에 따라 징수한다는 점에서 능력비례원칙을 따르고 있는데, 정률제는 인적 공제(18세 미만의 아동이나 장애인이 있거나, 65세 이상의 부모를 모시는 경우 소득세 감면제도)를 가지지 않기 때문에 저소득층에게 높은 부담이 된다.

이와 반대로 정액보험료(정액제)는 가입대상자 모두에게 동일한 액수의 비용을 징수하기 때문에 보험료 수준을 부담능력이 낮은 계층을 기준으로 한다. 그 결과 재원의 확대를 어렵게 하고, 급여수준을 낮게 책정한다든지 부족한 재원을 정부재정에 의존하는 수밖에 없다.

④ 피용자와 사용자(고용주)의 부담비율에 관한 문제이다. 즉, 피용자와 사용자 간의 부담비율을 어느 정도로 할 것인가? 양쪽에게 동수의 비율(각각 1/2)로 부담하게 할 것인지 또는 사용자에게 더 많이 징수하고 피용자에게 적게 징수할 것인가를 결정하는 문제이다.

다. 조세지출(조세감면, 조세비용)

조세지출은 특정 집단에게 납부해야 할 세금을 감면시키거나 공제, 면제시킴으로써 사회복지정책을 간접적으로 지원하는 방식이다. 이는 납세자의 구매력을 실질적으로 증가시키는 효과가 있다. 예를 들면, 사회복지기관에 기부금을 내면 개인의 소득에서 감면시켜 세금을 환급해 주는 방법이 있다. 또는 아동이나 부양노인이 있는 가정에게 세금을 적게 거두어 가계소득의 일부를 아동이나 노인을 부양하는 데 사용하도록 하는 것이다.

정부의 입장에서는 세입의 감소이지만, 수혜자의 입장에서는 정부로부터 지원을 받는 것이다. 그런데 문제는 저소득층의 경우 소득이 낮기 때문에 과세대상에서 제외되어 많은 혜택을 누리지 못하고, 오히려 소득이 높을수록 공제대상 지출이 높아지므로 고소득층에게 유리한 점에서 소득역진적인 성격이 있다.

(2) 민간부문의 재원

가. 자발적 기여

자발적 기여는 민간의 자발적인 기부금을 말하며, 개인, 재단, 기업 그리고 유산의 기여가 있다. 자발적 기여의 주된 동기는 자선, 박애 등의 시민의 자발성에서 출발을 하나, 정부의 조세감면정책이 큰 인센티브가 되고 있다. 그 예로 미국의 경우 기부금에 대한 조세감면혜택이 커서 큰 인센티브 역할을 하고 있으나, 한국의 경우 아직 감면혜택이 적은 편이다. 자발적 기여가 사회복지정책의 민간재원을 구성하는 축이지만, 경제상황이 나쁘면 소득이 줄거나 기여에 대한 관심이 줄게 되어 재원이 불안정하다는 단점을 지닌다.

나. 이용자 부담(사용자 부담, 수익자 부담)

이용자 부담이란 서비스를 이용하는 사람이 일정한 금액을 본인이 부담하면서 사회복지서비스를 받는 것을 의미한다. 사회복지서비스를 이용하는 대부분의 이용자가 저소득층인 경우가 많은데, 이용자 부담 액수가 크지 않더라도 저소득층에게 부담이 되어 필요한 서비스의 이용이 억제될 수 있다(양정하 외, 2004). 하지만 일부 사회복지시설과 건강보험에서는 이용자 부담을 두고 있다. 이는 몇 가지 의미를 두고 있다.

첫째, 공공재원을 통하여 급여를 제공할 경우에는 종종 과장된 수요를 불러일으킬 수 있다. 예를 들어, 무료의료서비스 제공은 남용될 경우가 많기 때문에 건강보험에서는 본인부담금이라는 제도를 두어, 불필요한 의료수요를 억제하고 있다.

둘째, 서비스이용자가 서비스에 대한 비용을 부담하게 되면 서비스 제공자 입장에서 서비스 질에 대한 책임감을 갖게 되어 서비스 질의 향상을 위한 노력을 하게 된다.

셋째, 서비스이용자 입장에서 어느 정도의 비용을 부담하기 때문에 서비스이용에 대해 수치심 없이 서비스를 이용하게 된다.

마지막으로 장애인 케어서비스나 보육서비스 등 일부 대상만을 위하여 공공재원을 보편적으로 할당되는 경우, 납세자들로부터 합의를 이끌어 내기 어려운 점이 있다. 따라서 이용자 부담은 서비스의 공급을 민영화하고자 하는 정치적 의도와도 관련이 있다(이태복·심복자, 2006).

결론적으로 이용자 부담은 서비스 제공자 입장에서 안정적인 재원을 확보할 수 있는 장점이 있지만, 이용자 부담액에 부담을 느낄 수밖에 없는 저소득층에게는 서비스 이용의 제한을 줄 수 있기 때문에 다양한 목적하에 이용자 부담제도를 이용한다면, 소득계층별로 이용자 부담액을 차등화하는 방안이 제시되고 있다.

다. 기업복지

기업복지는 기업주들이 기업의 피용자들의 복지향상을 위해 지출하는 것을 의미한다. 기업에서 제공하는 기업연금, 민간의료보험, 자녀 학비보조, 사원주택, 직장보육프로그램, 출·퇴근 버스운영 등 매우 다양한 형태로 나타난다. 퇴직금제도 또한 기업복지 프로그램 중 하나인데 한국의 경우, 법정급여의 형태로 운영되고 있다. 기업복지의 프로그램은 법정급여와 비법정급여로 나뉘는데, 법정급여의 경우 법률적으로 기업복지사항이 규정되어 있어 기업에서 강제적으로 노동자들에게 제공하게끔 만든 급여이다. 한편 비법정급여는 사업주의 의지와 경제력에 따라서 자발적으로 제공하는 급여이다.

기업 입장에서 세금이 부과되는 임금보다는 세제상의 혜택을 받을 수 있는 기업복지 형태로 피용자들에게 급여를 제공하는 것이 유리하므로 선호하고 있다. 그러나 기업복지의 문제점은 한국과 같이, 대기업과 중소기업 또는 정규직과 비정규직으로 노동시장이 양극화되어 있는 상황에서 대기업 근로자나 정규직 근로자는 중소기업 근로자나 비정규직 근로자에 비해 상대적으로 안정적이고 높은 수준의 기업복지 혜택을 누린다. 구체적으로 기업 내에서 지위가 높은 사람은 낮은 사람보다 유리하고, 비정규직은 배제되며, 실업자는 아예 원천적으로 대상에서 제외된다는 점에서 기업복지 혜택의 양극화와 사각지대가 문제로 떠오르고 있다.

라. 비공식부문의 재원

비공식부문의 재원은 보통 가족, 친척, 이웃으로부터 제공되는 재원을 의미한다. 비공식적 재원의 범위와 정도는 한 사회의 사회적 관습이나 규범에 의해 결정되는 경향이 있는데, 한국의 경우, 특히 어린 아동 돌봄이나 노인부양의 측면에서 많이 제공되고 있다. 비공식적 재원은 복지욕구의 발생 시 빠르게 해소할 수 있는 장점이 있지만, 여성의 사회진출과 가족구조의 변화 등 사회가 급변하고 있는 만큼 많은 사람들의 복지욕구가 비공식부문만으로 해결될 수 없는 한계가 발생하고 있다.

[표 6-5] **공공재원과 민간재원**

	공공재원	민간재원
종류	조세, 보험료, 조세비용	자발적 기여, 이용자부담, 기업복지, 비공식부문의 재원
특징	급여대상 확대, 평등의 가치 구현, 정책의 안정성 구현	신축성, 창의성, 자발성, 임의성, 효율성의 강조, 재원확보의 불안정성

4) 전달체계

(1) 전달체계의 의미

사회복지 전달체계의 개념은 학자마다 다르게 규정하고 있는데, 우선 길버트와 테렐(1988)은 "사회복지서비스 전달체계란 지역사회체계 속에서 사회복지서비스의 공급자와 클라이언트 간을 연결시키기 위한 조직적 장치"라고 협의적으로 정의하였으며, 프리드랜더와 압뜨(Freedlander & Apte, 1974)는 "클라이언트 측면에서 이를 둘러싼 일체의 공·사적 복지 조직환경을 포함한 공·사적 기관과 이들 기관 사이의 서비스 전달망"이라고 광의적으로 정의하였다. 최성재와 남기민(2000)은 "사회복지 서비스 전달체계란 지역사회 내에 존재하는 사회복지서비스의 공급자 간을 연결시키기 위하여 또는 공급자와 클라이언트 사이를 연결시키기 위하여 만들어진 조직적 체계"라고 정의하였다(원석조, 2006).

즉, 사회복지 전달체계란 지역사회 내의 서비스공급자 간 또는 공급자와 수요자 간을 연결시키기 위한 조직체계(organizational arrangement)이다. 여기서 공급자는 크게 두 가지 측면으로 나누어 볼 수 있는데, 첫째 공공행정조직인 정부(지방정부 포함)이고, 둘째 민간부문으로 개인, 기업, 종교단체, 사회복지법인, 시설 등이 포함된다. 그리고 수요자는 사회복지서비스에 대한 욕구를 지닌 모든 국민과 지역사회 주민에 해당된다고 볼 수 있다.

사회복지 전달체계(서비스 전달)의 분석은 다음 두 가지 선택차원과 관련된다. 먼저 공공기관이 직접 서비스를 전달할 것인지 또는 민간기관(영리기관 및 비영리기관)과의 계약을 통해 간접적으로 전달할 것인지의 선택차원이며, 이것은 오늘날 '민영화'라는 쟁점으로 나타난다. 다음은 민간기관 중 영리기관을 선택할 것인지 또는 비영리기관을 선택할 것인지의 문제로 이는 '상업화'라는 쟁점으로 나타난다(Gilbert & Terrell, 2002).

(2) 전달체계의 분류

사회복지 전달체계를 분류할 때 관점에 따라 다양하게 접근할 수 있는데, 보통 운영주체에 따라 분류 또는 구조적 기능에 따라 분류하는 방식이 많이 논의된다.

가. 운영주체에 따른 분류

이 방식은 사회복지전달의 운영주체에 따라 전달체계를 구분하는 것으로, 공공전달체계와 민간전달체계로 구분한다. 전자는 정부나 지방정부 등 공공기관이 주체가 되어 일정한 요건을 갖춘 사회복지 대상자에게 일정한 급여나 서비스를 제공하는 것이며, 후자는 개인 또는 민간기관·시설, 기업 등 민간부문에서 서비스 대상자에게 일정한 급여나 서비스를 제공하는 체계를 말한다.

공공전달체계와 민간전달체계는 서비스 전달을 하기 위한 자원동원의 방식으로도 구분되는데, 공공체계는 주로 세금에 의해서 동원되고, 민간체계는 기부, 후원, 위탁, 정부보조, 자원봉사 등과 같은 자원으로 동원된다. 그러므로 공공전달체계는 세금형태의 고정적인 자원에 의해 유지되며 관료제적 구조에 의해 운영되므로 서비스 전달의 안정성을 확보할 수 있는 반면에, 급격하게 변화하는 사회 환경에 대해 민감하게 대응할 수 있는 탄력성이 부족한 편이다. 반면 민간전달체계의 경우, 자발적이고 다양한 주체에 의해서 전달되므로 환경변화에 대하여 탄력적으로 대응할 수 있는 장점이 있으나 서비스 전달의 안정성과 일관성을 유지하기는 어려운 한계를 갖는다.

한편 최근의 사회복지서비스 분야의 전달과정을 살펴보면, 운영주체가 공공부문 또는 민간부문 등으로 명확하게 구분되어 있지 않고, 오히려 공공부문과 민간부문이 유기적으로 네트워크를 구축하여 혼합전달체계의 형태로 다양한 복지서비스를 제공하는 경우가 급격하게 증가하고 있다(김종명·송낙길, 2015).

[표 6-6] **사회복지서비스 전달체계의 운영주체에 따른 분류**

구분	구성
공공전달체계	보건복지부 → 광역자치단체(특별시 · 광역시 · 도) → 기초자치단체(시 · 군 · 구) → 읍 · 면 · 동 → 수혜자
민간전달체계	개인, 기업, 민간사회복지기관(시설), 복지재단, 자원봉사단체, 사회복지협의회 등과 수혜자

출처: 원석조(2006).

① **중앙정부**

현대 산업사회에서 사회복지서비스 제공의 가장 영향력 있고 중요한 주체는 국가와 지방자치단체이다. 국가는 국민의 최저생활보장과 생활향상에 대한 책임을 지며, 지방정부는 국가정책에 협력하되 지역사회의 독특한 복지욕구를 충족시키기 위해 노력해야 한다. 국가가 사회복지를 주도해서 제공해야 한다는 당위성은 앞서 여덟 가지 측면(공공재적 성격, 외부효과, 불완전한 정보, 역의 선택, 도덕적 해이, 규모의 경제, 시장의 실패, 위험발생의 상호 의존 등)으로 살펴보았다.

우리나라 보건복지부는 전반적인 사회복지정책을 수립하고 그 집행을 관장하며 감독하는 중앙행정부서이다. 중앙정부는 ① 타 지역으로의 파급효과가 큰 복지기능을 수행하며, ② 규모의 경제, ③ 기획관리기능, ④ 전국적 통일이 필요한 업무를 담당하고 있다.

이러한 중앙정부의 특징과 기능에 따르면, 현재 우리나라에서 행해지는 사회복지정책 중 전국적으로 통일되고 규모가 큰 사업인 연금정책과 국민건강보험, 공공부조, 그리고 부양가족에 대한 세제혜택 등은 중앙정부가 관장하는 것이 바람직하다고 볼 수 있다(박경일, 2008).

② 지방정부(지방자치단체)

보편적으로 ① 지역의 특수성, ② 접근성(근접성), ③ 현지 비용 절감, ④ 집행성 및 단순성이 있는 업무 등은 지방정부에서 제공하는 것이 효과적일 수 있다. 지방정부는 중앙정부의 전국적 정책의 틀 안에서 각 지역의 대인적·구체적·개별적 특성을 고려하여 조사, 시설설치, 입소 조치 등과 같은 실제적 집행을 각 지역의 실정에 맞게 수행하도록 권장된다. 이를테면, 사회복지시설, 경로당, 사회복지관, 재가복지봉사센터 운영 등은 각 지역의 특성에 맞게 지방자치단체가 주도적으로 개별 프로그램을 편성·운영하는 것이 효과적일 것이다(박경일, 2008).

지방정부가 사회복지를 주도적으로 공급함에 있어서 장점은 지역의 특수성과 욕구를 가장 잘 알고 있기 때문에 지역주민이 해결을 요구하는 욕구에 적절한 복지서비스를 능동적으로 제공할 수 있다는 장점이 있다. 또한 문제해결과정에서 지역주민의 참여를 유도·연계시킬 수 있으므로 복지제공의 효율성과 효과성을 높일 수 있다.

그러나 지방정부가 주도적으로 복지제공을 하면, 지자체 간 혹은 지역 간 복지수준의 불평등화가 초래될 수도 있다. 이를테면 재원 또는 기술과 능력 등이 부족한 지자체의 경우 상대적으로 전문화된 복지프로그램을 진행하기 어려울 것이며, 해당 지역주민은 낮은 복지수준에 머무를 수 있다. 이와 같은 지역 간 복지수준이나 급여의 불평등은 지역 간 위화감을 초래하면서 사회통합의 장해요소로 작용할 수 있다. 따라서 중앙정부와 지방정부의 복지정책의 책임과 업무를 적절하게 분권화하여 국민 모두에게 평등한 복지혜택을 충분히 제공받을 수 있도록 노력해야 한다.

[표 6-7] 복지행정의 기능배분 기준

기준	중앙정부	지방자치단체
획일성	통일성	지역특수성
거리	원격성	근접성
비용	규모의 경제	현지비용 절감
업무 성격	기획성	집행성
전문성	전문성	단순성(급여 전달 및 관리)

출처: 원석조(2006) 참조.

[표 6-8] 중앙정부와 지방정부 비교

구분	중앙정부	지방정부
필요성	• 사회복지 재화나 서비스가 속성상 공공재적 성격이 강한 경우 • 대상이 되는 사람이 많을수록 기술적인 측면에서 유리한 경우 • 평등(소득재분배)과 사회적 적절성의 가치를 구현하는 경우 • 다양한 사회복지에 대한 욕구를 체계화하여 다양한 프로그램을 통합, 조정하거나 이러한 정책들을 지속적이고 안정적으로 유지하는 경우	• 지역주민의 욕구를 더 효율적으로 해결할 수 있음 • 지방정부 간의 경쟁논리에 의해 재화의 가격과 질의 측면에서 수급자에게 유리해질 수 있음 • 중앙정부에 비해 비교적 창의적이고 실험적인 서비스 개발이 용이하여 수급자들의 변화하는 욕구에 적극 대응해 나갈 수 있음 • 수급자들이 정책결정에 참여할 기회가 많아져, 수급자의 입장이 반영될 가능성이 높아짐

구분	중앙정부	지방정부
한계점	• 서비스에 관한 수급자의 선택이 반영되기 어렵기 때문에 수급자들의 효용을 극대화하는 데 한계가 있어 자원의 비효율적인 배분의 문제가 발생할 수 있음 • 공급자의 독점성으로 공급자가 다수인 경쟁적인 체계에 비해 가격과 질에 있어 수급자에게 불리할 수 있음 • 정부조직의 관료성으로 수급자의 욕구에 대한 대응이 빠르지 못하고 지역 특수적인 욕구에 융통적이지 못함 • 지방정부 혹은 민간부문의 전달체계에 비해 수급자가 쉽게 접근하기 어려운 경향이 있음	• 지역 간의 커다란 불평등을 야기시켜 사회통합을 저해할 수 있음 • 중앙정부에 비하여 규모의 경제효과가 적어 사회보험의 경우 기술적 측면에서 불리함 • 지방정부 단위의 프로그램은 단편화할 가능성이 큼 • 프로그램의 안정성과 지속성의 측면에서도 불리함

출처: 박경일(2008), 재인용.

나. 구조적 기능에 따른 분류

사회복지 전달체계의 구조적 기능에 따른 분류란 사회복지서비스를 공급하는 주체 간에 구조와 기능이 어떻게 분류되는지를 바탕으로 분류하는 방식으로, 이 관점에서 전달체계를 분류하면 행정체계와 집행체계로 구분할 수 있다(오윤수 외, 2011).

행정체계는 서비스 전달을 기획, 지휘, 관리하는 등을 수행하는 조직이나 인력을 말하며, 집행체계는 서비스공급자와 대상자가 직접 상호접촉을 가지며 서비스를 직접 전달하는 업무를 수행하는 조직이나 인력을 의미한다. 이러한 집행체계는 행정체계로부터 일정한 지원과 감독 등을 받으며 운영되고 주로 사회복지전담공무원이 이에 해당되며, 이들은 서비스대상자와 직접 대면하여 상담하거나 물품을 전달하는 서비스 전달 기능뿐만 아니라 대상자와의 상담계획을 세우거나 행정상 필요한 회의 참석 등 행정기능도 같이 수행한다(김종명·송낙길, 2015).

[표 6-9] 사회복지서비스 전달체계의 구조적 기능에 따른 분류

구분	체계의 기능
행정체계	서비스 전달을 기획, 지휘, 지원, 관리하는 기능(간접 지원)
집행체계	전달자가 클라이언트에게 직접 전달하는 기능(직접 전달)

출처: 오윤수 외(2011) 참조.

(3) 전달체계의 한계점과 개선방안

21세기의 사회복지환경은 크게 변화하고 있다. 국가 외부의 세계화 물결, 그리고 국가 내의 분권화, 정보통신의 발달 그리고 국민 참여욕구의 증가 등으로 인해 공공부문의 업무변화가 요구되는 실정이다. 그러나 한국의 공공복지 전달체계는 급변하는 사회복지 환경에 대처함에 있어서 다음과 같은 한계점을 지니고 있다(원석조, 2006; 오윤수 외, 2011).

① 중앙부처 및 관련 기관 간의 수평적 연계조정의 미비로 인하여 비효율적이다. 즉, 한국의 공공복지 전달체계는 행정기관 및 관련 기관 간의 수평적 연계와 조정이 미흡하기 때문에 복지업무의 중복 및 누락 등의 비효율을 초래하고 있으며, 각종 프로그램에 대한 개발이나 집행에 대한 질적 관리가 미흡한 것으로 지적되고 있다. 또한, 최근에는 지방에 다양한 복지사무를 위임하면서 그 책임소재가 불분명하고 중복수행의 문제가 발생하고 있다.

② 행정조직의 이원화로 인하여 전달체계의 비효율성이 발생한다. 최근 많이 조정되거나 분리되기도 하지만, 여전히 복지 분야의 정책과정을 보면 정책결정은 보건복지부, 정책집행은 행정안전부에서 관장하는 이원적 구조를 극복하지 못하고 있다.

실제 복지 분야 정책결정의 상당부분은 보건복지부에서 하지만, 보건복지부는 이를 실질적으로 집행할 만큼의 전국적 하위조직을 확보하지 못하고 있다. 결국 광역자치단체와 기초자치단체 및 일선행정기관으로 전달되어 주요 정책을 집행하는데, 이때 각 지방정부와 일선행정기관은 실질적으로 행정안전부에서

통제하고 있다. 이 과정에서 행정안전부는 복지 분야 업무를 일정부분 통제하게 되고, 이는 결국 이원적 집행구조로 비효율성을 초래할 수밖에 없게 된다.

③ 한국의 전달체계는 중앙집권 상의하달식의 수직적 전달체계로 경직적 전달구조를 형성하고 있다. 즉, 복지정책이나 복지서비스는 보편적으로 중앙정부(보건복지부)에서 광역자치단체로, 광역자치단체는 다시 기초자치단체로, 기초자치단체는 일선행정기관인 읍·면·동 주민자치센터나 민간위탁기관으로 업무를 전달한다. 따라서 이러한 다단계의 전달체계 구조는 일선 공급자의 전문성과 자율성을 발휘할 수 없게 만든다.

또한, 수혜자의 개별성과 다양성을 충분히 고려하지 않기 때문에 소비자의 다양한 요구에 능동적으로 대처할 수 없다. 따라서 수요자 중심보다는 공급 중심의 전달체계의 한계점을 지니며, 결국 공급자와 수요자가 긴밀하게 상호교류하지 못함으로써 비효율적·비효과적 복지서비스 공급이 행해진다.

그리고 충분하지 못한 교류와 소통으로 인해 수요자 입장에서도 복지서비스에 접근하는 데 불편함이 초래된다. 이외에도 지역단위별 사회복지서비스 전담기관의 부재, 공공복지 담당자의 비전문성의 문제, 복지재정의 취약성의 문제 등 많은 한계점이 존재한다.

그렇다면 이와 같은 공공복지 전달체계의 한계점을 개선하고 효과적인 사회복지서비스 전달을 위해 제기되고 있는 공공복지 전달체계 개선방안을 살펴보면 다음과 같다(오윤수 외, 2011; 김종명·송낙길, 2015, 재인용).

① 사회복지 전달체계 개선에 관한 중장기적 계획이 선행되어야 한다. 우리나라 사회복지 전달체계의 핵심쟁점은 사회복지 전달체계상의 기본구조를 형성하고 있는 전문화된 공공복지 행정시스템이 현재 제대로 구축되고 있는지와 이에 대한 충분한 인력과 예산이 확보되고 있는가의 문제이다. 이러한 기본 문제상황을 해결하기 위한 중장기적 계획이 부재한 가운데 정부가 제시하는 사회복지 전달체계 개선방안은 임시방편적 처방에 불과할 뿐이다.

② 사회복지 전달체계의 개선은 전문인력의 확보가 전제되어야 한다. 사회복지

전달체계는 그 구성단위인 조직과 서비스, 인력이 어떻게 구성되는지에 따라서 다양한 형태로 나타난다. 사회복지서비스는 휴먼서비스로서 인간을 대상으로 제공되기 때문에 서비스를 담당하는 적정 전문인력이 부재하다면 그 정책효과는 반감될 수밖에 없다.

복지정책의 실질적 실현은 사회복지 전달체계의 최일선에서 활동하는 전담인력의 존재 여부와 그들의 전문성에 큰 영향을 받는다. 따라서 사회복지 전달체계의 개선은 전문인력의 확충에서 시작되어야 할 것이다.

③ 사회복지 전달체계의 접근성을 향상시키기 위하여 사회복지서비스 인프라 구출을 정책적으로 다뤄야 한다. 특히 지방정부 간 사회복지서비스 인프라 격차가 큰 상황을 고려할 때, 지방정부 간 복지수준의 차등화 그리고 이에 따른 지역 간 위화감 형성 등 불안 요인이 예견되므로 중앙정부가 낙후지역 사회복지 인프라를 확충하기 위해 집중적 투자 등 낙후된 사회복지서비스 인프라 확충방안을 적극적으로 마련해야 한다.

● 정리마당 ●

1. 정책의 차원분석틀?
2. 각 분석특성과 복지정책과의 연관성?
3. 산출분석과 네 가지 체계를 정리

Part 02

사회보장의 이해

- 동향과 과제

Part 02

사회보장론

1. 사회보장과 사회정책의 개념

「사회보장기본법」상의 사회보장의 정의는 질병·장애·노령·실업·사망 등의 사회적 위험으로부터 모든 국민을 보호하고 빈곤을 해소하며 국민생활의 질을 향상시키기 위하여 제공되는 사회보험·공공부조·사회복지서비스 및 관련 복지제도를 의미한다.

사회보장의 개념은 광의의 개념과 협의의 개념으로 사용될 수 있는데, 협의의 개념은 생활무능력자에 대한 생계지원, 의료보험, 재해보험, 노령보험, 실업보험 등의 각종 사회보험을 포함한다. 광의의 개념은 전술한 제도들에 더하여 전쟁 희생자와 유가족에 대한 생활보호, 저소득 근로자 및 생활무능력자를 위한 교육 및 주택 지원제도, 각종의 사회서비스 등을 포괄적으로 포함하게 된다(김영종, 2009).

이상의 사회보장은 사회정책과도 밀접한 관련이 있다. 양자의 주요한 차이점은 제도의 범위에 있으며, 사회정책이 사회보장보다 넓은 의미로 사용된다. 사회보장을 체계적으로 제시한 베버리지 보고서를 보면, 사회보장은 사회보험, 공공부조, 민간보험으로 구성되어 있고, 사회정책은 사회보장 이외에도 아동수당, 보편주의 보건서비스 및 재활서비스와 완전고용을 포함하고 있다(Beveridge, 1942). 독일의 사회법에서도 사회정책을 사회보장뿐만 아니라 교육, 주택, 환경정책 등을 포괄한다고 규정하고 있다(원석조, 2016, 재인용).

사회보장과 사회정책은 위와 같이 포괄하는 범위에 있어서 차이점이 있지만 사회보장이 없는 사회정책은 존재할 수 없으며, 두 개념이 매우 유사하다고 할 수 있을 정도로 지향하는 목표가 비슷하다. 즉 빈곤의 예방, 사회통합, 사회적 불평등의 완화 소득재분배 등을 목표로 하고, 또한 사회보험을 핵심으로 한다는 공통점을 지니고 있는 것이다. 이렇듯 비슷하면서도 중첩되는 두 개념이 제각각 사용되는 원인에 대하여 원석조(2016)는 다음과 같이 설명한 바 있다. 사회정책은 1880년대 독일제국의 사회입법에서 출발하였고, 사회보장은 1935년에 제정된 미국의 사회보장법에 기원을 두고 있는데, 이들은 모두 사회보험에 관한 법률이라는 점에서 일치하고 본질적으로 다를 바가 없다. 그럼에도 불구하고 우리나라는 일본을 통해 독일식의 사회정책과 미국을 통해 사회보장을 받아들임으로써 두 용어 모두를 다소 다른 의미로 혼용하게 된 것이다(원석조, 2016).

일반적으로 대부분의 국가들에서 가장 널리 통용되고 또한 국제노동기구 등에서 사용되는 사회보장의 개념을 살펴보면 다음과 같다.

'사회보장'이란 사람들이 살아가다가 직면하는 여러 가지 위험(질병, 노령, 실업, 장애, 사망, 출산, 장기요양위험 등)으로 인해 ① 소득이 일시적으로 중단되거나, ② 소득이 장기적(영원히)으로 없어지거나, ③ 지출이 크게 증가하여 사람들이 이전의 생활을 하지 못할 경우, 이전의 사회생활을 할 수 있도록 하는 국가의 모든 프로그램을 말한다(김태성·김진수, 2009).

본 장에서는 사회보장이 사회정책과 불가분의 관계에 있음을 주지하면서도 사회복지정책의 틀 안에서 체계화된 사회보장에 대하여 살펴보도록 한다.

2. 사회보장의 정의

1) 미국의 사회보장법상 사회보장

미국의 사회보장법은 1930년대 발생한 대공황으로 인한 실업자 등의 생활을 안정시키는 방편으로 1934년에 의회를 통과하고 이듬해 대통령에 의해 승인된 법안이다.

당시 제정된 법안의 법 제목 자체가 사회보장의 정의를 담고 있는데, 그 내용은 다음과 같다.

"일반복지의 증진을 위해 연방정부가 관장하는 노령급여제도를 실시하고, 주정부가 관장하는 노인, 맹인, 요보호 아동, 장애아동을 위한 복지, 모자복지, 공중보건 및 실업보상법의 관리운영을 지원하며, 사회보장청의 신설과 재정조달 및 기타 목적을 추진하기 위한 법(원석조, 2006, 재인용)."

이를 정리하면, 미국의 사회보장은 일반복지의 증진을 목적으로 하고, 연방정부 관장의 사회보장연금, 주정부관장의 실업보험과 공공부조, 그리고 사회복지서비스 및 공중보건 등으로 구성된 제도임을 확인할 수 있다.

2) 베버리지 보고서의 사회보장

베버리지는 사회보장을 이론적으로 체계화하였고, 1942년 11월에는 '사회보험 및 연관서비스(Social Insurance and Allied Services)'를 사회보장제도를 나타내는 상징적인 간행물로 출판하였다. 사회보장은 그가 보고서에서 제시한 5대 악(Five giants), 즉 결핍, 질병, 무지, 불결, 나태 중 결핍의 제거를 위하여 전 국민을 대상으로 최저한의 소득을 보장해 주기 위한 보편주의적인 제도로 제시되었다. 이를 통해 1944년에는 국민보험, 국민산업재해보험, 국민보건서비스, 국민부조 등 4개 부분으로 구성된 사회보장체계가 완성될 수 있었던 것이다(김영종, 2009).

베버리지 보고서에서 제시된 사회보장은 다음과 같이 정리하여 제시될 수 있다. 사회보장은 소득의 감소와 중단 및 추가적인 지출에 대비한 최저수준의 소득 보장책이며, 이는 생계유지능력의 중지와 붕괴에 대비하기 위한 사회보험과 출생, 결혼, 사망에 따른 특별한 지출을 지원하기 위한 조치들로 구성되는 것이다(Beveridge, 1942).

3) 국제노동기구(ILO)

ILO(International Labor Organization)는 1942년 '사회보장에의 접근'이라는 보고서를 통해 '사회보장은 사회구성원이 부딪히는 일정한 위험에 대해서 사회가 적절한 조직을 통해 부여하는 보장'이라고 정의한 바 있다. 즉 전체 국민을 대상으로 최저생활이 보장되도록 해야 하고, 공공기관을 통해 모든 위험과 사고에서 국민의 보호와 보장이 이루어져야 함을 명시하고 있는 것이다.

사회보장에 있어 ILO는 다음과 같은 두 가지 주요 원칙을 제시하고 있다. 첫째, '비용부담 공통성의 원칙'으로서 사회보장 및 사회보험에의 비용부담은 국가 또는 사용자 혹은 양자의 공동부담이며, 근로자부담은 일정수준을 넘어서는 안되고, 둘째, '보험의 급여수준에 관한 원칙'으로서 급여비례원칙(종전 소득과 비례하여 지불)과 급여균일원칙(법정최저액의 보장)을 포괄한다.

3. 사회보장의 기능과 목적

사회보장의 기능과 목적에 대한 학자들의 설명은 대동소이 하시만 흔히 세 가지 주요한 기능들과 이와 연관된 몇 가지 목적으로 설명될 수 있다. 우선 세 가지 기능으로 첫째, 실업자 및 저소득 국민들의 건강과 생활안정 도모, 둘째, 소득재분배, 셋째, 사회안정과 통합효과를 들 수 있다(김영종, 2009). 구체적인 내용은 다음과 같다.

첫째, 실업자 및 저소득 국민들의 건강과 생활안정을 도모하는 것으로써 이는 사회보장의 일차적 기능인 동시에 민주주의 사회에서 국가의 당연한 의무로 인식되는 것이다. 이는 다시 빈민구제 및 소득유지와 소득보전의 기능으로 세분화될 수 있는데, 빈민구제는 베버리지 보고서의 공공부조가 대표적으로 이에 해당된다. 소득유지와 소득보전은 연금과 건강보험이 이에 해당되는데, 일을 하여 소득이 있을 때 사회보험에 가입하여 보험료를 내고, 노후나 질병으로 소득이 중단되었을 때 사회보험급여를 받음으로써 소득을 유지하도록 한다.

둘째, 사회보장은 국가가 조세제도와 사회복지지출을 통하여 시장에서 결정된 국민소득을 재분배하는 기능을 한다. 대표적으로 공공부조는 소득계층 간 재분배(수직적 재분배)를, 가족수당은 수평적 재분배(소가족에서 대가족으로)를, 연금은 세대간 재분배(청년세대에서 노인세대로)를 목적으로 하고 있다. 이러한 재분배 기능의 효과는 사회보장에 소요되는 경비를 어떻게 조성하는지, 경비의 유형과 크기는 어떻게 되는지에 따라서 상당히 달라질 수 있다. 즉 사회보장세를 특별세로 징수하여 높은 생활보조금을 실업자나 저소득자에게 지급한다면 사회보장의 소득재분배 효과는 커질 것이고, 반면 일반조세를 통해 조성된 예산의 일부를 사회복지비로 지출한다면 소득재분배 효과는 그다지 크지 않을 것이다.

셋째, 사회보장은 사회불안 요인을 제거하여 사회를 안정시키는 역할을 한다. 지속적인 생활의 위협은 이로 고통받는 국민들로 하여금 사회 불만세력이 되어 집단적 저항을 일으키게 할 수 있고, 개인적 차원에서도 생계형 범죄 등을 일으키게 하는 요인으로 작용할 수 있다. 따라서 국민이 안정된 사회에서 살기 위해서는 사회보장제도를 통하여 모든 사람이 기본적 욕구를 해결할 수 있는 사회안전망을 형성해야 하는 것이다.

사회보장은 이러한 기능들에 더하여 욕구충족, 보상, 사회적 연대감 증대와 같은 목적을 달성하게 된다. 욕구충족이란 노인, 아동, 장애인 등 사회적 욕구가 큰 집단을 위한 사회적 대책(주로 공공부조와 사회복지서비스)으로서의 사회보장을 말한다. 보상이란 산업재해 등을 당했을 때 노동력 상실에 비례하여 보상받는 노동자보상법이나 산재보험을 포괄한다. 마지막으로 이러한 기능들과 목적들이 사회적으로 마련된 재원으로 충분히 이루어 졌을 때, 어려움에 처한 시민들과 그렇지 않은 시민들을 사회라는 틀 안에서 화합시키고 유대감을 형성할 수 있는 사회적 연대감이 증대되는 효과를 기대할 수 있다.

1980년대 이후 신자유주의가 사회보장에 큰 영향을 미치면서 사회보장의 전통적인 목적과는 다른 새로운 목적, 즉 사회보장의 생산적 측면과 근로유인의 강화를 지향하는 데 더 큰 비중이 주어진다. 세인스버리(Sainsbury, 1999)는 최근 신자유주의의 강력한 영향으로 이상과 같은 전통적인 목적과는 이념적으로 차이가 뚜렷한 새로운 프로젝트(the new project for social security)가 강조되고 있다고 말한다.

첫째, 수동적 목적(passive aims) 대신 적극적 목적(active aims)을 강조한다. 베버리지 보고서는 결핍상태에 빠진 사람들을 무조건 보호하는데 주안점을 두었다는 점에서 수동적이었다. 그러나 대처리즘이 등장한 이후 사회보장의 수동적 성격은 부정되고, 적극적 복지, 즉 사회보장의 생산적 측면이 강조되고 있다.

둘째, 근로유인을 강조한다(getting people into work). 1970년대 오일쇼크 이후 스태그플레이션과 함께 고실업이 장기화되고 사회보장의 생계보장적 기능보다는 일을 하도록 만드는 기능이 강조되었는데, 이는 기존의 사회보장에 근로유인을 약화시키는 측면, 즉 빈곤함정(poverty trap)이 존재했다는 사실에 근거를 두고 있다. 그리하여 근로 조건부 복지(welfare to work)가 강조되었다.

셋째, 행동의 변화(changing behavior)에 초점을 둔다. 사회보장이 사회적으로 바람직하지 않은 시민의 행동은 억제하고, 반대로 바람직한 행동은 고무하는 기능을 수행한다는 것이다. 예컨대, 홀로 사는 노인이나 젊은 독신자보다는 가족들과 함께 사는 노인과 기혼부부의 사회보장 급여를 유리하게 만듦으로써 가족과의 동거와 결혼을 장려하는 것이다. 또한 실업보험급여에서 일자리를 얻기 위해 노력하는 사람을 그렇지 않은 사람보다 더 유리하게 만드는 것도 같은 논리이다(원석조, 2010).

4. 사회보장의 원칙

사회보장은 기본적으로 사회보험과 공공부조를 포괄한다. 따라서 사회보장의 원칙은 사회보험의 원칙과 공공부조의 원칙으로 이루어져 있다.

1) 사회보험의 원칙

사회보장의 핵심에 해당하는 사회보험에 대한 기본원칙을 1935년에 입법된 미국의 사회보장법과 1942년에 제출된 베비리지 보고서를 중심으로 살펴보도록 한다. 먼저 미국 사회보장법상에서 중시되는 원칙으로 사회적 충분성과 개인적 형평성의 원칙이 있다.

사회적 충분성의 원칙은 국민최저기준을 보장하여 인간의 기본적인 욕구를 충족시키기 위해 부조의 제공을 정당화하는 원칙이며, 이를 통해 사회적 재분배를 추구할 수 있는 기틀을 마련하게 된다. 그렇지만 여기서의 충분성은 보통 최소한의 수준으로 유지되는 것이 보통이다.

반면에 개인적 형평성의 원칙은 개개인이 자신들이 기여한 바에 비례하여 급여를 받아야 한다는 원칙을 의미한다. 즉 사회적 공헌도가 큰 사람에게는 더 많은 급여를 보장하는 장치인 것이다. 미국 사회보장법상의 사회보험에 관한 두 가지 원칙은 후에 설명할 베버리지 보고서의 사회보험의 원칙에 비해 단조롭고, 미국인 특유의 개인주의적, 자유주의적 성향이 반영되어 형평을 중시하는 면을 확인할 수 있다. 반면 베버리지 보고서상의 사회보험의 원칙은 좀 더 구체적이고 형평을 중시하는 면을 확인할 수 있는데 구체적인 내용은 다음과 같다(Beveridge, 1942).

① 최저수준의 정액급여(flat rate of subsistence benefit): 소득수준, 직업, 재산과 같은 사회경제적 수준과 가족 수나 연령 및 성별과 같은 인구학적 차이에 관계없이 모든 사람에게 동일한 액수의 급여를 제공하여야 한다.

② 정액보험료: 사회경제적 수준이나 인구학적 차이를 고려하지 않고 모든 사람이 동일한 액수의 보험료를 부담하여야 한다.

③ 행정책임의 통일: 모든 사회보장제도의 관리운영을 국가가 담당하여야 한다.

④ 급여의 충분성(adequacy of benefit): 급여금액과 지급기간의 충분성이 확보되어야 하며, 다른 도움 없이 사회보험급여만으로도 국민 최저가 보장될 수 있어야 한다.

⑤ 포괄성(comprehensiveness): 전 국민을 사회보험의 대상으로 삼아야 한다.

⑥ 분류화(classification): 사회보험의 대상자를 생활방식, 고용 형태, 소득원의 차이, 가정주부, 아동, 노인 등 대상자의 욕구에 기반하여 다양한 집단별로 분류하여야 한다.

2) 공공부조의 원칙

사회보험과 마찬가지로 공공부조 역시 기본적인 원칙들이 있다. 공공부조에 관한 내용들은 후에 자세히 서술하도록 하고, 여기서는 기본적인 원칙들을 사회보험과 비교하여 제시하고자 간략히 서술하도록 한다.

공공부조와 사회보험 모두 사회보장의 목적에 부합하여 국민의 최저생계보장을 목적으로 하지만 분명한 차이점이 있다. 공공부조는 부랑자나 빈민을 통제하기 위한 제도에서 비롯됐지만 사회보험은 노동자들의 상호부조조직인 공제조합에 그 기원을 두고 있기 때문이다. 즉 공공부조는 현재의 빈곤을 완화하는 데 목적을 두지만, 사회보험은 피보험자의 앞으로 예상되는 빈곤을 예방하는 데 목적을 둔다. 공공부조는 정부의 일반 세입에서 재정을 충당하기 때문에 정부가 정한 소득과 재산 기준을 충족시켜야 하며, 이를 증명하기 위한 자산조사가 수반된다. 반면 사회보험은 보험료로 재정을 충당하기 때문에 사회보험료를 낸 대상자는 모두 적용을 받는다. 종합하면 공공부조는 가난한 개인이나 가족에게 제공되는 현금급여, 의료급여 등을 말하며, 핵심 원칙으로는 다음과 같은 것들이 있다(이태복·심복자, 2006).

① 보편성의 원칙: 근로능력 존재 여부와 상관없이 빈곤상태에 있는 모든 국민을 보호의 대상으로 하며, 최저한도의 인간다운 생활을 하는 데 저해가 되는 모든 상황을 보편적으로 보호함을 원칙으로 한다.

② 보충성의 원칙: 급여 대상자가 자신의 생활유지 및 향상을 위해 그의 자산, 근로능력 및 그 밖의 모든 것을 활용하여 최대한 노력하는 것을 전제로 하고, 그럼에도 불구하고 부족한 부분이 발생하였을 경우 이를 보충하여 주는 것을 원칙으로 한다. 따라서 공공부조는 반드시 자산조사를 수반하게 된다.

③ 개별성의 원칙: 필요즉응의 원칙이라고도 하며, 공공부조에 의한 급여가 그 대상자의 연령, 성별, 세대구성, 건강상태, 거주지역, 기타 생활여건 등을 고려하여 실제의 필요에 상응하도록 유효 적절하게 행해져야 함을 원칙으로 한다.

5. 사회보장의 유형

사회보장제도는 사회보험, 공공부조, 사회서비스 등으로 나뉘게 되며, 이 세 가지 제도가 사회복지정책의 핵심으로 널리 인식되고 있고, 국가에 따라서는 사회수당이 포함되기도 한다. 각각 제도들의 세부적인 내용과 특성들은 이후에 다시 개별적으로 확인하도록 하고, 여기서는 사회보험과 공공부조에 대한 핵심적인 차이들을 중심으로 살펴보도록 한다.

1) 사회보험

사회보험이란 국민에게 발생하는 사회적 위험(사망, 노령, 장애, 질병 등)을 보험방식에 의해 대처함으로써 국민건강과 소득을 보장하는 제도를 의미한다. 우리나라는 건강보험, 국민연금, 산재보험, 고용보험의 4대보험 체계에 더하여 2007년에는 노인장기요양보험을 도입하였다. 이러한 사회보험의 특징은 아래와 같다.

① 개인적 형평성보다는 사회적 충분성을 중시한다.
② 사회보험의 수급권은 수급자와 보험자 간의 계약에 의해 규정된 권리이고, 수급자가 수급에 필요한 제반 요건을 충족시켜야만 수급할 수 있는 것이며, 사회보장 관련법에 의해 보장된 권리이다.
③ 그 재정은 피용자와 자영업자 그리고 고용자가 책임지도록 한다는 것이다.

이와 같이 사회보험은 국가에 의해 시행되고 보장되는 것이고, 이윤창출을 목적으로 하는 민간보험과는 엄연히 그 성격이 다르다. 사회보험과 민간보험의 공통점은 다음과 같다.

① 두 가지 모두 위험발생에 대비하기 위하여 위험 발생 가능성이 많은 사람들을 하나로 묶어 장래의 예상되는 손해에 대비한다는 점이다(위험분산 기능).
② 손실의 배상이 되는 범위는 우발적인 사고로서 보험가입자의 통제를 벗어난 것이어야 한다(손해의 우연성).
③ 사망, 노령, 장애, 질병 등 개인의 위험이 보험자에게 이전된다(위험의 이전).
④ 손해에 대해 전부 또는 일부를 현금, 보수, 대체 등의 방식으로 보상한다.

반면 차이점은 다음과 같다.

① 보험의 가입에 있어 사회보험은 강제적이고 민간보험은 자발적이며, 사회보험의 가입이 강제적인 이유는 국민생활의 안전성의 보장, 사회연대 의식제고, 위험분산의 극대화, 개인적 형평성 강화, 사회통합 제고를 위함이다.
② 보장수준에 있어서 사회보험은 최저수준을 보장하는데 반해 민간보험은 개인의 의사와 지불 능력에 따라 달라지게 된다.

③ 각각의 제도가 강조하는 원칙에 있어서 사회보험은 사회적 충분성이라는 복지 요소를 강조하는 반면 민간보험은 공평이라는 보험 요소를 중시한다는 것이다.

④ 수급권리에 있어 사회보험은 급여가 법에 의해 규정되지만 민간보험은 법적 계약이라는 계약적 권리로서 규정된다.

⑤ 운영주체에 있어서 사회보험은 국가가 독점하지만 민간보험은 자유경쟁의 원칙하에 민간기업들이 주체가 된다.

⑥ 비용예측이란 보험가입자에게 징수한 보험료 대비 향후 지급될 금액에 기반하여 측정되는 보험상의 수지타산을 의미하는데, 국가주도의 사회보험은 비용예측이 어렵고, 민간보험은 비용예측에 기반하여 설계되는 특징을 갖는다. 이를테면 국민연금은 모든 국민의 강제가입을 기반으로 법적으로 정해진 소득보장 대체율에 따라 지급이 되는데, 이러한 조건은 노령화나 저출산 등의 인구학적 조건에 의해 큰 영향을 받게 되고 따라서 비용예측이 어렵다.

⑦ 이러한 비용예측에 기반하여 민간보험은 보험금 지불에 대비하기 위해 보험가입자가 납부한 보험료를 적립해야 하는 반면, 사회보험은 항시적으로 지속되고 신규가입자가 계속 발생하기 때문에 완전 적립이 불필요하고, 보험수급자에게 지급될 금액만큼을 보험가입자들에게 부과하여 지급하는 부과방식으로 운영될 수 있다.

⑧ 계약에 있어 사회보험은 강제가입이기 때문에 보험계약이 불필요하지만 민간보험은 개인적 혹은 집단적 계약이 필요하다.

⑨ 사회보험은 조세제도를 이용하여 물가상승분에 대한 보장이 가능하지만 민간보험은 상대적으로 이에 취약한 측면이 있다.

2) 공공부조

사회보장에서 사회보험과 함께 생활보장의 한 축을 담당하고 있는 공공부조를 살펴보도록 한다. 공공부조란 국가 및 지방자치단체의 책임하에 생활유지 능력이 없거나 생활이 어려운 국민의 최저생활을 보장하고 자립을 지원하는 제도를 뜻한다. 여기에는 빈민 여부를 가려내기 위해 자산조사가 수반되고, 급여의 혜택은 대상자의 재정상태와 욕구에 따라 결정된다. 재정은 정부의 일반세입에서 충당되고 대부분의 경우 사회보험의 비대상자가 대상이 된다. 즉 노동시장에서 벌어들인 소득의 일부를 보험료로 지불할 능력이 없거나 이를 기피하는 빈민들이 대상자가 되는 측면이 있다.

공공부조와 전술한 사회보험의 차이점을 간략하게 정리하면 다음과 같다. 사회보험은 자산조사 없이, 개인이 낸 기여금을 조건으로 그에 비례하여 급여가 제공되는 반면에 공공부조는 자산조사를 수반하여 빈곤 여부와 그에 따른 특정 욕구에 대한 최소한의 급여를 제공된다. 즉 무차별적으로 빈곤에 빠진 원인, 성별, 학력 등에 상관없이 일정 선 이하의 사람들에게 평등하게 보호가 이루어지도록 하는 것이다. 사회보험은 자신이 낸 보험료에 기반하여 급여를 받기 때문에 권리성이 매우 강하지만 공공부조는 일반 조세에서 재정을 충당하여 개인이 내는 부담금과 상관없이 급여가 제공되기 때문에 사회보험에 비해 권리성이 약한 편이다. 공공부조와 사회보험을 비교하면 다음과 같다([표 7-1] 참조).

[표 7-1] **공공부조와 사회보험 비교**

	사회보험	공공부조
적용조건	강제적	선별적
대상	전 국민	소수의 저소득층
이념	보편주의	선별주의
원리	비례원리	무차별평등
재정	보험료	조세
자격조건	기여금 등	자산조사
주체	국가	중앙정부와 지자체
특징	사전적 대응	사후적 대응
급여수준	적정선	사회적 최소한
권리성	권리성 강함	권리성 약함
낙인	낙인 없음	낙인 발생

출처: 원석조(2006).

6. 사회보장제도와 소득재분배

1) 소득재분배의 형태

(1) 소득재분배의 방향

① 소득재분배의 방향은 고소득자로부터 저소득자로, 건강한 사람으로부터 질병자로, 근로자로부터 실업자 및 퇴직자로 소득을 이전하는 형태를 취할 수 있다.

② 이러한 분배의 방향을 고려하면, 소득재분배의 형태는 시간이나 세대를 중심으로 세대 간 재분배와 세대 내 재분배로 구분할 수 있으며, 세대 내 재분배는 다시 소득과 위험발생 여부에 따라 수직적 재분배와 수평적 재분배로 나눌 수 있다.

(2) 소득재분배의 형태

① 세대 간 재분배

㉠ 현 근로세대와 노령(퇴직)세대, 또는 현재세대와 미래세대 간의 소득재분배 형태를 의미한다.

㉡ 대표적인 제도로는 국민연금을 들 수 있는데, 특히 재정조달방식이 축적된 기금에 의해 지급되는 것이 아니라, 현재 일하고 있는 세대의 기여금(보험료)으로 운영될 경우에 세대 간 재분배 효과가 뚜렷하게 나타난다. 즉, 재정조달방식이 부과방식인 경우에 세대 간 재분배 효과가 크다.

② 세대 내 재분배

㉠ 수직적 재분배: 소득계층 간의 재분배형태로서 누진적이거나 역진적인 형태를 취할 수 있는데, 대체적으로 수직적 재분배를 말할 때 소득이 높은 계층으로부터 낮은 계층으로 재분배되는 형태를 의미한다. 따라서 정부의 일반세입(조세)을 재원으로 하는 공공부조제도(국민기초생활보장, 의료급여 등)의 경우 수직적 재분배 효과가 가장 크다.

㉡ 수평적 재분배: 동일한 소득계층 내에서의 위험발생에 따른 재분배 형태로, 건강한 사람으로부터 질병이 있는 사람에게로, 자녀가 없는 계층으로부터 자녀가 있는 계층으로, 취업자로부터 실업자에게로, 사고를 당하지 않은 사람들로부터 사고를 당한 사람에게로 소득이 재분배되는 형태를 말한다. 따라서 일반적인 사회보험제도들이 수평적 재분배 효과가 크다고 할 수 있다.

[표 7-2] **소득재분배의 형태**

<table>
<tr><th colspan="2">소득재분배 형태</th><th>소득재분배 방향</th><th>대표제도</th></tr>
<tr><td colspan="2">세대 간
재분배</td><td>근로세대 → 노령(퇴직)세대
현재세대 → 미래세대</td><td>부과방식의
연금제도</td></tr>
<tr><td rowspan="2">세대 내
재분배</td><td>수직적
재분배</td><td>(소득계층 간 재분배)
고소득층 → 저소득층</td><td>공공부조제도</td></tr>
<tr><td>수평적
재분배</td><td>위험미발생집단 → 위험발생집단</td><td>일반적인
사회보험제도</td></tr>
</table>

2) 사회보장제도의 소득재분배 효과

(1) 제도의 내용에 따른 소득재분배 효과

① 사회보장제도는 급여지출의 규모, 위험보장의 종류, 적용범위의 포괄성 등 제도의 형태와 내용, 그리고 발전 정도 등에 따라 소득재분배 효과가 다를 수 있다.

② 대부분의 나라에서 급여산정 시 저소득층에 유리하게 설계되어 있기 때문에 사회보장의 급여를 위한 지출이 국민소득에서 차지하는 비율이 크면 클수록 소득재분배 효과는 크게 나타날 수 있다.

③ 일반적으로 소득이 낮은 계층이 사회적 위험에 빠질 가능성이 높기 때문에 사회보장제도에서 대상으로 삼는 사회적 위험의 종류가 많을수록 소득재분배 효과도 증가할 것이다.

④ 사회보장제도의 적용범위(산업노동자, 농민, 자영업자 등)에 따라 소득재분배 효과는 다르게 나타날 수 있다.

(2) 재정원천에 따른 소득재분배 효과

① 조세를 재원으로 하는 공공부조제도는 고소득계층으로부터 저소득계층으로 직접적인 재분배가 이루어지므로 수직적 재분배 효과가 가장 크게 나타난다.

② 사회복지서비스도 조세를 재원으로 하는 경우에는 대부분 취약계층을 대상으로 하기 때문에 수직적 재분배 효과가 크다고 할 수 있다.

③ 기여금(보험료)을 재원으로 하는 사회보험의 경우 수평적 재분배가 크게 나타난다. 다만, 개별제도의 급여산정 방식이 대부분 저소득층에게 유리하도록 되어 있기 때문에 수직적 재분배 효과가 전혀 없다고 할 수는 없다.

● 정 리 마 당 ●

1. 사회보장에 대한 전반적 이해
2. 사회보장제도의 유형
3. 사회안전망으로서의 사회보장
4. 소득재분배의 이해

Part 02

공적연금(국민연금)

1. 공적연금의 배경

독일의 비스마르크 재상(재임기간: 1862~1890)은 1889년, 정규 노동자들을 대상으로 '노령·장애보험'이라는 강제가입의 기여형 공적연금을 도입하였다(김성숙 외, 2008). 재원을 노사가 일정 부분을 기여금으로 내고 정부가 정액 보조금을 지원하며 70세에 달하면 최저생계비를 밑도는 수준의 확정급여형 연금을 수급하는 것이었다. 이 이후로 독일을 필두로 하여 서구 선진 자본주의 국가 대부분에서 사회보험 형식의 공적연금제도가 마련되었고 제2차 세계대전의 종전과 이후 자본주의 국가들의 급속한 생산력 향상 및 경제성장의 과정에서 공적연금의 포괄성과 보편성도 확대되었다. 영국의 경우 최초의 공적연금은 1908년, 로이드 조지(Lloyd George)에 의해 노령연금의 이름으로 마련되었으며 이는 조세를 재원으로 하여 무갹출을 원칙으로 하였고, 연금을 받을 만한 자격이 되는 자와 그렇지 못한 자로 구분하여 적용대상이 매우 제한적인 한계를 지니고 있었다. 그렇지만 1942년 제출된 베버리지의 보고서를 채택한 노동당 정부에 의해 1946년 국민보험법(National Insurance Act)이 제정되었고, 국민보험의 한 축으로 정액방식의 기초연금제도가 확립되었다(오윤수 외, 2011). 그렇지만 영국 공적연금제도의 내용과 배경을 살펴보면 여타 대륙의 복지국가들과의 차이점을 확인할 수 있다.

첫째, 정액방식으로서 정액갹출, 정액 급여의 형태로 시작되었다.

둘째, 기초연금이 도입되기 전에 민간의 사적연금이 발달되어 있었다.

셋째, 기초연금의 급여수준이 낮고 민간보험의 발달로 인해 국가의 보장 정도가 낮았기 때문에 이후에도 이와 관련하여 계속적인 개정이 있었다는 것이다.

한국의 경우 국민연금이 도입된 경로가 서구와 사뭇 다르게 나타난다(오건호, 2006). 반공으로 점철된 권위주의 체제하에서 노동운동이 정상적으로 발전하지 못했던 한국은 국민들을 위한 사회보험제도가 권위주의 정부에 의해 위로부터 도입되었고, 도입의 속도가 사회기반이 마련되는 것보다 너무 빠르게 진행되는 것이었다. 국민연금은 공적노후보장제도를 구축한다는 정치적 명분과 경제개발 재원 마련을 위한 경제적 이유로 1975년 시행될 예정이었으나, 당시 전 세계적으로 자본주의를 불황의 늪에서 허덕이게 만든 오일쇼크 때문에 연기되었다. 그리하여 실제로 국민연금이 시행된 것은 1988년부터이며, 점차 적용 사업장의 근로사 수를 줄여 나가고, 노동자에서 농촌 인구까지, 다시 도시 인구까지 적용대상을 확대하여 전 국민 연금 시대를 선언하게 된다.

한국의 공적연금제도를 전술한 독일, 영국의 제도 초기 모습과 단순 비교해 보면 다음과 같다.

첫째, 영국은 정액방식으로서 기초노령연금을 시작하였고, 한국과 독일은 노사가 소득에 따라 기여하고 기여한 만큼 수급하는 방식이다.

둘째, 영국의 경우 최초 노령연금이 노동자계층이 아닌 70세 이상의 일정 자격요건을 충족한 노인들에게 지급하는 방식에서 이후 전 국민을 포괄하는 제도로 바꾸어 갔다는 것이다.

전 국민을 포괄하면서도 급여수준이 낮아 기초노령연금의 기능을 하게 되었고, 민간보험과 더불어 연금제도가 다층으로 분리되는 모습을 보인다. 이에 반해 독일과 한국은 노동자계급에서 시작하여 점차적으로 전 국민을 대상으로 하는 보험제도로 발전하게 되었고 급여수준의 적절성이 고려되어 국민연금이 보편적인 노후소득보장체계의 기능을 할 수 있도록 설계되었다는 차이가 있다.

그렇지만 소득비례의 정도에 있어서 한국과 독일의 경우도 상당한 차이가 있다. 즉, 독일의 경우에는 '완전 소득비례' 방식으로서 계층 간 소득재분배 효과가 없고,

따라서 은퇴 전의 생활수준을 은퇴 이후에도 유지할 수 있는 기능을 하게 된다. 앤더슨은 이와 같은 형태의 연금제도를 시행하는 나라들의 계층화 유지 정도'에 근거하여 프랑스, 오스트리아와 같은 대륙국가들을 보수적 조합주의 복지국가로 분류하고 있다(Esping Andersen, 1990, 박시종 역, 2007). 우리나라의 경우는 어떠한가? 한국은 일단 '완전소득비례' 방식이 아니며 상대적으로 저소득계층에게 유리하도록 제도가 설계되어 있으나, 연금 수급액이 전반적으로 낮기 때문에 노동시장에서 기존 소득 수준을 유지시켜주는 계층화의 정도가 낮고, 보장수준이 높지 않아 베버리지형 제도에 가까운 측면도 있다.

이러한 차이에 근거하여 보면 한국의 국민연금제도는 제도도입 당시의 설계와 소득비례방식을 통해 독일의 제도와 더 비슷한 양상을 보인다고 할 수 있지만, 결과적으로는 베버리지형에 가까운 혼합형 모델을 마련했다고 볼 수 있다. 영국과 독일은 물론 한국조차, 제도 시행 이후 점진적으로 다양한 방식으로 개정이 있었지만 제도 형성 초기의 차이가 이후의 연금제도가 개정되는 방식에 큰 영향을 미친다는 것을 앞으로 확인할 수 있을 것이다.

2. 공적연금의 유형

사회보장 연금은 대부분의 국가에서 실행되고 있으며, 피고용자와 자영업자를 대상으로 하는 법정 연금이다. 정부가 재정, 관리운영, 감독, 가입 등 대부분의 일을 책임지고, 급여와 기여가 연계되지 않는 부과방식 또는 확정급여방식으로 운영된다. 재정은 고용자와 피고용자가 공동으로 부담하는 보험료나 사회보장세로 충당되고, 현 근로계층이 현재 지출되는 연금의 재정을 부담하기 때문에 청장년층에서 노년층으로의 세대 간 소득재분배가 이루어진다.

기업연금은 기업이 피고용자의 노동에 대한 보상의 성격으로 제공하는 민간연금이다. 대부분 일정 정도의 정부 규제가 있고, 연기금 조성 및 연금급여에 대한 지출에 조세감면 혜택이 부여된다. 독일, 일본, 스위스, 영국, 미국 등의 선진국의 경우 노동자의 40% 이상이 적용을 받고 있다.

개인저축연금은 가입이 임의적이고, 가입한 개인에게는 보험료 납입에 대한 지출에 조세감면이 혜택이 부여된다. 완전적립 확정기여 방식으로 운용되며, 가입자가 노후에 대비하기 위해 임의적으로 가입하는 저축성 연금제도이다(원석조, 2006).

이와 같이 살펴본 개인이나 가족적 차원에서 비공식적으로 이루어지는 노후대책과 국가가 마련한 공식적 노후대책들의 특징과 차이점을 비교하면 다음과 같다.

[표 8-1] **노후보장 제도의 특징**

구분	공식적 수단			비공식적 수단
	사회보장연금	기업연금	개인저축연금	확대가족
임의/법정	법정	임의 또는 법정	임의 또는 법정	사회적 제재
재분배	유	유	제한적	가족
급여-기여 연계	무	혼합	유	가족 내
확정기여/확정급여	확정급여	혼합	확정기여	
위험 요인	정치적	직업이동, 기업 상환능력상실	투자	가족 공동 위험
부과방식/적립방식	부과방식	혼합	완전적립방식	혼합
공적관리/민간관리	공적관리	민간관리	공적/민간관리	민간
국가	서유럽, 라틴아메리카, OECD국가	호주, 브라질, 프랑스, 네덜란드, 남아프리카, 스위스	• 법정: 칠레, 멕시코, 아시아, 싱가포르 • 민간: 미국, 영국	아시아, 아프리카의 대부분의 국가

출처: World Bank(1994); 원석조(2016) 참조.

3. 재정운영방식

일반적으로 보험제도는 재정운영방식에 따라 적립방식과 부과방식으로 나뉘는데, 적립방식은 가입자가 나중에 연금을 받기 위해 보험료를 미리 쌓아두는 제도로, 민간생명보험이 가장 대표적인 사례이다. 이에 반해 부과방식은 가입자에게서 거둔 보험료를 적립하지 않고 바로 사용한다. 그 해 필요한 지출만큼 가입자에게 보험료를 부과하여 그 보험료로 급여금을 충당하는 방식을 부과방식이라고 한다. 먼저 부과방식과 적립방식의 장단점을 살펴보면 다음과 같다(Barr, 1987, 이정우·이동수 역, 2008).

부과방식의 장점은 ① 노동이동(Labour mobility)의 장애 요인을 최소화할 수 있으며 ② 연금제도의 빠른 정착이 가능하고, ③ 인플레의 문제에 대처하여 연금의 실질가치를 보호할 수 있으며 마지막으로 경제성장에 따라 연금의 실질가치가 증가한다는 장점이 있다. 반면에 단점으로는 인구구조의 변화에 민감하기 때문에 ① 노인부양비율의 증가, ② 평균수명의 증가, ③ 교육기간의 연장 및 퇴직연령의 단축, ④ 출산율의 감소에 따른 노동력의 감소에 따라서 후세대 가입자들이 계속 막대한 연금액을 마련해야 하는 부담이 생기게 되는 것이다. 즉, 연금수급자들은 미래의 노동력에 의존한다는 것인데 이는 적립방식도 일정 부분 어쩔 수 없다.

다음으로는 적립방식의 단점이다. 확정급여의 경우 애사심 향상, 중도퇴직 방지의 효과가 있지만 노동력의 이동에 장애가 될 수 있으며 제도 성숙을 위해 오랜 기간 필요하고 인플레이션에 취약하다는 것이다. 이에 반해서 적립방식의 장점은 인구고령화에 상관없이 안정된 재정을 유지할 수 있다. 그렇지만 실물경제 차원에서 인구구조의 변화에 따라 화폐대비 생산물의 교환비율이 달라질 수 있기 때문에 연금재정의 장기적 안정성을 충분히 보장할 수 없다는 문제가 있을 수 있다.

우리나라의 국민연금은 앞서 부과방식이 아니며 국민연금은 현재 가입자가 보험료를 납부하여 기금을 쌓아두었다가 나중에 연금으로 받는 제도이므로 적립방식이라 할 수 있다. 하지만 국민연금은 민간보험처럼 미래에 받을 연금을 현세대 가입자가 모두 준비하는 것이 아니라, 그중 일부는 후세대 보험료에서 충당한다. 가입자가 자신의 보험료를 모두 책임지는 것을 완전 적립방식이라 하고, 국민연금처럼 가입자가 일부만 적립하는 것을 수정적립방식이라 한다. 따라서 이는 두 가지 형태의 중간형태로 볼 수 있다(오건호, 2006).

4. 급여산정 방식: DB/DC

공적연금은 급여산정 방식에 따라 확정급여연금(DB: Defined Benefit plan)과 확정기여연금(DC: Defined Contribution plan)으로 구분할 수 있다.

확정급여연금은 받을 급여를 미리 정해 놓고 지급할 수 있는 수준으로 기여금을 상황에 따라 변동시키는 방식이며, 대부분의 국가는 이 방식으로 운영하고 있다.

확정기여연금은 기여금만이 확정될 뿐 급여액은 확정되지 않는다. 따라서 나중에 급여액이 얼마나 될지 알 수가 없으며, 노후의 불안정성을 개인이 책임진다는 점에서 공적연금에는 적합하지 않은 방식이다(생각의 마을, 2017). ➡ 급여결정: 정액연금과 소득비례연금

5. 국민연금

1) 국민연금의 개요와 발전과정

국민연금은 사회보험의 대표적인 제도로서 대부분의 국가에서도 가장 먼저 발달한 사회보험제도이다. 이는 재원을 보험 가입자와 고용자가 공동으로 부담하는 보험료 및 기여금에 국가로부터의 보조금을 더하여 마련하고, 노후로 인해 소득능력을 상실하였을 때 해당 가입자나 그 유족에게 일정한 연금을 지급함으로써 안정된 노후 생활을 할 수 있도록 국가가 운영하는 장기적인 소득보장제도이다(김종엽 외, 2009). 국민연금은 민간보험과는 달리 가입에 강제성을 띠고 보험료율과 연금지급에 대한 내용이 법률로 정해진 공적연금제도로서 국가의 책임하에 운영된다(김정우 외, 2008).

국민연금제도는 국민의 고령 또는 사망에 대하여 연금급여를 제공함으로써 국민의 기본적 생활안정과 복지증진에 기여함을 목적으로 하며, 고령 하나만을 대상으로 하는 것이 아니라 연령에 관계없이 연금가입 중에 발생하는 장애와 보험가입자의 사망에 따른 유족의 생활보장까지를 목적으로 삼고 있다. 우리나라의 연금제도는 국민연금을 기본으로 하고, 공무원, 군인, 사립학교 교직원을 대상으로 하는 특수직연금을 독립된 법으로 실시하고 있으며, 이중 국민연금이 상당수의 국민이 가입한 보편적이고 일반적인 제도이다(오윤수 외, 2011).

국민연금제도는 국민의 노후보장과 경제발전에 필요한 재원조달을 목적으로 1973년에 제정되었으나 당시 발생한 오일쇼크로 인해 전 세계적 불황의 여파로 시행되지 못하다가 1986년에 개정되어 1988년부터 시행되기에 이르렀다. 시행 초기에는 10인 이상 사업장의 피고용자를 대상으로 하였으나, 이후 점차 확대되어 1992년에는 5인 이상 사업장으로, 1995년에는 농어촌 주민까지로, 1999년에는 도시지역 자영업자 및 5인 이하 사업장으로, 마지막으로 2006년 1월에는 1인 이상 사업장으로 확대 적용되었다.

또한, 적용대상의 확대뿐만 아니라 급여에 있어서도 장기적인 재정불안정에 대한 논란으로 급여수준도 평균소득가입자의 경우 가입기간이 40년인 경우 소득의 60% 수준의 연금급여를 지급하도록 한 규정에서 2008년도부터는 50%로 하향 조정하였으며, 2009년부터 매년 0.5%씩 조금씩 단계적으로 낮춰 2028년부터 40%가 되도록 변경하였다. 이 밖에도 연금수급조건으로 최소 15년 이상 가입해야 하는 조건을 10년 이상으로 완화하는 변화를 보였다.

2) 국민연금의 가입대상

국민연금의 가입대상은 국내에 거주하는 18세 이상 60세 미만의 모든 국민을 원칙으로 하고 있다. 다만, 특수직역연금법의 적용을 받는 사람들과 이미 노령연금을 수급하고 있는 사람들은 적용에서 제외된다. 국민연금가입자의 종류는 사업장가입자, 지역가입자, 임의가입자 및 임의계속가입자 등 네 종류로 구분된다. 즉, 모든 가입자들은 강제성 여부에 따라 가입이 의무적인 의무가입자와 가입에 대한 선택권이 주어지는 선택가입자로 나뉘게 되는데, 의무가입자는 다시 근로형태에 따라서 사업장가입자와 지역가입자로 구분되고, 자의에 의한 선택가입자는 임의가입자와 임의계속가입자로 구분된다.

(1) 의무가입자

의무가입자는 사업장가입자와 지역가입자로 나뉘는데, 사업장가입자는 상시 1인 이상을 고용하는 사업장의 피고용자와 고용자로서 18세 이상, 60세 미만의 피고용자와 고용자는 당연히 사업장가입자가 된다. 사업장가입자는 아니지만 18세 이상, 60세 미만 인구 중에 소득이 있는 자들은 원칙적으로 지역가입자가 되지만 다음에 해당하는 경우 가입대상에서 제외된다. 기초생활보장제도의 생계급여 및 의료급여 수급자와 1년 이상 행방불명자, 납부 이력이 없는 18세 이상 27세 미만으로 학생이거나 군복무 등의 이유로 소득이 없는 사람, 연금가입자의 배우자이면서 소득이 없는 사람도 의무가입 대상에서 제외된다.

(2) 임의가입자

임의가입은 사업장가입자나 지역가입자가 될 수 없는 사람들도 국민연금에 가입하여 연금 혜택을 받을 수 있도록 하는 제도로서 사업장가입자와 지역가입자 이외의 18세 이상 60세 미만자가 본인이 희망할 경우 신청에 의해 가입할 수 있도록 하고 있다. 이 중 임의계속가입은 60세에 도달하여 국민연금에 가입할 수 없지만 가입기간이 부족하여 연금을 받지 못하거나 가입기간을 연장하여 더 많은 연금을 받고자 하는 경우 65세에 달할 때까지 신청에 의하여 가입할 수 있다. 국민연금공단 홈페이지에서는 이에 대하여 주로 60세가 되어도 가입기간이 부족하여 노령연금을 받을 수 없는 경우 신청하는 경우가 많다고 소개하고 있다.

3) 국민연금의 급여 종류

국민연금은 나이가 늘거나 장애 또는 사망으로 인해 소득이 감소할 경우 일정한 급여를 지급하여 소득을 보장하는 사회보험으로서 지급받게 되는 급여의 종류는 노령연금, 장애연금, 유족연금, 반환일시금 등이 있다. 여기서는 우선 급여의 특징과 급여액 산정 방식 등 연금급여에 대하여 살펴보고 각각의 급여의 내용을 확인하도록 한다([표 8-2] 참조).

[표 8-2] **국민연금의 급여 종류**

연금급여(매월 지급)		일시금 급여	
노령연금	노후 소득보장을 위한 급여 국민연금의 기초가 되는 급여	반환 일시금	연금을 받지 못하거나 더 이상 가입할 수 없는 경우 청산적 성격으로 지급하는 급여
장애연금	장애로 인한 소득감소에 대비한 급여	사망 일시금	유족연금 또는 반환일시금을 받지 못할 경우 장제보조적 혹은 보상적 성격으로 지급하는 급여
유족연금	가입자의 사망으로 인한 유족의 생계보호를 위한 급여		

출처: 국민연금공단 홈페이지(www.nps.or.kr) 〉 연금급여.

(1) 노령연금

노령연금은 국민연금의 기초가 되는 급여로 국민연금가입자가 나이가 들어 소득활동에 종사하지 못할 경우 생활안정과 복지증진을 위하여 지급되는 급여로서 가입기간이 10년 이상이면 수급연령 이후부터 평생 동안 매월 지급받는다. 노령연금은 가입기간, 연령, 소득활동 유무에 따라 노령연금, 조기노령연금, 분할연금 등이 있다([표 8-3] 참조).

[표 8-3] **연금의 종류에 따른 수급요건과 급여수준**

연금 종류	수급요건	급여수준
노령 연금	가입기간 10년 이상 20년 미만으로 60세에 도달한 자(65세 미만으로 소득이 없는 경우에 한함	**가입기간 10년의 경우** 기본연금액 50% + 부양가족연금액 **가입기간 20년 이상인 경우** 기본연금액 100% + 부양가족연금액

연금 종류	수급요건	급여수준
노령 연금	노령연금 수급권자가 65세 미만으로 소득이 있는 업무에 종사하는 경우	**가입기간 10년, 60세인 경우** * 기본연금액 50%[1] x 50%[2] 1) 가입기간 1년 증가 시마다 기본연금액의 5% 증액 2) 연령 1세 증가 시마다 연령별 지급률 10% 증액 (연령별 지급률: 60세 50%, 61세 60%, 62세 70%, 63세 80%, 64세 90%, 65세 이후 100%) 단, 2015. 7. 29. 이후 수급권 취득자부터는 소득구간별 감액 적용 ※ 부양가족연금액은 지급되지 않음
조기 노령 연금	가입기간 10년 이상, 연령 55세 이상인 자가 소득이 있는 업무에 종사하지 아니하고, 60세 도달 전에 청구한 경우(55세 이전에 소득이 있는 업무에 종사하면 감액된 연금 지급)	**가입기간 10년, 55세인 경우** 기본연금액의 50%[1] x 70%[2] + 부양가족연금액 1) 가입기간 1년 증가 시마다 기본연금액의 5% 증액 2) 수급 개시 령 1세 증가 시마다 연령별 지급률 6% 증액 (연령별 지급률: 55세 70%, 56세 76%, 57세 82%, 58세 88%, 59세 94%)
분할 연금	가입기간 중 혼인기간이 5년 이상인 노령연금 수급권자의 이혼한 배우자가 60세 이상이 된 경우	**배우자였던 자의 노령연금액** (부양가족연금액 제외) 중 혼인기간에 해당하는 연금액의 1/2 지급 ※ 분할연금의 수급요건을 모두 충족한 날이 2016. 12. 30. 이후인 경우 당사자 간 재판이나 협의로 별도의 분할비율을 정할 수 있음

출처: 국민연금공단 홈페이지(www.nps.or.kr) 〉 노령연금.

(2) 장애연금

장애연금은 가입자의 가입 중에 발생한 질병 또는 부상이 완치(진행 중인 때는 초진일로부터 1년 6개월 경과 시)되었으나 신체적 또는 정신적 장애가 남았을 때 이에 따른 소득 감소부분을 보전해줌으로써 자신과 가족의 안정된 생활을 보장하기 위한 급여로서 장애 정도에 따라 급여를 지급하는 연금이다([표 8-4] 참조).

[표 8-4] **장애연금의 수급요건 및 등급과 급여수준**

수급요건	장애등급	급여수준
가입 중에 발생한 질병 또는 부상으로 완치되었으나 장애가 남은 자(1년 6개월 이후에도 완치되지 아니한 경우는 그 1년 6개월이 경과한 날을 기준으로 장애 정도를 결정하며, 장애가 경미하면 등급에 해당되지 아니한다.)	1급	기본연금액 100% + 부양가족연금액
	2급	기본연금액 80% + 부양가족연금액
	3급	기본연금액 60% + 부양가족연금액
	4급	기본연금액 225%(일시보상금)

출처: 국민연금공단 홈페이지(www.nps.or.kr) 〉 장애연금.

(3) 유족연금

본 연금은 국민연금에 가입하고 있는 사람 또는 연금을 받던 사람이 사망하면 그에 의하여 생계를 유지하던 유족에게 가입기간에 따라 기본연금액의 일정률(40~60% 수준)에 부양가족연금액을 합한 금액을 지급하여 남아있는 유족들이 안정된 삶을 살 수 있도록 한 연금이다. 「국민연금법」상 유족은 사망자와 생계를 함께 한 가족으로 배우자, 자녀 및 손자녀(19세 미만 또는 장애등급 2급 이상), 부모 및 조부모(노령연금 수급 개시 연령 이상 또는 장애등급 2급 이상) 중 최우선 순위에 해당하는 자에게 연금을 지급한다([표 8-5] 참조).

[표 8-5] **유족연금의 수급요건 및 급여수준**

수급요건	급여수준
1. 노령연금 수급권자 2. 장애등급 2급 이상의 장애연금 수급권자 3. 가입기간 10년 이상인 가입자(였던 자) 4. 연금보험료를 낸 기간이 가입대상 기간의 1/3이상인 가입자(였던 자) 5. 사망일 5년 전부터 사망일까지의 기간 중 3년 이상 연금보험료를 낸 가입자(였던 자). 단, 전체 가입대상 기간 중 체납기간이 3년 이상인 경우는 유족연금을 지급하지 않음.	1. 10년 미만: 기본연금액 40% + 부양가족연금액 2. 10년 이상 – 20년 미만: 기본연금액 50% + 부양가족연금액 3. 20년 이상: 기본연금액 60% + 부양가족연금액

출처: 국민연금공단 홈페이지(www.nps.or.kr) 〉 유족연금.

(4) 반환일시금

본 연금은 60세 도달이나 사망, 국외이주 등으로 국민연금에 더 이상 가입할 수 없게 되었으나 연금 수급요건을 채우지 못한 경우, 그동안 납부한 보험료에 이자를 더해 일시금으로 지급하는 급여이다. 반환일시금을 받는 요건은 다음과 같다.

첫째, 가입기간 10년 미만인 자가 60세가 된 경우(특례노령연금수급권자는 해당되지 아니함)

둘째, 가입자 또는 가입자였던 자가 사망했으나 유족연금에 해당되지 아니한 경우

셋째, 국적을 상실하거나 국외로 이주한 경우(임시영주권자는 해당되지 아니함)

(5) 사망일시금

사망일시금은 가입자 또는 가입자였던 자가 사망하였으나 「국민연금법」에 의한 유족이 없어 유족연금 또는 반환일시금을 지급받을 수 없는 경우로써 장제부조적·보상적 성격의 급여이다. 이 급여는 배우자, 자녀, 부모, 손자녀, 조부모, 형제자매 또는 사망한 자에 의하여 생계를 유지하고 있던 4촌 이내의 방계혈족 순위 중 최우선순위자에게 지급한다.

(6) 다양한 크레딧

사회적으로 가치 있는 공헌에 대한 보상으로서 국민연금의 가입기간을 추가로 인정해 주는 제도를 크레딧(credit)이라고 한다. 현재는 출산, 군복무, 실업 등에 적용된다. 첫째, 출산 크레딧(2008년)은 둘째 자녀부터 적용되며, 추가 인정기간은 12~50개월이다(「국민연금법」 제19조 제2항 참조). 둘째, 군복무 크레딧(2008년)은 병역의무를 6개월 이상 이행한 사람에게 6개월의 가입기간을 인정한다. 셋째, 실업 크레딧(2016년)은 실업자에 대한 구직급여 수급기간을 지원기간으로 하며 최대 12개월까지 지원받을 수 있다.

4) 급여액 산정방법

국민연금의 급여는 기본연금액과 부양가족연금액을 산정·합산하여 지급한다.

(1) 기본연금액의 산정

기본연금액은 개별적으로 정해지며 산식은 다음과 같다.

연금액 = 기본연금액 × 연금종별 지급률 및 제한율 + 부양가족연금액

기본연금액 계산식 = [2.4(A+0.758) x P1 / P(1988 – 1998년) + 1.8(A+B) x P2 / P(1999 – 2007년) + 1.5(A+B) x P3 / P(2008년) + 1.485(A+B) x P4 / P(2009년) + … + 1.2(A+B) x P23 / P(2028년 이후) + X(A+A) x C / P(출산크레딧) + X(A+1/2A) x 6 / P(군복무 크레딧)] x (1+0.05n / 12)

A = 연금수급 전 3년간 전체 가입자의 평균소득월액의 평균액(소득균등부분: 저소득층 유리)

B = 가입자 개인의 가입기간 중 기준소득월액의 평균액(소득비례부문)

※ 가입자 개인의 가입기간 동안의 기준소득월액을 매년 보건복지부장관이 고시하는 연도별 재평가율에 의하여 연금수급 전년도의 현재 가치로 환산한 후 그 합계액을 가입자의 전체 가입 월수로 나누어 산정

P = 가입자의 전체 가입 월수(노령연금액 산정 시에만 출산 및 군복무 크레딧을 포함한 전체 가입 월수)

n = 20년 초과 월수(노령연금 산정 시에만 출산 및 군복무 크레딧을 포함한 전체 가입 월수)

x = 1.5 – 1.2까지의 비례상수 중 노령연금 수급권 취득 시점의 상수(2008년 이후 급여수준을 결정하는 비례상수는 매년 1%(0.015)씩 20년간 감소한다.

c = 크레딧으로 인한 추가 가입기간(출산 및 군복무 크레딧으로 인한 연금액 및 증가되는 가입기간은 노령연금 산정 시에만 적용)

(2) 기본연금액의 급여수준

소득대체율은 기본연금액의 급여수준을 파악하는 지표이다. 연금의 소득대체율은 이전 소득에 비해 연금급여가 몇 %인지를 기준으로 연금급여의 수준을 보는 것이다. 국민연금의 급여수준은 평균적인 소득을 가진 가입자의 경우 평균소득월액의 70% 수준이었던 것이 연금 확대로 인해 60%로 조정되었고, 2028년 이후 가입자의 경우 40%가 되도록 조정 예정이다.

(3) 부양가족연금액

부양가족연금액은 수급자에 의해 생계를 함께한 가족 수를 반영하여 지급하는 것으로 정액급여형태이다. 이 연금액은 매년 물가 상승을 반영하여 4월부터 조정한 금액을 반영한다.

5) 보험의 재정

(1) 국고 부담

국가는 매년 공단 및 건강보험공단이 국민연금사업을 관리·운영하는 데에 필요한 비용의 전부 또는 일부를 부담한다(「국민연금법」 제87조).

(2) 국민연금기금

보건복지부장관은 국민연금사업에 필요한 재원을 원활하게 확보하고, 「국민연금법」에 의한 급여에 충당하기 위한 책임준비금으로서 국민연금기금을 설치한다. 기금은 연금보험료, 기금운용수익금, 적립금 및 공단의 수입지출 결산상의 잉여금으로 이를 조성한다. 기금은 보건복지부장관이 관리·운용한다(동법 제101·102조).

국민연금기금 = 연금보험료 + 기금운용수익금 + 적립금 + 결산잉여금

(3) 연금보험료의 징수

국민연금공단은 국민연금사업에 드는 비용에 충당하기 위하여 가입자와 사용자에게 가입기간 동안 매월 연금보험료를 부과하고, 사회보험 징수통합제도에 따라 건강보험공단이 이를 징수한다. 사업장가입자의 연금보험료 중 기여금은 사업장가입자 본인이, 부담금은 사용자가 각각 부담하되, 그 금액은 각각 기준소득월액의 1천분의 45에 해당하는 금액으로 한다. 지역가입자, 임의가입자 및 임의계속가입자의 연금보험료는 지역가입자, 임의가입자 또는 임의계속가입자 본인이 부담하되, 그 금액은 기준소득월액의 1천분의 90으로 한다(동법 제88조).

연금보험료 월 납부액 = 가입자의 기준소득월액 × 국민연금요율(9%)

6) 국민연금의 운영주체

국민연금의 운영주체는 국가이며 국민연금사업은 보건복지부장관이 맡아 주관한다(동법 제2조). 보건복지부장관은 보건복지부에 국민연금심의위원회, 국민연금기금운용위원회 및 국민연금재심사위원회를 두어 연금제도의 운영 및 기금운영에 관한 제도적·정책적 제반사항을 관장하고, 국민연금사업의 목적을 효율적·전문적으로 달성하기 위하여 국민연금공단이라는 특수 공법인을 설립하여 사업집행업무를 위탁 관리·운영하고 있는 혼합방식제도를 채택하고 있다.

(1) 국민연금심의위원회

국민연금사업에 관한 국민연금제도 및 재정 계산에 관한 사항, 급여에 관한 사항, 연금보험료에 관한 사항, 국민연금기금에 관한 사항, 그 밖에 국민연금제도의 운영과 관련하여 보건복지부장관이 회의에 부치는 사항을 심의하기 위하여 보건복지부에 국민연금심의위원회를 둔다. 국민연금심의위원회는 위원장·부위원장 및 위원으로 구성하되, 위원장은 보건복지부차관이 되고, 부위원장은 공익을 대표하는 위원 중에서 호선(互選)하며, 위원은 보건복지부장관이 지명하거나 위촉한다(동법 제5조).

(2) 국민연금기금운용위원회

기금의 운용에 관한 다음의 사항을 심의·의결하기 위하여 보건복지부에 국민연금기금운용위원회를 둔다(동법 제103조 제1항).

① 기금운용지침에 관한 사항
② 기금을 관리기금에 예탁할 경우 예탁 이자율의 협의에 관한 사항
③ 기금 운용 계획에 관한 사항
④ 기금의 운용 내용과 사용 내용에 관한 사항
⑤ 그 밖에 기금의 운용에 관한 중요한 사항으로서 운용위원회 위원장이 회의에 부치는 사항

운용위원회는 위원장인 보건복지부장관, 당연직 위원인 기획재정부차관·농림축

산식품부차관·산업통상자원부차관·고용노동부차관과 공단 이사장 및 위원장이 위촉하는 위원으로 구성한다. 위원의 임기는 2년으로 하고, 1차만 연임할 수 있다. 다만, 위원장과 당연직 위원의 임기는 그 재임기간으로 한다(동법 제103조 제2-3항).

기금의 운용에 관한 사항을 심의·의결하기 위하여 운영위원회에 국민연금기금운용실무평가위원회를 둔다(동법 제104조).

(3) 국민연금공단

보건복지부장관의 위탁을 받아 「국민연금법」의 목적을 달성하기 위한 사업을 효율적으로 수행하기 위하여 국민연금공단을 설립한다(동법 제24조). 공단은 법인으로 하며(동법 제26조), 다음의 업무를 수행한다(동법 제25조).

① 가입자에 대한 기록의 관리 및 유지
② 연금보험료의 부과
③ 급여의 결정 및 지급
④ 가입자, 가입자였던 자 및 제50조에 따른 수급권자를 위한 노후설계서비스 및 자금의 대여와 복지시설의 설치·운영 등 복지증진사업
⑤ 가입자 및 가입자였던 자에 대한 기금증식을 위한 자금 대여사업
⑥ 이 법 또는 다른 법령에 따라 위탁받은 사항
⑦ 그 밖에 국민연금사업에 관하여 보건복지부장관이 위탁하는 사항

공단의 회계연도는 정부의 회계연도에 따르며(동법 제42조), 공단의 수입은 국민연금기금으로부터의 전입금, 국가 보조금, 차입금, 그 밖의 수입금으로 하고, 지출은 이 법에 따른 각종 급여·적립금·환부금(還付金)·차입금의 상환금과 이자, 그 밖에 공단의 운영과 사업을 위한 각종 경비로 한다(동법 제43조).

6. 국민연금과 특수직연금

우리나라의 공적연금제도에는 국민연금 이외에도 공무원, 군인, 사립학교 교직원

을 대상으로 하는 연금이 있는데 이를 특수직연금이라 한다. 여기에는 국가 및 지방공무원, 법관, 경찰관, 교육공무원을 대상으로 하는 공무원연금, 장기복무 하사관과 장교를 대상으로 하는 군인연금, 사립학교 교직원을 대상으로 하는 사립학교 교직원연금 등 세 가지가 있다(원석조, 2006).

다음 표는 뒤에서 다룰 개정 전의 연금제도에 대한 내용으로 특수직연금의 적용대상, 수급조건, 급여 내용, 보험료율, 급여산식, 급여기준, 연금액 조정기준, 소득대체율 등을 국민연금과 비교하면 다음과 같다.

[표 8-6] **특수직연금과 국민연금의 비교**

<table>
<tr><th rowspan="2">구분</th><th rowspan="2">국민연금</th><th colspan="3">특수직연금</th></tr>
<tr><th>공무원연금</th><th>군인연금</th><th>사립학교 교직원연금</th></tr>
<tr><td>시행년도</td><td>1988</td><td>1960</td><td>1963</td><td>1975</td></tr>
<tr><td>적용대상</td><td>사업장가입자: 5인 이상 사업장 근로자
지역가입자: 자영업자 등 지역주민</td><td>국가 및 지방공무원, 법관, 경찰관, 교육공무원</td><td>장기복무 하사관, 장교</td><td>사립학교 교직원</td></tr>
<tr><td>수급조건</td><td>60세 이상</td><td colspan="3">정년퇴직</td></tr>
<tr><td>급여 내용</td><td>노령, 장해, 유족 연금, 반환일시금</td><td colspan="3">퇴직, 장해, 유족연금, 일시금, 단기급여
(공무상 요양비, 사망조위금, 재해부조금)</td></tr>
<tr><td>보험료율</td><td>사업장가입자: 평균소득월액의 9%
지역가입자: 신고소득의 9%</td><td colspan="3">소득월액의 15%
(2001년부터, 이전에는 13%)</td></tr>
<tr><td>급여산식</td><td>1.8(A+B)(1+0.05n)</td><td colspan="3">(0.5×0.02n)×C</td></tr>
<tr><td>급여기준</td><td>A: 전체 가입자 평균소득
B: 가입자의 가입기간 중 평균소득
n: 가입기간 20년 초과 연수</td><td colspan="3">C: 퇴직 전 3년 평균소득
(2001년부터, 이전에는 최종소득)
n: 가입기간 20년 초과 연수</td></tr>
<tr><td>연금액 조정</td><td>소비자물가지수</td><td colspan="3">소비자물가지수
(2001년, 이전에는 재직자 평균보수에 연동)</td></tr>
</table>

구분	국민연금	특수직연금		
		공무원연금	군인연금	사립학교 교직원연금
소득 대체율	40년 가입 시 생애 평균소득의 60%	20년 가입 시 퇴직 전 3년 평균소득의 50%, 40년 가입 시 70%		
소득재분배 효과	어느 정도 있음	거의 없음		
관장기구/ 집행기관	보건복지부/ 국민연금관리공단	총무처/ 공무원연금 관리공단	국방부/ 인사국	교육부/ 사학연금 관리공단

출처: 오윤수 외(2011), 재인용.

7. 국민연금의 쟁점

① 국민연금이 처음 도입되었을 당시 급여율은 70%로 상당히 높았다(오건호, 2006; 김성숙 외, 2008). 당시 보험료율이 3%에 불과했으면서도 급여율은 70%나 되었던 것은 제도의 초기정착을 위해 가입자에게 우호적으로 설계된 측면이 있고, 따라서 제도 초기부터 재정불안이라는 위험을 안고 출발한 것이다. 이에 정부는 1999년 재정안정화를 이유로 급여율을 70%에서 60%로 낮추었고, 2003년에는 다시 급여율을 50%로 추가 인하하려는 개정안을 국회에 제출했었다. 당시의 2003년 개정안은 노동계와 시민사회단체의 반발과 여야의 논란 속에서 개정이 지체되다가 2007년 7월 법개정에서 2028년까지 40%가 되도록 변경되었다. 앞서 언급한대로 국민연금은 제도도입 당시부터 재정불안의 요인을 갖고 있었으며 당시 공적연금의 장기재정 불안문제가 세계적 이슈가 된 영향을 받아 재정안정화의 필요성이 제기되었고 이로 인해 제도도입 20년도 되지 않은 상황에서 재정안정화를 위한 두 차례의 법 개정을 하게 된 것이다.

② 국회와 정부는 국민연금 개혁방안을 정확히 제시해야 한다. 국민연금 적립금액은 2020년 740조 원, 2030년에는 1027조 원이다. 2023년 연금수급자는 622만 명이며, 국민연금 전체 가입자는 2022년 9월 기준 2222만 명이다. 국민연

금 지급액은 2023년 34조 원으로 물가상승률을 감안하면 2057년경 고갈된다. 국민연금의 문제점은 현재 납부하는 것보다 약 3배 정도를 더 받고 있는 것이다. 따라서 2057년경이면 국민연금이 고갈되므로, 연금 보험료율을 현재 9%에서 12.9% 이상으로 올리는 것이 가장 핵심적인 내용이다.

국민연금 개혁 내용은 적게 내고 많이 받는 구조에서, 조금 더 납부하고 늦게 받는 구조로 고쳐야 한다. 국회 연금개혁특별위원회도 '더 오래 내고 늦게 받는 개혁안'을 제시했다. 수급연령도 67세로 늦추고 가입연령도 늘려야 한다는 것이다. 따라서 정부가 해야 할 가장 중요한 것은 정확한 사실을 공개해 국민을 설득하는 것이다. 현재 국민연금 재정추계에 대해 정확한 자료를 제시하고 설명해야 한다. 현재처럼 적게 내고, 많이 받는 구조 아래에서 국민연금은 제 역할을 못한다.

국민연금은 우리 국민의 노후를 위한 소중한 돈이다. 주요 선진국의 국민연금 보험료율을 보면 영국 25%, 독일 18%, 일본 17%, 미국 13%, 한국 9%이다. 한국의 보험료율은 1998년 이후 25년째 9%이다. 국민연금은 그 어떠한 정치적 영향보다도 국민의 노후 자금을 늘리는 데 집중해야 한다.

현재 전 세계에서 국민연금 이사장을 정부가 임명하는 나라는 한국뿐이다. 미국, 호주 등 선진국 대부분의 나라는 국민연금 수익률에 가장 큰 목표를 둔다. 한국은 국민연금 이사장을 보건복지부 장관이 임명하고 있다. 1000조 원 가까이 되는 기금 운용 규모의 국민연금이 5% 이상의 지분을 가진 기업은 수백 개다. 따라서 주주총회를 앞두고 매년 스튜어드십 코드와 의결권 등에 대한 논란이 많다. 국민연금은 그 어떠한 목적보다도 수익률에만 집중해야 한다.

● 정리마당 ●

1. 노후소득보장으로서의 국민연금제도
2. 연금의 재정방식(DB/DC)
3. 국민연금의 전반적 이해
4. 국민연금의 고갈원인과 개혁방향에 대한 논의

Part 02

국민건강보험

1. 의료보장제도로서의 건강보험

의료보장제도는 국민의 건강권을 보호하기 위하여 필요한 보건의료서비스를 국가나 사회가 제공하는 제도적 장치로서 우리나라의 의료보장제도는 건강보험과 의료급여 등을 포괄한다. 의료보장제도의 대표적 형태인 NHI(National Health Insurance) 방식과 NHS(National Health Service) 방식의 차이를 살펴보도록 하겠다.

의료보장에서 사회보험방식은 일명 비스마르크(Bismarck)형 의료제도라고 하는데, 개인의 기여를 기반으로 한 보험료를 주재원으로 하는 제도이다. 한국, 독일, 프랑스, 일본 등에서 시행하고 있으며, 사회보험의 낭비를 줄이기 위하여 소진 시에 본인 일부 부담금을 부과하는 것이 특징이라 할 수 있다.

이에 반해 NHS방식은 일명 조세방식, 베버리지(Beveridge)형 의료제도라고 하며, 국민의 의료문제는 국가가 책임져야 한다는 관점에서 조세를 재원으로 모든 국민에게 국가가 직접 의료를 제공하는 의료보장방식이다. 영국, 스웨덴, 이탈리아 등에서 시행하며, 의료기관의 상당부분이 사회화 내지 국유화되어 있고, 대체로 본인 일부 부담금의 비율이 적어서 무료의료(free medical care)를 시향하는 경우가 많다.

부담의 형평이라는 측면에서는 사회보험형보다 우수하지만, 의료의 질 저하 및 관리 운영상의 비효율이 나타날 수 있다. 두 제도의 차이점을 정리하면 다음과 같다.

[표 9-1] NHI와 NHS의 차이점

구분	의료보험방식(NHI)	국민보건서비스방식(NHS)
기본이념	• 의료비에 대한 국민의 일차적 자기 책임의식 견지(국민의 정부의존 최소화)	• 국민의료비에 대한 국가책임 견지 (국민의 정부의존 심화)
적용대상 관리	• 국민을 임금소득자, 공무원, 자영자 등으로 구분 관리(극빈자 별도 구분)	• 전 국민을 일괄 적용 (집단구분 없음)
재원조달	• 보험료, 일부 국고 지원	• 정부 일반조세
진료보수 산정방법	• 행위별 수가제 또는 총액계약제 등	• 일반 개원의는 인두제 • 병원급은 의사 봉급제
관리기구	• 보험자(조합 또는 금고)	• 정부기관(사회보장청 등)
채택국가	• 한국, 독일, 프랑스, 일본 등	• 영국, 스웨덴, 이탈리아 등
국민의료비	• 의료비 억제기능 취약	• 의료비 통제 효과가 강함
보험료 형평성	• 보험자 내 보험료 부과의 구체적 형평성 확대가능 • 보험자가 다수일 경우 보험자 간 재정 불균형 발생 우려	• 조세에 의한 재원조달로 소득재분배 효과 강함(선진국) (단, 조세체계가 선진화되지 않은 경우 소득역진 초래)
의료서비스	• 상대적으로 양질의 의료제공 • 첨단의료기술 발전에 긍정적 영향	• 의료의 질 저하 초래 • 입원 대기 환자 급증 • 대기기간 장기화
연대의식	• 가입자 간 연대의식 강화	• 가입자 간 연대의식 희박
관리운영	• 보험자중심 자율운영(대표 기구를 통한 가입자의 조합운영 참여보장) • 정부기관 직접 관리(가입자의 운영참여 배제)	• 정부기관 직접 관리(가입자의 운영참여 배제) • 직접 관리운영비 부분적 축소(보험료 징수비용이 조세 관리비용으로 전가)

출처: 국민건강보험공단 홈페이지(www.nhis.or.kr) 〉 '외국의 건강보험제도', 재구성.

이제 이에 근거하여 우리나라 건강보험의 성격을 확인하면 다음과 같다. NHI, 즉 사회보험방식도 관리조직 및 재정운용 방식을 기준으로 크게 2가지의 형태로 구분할 수 있는데, 관리운영체계상 전 국민을 하나의 통합된 기구로 관리하느냐, 혹은 동질성을 갖는 보험집단으로 구분하여 관리하느냐에 따라 통합방식과 조합방식으로 분류할 수 있다(이정면, 2006, 재인용). 한국의 경우 조합방식에서 통합방식으로 전환됨으로써 여타 국가에서 찾아보기 힘든 새로운 의료보장체계를 갖춘 것으로 평가될 수 있다. 이정면(2006)에 따르면 한국과 대만의 의료보장제도는 과거에 사회보험의 조합방식으로 운영되고 있었지만 정책변화의 과정을 거쳐 지금의 통합방식으로 전환되었으며, 결과적으로 두 국가는 모두 의료보험제도에서 관리조직과 재정의 통합을 이루어냄으로써 조합방식에서 통합방식으로 전환하는데 성공하였던 것이다.

과거에 조합별로 운영되어 발생하는 구조적 문제점인 조합 간 재정불균형, 보험료 부담의 불평등, 관리운영의 비효율성 등을 극복하고 전 국민을 하나의 보험자로 국가의 책임하에 관리하게 됨으로써 사회 연대성(Social solidarity)에 기초한 사회 통합적 기능이 강화되었다(이정면, 2006, 재인용). 한국과 대만의 의료보험 통합과정은 사회보험방식(NHI)의 유지와 국영의료방식(NHS)의 전환이 아니라, 사회보험을 그대로 유지하는 것을 전제로 관리운영 방식에 집중되어 있다는 점에서 의료보장 영역에서는 세계적으로 매우 드문 사례로 동아시아 복지발달과정에서 발견되는 특기한 사건이라 할 수 있다(이정면, 2006).

2. 건강보험제도의 특징

국민건강보험공단 홈페이지상에 게재된 건강보험제도의 내용과 의료공급구조의 내용을 살펴보면 다음과 같다. 우선 건강보험제도의 의의는 일상생활에서 발생하는 우연한 질병이나 부상으로 인하여 일시에 고액의 진료비가 소요되어 가계가 파탄되는 것을 방지하기 위하여, 보험원리에 의거, 국민들이 평소에 보험료를 낸 것을 보험자인 국민건강보험공단이 관리운영하다가 국민들이 의료를 이용할 경우 보험급여를 제공함으로써 국민 상호 간에 위험을 분담하고 의료서비스를 제공하는 사회보장제도이다.

건강보험제도의 특징으로는 강제적용의 사유, 부담능력에 따른 보험료의 차등부담, 보험급여의 균등한 수혜, 보험료 납부의 강제성, 부과방식 등이 있으며 표로 정리하면 다음과 같다.

[표 9-2] **건강보험제도의 특징**

강제적용의 사유	• 법률에 의한 강제가입. 일정한 법적요건이 충족되면 본인의 의사에 관계없이 강제적용됨 • 보험가입을 기피할 경우 국민 상호 간 위험부담을 통하여 의료비를 공동으로 해결하고자 하는 건강보험제도의 목적 실현이 어려움 • 질병위험이 큰 사람만 역으로 보험에 가입할 경우 보험재정이 파탄되어 원활한 건강보험 운영이 불가능하게 됨
부담능력에 따른 보험료의 차등부담 (형평부과)	• 민간보험은 급여의 내용, 위험의 정도, 계약의 내용 등에 따라 보험료를 부담 • 사회보험방식인 건강보험에서는 사회적인 연대를 기초로 의료비 문제를 해결하려는 것이 목적이므로 소득수준 등 보험료 부담능력에 따라 차등적으로 부담함
보험급여의 균등한 수혜	• 민간보험은 보험료 부과수준, 계약기간 및 내용에 따라 차등급여를 받지만 사회보험은 보험료 부과수준에 관계없이 관계 법령에 의하여 균등하게 보험급여가 이루어짐
보험료 납부의 강제성	• 가입이 강제적이라는 점에서 강제보험제도의 실효성을 확보하기 위하여 피보험자에게는 보험료 납부의 의무가 주어지며, 보험자에게는 보험료 징수의 강제성이 부여됨
건강보험은 단기보험 (부과형식)	• 장기적으로 보험료를 수탁하는 연금보험과는 달리 1년 단위의 회계연도를 기준으로 수입과 지출을 예정하여 보험료를 계산하며 지급조건과 지급액도 보험료 납입기간과는 상관이 없고 지급기간이 단기임

출처: 국민건강보험공단 홈페이지(www.nhis.or.kr) 〉 '공단소개 및 건강보험 정책연구원' 내용 참조.

3. 건강보험제도의 진료비 지불방식(의료수가제도)

우리나라 건강보험의 의료수가는 행위별 수가제 방식으로 진료비가 지불된다. 행위별 수가제의 특징은 다음과 같다.

첫째, 행위별 수가제는 진료에 소요되는 약제 또는 재료비를 별도로 산정하고, 의료인이 제공한 진료행위 하나하나마다 항목별로 가격을 책정하여 진료비를 지급하도록 한다.

둘째, 가장 보편적이고 시장접근적인 방법으로서 대부분의 자본주의 경제체제를 가진 국가에서는 이 행위별 수가제를 많이 채택되고 있다.

셋째, 의료인이 제공한 시술내용에 따라 값을 정하여 의료비를 지급하는 것으로써 전문의의 치료방식에 적합하다.

즉, 위중하거나 진료에 시간이 많이 걸리며 특별한 기술을 요하는 질병이나 진료재료가 많이 소요되는 질병에 대해서는 정확히 그만큼 많은 진료비를 의료인에게 지급하게 되는데, 이는 일반 상행위의 원칙이 가장 많이 적용되는 방식으로서 의료인이 가장 선호하는 방식인 것이다.

행위별 수가제의 장점으로는 적은 횟수의 더 철저한 검사보다는 짧고 빈노가 낳은 진료를 유도하게 되고, 전문의 제도와 아울러 의료인들의 의료장비 및 기술의 개발에 경쟁적인 유인책을 제공할 수 있기 때문에 의학순수기술의 발달, 현대 첨단과학기술을 응용한 고급 의료서비스의 개발에 큰 기여를 할 수 있다. 반면, 의료서비스공급자를 통제하는 데 한계가 있기 때문에 과잉진료나 과잉검사를 초래할 우려가 있다.

이와 달리 포괄수가제와 총액계약제 방식의 진료비 지불방식 특징을 살펴보면 다음과 같다. 먼저 포괄수가제는 한 가지 치료행위가 기준이 아니고, 환자가 어떤 질병의 진료를 위하여 입원했는가에 따라 'DRG'라는 질병군(또는 환자군)별로 미리 책정된 일정액의 진료비를 지급하는 제도이다. 이는 의료비용의 사전예측이 가능하기 때문에 장기입원에 대한 인센티브를 제거할 수 있고, DRG지불제도하에서는 현재와 같은 행위별 심사는 약화되는 대신에 의료기관들의 진단명 조작이나 의료의 질 저하를 방지하기 위한 활동(모니터링 등)을 담당하는 기능이 필요하게 된다.

독일 등에서 시행하고 있는 총액계약제의 특징은 다음과 같다. 총액계약제는 보험자측과 의사단체(보험의협회) 간에 국민에게 제공되는 의료서비스에 대한 진료비 총액을 추계하고 협의한 후, 사전에 결정된 진료비 총액을 지급하는 방식이다(의사단체는 행위별 수가기준 등에 의하여 각 의사에게 진료비를 배분). 이는 전체 보건의료체계 또는 보건의료체계의 특정 부문에 국한하여 적용이 가능하고, 전체 보건의료체계 또는 총액계약제가 적용되는 보건의료 부문의 비용에 대한 효과적 조정이 가능하므로, 진료의 가격과 양을 동시에 통제 및 조정함으로써 진료비지출 증가 속도를 조절하고 예측할 수 있다. 그러나 이 제도는 의료서비스 제공자가 과소진료를 제공하거나 건강상태가 좋지 못한 환자를 기피하는 현상이 발생할 수 있다.

[표 9-3] **의료수가제도 장단점**

지불방식	장점	단점
행위별 수가제 (fee-for-service) (기본적용 방식)	• 환자에게 충분한 양질의 의료서비스 제공 가능 • 신의료기술 및 신약개발 등에 기여 • 의료의 다양성이 반영될 수 있어 의사 · 의료기관의 제도 수용성이 높음	• 환자에게 많은 진료를 제공하면 할수록 의사 또는 의료기관의 수입이 늘어나게 되어 과잉진료, 과잉검사 등을 초래할 우려가 있음. • 과잉진료 및 지나친 신의료기술 등의 적용으로 국민의료비 증가 우려, 수가구조의 복잡성으로 청구오류, 허위 · 부당청구 우려
포괄 수가제 (case-payment) (부분적 실시)	• 경영과 진료의 효율화 • 과잉진료, 의료서비스 오남용 억제 • 의료인과 심사기구 · 보험자 간의 마찰 감소 • 진료비 청구방법의 간소화 • 진료비 계산의 투명성 제고	• 비용을 줄이기 위해 서비스 제공을 최소화하여 의료의 질적 수준 저하와 환자와의 마찰 우려 · 조기 퇴원 • DRG코드조작으로 의료기관의 허위 · 부당청구 우려 • 의료의 다양성이 반영되지 않으므로 의료기관의 불만이 크고 제도 수용성이 낮음
총액계약제 (global-budget)	• 과잉 진료 · 청구의 시비가 줄어들게 됨 • 진료비 심사 · 조정과 관련된 공급자 불만이 감소됨 • 의료비 지출의 사전 예측이 가능하여 보험 재정의 안정적 운영 가능 • 의료 공급자의 자율적 규제 가능	• 보험자 및 의사 단체 간 계약 체결의 어려움 상존 • 전문과목별, 요양기관별로 진료비를 많이 배분받기 위한 갈등 유발 소지 • 신기술 개발 및 도입, 의료의 질 향상 동기가 저하되며, 의료의 질 관리가 어려움(과소 진료의 가능성)

출처: 국민건강보험공단 홈페이지(www.nhis.or.kr) 〉 '외국의 건강보험', 재구성.

4. 국민건강보험의 이해

1) 발전과정

우리나라는 1963년 12월에 의료보험제도가 최초로 제정되었다. 그렇지만 법률제정 과정에서 제도의 성격이 강제적이 아닌 임의적으로 바뀌어 실질적 시행이 이루어지지 못하다가, 1977년 7월 제도를 전면 개정하여 강제적용의 사회보험방식으로 하되 적용이 쉬운 일정규모 이상의 사업장 노동자를 우선 적용하고, 이를 단계적으로 확대해 나가기로 하였다.

1977년에는 500인 이상 사업장에 한하여 실시하였고, 1979년 7월 300인, 1981년 1월 100인 이상으로 적용 대상을 확대하였다. 1981년 2월에는 5인 이상 사업장을 임의 적용하였고, 1982년 12월 16인, 1988년 7월 5인 이상 사업장 당연적용 등 지속적으로 적용대상자를 확대해 왔음을 알 수 있다.

공무원 및 사립학교 교직원과 같은 특수직 건강보험은 직장건강보험과는 별도로 1979년 1월부터 시작되었다. 이의 적용대상자도 조금씩 확대되었는데, 1980년 1월 군인가족, 1981년 7월 공무원 및 사립학교 교직원 퇴직연금 수급자, 같은 해 10월 군인퇴직연금 수급자, 1986년 1월 유족, 장해, 상이연금 수급자 등 지속적인 확대를 확인할 수 있다.

피용자나 공직자 같이 비교적 안정된 자에게 건강보험을 먼저 적용하고, 재정적 부담 능력이 떨어지는 농어민과 도시영세자 층을 배제한다는 비판이 제기되자 1988년 농어촌 주민, 1989년 도시자영업자를 포함시켜 1989년에 전 국민건강보험이 달성된 셈이다(이태복·심복자, 2006).

우리나라의 의료보험 조합은 1998년 10월 이전에는 227개로 지역 의료보험조합, 1개의 공무원 및 사립학교 교직원 의료보험공단, 140개의 직장 의료보험조합으로 나뉘어져 있었지만 의료보험의 통합을 선거공약으로 내세운 김대중 정부가 집권하면서 통합논의에 불을 붙였다. 1998년 10월 1기 노사정위원회에서 의료보험통합법의 연내 제정에 합의하였고, 이와 함께 227개의 지역의료보험조합과 공무원 및 사립학교 교직원 의료보험공단을 통합한 국민의료보험관리공단이 발족되었다. 1999년

2월에는 2002년까지 의료보험 통합 시행을 골자로 하는 「국민건강보험법」이 국회에서 통과되고 2000년 7월 1일부터 시행되었으며, 2003년에는 직장 및 지역가입자의 재정통합운영이 실현되면서 마침내 의료보험체계에 있어 업무의 관리통합과 재정통합을 포괄하는 완전통합시대로 나아가게 되었다.

2) 건강보험의 대상

국민건강보험의 적용대상은 강제가입을 원칙으로 하며 의료급여대상자를 제외한 모든 국민이다. 국민건강보험공단을 단일 보험자로 하여, 사업장 노동자 및 그 사용자와 공무원 및 교직원을 직장가입자로, 지역주민(농어민, 도시자영자를 뜻함, 이때 상시 1인 이상의 근로자를 사용하는 사업장의 사용자는 직장가입자로 포괄)을 지역가입자로 구분·적용한다.

건강보험의 적용대상자는 다음 표와 같이 가입자 자신과 가입자에 의해 생계를 유지하는 자로 이루어지며, 「의료급여법」에 따라 의료급여를 받는 자와 「독립유공자 예우에 관한 법률」 및 「국가유공자 등 예우 및 지원에 관한 법률」에 의한 의료보호 대상자를 제외한 모든 국민이 건강보험의 적용 대상이 된다. 국민건강보험 가입자의 종류와 대상을 정리하면 [표 9-4]와 같다.

3) 건강보험의 급여종류

보험급여란 건강보험의 적용을 받는 가입자 및 피부양자의 질병, 부상에 대한 예방, 진단, 치료, 재활과 출산, 사망 및 건강증진에 대하여 법령이 정하는 바에 의해 공단이 각종형태로 지급, 실시하는 의료서비스를 의미한다.

보험급여의 형태는 크게 현물급여와 현금급여로 나뉘고, 현물급여는 요양기관(병, 의원 등)으로부터 본인이 직접 제공받는 의료서비스 일체를 말한다. 현금급여는 가입자 및 피부양자의 신청에 의하여 공단에서 현금으로 지급하는 것을 말한다. 급여 세부적인 항목은 다음과 같다([표 9-5] 참조).

[표 9-4] 국민건강보험 가입자의 종류와 대상

구분	직장가입자		지역가입자
	일반근로자 사업장	공무원 및 교직원 사업장	
가입자	모든 사업장에 고용된 근로자와 그 사용자	공무원 및 교직원	직장가입자와 그 피부양자를 제외한 자
피부양자	직장가입자에 의하여 생계를 유지하는 자로서 보수 또는 소득이 없는 자로 다음 사항에 해당하는 자를 말한다. • 직장가입자의 배우자 • 직장가입자의 직계존속(배우자의 직계존속 포함) • 직장가입자의 직계비속(배우자의 직계비속 포함) 및 그 배우자 • 직장가입자의 형제자매	–	

출처: 김종명·송낙길(2015), 재인용.

[표 9-5] 국민건강보험의 급여형태와 지급대상

급여의 종류	급여의 구분	지급대상(수급권자)	비고
요양급여	현물급여	가입자, 피부양자	법정급여
건강검진			
요양비			
임신·출산 진료비	현금급여	가입자 및 피부양자 중 인산부	부가급여 (임의급여)
장애인보장구		가입자 및 피부양자 중 「장애인복지법」에 의해 등록한 장애인	법정급여
장제비		가입자, 피부양자	2008년 1월부터 폐지
본인부담액 상한제		–	–

출처: 국민건강보험공단(www.nhis.or.kr) 홈페이지 〉 '보험급여', 재구성.

그리고 급여의 세부적인 내용은 다음과 같다.

① 요양급여: 가입자 및 피부양자의 질병, 부상, 출산 등에 대하여 진찰 및 검사, 약제 및 치료재료 지급, 처치 및 수술 등 기타 치료, 예방 및 재활, 입원, 간호, 이송에 실시되는 급여를 의미한다. 2006년 6월부터 입원환자의 식대에도 건강보험이 적용되기 시작하였다.

- 본인일부부담금: 요양급여를 받은 자는 「국민건강보험법」 제44조에 따라 그 비용의 일부를 본인이 부담하여야 하며, 요양기관의 청구에 의해 가입자 또는 피부양자가 요양기관에 직접 지불한다. 부담비율은 요양기관의 종별(종합병원, 병원, 의원 등)과 소재지(동, 읍면지역), 환자구분(일반환자, 의약분업 예외환자)에 따라서 30~60%로 책정된다.

② 건강검진: 질병의 조기발견과 그에 따른 요양급여를 하기 위해 가입자 및 피부양자에 대하여 2년에 1회씩 무료건강검진을 실시하고 있다.

③ 요양비: 공단은 가입자나 피부양자가 긴급하거나 그 밖의 부득이한 사유로 요양기관과 비슷한 기능을 하는 기관에서 요양할 경우에 지급한다.

④ 출산비: 요양기관 이외의 장소(자택, 이송 중 출산 등)에서 출산한 가입자 및 피부양자에게 25만 원을 지급하며 청구기한은 출산일로부터 3년 이내로 한다.

⑤ 장애인보장구 급여비: 「장애인복지법」에 의하여 등록된 장애인인 가입자 및 피부양자가 보장구를 구입할 경우, 구입금액 일부(유형별 기준액 이내의 경우 실구입가의 90%, 초과의 경우 유형별 기준액의 90%에 해당하는 금액)를 국민건강보험공단에서 보험급여비로 지급한다.

⑥ 본인부담액보상금: 병원에서 진료 후 발생한 건강보험 본인부담금이 상한액 기준(2016년 기준: 121~509만 원)을 넘었을 경우 넘은 금액을 가입자에게 환급한다.

⑦ 선별급여: 건강보험의 급여 대상이 되지 않는 비급여 항목 중 특정 항목을 선별해 건강보험에서 비용의 일부를 부담하는 급여인데, 2017년 3월 23일부터 시행되었다. 이 급여의 대상은 요양급여를 결정함에 있어 대통령령으로 정하는 경우에 해당하는 항목으로, 예비적인 요양급여의 성격이다.

4) 건강보험의 보험료(재정)

(1) 지역가입자

지역가입자의 보험료는 가입자의 소득, 재산(전월세, 자동차 포함), 생활 수준 및 경제활동참가율을 참작하여 정해진 부과 요소별 점수를 합산한 보험료 부과 점수에 점수당 금액을 곱하여 보험료 산정 후 경감율 등을 적용하여 세대 단위로 부과한다.

(2) 직장가입자

직장가입자 보험료의 특징은 모든 근로자의 소득 능력에 따라 보험료를 부과하며, 전년도에 신고한 보수월액으로 보험료를 부과한 후 당해 연도 보수총액을 신고받아 정산하는 것이다. 보험료는 보수월액에 보험료율을 곱하여 산정하고 보험료율은 2017년 기준 6.12%로서 근로자와 사용자가 각각 3.06%씩 납부한다.

① 보수월액보험료

직장가입자의 보험료는 기본적으로 지급받는 보수월액을 기준으로 한다. 보수란 근로자 등이 근로를 제공하고 사용자·국가 또는 지방자치단체로부터 지급받는 금품(실비변상적인 성격을 갖는 금품은 제외)으로서 봉급, 급료, 보수, 세비(歲費), 임금, 상여, 수당, 그 밖에 이와 유사한 성질의 금품(퇴직금, 현상금, 번역료 및 원고료, 「소득세법」에 따른 비과세 근로소득은 제외)을 말한다(「국민건강보험법」 제70조, 동법 시행령 제33조).

보수월액보험료는 직장가입자가 지급받는 보수월액에 보험료율(6.12%)을 곱하여 얻은 금액으로 한다(동법 제69조). 국외에서 업무에 종사하고 있는 직장가입자에 대한 보험료율은 위 보험료율의 100분의 50으로 한다(동법 제73조).

② 소득월액보험료

직장가입자의 보수 외 소득(보수월액의 산정에 포함된 보수를 제외한 소득)이 연간 7,200만 원을 초과하는 경우 보수월액보험료 외에 소득월액보험료를 산정한다. 보수 외 소득은 「소득세법」에 따른 이자소득, 배당소득, 사업소득 등을 말한다(「국민건강보험법」 제71조, 동법 시행령 제41조).

5) 건강보험의 전달체계

(1) 보건복지부

보건복지부는 국민건강보험제도 관련 전반적인 정책을 결정하고, 보험료율 및 보험료 부과기준, 요양급여의 범위 등을 결정하며, 관리운영주체인 건강보험공단의 예산 및 규정 등을 승인한다.

(2) 국민건강보험공단

국민건강보험공단은 국민건강보험의 보험자로서 국민건강보험의 관리 운영주체이며 법인으로 한다(동법 제13·15조). 업무는 다음과 같다(동법 제14조).

가. 가입자 및 피부양자의 자격 관리
나. 보험료와 그 밖에 이 법에 따른 징수금의 부과 · 징수
다. 보험급여의 관리
라. 가입자 및 피부양자의 건강 유지와 증진을 위하여 필요한 예방사업
마. 보험급여 비용의 지급
바. 자산의 관리 · 운영 및 증식사업
사. 의료시설의 운영
아. 건강보험에 관한 교육훈련 및 홍보
자. 건강보험에 관한 조사연구 및 국제협력
차. 이 법에서 공단의 업무로 정하고 있는 사항
카. 「국민연금법」, 「고용보험 및 산업재해보상보험의 보험료징수 등에 관한 법률」, 「임금채권보장법 및 「석면피해구제법」에 따라 위탁받은 업무
타. 그 밖에 이 법 또는 다른 법령에 따라 위탁받은 업무
파. 그 밖에 건강보험과 관련하여 보건복지부장관이 필요하다고 인정한 업무

① 국민건강보험공단의 조직

공단은 임원으로서 이사장 1명, 이사 14명 및 감사 1명을 둔다. 이 경우 이사장, 이사 중 5명 및 감사는 상임으로 한다(동법 제20조). 이사장은 공단을 대표하고 업무를 총괄하고 임기 중 공단의 경영성과에 대하여 책임을 지며, 상임이사는 이사장의 명을 받아 공단의 업무를 집행한다(동법 제22조). 공단의 주요 사항(「공공기관의 운영

에 관한 법률」 제17조 제1항 각 호의 사항을 말한다.)을 심의·의결하기 위하여 공단에 이사회를 두며, 이사회는 이사장과 이사로 구성한다(「국민건강보험법」 제26조).

② **재정운영위원회**

요양급여비용의 계약 및 결손처분 등 보험재정에 관련된 사항을 심의·의결하기 위하여 공단에 재정운영위원회를 둔다. 재정운영위원회는 직장가입자를 대표하는 위원 10명, 지역가입자를 대표하는 위원 10명, 공익을 대표하는 위원 10명으로 구성한다. 재정운영위원회의 위원장은 위원 중에서 호선(互選)한다(동법 제33·34조).

(3) 국민건강보험심사평가원

요양급여비용을 심사하고 요양급여의 적정성을 평가하기 위하여 건강보험심사평가원을 설립하며 법인으로 한다(동법 제62·64조).

① **건강보험심사평가원의 업무(동법 제63조)**

가. 요양급여비용의 심사
나. 요양급여의 적정성 평가
다. 심사기준 및 평가기준의 개발
라. 위의 세 업무와 관련된 조사연구 및 국제협력
마. 다른 법률에 따라 지급되는 급여비용의 심사 또는 의료의 적정성 평가에 관하여 위탁받은 업무
바. 건강보험과 관련하여 보건복지부장관이 필요하다고 인정한 업무
사. 그 밖에 보험급여비용의 심사와 보험급여의 적정성 평가와 관련하여 대통령령으로 정하는 업무

② **건강보험심사평가원의 조직**

심사평가원에 임원으로서 원장, 이사 15명 및 감사 1명을 둔다. 이 경우 원장, 이사 중 4명 및 감사는 상임으로 한다(동법 제65조).

③ **진료심사평가위원회**

심사평가원의 업무를 효율적으로 수행하기 위하여 심사평가원에 진료심사평가위원회(이하 '심사위원회')를 둔다. 심사위원회는 위원장을 포함하여 90명 이내의 상근 심사위원과 1천 명 이내의 비상근 심사위원으로 구성하며, 진료과목별 분과위원회를 둘 수 있다(동법 제66조).

(4) 건강보험정책심의위원회

건강보험정책에 관한 사항을 심의·의결하기 위하여 보건복지부장관 소속으로 건강보험정책심의위원회(이하 '심의위원회')를 둔다(동법 제4조).

① 건강보험정책심의위원회의 심의·의결사항(동법 제4조, 동법 시행령 제3조)

가. 요양급여의 기준
나. 요양급여비용에 관한 사항
다. 직장가입자의 보험료율
라. 지역가입자의 보험료 부과점수당 금액
마. 요양급여 각 항목에 대한 상대가치점수
바. 약제 · 치료재료별 요양급여비용의 상한
사. 그 밖에 부가급여에 관한 사항 등 건강보험에 관한 주요 사항으로서 건강보험정책심의위원회의 위원장이 회의에 부치는 사항

② 건강보험정책심의위원회의 조직

심의위원회는 위원장 1명과 부위원장 1명을 포함하여 25명의 위원으로 구성한다. 심의위원회의 위원장은 보건복지부차관이 되고, 부위원장은 아래 '라'의 위원 중에서 위원장이 지명하는 사람이 된다.

심의위원회의 위원은 다음 각 호에 해당하는 사람을 보건복지부장관이 임명 또는 위촉한다(동법 제4조).

가. 근로자단체 및 사용자단체가 추천하는 각 2명
나. 시민단체(「비영리민간단체지원법」 제2조에 따른 비영리민간단체를 말한다), 소비자단체, 농어업인단체 및 자영업자단체가 추천하는 각 1명
다. 의료계를 대표하는 단체 및 약업계를 대표하는 단체가 추천하는 8명
라. 다음 각 목에 해당하는 8명
　㉮ 대통령령으로 정하는 중앙행정기관 소속 공무원 2명
　㉯ 국민건강보험공단의 이사장 및 건강보험심사평가원의 원장이 추천하는 각 1명
　㉰ 건강보험에 관한 학식과 경험이 풍부한 4명

5. 국민건강보험의 쟁점

현재 우리나라의 의료체계는 지속적으로 의료비가 상승하고 있으며, 의료보험에 있어 높은 자기부담비율과 의료보험의 급여범위에 있어 급여대상범위 제한으로 인해 진정한 의미의 의료보장은 이루어진다고 볼 수 없다(김태성 외, 2009). 또한, 의료시스템의 왜곡현상인 '선택진료제도'의 취지는 환자의 의사선택권을 보장하여 양질의 의료서비스를 제공하기 위해 만들어진 제도이다. 그러나 개정된 선택진료규칙은 환자의 의료비 증가 문제, 환자 의사선택권 문제, 병원 수입보전으로 악용되는 현상 등 근본적인 문제는 거의 해소하지 못하고 오히려 환자들의 의료비 부담을 가중시키는 역할을 하였다.

1) 민간의료보험 도입 논란

이용갑(2006a)에 의하면 민간의료보험을 둘러싼 정부, 시민사회단체, 보험업계 간의 입장 차이는 결국 "전 국민을 대상으로 하는 국민건강보험을 토대로 구축된 국민건강보장체계에서 민간의료보험의 역할과 기능을 무엇으로 설정할 것인가."하는 문제에서 출발한다고 볼 수 있다. 서비스산업으로서 보건의료를 이해하고 의료 산업화를 추진하는 정부 경제부처는 '서비스산업의 경쟁력 강화'라는 전체적인 틀에서 의료산업화론은 국내 보건의료산업이 시장개방 이후 생존하기 위해서는 의료를 바라보는 시각을 지나친 공공성 위주에서 탈피하여 시장의 진입을 가로막는 각종 규제를 풀고, 의료에 대한 자본투자를 활성화해야 한다는 입장에서 출발하고 있다.

이에 따른 의료서비스의 산입화 방안은 다음과 같은 보건의료체계의 전면적인 개편을 추진하게 된다.

첫째, 의료산업을 첨단 고부가가치 산업으로 육성하기 위하여 의료기관의 개설, 의료설비의 투자가 필요하다. 이를 위해서 시중의 풍부한 여유 자금을 끌어올 수 있는 의료기관에 대한 자본참여의 활성화가 필요하며, 이에 대한 구제적 방안으로 영리법인 의료기관 설립의 단계적 허용이 필요하다.

둘째, 국민건강보험급여체계의 개선, 민간의료보험의 활성화, 원격진료의 활성화 등을 통해 의료수요자의 선택의 폭을 확대할 필요가 있다. 이를 위해서는 첨단의료 기술의 특성에 맞는 국민건강보험급여기준 개선방안 마련과 민간의료보험 가입자에 대한 세제 혜택 확대 등이 필요하다.

셋째, 의료시장 개방에 적극적으로 대응하여 우수한 국내병원의 해외진출 지원 및 우수 외국병원의 국내유치를 위한 노력의 강화가 필요하다.

넷째, 고령친화적인 요양서비스를 확충하고, 고령친화산업 육성을 위한 법적 토대를 정비하기 위해서는 요양산업 관련 전문인력의 양성, 교육, 창업지원 등이 필요하다(이용갑, 2006a, 재인용)

[표 9-6] **기획재정부의 민간의료보험 활성화 주장 논리**

필요성	• 재정적 한계로 국민건강보험의 의료보장 수준 미흡 • 보험재정안정과 국민의료비 절감을 위한 저수가 구조 유지 • 의료분야 연구개발 투자 부족
방 안	• 보충형 민간의료보험의 활성화 – 기존 국민건강보험을 주보험으로 하고, 보충형 민간의료보험 가입을 선택적으로 허용
기대 효과	• 추가적인 재정부담 없이 사회전반의 의료보장 수준 제고 • 신규 의료수요의 창출에 의해 의료분야에서의 기술개발 및 혁신 효과 유발 • 의료산업의 경쟁력 강화 • 선택적 재계약을 통해 의료의 질 향상 및 의료비용 감소

출처: 이상이 외(2009).

위의 표는 경제부처의 의료산업화를 위한 민간의료보험의 활성화 주장의 논리를 표로 정리한 것이다. 앞서 언급하였듯이 이 논의의 핵심은 '전 국민을 대상으로 하는 국민건강보험을 토대로 구축된 국민건강보장체계에서 민간의료보험의 역할과 기능을 무엇으로 설정할 것인가'의 문제이며 이에 따라 시민사회단체와 보험업계의 입장과 주장이 상반된 형태로 나타나고 있다.

시민사회단체가 제안하는 「민영의료보험법」의 주요 내용은 다음과 같다.

첫째, 민영의료보험은 국민건강보험의 법정 본인부담금 지급을 보장하지 않아야 하며, 그 결과 민영의료보험의 보장영역은 원칙적으로 국민건강보험의 비급여이지만, 국민건강보험의 한시적 비급여는 보장범위가 아니며, 비급여라고 할지라도 보건복지부령에 의하여 급여대상을 제한받게 된다.

둘째, 보건복지부장관이 민영의료보험에 대한 관리·감독을 관장하며, 실제적 관리·감독 업무는 '민영의료보험감독위원회'가 담당한다.

셋째, 민영의료보험은 가입자의 최저의료보장을 위하여 보험금 수입의 일정비율 이상을 보험금으로 지급하도록 하는 보험금 지급 하한선을 설정한다.

넷째, 보험가입과정에서 가입자보호를 위하여 민영의료보험은 유형별로 표준화된 상품을 개발하고 판매한다.

다섯째, 가입자보호를 위하여 민영의료보험은 가입자격제한이 금지되며, 성·연령에 기초한 집단위험율에 따라 보험료를 산성하며, 허위·과장광고를 하지 않으며, 가입자의 보험가입기간 연장신청을 거부하지 못한다.

여섯째, 민영의료보험사와 가입자간의 보험에 관한 분쟁을 조정하기 위하여 민영의료보험감독위원회에 '민영의료보험 분쟁조정위원회'를 설치한다(이용갑, 2006a, 재인용).

시민사회단체의 「민영의료보험법」 제정활동에 대한 보험업계의 반발은 대단히 컸으며 그 내용은 다음과 같다.

첫째, 현재 손해보험업계의 민영의료보험 상품이 국민건강보험의 법정 본인부담금을 지급하는 상품을 판매하고 있는 현실에서 이를 금지하는 것이 타당하지 않다.

둘째, 보험업 전반에 관한 사항은 금융감독위원회와 금융감독원이 관장하고 민간의료보험에 관한 사항만은 보건복지부가 총체적인 관리·감독을 담당하는 것은 이중규제이다.

셋째, 「민영의료보험법」은 보험산업의 발전에 저해된다.

2) 영리의료법인 도입 논란

영리법인 의료기관은 영리법인에 의한 의료기관 설립을 허용하는 것으로 의료산업에 외부자본의 유입을 제도적으로 허용하며, 자본 투자자에게 이윤배분을 허용하는 의료기관을 의미한다(이용갑, 2006b). 의료산업화 논의의 핵심이 되는 영리의료법인의 도입은 외부자본 유입을 통하여 의료산업 전반의 경쟁력 향상, 일부 계층의 다양하고 고급화된 의료서비스에 대한 욕구 충족 및 의료의 질 향상을 가능하게 한다는 것이다.

이러한 정부 측의 주장과 기대와는 달리 시민사회단체는 영리법인 의료기관의 허용이 의료기관들 간의 무분별한 경쟁, 사회적 양극화의 심화, 환자의 권리보다는 주주의 이익을 위한 진료행위 및 계층 간 의료이용의 차별화 현상의 심화 등을 초래하여 국민의 건강권 보장을 실현하는 데 크게 방해가 된다면서 분명한 반대 입장을 취하고 있다. 이에 더하여 시민사회단체들은 영리법인 의료기관 허용은 전 국민에 대한 의료보장과 요양기관 당연지정제, 비영리법인 의료기관을 구성 요소로 구축된 국민건강보험을 중심축으로 하는 우리나라의 공적 의료보장제도를 붕괴시킬 위험이 있다고 반대하고 있다.

참여정부 이후 정권이 교체되면서 의료산업화에 관한 논의가 새로운 국면으로 전환되었다. 즉 비영리법인 병원에 대한 의료채권 발행과 병원경영지원회사(MSO: Management Service Organization)의 허용, 건강관리서비스의 민영화, 영리법인 병원의 허용, 민간의료보험의 활성화 등 제반의료민영화 정책을 추진하고 있는 것이다.

이러한 상황에서 복지국가 소사이어티와 같은 시민사회단체 등에서는 의료민영화에 대한 저지 투쟁을 당면 현안으로서 진보개혁 진영의 핵심적 운동과제로 인식하고 있는 듯하다(이상이 외, 2009). 그러나 이들은 의료민영화 저지 투쟁의 한계에 대해서도 인식하는 바, 논란이 되고 있는 의료민영화 정책들을 모두 저지하더라도, 우리나라 의료체계의 영리화 경향을 근본적으로 변화시킬 수는 없다는 것을 분명히 하고 있다. 그 이유는 이미 우리나라 보건의료체계가 2000년대 이후 무한경쟁체계로 돌입했으며, 시간이 지날수록 경쟁의 강도와 범위가 확대되어 왔기 때문이다.

즉, 의료민영화 정책을 모두 저지해도, 우리나라 의료체계 영리화 속도를 늦출 수 있을 뿐이지 영리화의 기본 방향을 바꿀 수 있는 것은 아니라는 것이다(이상이 외, 2009).

이러한 맥락에서 이들은 '의료민영화 저지'에 총력을 기울이는 한편, 시장과 영리화를 향해 치달아가는 우리나라 의료체계의 방향을 변화시키기 위한 대안 운동이 '기획'되고, '준비'되어야 한다고 주장하고 있다. 이를 위해 건강보험재정의 확충과 이를 통한 국민건강보험 보장성 강화야 말로 우리나라 의료체계의 기본 방향을 변화시키기 위한 가장 설득력 있는 대안이라고 밝히고 있다.

우리나라 의료시장에 공공보험이 도입되면서 그동안 의료위험의 사각지대에 있던 국민들의 의료서비스 제도로는 획기적으로 향상되었다. 그러나 공공보험이 일시장에 미친 커다란 성과에도 불구하고 많은 취약점이 노출되고 있다. 최근 암보험과 같은 민간상품들은 이러한 공공보험의 사각시내를 수익성 있는 시장으로 인식하고 진입하게 된 것이다.

그러나 민간보험이 공공보험을 대체할 수 있는 적절한 대안은 될 수 없다. 따라서 공공의료보험과 민간의료보험은 국가주도 강제 가입의 공공의료보험을 기반으로 그 약점을 보완하는 차원에서 민간의료보험이 보충적 역할을 담당하는 것이 바람직할 것이다(박병현, 2015, 재인용).

● 정 리 마 당 ●

1. 건강보험의 전반적 이해
2. 국민건강보험제도의 진료비 지불방식 추가 내용 정리
3. 건강보험의 민영화
4. 문재인 케어와 국민건강보험의 개혁(안)에 대한 논의

Part 02

노인장기요양보험

1. 노인장기요양보험의 개요

노인장기요양보험은 고령이나 노인성 질병 등으로 인해 6개월 이상의 기간 동안 혼자서 일상생활을 수행하기 어려운 노인에게 신체활동 또는 가사지원 등의 장기요양급여를 사회적 연대원리에 의해 제공하는 사회보험제도이다. 노인장기요양보험제도가 도입, 실시됨으로써 우리나라는 기존 4대 사회보험 체계에서 5대 사회보험 시대로 전환하게 되었다.

「노인장기요양보험법」에 따른 제도의 목적은 고령이나 노인성 질병 등의 사유로 일상생활을 혼자서 수행하기 어려운 노인 등에게 제공하는 신체활동 또는 가사활동 등의 장기요양급여에 관한 사항을 규정하여 노후의 건강증진 및 생활안정을 도모하고 그 가족의 부담을 덜어줌으로써 국민의 삶의 질을 향상시키기 위함이며, 제도의 목적에 따라 수급자에게 배설, 목욕, 식사, 취사, 조리, 세탁, 청소, 간호, 진료의 보조 또는 요양상의 상담 등을 다양한 방식으로 장기요양급여가 제공되고 있다.

2. 노인장기요양보험의 도입배경 및 추진과정

2006년을 기준으로 65세 이상 노인의 약 12.1%인 55만여 명이 타인의 도움을 받지 않으면 일상생활이 어려운 수발보호 대상자로 추계되었고, 이 수치는 향후 고령화의 진전에 따라 2020년 95만여 명으로 늘어날 전망이다(김경우 외, 2008).

통계청이 2005년 발표한 '장래인구 변동추이'에 따르면 65세 이상 노령인구는 평균수명 연장 및 출산율 감소로 2005년 당시 9.1%에서 2018년 14.3%로 고령사회에 진입하고 2026년 20.8%로 본격적인 초(超)고령사회에 도달할 것으로 전망되고 있다.

연령계층별 노령인구(65세 이상)는 2005년 당시 4,383천 명으로 70년 991천 명에 비해 4.4배 늘어난 것으로 집계되었지만, 2050년에는 2005년의 3.6배인 15,793천 명이 될 것으로 전망되고 있다. 이와 더불어 80세 이상 인구도 2005년 당사 678천 명에서 2050년에는 2005년의 8.6배인 5,859천 명에 이를 것으로 전망되고 있다.

이러한 노인인구 증가 규모에 더하여 노인 치매 출현율 또한 75세 이상 후기 노인의 인구가 지속적으로 증가함에 따라 자연스럽게 높아질 전망이다. 그럼에도 불구하고 핵가족화와 여성의 사회진출 증가와 같은 이유로 노인요양에 있어 가정의 역할을 기대하기는 점점 더 어려워지는 현실에 직면하고 있다.

이러한 상황에서 지난 시기 참여정부는 급속하게 진행되고 있는 고령화 문제의 심각성을 인식하고 대통령 공약사항으로 "공적노인요양보장제도 도입"을 언급한 바 있으며, 2003년 대통령 업무보고 시 공적노인요양보장제도의 2007년 시행을 목표로 추진계획을 보고하였다.

전술한 업무보고에 따라서 보건복지부는 2003년 3월부터 2004년 2월까지 '공적노인요양보장추진기획단'을 설치·운영하였고, 2004년 3월부터 2005년 2월까지는 '공적노인요양보장제도실행위원회'를 구성·운영하였다. 이에 따라 제도운영방식, 재원조달 및 분담방안, 관리운영체계, 급여범위 및 요양수가 체계 등에 대한 구체적인 실행모형을 개발하였으며, 이를 토대로 2005년 7월부터 2008년 6월까지 13개 시군구에서 65세 이상 노인을 대상으로 시범사업을 추진하였다.

시범사업이 추진·진행되는 한편, 2007년 4월 「노인장기요양보험법」이 국회 본회의를 통과되어 4월 27일 공포되었고, 2008년 7월 1월부터는 노인장기요양보험제도가 전면적으로 시행되기에 이르렀다.

3. 노인장기요양보험의 이해

1) 장기요양보험의 대상

노인장기요양보험의 적용은 전 국민을 대상으로 하고 있으며, 급여신청대상은 노인 65세 이상의 노인 또는 65세 미만인 자로서 치매 또는 뇌혈관성 질환 등의 노인성 질환을 가진 자를 대상으로 한다(최혜지, 2007). 이에 따르면 대상자 중 요양보험 가입자와 그의 피부양자, 그리고 「의료급여법」에 의한 의료급여 수급권자가 노인장기요양보험급여를 신청할 수 있지만 실질적인 노인장기요양보험의 급여대상자는 6개월 이상의 기간 동안 일상생활을 독립적으로 수행하기 어렵다고 인정된 자로 제한된다(보건복지부, 2006, 재인용).

2) 재원조달방식 및 전달체계(관리운영기관)

노인장기요양보험의 재원은 보험료, 정부 부담금, 본인 부담금의 세 가지로 이루어진다. 장기요양보험 가입자는 건강보험 가입자와 동일하며, 공단은 장기요양보험료와 건강보험료를 통합하여 징수한다. 그렇지만 통합징수한 보험료들을 각각 독립회계로 관리한다. 장기요양보험료의 건강보험료액에 장기요양보험료율을 곱해서 산정하며, 장기요양보험료율은 보건복지부장관 소속 노인장기요양위원회의 심의를 거쳐 대통령령으로 정한다. 국민건강보험공단에 따르면 2010년 1월부터 건강보험료가 4.9%가 인상되었고, 장기요양보험료율은 6.55%로 전년(2016년)과 동일하다.

재원조달에 관한 법령은 보험료 외에 국가의 부담 또한 강제하고 있다. 국가는 매년 예산의 범위 안에서 당해 연도 장기요양보험료 예상수입액의 20%에 상당하는 금액을 공단에 지원한다. 또한, 의료수급권자의 장기요양급여비용 중 공단이 부담해야 할 비용과 관리운영비의 전액을 대통령령이 정하는 바에 따라 국가와 지방자치단체가 부담하게 된다.

본인부담금은 재가급여의 경우 당해 장기요양급여비용의 15%이고, 시설급여는 당해 장기요양급여비용의 20%이다. 「국민기초생활 보장법」에 의한 수급권자는 전액 면제받고, 의료급여 수급권자나 소득, 재산 등 보건복지부장관이 정하여 고시하는 일정 금액 이하인 자는 본인부담금을 50% 감경받을 수 있다.

장기요양보험제도의 관리운영주체는 국민건강보험공단과 시군구 기초자치단체로 구성되는데, 국민건강보험공단은 장기요양보험제도의 보험자 역할을 수행한다. 공단은 장기요양보험사업을 수행하기 위한 조직과 건강보험사업을 수행하기 위한 조직을 구분하여 따로 두도록 한다. 다만, 자격관리와 보험료 부과 및 징수업무는 국민건강보험공단이 맡는다.

[표 10-1] **재원의 종류 및 재원구조**

장기 요양 보험료	• 보험료 = 건강보험료액 × 장기요양보험료율 • 노인장기요양보험 가입자는 국민건강보험 가입자와 동일, 건강보험료와 통합징수 • 장기요양보험료율: 보건복지부장관 소속 장기요양위원회의 심의를 거쳐 대통령령으로 명시('08년 장기요양보험료율: 4.05%)
국가 지원	• 보험료예상수입액의 20% 부담(국고) • 국가와 지방자치단체가 의료급여 수급권자의 장기요양급여비용, 의사소견서 발급비용, 방문간호지시서 발급비용 중 공단이 부담하여야 할 비용 및 관리운영비의 전액을 부담
본인 일부 부담	• 추가적인 재정부담 없이 사회전반의 의료보장 수준 제고 • 신규 의료수요의 창출에 의해 의료분야에서의 기술개발 및 혁신 효과 유발 • 의료산업의 경쟁력 강화 • 선택적 재계약을 통해 의료의 질 향상 및 의료비용 감소

출처: 원석조(2016) 참조.

3) 급여의 종류

장기요양급여는 6개월 이상 동안 혼자서 일상생활을 수행하기 어렵다고 인정되는 자에게 신체활동·가사활동의 지원 또는 간병 등의 서비스나 이에 갈음하여 지급하는 현금 등을 말한다. 급여의 종류는 크게 재가급여, 시설급여, 특별현금급여로 나누어진다. 다음은 장기요양보험 홈페이지에서 확인한 자료를 표로 정리한 것이다.

[표 10-2] 노인장기요양보험의 급여의 종류 및 운영기관

<table>
<tr><th>종류</th><th>내 용</th><th>운영기관</th></tr>
<tr><td rowspan="6">재가
급여</td><td>방문요양: 수급자의 가정 등을 방문하여 신체활동 및 가사활동 등을 지원하는 장기요양급여</td><td rowspan="6">요양기관,
방문간호
기관,
주 · 야간
보호시설,
단기보호
시설</td></tr>
<tr><td>방문목욕: 목욕 설비를 갖춘 장비를 이용하여 수급자의 가정 등을 방문하여 목욕을 제공하는 장기요양급여</td></tr>
<tr><td>방문간호: 방문간호지시서에 따라 간호사 등이 가정 등을 방문하여 간호, 진료의 보조, 요양에 관한 상담 또는 구강위생 등을 제공하는 장기요양급여</td></tr>
<tr><td>주 · 야간보호: 수급자를 하루 중 일정한 시간 동안 장기요양기관에 보호하여 신체활동 지원 등을 제공하는 장기요양급여</td></tr>
<tr><td>단기보호: 수급자를 일정 기간 동안 장기요양기관에 보호하여 신체활동 지원 등을 제공하는 장기요양급여</td></tr>
<tr><td>기타 재가급여: 수급자의 일상생활 · 신체활동 지원에 필요한 용구를 제공하는 등(2016. 12. 30부터 시행)</td></tr>
<tr><td>시설
급여</td><td>노인의료복지시설(노인전문병원 제외) 등에 장기간 입소하여 신체활동 지원 등을 제공하는 장기요양급여</td><td rowspan="2">노인의료
복지시설
(요양시설 ·
전문요양
시설 등)</td></tr>
<tr><td rowspan="3">특별
현금
급여</td><td>가족요양비: 장기요양기관이 부족한 지역(도서, 벽지) 거주자, 천재지변 등으로 장기요양급여 이용이 어려운 자, 신체 · 정신 또는 성격 등의 사유로 가족 등으로부터 장기요양을 받아야 하는 경우 지급</td></tr>
<tr><td>특례요양비: 장기요양기관으로 지정되지 않은 기관에서 재가급여 또는 시설급여에 상당한 서비스를 받은 경우 지급</td><td rowspan="2"></td></tr>
<tr><td>요양병원간병비: 요양병원, 노인전문병원 입원 시 장기요양에 소요된 비용의 일부 지급</td></tr>
</table>

출처: 노인장기요양보험 홈페이지 내용, 재구성.

4) 장기요양서비스의 이용절차

장기요양서비스의 이용은 다음과 같이 5단계로 나누어 설명할 수 있다.

(1) 장기요양인정신청 및 방문조사

가. 서비스 신청

65세 이상 노인 또는 65세 미만의 노인성 질환자가 공단에 의사소견서를 첨부하여 장기요양인정 신청

※ 신청자: 본인, 가족이나 친족, 사회복지전담공무원(본인이나 가족 등의 동의 필요), 시장·군수·구청장이 지정하는 자

나. 방문조사

건강보험공단 소속의 간호사, 사회복지사 등이 가정을 방문하여 신청인의 심신 상태와 욕구를 조사한다.

(2) 장기요양인정 및 등급판정(제19조)

방문조사결과와 의사소견서를 등급판정위원회에 올려 최종적인 장기요양인정 여부(장기요양대상 여부) 및 등급판정을 한다. 의사소견서는 등급판정위원회 심의 이전까지 제출해야 하는데 거동이 현저하게 불편하여 의료기관을 방문하기 어려운 경우에는 제출을 생략할 수 있다.

- 장기요양등급은 1–5등급, 인지지원등급으로 나뉘며, 장기요양등급 판정에 따른 장기요양 인정 유효기간은 2년이다. 다만, 갱신 결과 1등급으로 다시 판정받은 경우 4년, 2–4등급까지 같은 등급으로 판정받은 경우 3년간 유효하다. 그리고 5등급 및 인지지원등급으로 다시 판정받은 경우 2년이다.

(3) 장기요양인정서와 표준요양 이용계획서 통지

장기요양인정심사 및 요양등급판정이 완료되면 신청인이 요양등급과 이용 가능한 요양서비스 종류 및 내용을 담은 장기요양인정서를 통보한다. 아울러 대상자가 재가서비스를 이용할 때 참고할 수 있도록 적절한 서비스 내용, 횟수, 비용 등을 담은 표준장기요양 이용계획서를 함께 보낸다. 이 계획서를 참고하여 원하는 서비스를 선택하고, 이용신청을 한다.

(4) 장기요양서비스 이용 계약 및 서비스 제공

원칙적으로 장기요양서비스는 장기요양인정서가 도달한 날부터 이용할 수 있는데, 돌볼 가족이 없는 등 부득이한 사정이 있다면 장기요양인정신청서를 제출한 날 이후부터 장기요양인정서가 집으로 도착하기 전 사이 기간에도 서비스를 받을 수 있다. 이용자는 서비스 제공기관과 자율적 계약에 의해 서비스 종류 및 횟수를 정하는데, 서비스 제공기관은 서비스 제공계획을 제시하고 이에 따라 서비스를 실시한다.

(5) 장기요양서비스 제공기관에 대한 정보 공개

장기요양서비스 제공기관은 요양서비스의 선택을 쉽게 하고 서비스의 질을 보장하기 위해 서비스의 내용, 시설, 인력 등의 자료를 건강보험공단이 운영하는 인터넷 홈페이지(www.longtermcare.or.kr)에 게시한다.

장기요양 인정신청	• 장기요양인정신청서(의사소견서 첨부)를 해당 지역 국민건강보험공단(이하 '공단'이라 함)에 제출
▼	
방문조사	• 공단 소속 직원이 신청자 가정을 방문하여 신청인의 심신상태 등을 조사
▼	
등급 판정	• 등급판정위원회(공단 설치)에서 방문조사결과서, 의사소견서 등을 토대로 장기요양인정 여부와 등급 판정 – 장기요양인정자: 6개월 이상 혼자서 일상생활 수행이 어려운 자
▼	
장기요양 인정신청 결과 통지	• 신청자에게 장기요양인정서, 표준장기요양이용계획서 송부 – 장기요양인정서: 장기요양등급, 이용 가능한 장기요양급여 종류 · 내용 통보 – 표준장기요양이용계획서: 월 한도액 내에서 장기요양급여를 원활히 이용할 수 있도록 적절한 서비스 내용, 횟수, 비용 등을 안내
▼	
장기요양급여 이용	• 장기요양인정자의 선택(장기요양급여 제공기관과의 계약 관계 성립)에 따라 요양시설이나 집에서 장기요양급여 이용(장기요양급여는 월 한도액 범위 안에서 실시)

〈그림 10-1〉 **장기요양서비스 등급절차**

출처: 보건복지부(2008a).

4. 노인장기요양보험의 평가 및 과제

현행 장기요양보험제도는 장기요양이나 요양이 필요한 노인이라고 해서 무조건 수급대상자가 되는 것은 아니며 실제 혜택을 받는 수급대상의 범위는 제한적이다. 보편적 서비스 제공을 목적으로 하는 사회보험이 재정의 부담완화를 위해 자격조건을 까다롭게 하고 수급자의 제한을 두어 선별적인 제도로 진행함으로써 노인요양문제에 대한 해결방안의 일환으로 도입되어 보편적 서비스를 지향하고자 했던 취지에는 부합되지 않는 것이다. 그뿐만 아니라 장기요양보험제도의 운영에서 나타나는 각종 문제점들을 정리하면 다음과 같다.

1) 설립주체별, 규모별 질적 수준의 차이

안형식(2010)은 장기요양서비스의 질적 수준을 평가하기 위해 조직관리 및 기관의 운영, 시설의 환경, 운영에 있어서 기관의 책임 및 윤리, 급여의 제공 등의 항목을 바탕으로 1,200여 개의 기관을 평가한 바 있다. 이에 따르면 시설 규모에 따라, 설립주체에 따라 점수 분포가 다르게 나타나는데, 시설 규모가 클수록 평가 점수가 높게 나타났고, 설립주체별로는 지자체와 법인, 개인의 순서대로 점수가 높음을 알 수 있다. 따라서 장기요양서비스의 질을 높이기 위해서는 장기적으로 설립주체를 개인보다는 지자체와 법인으로 유도하려는 노력이 필요할 것으로 사료된다. 시설의 규모 또한 영세한 규모의 시설들을 통폐합하는 방안들이 마련되어야 한다.

이외에도 중증 대상자의 관리가 미흡한 문제도 해결되어야 한다. 상대적으로 관리하기가 용이한 경증의 대상자에 대한 관리는 잘 이뤄지고 있지만, 중증 대상자의 경우 욕창이 발생하거나, 기저귀 교환이 잘 이루어지지 않는 등의 문제가 발생하고 있는 것으로 확인되었다.

2) 재정안정화 방안의 마련

우리나라는 고령화 진전에 따라 치매, 뇌졸중 등 요양보호 필요노인이 65세 이상 노인의 14.8%로 2004년 62만 명, 2007년 72만 명, 2010년 79만 명, 2020년 114만 명으로 급격한 증가가 예상되고 있다(박금준, 2008). 향후 노인인구의 급격한 증가가 예상되는 만큼 노인장기요양보험에 필요한 재원의 규모도 지속적으로 크게 늘어날 것으로 전망되는 바, 이에 투입될 재원을 안정적으로 마련하는 방안이 필요하다.

3) 전달 체계의 문제

석재은(2010)에 의하면 우리나라의 노인장기요양서비스 제공기관에 대한 규제가 매우 약하게 작동되고 있는데, 인력 및 시설기준에서 최소기준을 충족하는 경우 기초자치단체인 시군구에 신청하여 장기요양서비스 기관으로 인증받을 수 있도록 되어 있다. 이렇게 규제가 약하게 설정된 이유는 장기요양보험제도의 도입에 맞추어 서비스 제공기관의 조성과 인력의 배출이 이루어지도록 정부가 서비스 공급을 독려하고 유인하는 것에 관심과 노력을 집중하였기 때문이다.

이에 따라 서비스공급자의 과잉 문제로 인한 여러 가지 부작용이 초래되고 있는데, 서비스 제공기관 간의 경쟁이 심화됨에 따라 기관들이 수급자 확보를 위해 서비스 이용자 부담금을 면제 및 경감하는 편법을 사용하는 한편, 비용보상을 위해 국민건강보험공단에 급여비용을 과잉 청구하는 행위를 하거나, 인건비 비용을 줄이려고 노력하는 것이 단적인 예이다. 즉, 서비스 제공기관 간 경쟁이 심할수록 이용자 1인당 서비스 급여청구액이 높은 것으로 확인되고 있는 것이다(석재은, 2010).

이렇듯 한편에서는 과잉공급의 문제가 발생하는 반면, 지역별, 급여 종류별로는 서비스 제공기관이 적절히 공급되지 않아 서비스 이용권, 접근성에도 문제가 발생하고 있는 현실이다. 즉, 서비스 공급이 민간부문에 의해 거의 대부분 이루어지기 때문에 수지타산이 맞지 않는 농어촌 지역에는 재가서비스 시설의 공급이 현저히 낮아 서비스 이용이 불가능하거나 선택권 작동이 불가능한 상황인 것이다.

따라서 국가차원에서 서비스 공급 기관과 인력에 대한 총괄적인 공급정책 마련이 필요하며, 서비스 제공자의 진입 단계에서 서비스의 질과 정상적인 운영관리를 보증할 수 있는 공급자를 선별하고 공급량을 조절하는 정책이 필요하다. 또한, 특정 지역에서 특정 형식의 급여를 이용하지 못하는 문제를 해결하기 위하여 단종 재가서비스 기관들을 포괄적 재가서비스 기관으로 전환 유도하고, 대상자에 대한 사례관리를 강화하는 것이 필요하다.

4) 장기요양서비스 인력 양성 및 운영의 문제

서비스 질의 제고는 양질의 서비스 인력의 양성, 서비스 인력의 안정적 공급, 서비스 질을 제고할 수 있는 인력운영 시스템의 구축 등과 밀접한 관련을 가진다(석재은, 2010). 이에 따라 요양보호사를 중심으로 문제점을 살펴보면 다음과 같다.

첫째, 요양보호사 인력양성 시스템 및 자격관리 시스템이 부실하여, 1,400여 개의 교육기관이 난립하고, 교육기관 간 교육생 확보 경쟁으로 인해 교육의 질이 저하되고 교육과정이 부실하게 운영되는 사례들이 빈번하게 발생하는 것이다.

둘째, 요양보호사의 열악한 노동조건의 문제이다(보건복지부, 2009; 석재은, 2010, 재인용). 요양보호사의 임금수준을 적정수준으로 확보하기 위하여 장기요양서비스 수가 산정 시 장기요양보험제도 도입 이전 인건비 수준보다 개선된 수준으로 인건비 부분을 책정하였으나, 여전히 유사 직종에 비해서 낮은 수준이다(재가시설 평균 79만 원, 입소시설 평균 95만 원 수준). 이렇게 열악한 노동조건은 결국 서비스 이용자에게 제공되는 서비스의 질을 하락시킬 수 있고, 안정적인 인력 확보 제한 요인이 될 수 있다.

셋째, 근무 환경의 문제점으로서 요양보호사의 업무에 대한 수퍼비젼이나 동료들의 지지체계가 작동할 수 있는 구조적 여건이 미흡하고, 요양보호기관의 이해와 이용자 욕구와의 상충에 따른 조정의 어려움 등이 문제가 되고 있다.

이러한 문제들을 해결하기 위해 ① 요양서비스 인력의 전문성 제고를 위한 교육, 훈련, 자격관리를 강화해야 하고, ② 요양서비스 인력의 근무조건을 개선해야 하며, ③ 요양서비스 인력의 근무환경 개선을 위한 지속적인 노력이 필요하다.

● 정 리 마 낭 ●

1. 노인장기요양보험제도의 전반적 이해
2. 노인장기요양보험의 급여
3. 요양보호사의 허와 실
4. 장기요양등급 판정기준 정리(참조: 보건복지부, 과제)
5. 관리운영체계 정리(참조: 보건복지부)

Part 02

고용보험

1. 고용보험의 발전과정

고용보험제도는 19세기 후반 유럽의 선진자본주의 국가들에서 자본주의 경제체제의 급속한 발전과 산업화 속에서 조직된 노동조합이 실직한 조합원들에게 실업급여를 지급하던 실업공제기금제도에서 출발하였다. 당시에는 조합원의 실업으로 발생한 가족의 생계곤란에 대비하기 위해 만든 보험으로서 고용이 아니라 실업에 초점을 맞춘 제도였다. 그렇지만 노동조합이 근로자의 부담으로만 재원을 마련하여 관리·감독하기 때문에 비용부담의 문제가 생기게 되었다.

이러한 문제는 20세기 들어와 국가가 이러한 공제기금에 보조금을 지급하면서 일정 정도 해소될 수 있었는데, 실제로 프랑스(1905), 노르웨이(1906), 덴마크(1907)는 실업보험제도를 입법화하기에 이른 것이었다. 이들 국가들이 노동조합 중심의 자주적인 실업공제기금에 국가의 보조원칙을 구체화한 임의적인 실업보험제도를 채택한 데 반하여, 영국(1911), 아일랜드(1911), 이탈리아(1919) 등의 국가들은 국가에 의한 강제적 실업보험제도를 도입하였다.

제1차 세계대전 이후 대규모 실업사태는 실업보험제도의 도입을 촉진하는 계기가 되었다. 벨기에(1920), 스위스(1924) 등은 정부가 보조금을 지급하는 임의적인 실업보험제도를 채택하였고, 오스트리아(1920), 불가리아(1925), 독일(1927) 등은 강제적 실업보험제도를 도입하였다. 1930년대에는 전 세계적인 대공황에 직면하여, 대부분의 국가에서 대량실업사태에 직면하게 되었고, 실업자의 보호를 위하여 실업보험제도의 도입을 적극적으로 검토, 시행하는 계기가 만들어졌다. 이러한 상황에서 1934년 국제노동기구(ILO)가 '비자발적 사업자에 대하여 급여 또는 수당을 보장하는 협약'을 채택하여 이를 비준한 국가에 대해서는 실직자에게 실업급여를 지급하는 강제적 또는 임의적 실업보험제도를 유지할 수 있도록 하였고, 실업보험제도의 적용범위, 수급 요건 및 급여 기간에 대한 최저기준 등을 명시함으로써 실업보험제도의 도입 및 발전에 큰 영향을 미쳤다(김경우 외, 2008).

우리나라는 1970년대 말과 1980년대 초의 정치 불안과 경제 불황으로 실업률이 높은 수준(1979년 5.6%, 1980년 7.5%, 1981년 6.5%)을 유지하였고, 이에 따라 실직 근로자의 생활안정을 위한 실업보험제도 도입에 대한 필요성이 제기되었다. 그렇지만 산업구조의 미성숙 등의 이유로 일단 실업보험제도의 도입이 유보되었다(김경우 외, 2008; 김종명·송낙길, 2015, 재인용). 그렇지만 당시의 문제제기가 그것으로 그치지 않고, 1991년 8월에는 제7차 경제사회발전계획(1992~1996) 후반기 중 고용보험제도를 도입하기로 결정하는데 일정 역할을 하였다.

고용보험 홈페이지에서 고용보험의 연혁을 확인하면 다음과 같다. 전술한 1991년도의 결정 이후로 1992년 5월에는 한국노동연구원에 "고용보험연구기획단"을 설치하였고, 1993년 4월에는 신노총과 경총의 중앙노사합의에서 "고용보험 조기실시"를 대정부 건의사항으로 채택하였으며, 1993년 7월에는 신경제 5개년 계획 발표를 통해 1995년 시행할 것을 고지하기에 이르렀다. 이에 따라 1993년 12월에는 「고용보험법」이 제정되었고, 1995년 7월에는 고용보험이 시행되었으며, 1998년 10월에는 1인 이상 전 사업장으로 고용보험 적용을 확대하였다. 2001년 11월에는 고용보험을 통해 모성보호급여(육아 휴직, 산전후 휴가 급여)가 지급되기 시작하였고, 2002년 12월에는 일용근로자 고용보험 적용 등 「고용보험법」이 개정되었다. 이와 더불어 농업, 임업, 어업 및 수렵업 중 근로자를 1인 이상 고용하는 법인까지 그 적용범위가 확대되었다.

2005년 1월에는 고용보험 및 산업재해보상보험의 보험료를 통합징수하기 위한 「고용보험 및 산업재해보상보험의 보험료 징수 등에 관한 법률」이 제정·시행되었고, 2006년 1월부터는 고용안정사업과 직업능력개발사업을 고용안정·직업능력개발사업으로 통합하였으며, 2009년 1월부터 건설면허업자가 아닌 자가 시공하는 공사의 총 공사금액이 2천만 원 이상인 경우에도 당연적용(의무가입)대상으로 확대 시행되었다.

2. 고용보험의 이해

1) 고용보험과 실업보험

고용보험은 근로자에게 실업급여와 능력개발비용을, 피고용자에게는 고용유지와 교육훈련 비용을 지원하는 제도이다. 고용보험은 실직한 사람에게 실업급여를 제공하는 전통적 방식의 실업보험에서 벗어나 실업의 예방, 고용의 촉진, 근로자 직업능력의 개발과 향상을 도모하고, 국가의 직업지도와 직업소개 기능을 강화하며, 근로자가 실직한 경우에 필요한 급여를 실시하여 생활안정과 구직활동을 촉진함으로써 경제·사회 발전에 기여하는 것을 목적으로 하는 공적 사회보장제도이다.

우리나라의 고용보험은 4대보험 중 마지막으로 도입되어 1995년 7월부터 시행되고 있다. 고용보험은 근로자가 실직했을 때 발생하는 소득중단이나 소득손실에 대해 사회보험방식으로 소득을 보장하는 전통적 의미의 실업보험사업에 더하여 실직자에 대한 재취업이나 근로자의 고용안정 및 직업능력개발 등의 적극적 노동시장정책을 함께 포함하고 있다. 단순하게 실직자의 생계를 지원하는 사후적이고 소극적인 방식의 실업보험에서 그치지 않고 실직자에 대한 생계지원은 물론 재취업을 강화하기 위한 사전적이고 적극적인 성격의 종합적 노동시장정책이라고 할 수 있는 것이다. 이러한 고용보험의 특징을 살펴보면 다음과 같다.

첫째, 고용보험은 근로자에게는 실업급여와 능력개발비용을 지원하고, 고용자에게는 고용유지와 교육훈련비용을 지원하는 제도이다.

둘째, 고용보험은 전통적 의미의 실업보험사업일 뿐만 아니라 산업구조조정의 촉진 및 실업예방, 고용촉진 등을 위한 고용안정사업, 근로자의 생애직업능력개발을 위한 직업능력개발사업을 상호 연계하여 실시하는 사회보장제도임과 동시에 노동시장정책이다.

셋째, 실업보험이 사후적이고 소극적인 사회보장제도인 반면, 고용보험은 노동시장의 구조개편을 강화하는 사전적이고 적극적인 차원의 종합적 인력정책이다.

넷째, 고용보험제도는 실업보험과 고용보험을 동시에 실시함으로써 국가의 직업안정기능이 체계화되고 구조적인 인력수급 불균형에 대응할 수 있게 설계되었다. 마지막으로 고용보험제도는 근로자에 대한 제도적 역할을 통해 생활안정을 도모하고 각종 고용정보제공이나 직업상담을 통해 재취업을 촉진시킨다(김종명·송낙길, 2015).

2) 고용보험의 보험료율과 주체

2009년 노동부가 제출한 '고용보험백서'를 보면 제1장 7절을 통해 사업별 보험료율과 부담주체 등을 확인할 수 있다. 이에 따르면 「고용보험 및 산업재해보상보험의 보험료 징수 등에 관한 법률」에서 고용보험료율은 보험수지의 추이와 경제상황 등을 고려하여 임금총액의 30/1000(3%)의 범위 내에서 고용안정·직업능력개발사업의 보험료율, 실업급여의 보험료율로 구분하여 대통령령으로 정하게 하였다. 같은 법 시행령에 의하면 실업급여 보험료율은 사업규모에 관계없이 일정률로 정하고, 고용안정·직업능력개발사업의 보험료율은 사업규모별로 차등요율로 규정하였다. 제정 당시의 보험료율을 살펴보면 실업급여의 보험료율은 임금총액의 0.6%에서 1.0%(1999. 1. 1.)로 올랐다가 0.9%(2003. 1. 1.)로 인하하였고, 고용안정사업의 보험료율은 임금총액의 0.2%에서 0.3%(1999. 1. 1.)로 올랐다가 0.15%(2003. 1. 1.)로 인하되었고, 직업능력개발사업의 보험료율은 임금총액의 0.1~0.7%(1999. 1. 1.)이었다.

2006년 1월 1일부터 고용안정사업과 직업능력개발사업이 고용안정·직업능력개발사업으로 통합되었고, 보험료율은 임금총액의 0.25~0.85%이다. 다음은 고용보험관리공단의 홈페이지에서 확인한 고용보험의 적용대상 확대와 보험료에 관한 표이다.

[표 11-1] 2020년 보험사업별 보험료율 및 부담

구 분		근로자	사업주
실업급여		0.8%	0.8%
고용안정 사업 및 직업능력 개발사업	150인 미만 기업	-	0.25%
	150인 이상 기업(우선 지원대상 기업)	-	0.45%
	150인 이상~1000인 미만 기업(우선지원 대상기업 제외)	-	0.65%
	1000인 이상 기업 및 국가, 지방자치단체가 직접 행하는 사업	-	0.85%

출처: 고용보험 홈페이지(www.ei.go.kr).

(1) 보험료

보험료는 보험사업에 소요되는 비용을 충당하기 위해 보험가입자인 사업주와 피보험자인 근로자로부터 징수하는 금액을 말하며, 고용안정과 직업능력 개발사업, 실업급여사업 등 보험사업별로 구분하여 산정한다. 고용보험료 산정은 매 보험년도마다 당해 1년 동안 적용사업의 보험사업별 피보험자인 근로자 임금총액에 보험사업별 보험료율을 곱한다.

(2) 보험료의 종류

가. 개산보험료

개산보험료는 매 보험연도마다 1년간(보험연도 중에 보험관계가 성립한 경우에는 그 성립일로부터 그 보험연도의 말일까지의 기간)에 사용할 모든 근로자에게 지급할 임금총액의 추정액에 보험료율을 곱하여 산정한 금액을 말한다.

나. 확정보험료

확정보험료라 함은 매 보험연도의 초일(보험연도 중에 보험관계가 성립한 경우에는 성립일)부터 연도 말일 또는 보험관계가 소멸한 날의 전날까지 지급한 임금총액에 보험료율을 곱하여 산정한 금액을 말한다. 다시 말해 임금총액 추정액을 기준으로 산정하는 개산보험료와는 달리 실제 발생된 임금총액을 기준으로 보험료를 산정하는 것을 말한다.

다. 특례보험료

상시 근로자 수가 5인 미만인 사업의 경우 보험료 납부편의 및 보험관리의 효율성을 제고하기 위하여 기준임금을 사용하여 보험료를 근로복지공단이 산정하여 사업주에게 보험료를 부과 고지하는 제도이다.

3) 고용보험의 사업 및 그 내용

고용보험의 사업은 크게 개인을 대상으로 하는 사업들과 기업을 대상으로 하는 사업으로 분류될 수 있다. 개인을 대상으로 하는 사업으로는 대표적으로 실업급여가 있으며, 이외에도 직업능력개발을 위한 재직근로자 훈련지원사업, 실업자 훈련지원사업이 있고, 육아휴직급여나 산전후휴가급여와 같이 일·가정 양립을 지원하는 사업들이 있다.

기업을 대상으로 하는 사업으로는 고용안정 사업이라는 명목하에 고용창출지원사업, 고용조정지원사업, 고용촉진지원사업 등이 있다.

(1) 근로자 지원사업

가. 재직근로자 훈련지원

기업과 근로자의 직업능력개발지원을 통해 인적 자원의 질을 향상시키고 근로자 스스로의 직무능력 향상 노력을 위하여 급변하는 경제상황에 능동적으로 대처하는 데 그 목적이 있다. 근로자 수강 지원금 지원, 근로자 학자금 및 훈련비 대부가 이에 해당된다.

나. 실업자 훈련지원

고용보험에서는 실업자의 재취업을 위한 훈련을 지원하고 있다. 훈련지원에 대한 훈련비, 훈련 수당이 지원되며, 취업훈련은 민간 훈련기관, 대한상공회의소에서 실시한다.

(2) 사업주 지원제도(고용안정사업)

가. 고용조정지원사업

'근로자의 계속고용유지의 지원'과 '잉여인력의 유연한 재배치 지원'이라는 두 가지 목표하에 다음과 같은 지원금을 두고 있다. 근로자 휴업의 경우에는 휴업수당지원금, 직업훈련을 실시하는 경우에는 전직훈련지원금, 인력재배치를 단행하는 경우 인력재배치지원금을 지급하도록 하였다. 또한, 지역고용개발이 필요한 것으로 지정된 지역 내에서 사업을 개시, 확장하는 경우 지역고용촉진지원금을 지원하였다.

나. 고용촉진지원사업

일정한 지역의 고용을 촉진시키거나 취직이 곤란한 자의 고용을 촉진시키고 또는 고용촉진시설을 설치·운영하는 경우에 이를 장려하고 그 비용의 일부를 지원하는 사업이다. 취업자 중 55세 이상의 고령자의 임금 일부를 지원하는 '고령자고용촉진장려금'과 육아휴직 시 일정금액을 사업주에게 지급하여 근로자의 육아휴직을 장려하는 '육아휴직장려금'이 있다.

다. 고용창출지원사업

2004년 2월 10일 노사정 간 합의된 '일자리 만들기 사회협약'의 내용이 반영되어 2004년 2월 25일의 「고용보험법 시행령」 개정을 통해 2004년 2월 25일부터 중소기업근로시간단축지원금이 신설되었다. 이어서 2004년 10월 1일의 「고용보험법 시행령」 개정을 통해 2004년 10월 1일부터 교대제전환지원금, 중소기업고용환경개선지원금, 중소기업전문인력채용장려금, 중소기업신규업종진출지원금이 신설되었다. 이는 내수부진과 투자감소 등 경제침체와 일자리 감소 등 경제의 전반적인 고용창출 능력이 둔화되고 있는 가운데 심각한 구인난을 겪고 있는 중소기업을 대상으로 한 제도이다.

4) 실업급여(구직급여)

실업급여란 고용보험 가입 근로자가 실직하여 재취업 활동을 하는 기간에 소정의 급여를 지급함으로써 실업으로 인한 생계불안을 극복하고 생활의 안정을 도와주며 재취업의 기회를 지원하는 제도이다. 이는 실업에 대한 위로금이나 보험료 납부의 대가로 지급되기보다는 실업이라는 보험사고가 발생했을 때 적극적인 재취업 활동을 한다는 사실이 확인되었을 때만 지급이 되는 것이다. 실업급여의 내용은 다음과 같다.

[표 11-2] 실업급여의 종류와 요건

구분		요건
구직급여		고용보험 적용사업장에서 실직전 18개월 중 피보험단위기간이 통산하여 180일 이상 근무하고, 근로의 의사 및 능력이 있고(비자발적으로 이직), 적극적인 재취업활동(재취업활동을 하지 않는 경우 미지급)에도 불구하고 취업하지 못한 상태이며 수급자격 제한사유에 해당하지 않아야 함 ※ 자발적 이직하거나, 중대한 귀책사유로 해고된 경우는 제외 ※ 퇴직금 · 퇴직위로금 등 1억 원 이상을 지급받거나 지급받을 것이 확실 시되는 자는 실업신고일로부터 3개월간 실업급여의 지급이 유예됨 ※ 일용근로자로 이직한 경우 아래 요건 모두 충족하여야 함 (일용) 수급자격신청일 이전 1월간의 근로일 수가 10일 미만이어야 함 (일용) 최종 이직일 이전 기준기간 내의 피보험단위기간 180일 중 「고용보험법」 제58조의 수급자격의 제한사유에 해당하는 사유로 이직한 사실이 있는 경우에는 당해 피보험 단위기간 중 90일 이상을 일용근로자로 근로하여야 함
상병급여		실업신고를 한 이후 질병 · 부상 · 출산으로 취업이 불가능하여 실업의 인정을 받지 못한 경우 7일 이상의 질병 · 부상으로 취업할 수 없는 경우 증명서를 첨부하여 청구 출산의 경우는 출산일로부터 45일간 지급
훈련연장급여 (최대 2년)		실업급여 수급자로서 연령 · 경력 등을 고려할 때, 재취업을 위해 직업안정기관장의 직업능력개발훈련지시에 의하여 훈련을 수강하는 자
개별연장급여 (최대 60일)		취직이 특히 곤란하고 생활이 어려운 수급자로서 임금수준, 재산상황, 부양가족 여부 등을 고려하여 생계지원 등이 필요한 자
특별연장급여 (최대 60일)		실업급증 등으로 재취업이 특히 어렵다고 인정되는 경우 고용노동부장관이 일정한 기간을 정하고 동기간 내에 실업급여의 수급이 종료된 자
취업 촉진 수당	조기 재취업 수당	대기기간이 경과하고 구직급여를 지급받을 수 있는 소정급여일수를 30일 이상 남기고 6개월 이상 계속 고용(자영업을 영위한 것)될 것 (자영업의 경우에는 1회 이상 자영업 준비 활동으로 실업인정을 받아야 함)
	직업능력 개발수당	실업기간 중 직업안정기관장이 지시한 직업능력개발훈련을 받는 경우
	광역구직 활동비	직업안정기관장의 소개로 거주지에서 50km 이상 떨어진 회사에 구직활동을 하는 경우
	이주비	취업 또는 직업안정기관의 장이 지시한 직업능력개발훈련 받기 위해 주거를 이전한 경우

출처: 고용보험 홈페이지(www.ei.go.kr).

실업급여 지급일수는 퇴직 당시 연령과 고용보험 가입기간에 따라 최소 120일에서 최대 270일까지 받을 수 있다. 수급기간을 표로 정리하면 다음과 같다.

[표 11-3] **구직급여의 소정급여일수(피보험 기간과 연령)와 수급기간**

연령 및 가입기간	1년 미만	1년 이상 3년 미만	3년 이상 5년 미만	5년 이상 10년 미만	10년 이상
50세 미만	120일	150일	180일	210일	240일
50세 이상 및 장애인	120일	180일	210일	240일	270일

출처: 고용보험 홈페이지(www.ei.go.kr).

5) 모성보호급여

(1) 육아휴직급여

고용노동부장관은 「남녀고용평등법」에 따른 육아휴직을 30일 이상 부여받은 피보험자 중 다음 요건을 모두 갖춘 경우에 통상임금의 80%를 지급한다. 육아휴직기간은 1년 이내이며, 자녀 1명당 1년 사용 가능하므로 자녀가 2명이면 각각 1년씩 2년 사용 가능하다. 근로자의 권리이므로 부모가 각 1년씩 사용 가능하다.

- 육아휴직을 시작한 날 이전에 피보험자 단위기간이 통산하여 180일 이상일 것
- 같은 자녀에 대하여 피보험자인 배우자가 육아휴직(30일 미만은 제외)을 부여받지 아니하고 있을 것
- 육아휴직을 시작한 날 이후 1개월부터 끝난 날 이후 12개월 이내에 신청할 것

(2) 출산전후 휴가급여

고용노동부장관은 「남녀고용평등법」에 따라 피보험자가 「근로기준법」 제74조에 따른 산전 후 휴가 또는 유산·사산휴가를 받은 경우로써 다음의 요건을 모두 갖춘 경우에 출산전후 휴가급여 등을 지급한다.

- 휴가가 끝난 날 이전에 「고용보험법」 제41조에 따른 피보험자 단위기간이 통산하여 180일 이상일 것
- 휴가가 시작한 날 이후 1개월부터 휴가가 끝난 날 이후 12개월 이내에 신청할 것

(3) 육아기 근로시간 단축급여

고용노동부장관은 「남녀고용평등법」 제19조에 따른 육아휴직을 30일 이상 부여받은 피보험자 중 육아기 근로시간 단축을 시작한 날 이전에 피보험 단위기간이 통산하여 180일 이상이고, 같은 자녀에 대해서 피보험자인 배우자가 30일 이상의 육아휴직을 부여받지 않고 육아기 근로시간 단축도 30일 이상 실시하지 않고 있는 경우, 육아휴직 개시일 이후 1개월부터 종료일 이후 12개월 이내에 신청한 경우에 육아기 근로시간 단축급여를 지급한다.

3. 고용보험의 쟁점

1) 복지 의존도에 대한 논쟁

앤서니 기든스(2001)는 1970년대 후반에 등장한 영국의 대처정권과 같은 보수주의자들이 복지국가를 개혁하여야 한다는 이들의 주장을 서술한 바 있다. 실업급여의 축소를 주장한 이들이 제시한 논리는 실업수당이 실업을 온존시킬 수 있고, 복지의존을 일으킬 수 있다는 것이다. 즉 사람들이 독립하기보다는 복지에 의존하게 된다는 주장이 바로 그것이다. 실업수당과 같은 복지수당에 물질적으로만 의존하는 것이 아니라 심리적으로도 의존하게 되며, 복지제도가 자신들을 부양해 줄 것을 믿고 단념하고 수동적인 태도를 받아들인다는 것이다(Anthony Giddens, 2001, 김미숙 외 역, 2003).

우리나라의 구직급여에서 과연 그런 부작용이 나타난다고 볼 수 있는지를 살펴보도록 하자. 앞서 언급한 '복지의존'이란 현상도 그러한 현상이 가능한 배경과 조건에서 가능한 것이다. 즉 급여의 자격요건이 관대하고, 수준이 적절하며, 보장받을

수 있는 기간이 상당히 길다면 소위 '복지의존'이 가능할지 모르겠다. 그렇지만 이러한 주장이 우리나라에서 유효할지는 의문이다. 유길상(2005)은 고용보험의 문제점을 지적한 바 있는데, 이에 따르면 우리나라 고용보험은 전체 실업자 중에서 실업급여 수급자의 비중이 상대적으로 낮고, 전체 근로자 중 고용보험 피보험자이고 관리되고 있는 사람이 앞서 살펴보았듯이 전체 근로자 대비 40% 정도 밖에 되지 않으며, 실업자 중 실업급여를 받고 있는 수급자 수의 비중은 2004년 기준으로 21.4% 정도 밖에 되지 않는다.

또한 실업급여 수급요건이 외국에 비해 엄격하고 실업급여의 소정급여기간이 짧고, 정당한 사유가 없는 자발적 이직자와 본인의 중대한 과실에 의한 이직자에게는 실업급여를 지급하지 않는다. 이와 더불어 실업급여의 소정급여일수가 90~240일로 1년 내외가 일반적인 외국에 비해 짧으며, 2004년 기준 실제 평균 실업급여 수급일수가 114일로서 외국에 비해 짧다.

마지막으로 실업급여의 이직 전 임금대체율이 상대적으로 낮다. 우리나라의 실업급여의 임금대체율은 이직 전 임금의 50%로서 일본의 60~80%, 독일의 67% 등에 비해 낮고 급여액의 상한선도 4만 원으로 실제 임금대체율은 2004년 기준 28.7%로서 사회안전망 기능을 충분하게 하지 못하는 것으로 드러난다. 이러한 측면에서 실업급여가 복지의존에 의한 실업양산의 원인이 된다는 주장은 근거가 미약한 것으로 여겨진다.

2) 보편적 사회안전망으로서의 제도에 대한 논쟁

일반적으로 실업급여 수급자들이 노동시장에서 성, 연령, 학력 등에서 상대적으로 한계근로자일 가능성이 높지만 우리나라의 경우는 그렇지 못한 측면이 있다(유길상, 2003). 즉 우리나라는 남성에 비해 여성이, 연령계층별로는 30대 이하의 연령계층에 비해 40대와 50대 이상의 연령계층의 실업급여 수급 가능성이 높게 나타난다. 또한 전문대졸 이상의 학력을 가진 사람들이 고졸자에 비해 실업급여 수급가능성이 높으며, 직종별로는 단순노무직 근로자가 전문직 및 기술, 기능직 근로자에 비하여 실업급여 수급 가능성이 낮은 것으로 나타나, 고용이 안정되어 있는 직종에서 실업급여 수급 가능성이 높은 것으로 나타났다. 이직 전 임금 수준이 높을수록 실업급여 수급가능성이 높고, 고용형태별로는 정규직 근로자가 임시, 일용직 근로자에 비하여 실업급여 수급 가능성이 더 높은 것으로 확인됐다.

이러한 수급자의 특성은 고용보험이 전체 근로자를 대상으로 보편적인 사회안전망의 역할을 충분히 해내고 있지 못한 현실을 반영하는 것이며, 지속적으로 대상자의 확대를 위한 정책적 노력이 수반되어야 한다.

또한 고용보험의 사업장 규모별 역전성의 문제는 고용안정사업의 경우 대규모 사업장이 영세사업장에 비해 급여 수급 실적이 높아 영세사업장이 대규모 사업장에 재정 이전 현상이 발생한다는 지적이라 할 수 있다. 직업능력개발사업의 경우 사업규모별 보험료율의 차등화에도 불구하고 사업규모가 클수록 납부한 보험료에 비해 사업주가 지원받은 금액 비율이 훨씬 높게 나타나고 있는 점이 지적되고 있다. 실업급여에 있어서도 이러한 현상이 나타나고 있어 30인 이하의 영세사업장에 있어 납부한 보험료 대비 지급된 실업급여 비율이 훨씬 낮은 것으로 분석되어 역진성의 문제를 보여주고 있다(김태성 외, 2009).

● 정 리 마 당 ●

1. 고용보험제도의 특징(우리나라)
2. 고용보험제도의 급여
3. 고용보험 급여?
4. 근로자의 근로시간에 대한 논의(주52시간 유지와 유연화)
5. 자영업자인 피보험자에 대한 실업급여 적용(특례) 정리

Part 02

산업재해보상보험

1. 산업재해보상보험의 역사

근로자의 재해보상을 보장하기 위한 제도는 1884년 독일의 재해보험법을 효시로 하여, 현재 많은 나라에서 시행하고 있다. 우리나라에서는 1963년 「산업재해보상보험법」이 제정되어 「근로기준법」의 적용을 받는 사업 또는 사업장의 근로자에 대한 업무상 재해를 보상함과 동시에 이에 필요한 보험시설을 설치·운영함으로써 근로자 보호에 기여해 왔다.

사실 「산업재해보상보험법」 제정 이전에도 「근로기준법」을 통해 재해보상제도를 시행하였으나, 개별적인 사용자의 책임에 한정되었기 때문에 기업이 산업재해로 인해 큰 손실을 입거나 도산하는 경우에는 보호를 받을 수 없는 경우가 비일비재하였다. 따라서 어떠한 경우에도 재해보상이 확실히 보장되는 제도적 뒷받침이 필요하였고, 이에 따라 보험기술을 이용하여 단체적 책임하에 재해를 보상하는 산재보험제도가 마련된 것이었다. 기업주의 입장에서도 산업재해로 인한 위험부담을 분산·경감해 주고 안정된 기업활동을 할 수 있도록 지원하는 이점이 있는 제도라고 할 수 있다.

우리나라 정부는 1963년 10월 법안을 의결하고, 같은 해 11월에 공포하였으며, 1964년 7월부터 시행하였다. 처음 시행될 당시에는 상시근로자 500인 이상을 고용하는 대규모의 광업 및 제조업 부문에만 적용하고, 「근로기준법」에서 규정한 재해보상에 한정된 보상을 하였지만, 그 이후 지속적으로 산재보험의 적용범위가 확대되어 2000년 7월 1일부터는 근로자 1인 이상을 고용하는 사업장의 근로자에게까지 적용이 확대되었다.

2. 산업재해보상보험의 개요

산업재해보상보험제도는 국가가 책임을 지닌 사회보험으로 사용자의 「근로기준법」상의 재해보상책임을 보장하기 위해 국가가 사업주로부터 소정의 보험료를 징수하여 그 기금으로 사업주를 대신하여 산업재해를 당한 근로자에게 치료비와 보상금 지급, 직업재활, 생활정착금 보조 등의 보상을 하기 위한 제도이다. 여기서 산업재해란 업무상 사유에 따른 근로자의 부상, 질병, 상해 또는 사망을 의미한다.

제도의 목적은 근로자의 업무상의 재해를 신속하고 공정하게 보상하고, 재해근로자의 재활 및 사회복귀를 촉진하기 위하여 이에 필요한 보험시설을 설치·운영하며, 재해 예방과 그 밖에 근로자의 복지증진을 위한 사업을 시행하여 근로자를 보호하기 위함이다. 따라서 제도의 의의는 근로자의 업무상 재해를 보상하는데 그치지 않고, 불의의 재해를 입은 근로자나 그 가족의 생활을 보호하기 위한 보험시설을 설치하여 운영하여 근로복지사업을 실시하며, 이와 동시에 재해로 인한 사업주의 경제적 부담을 전체 보험가입자에게 분산시켜 그 부담을 경감시키는 데 있다(김종명·송낙길, 2015).

3. 산업재해보상보험의 특징과 원칙

산업재해보상보험제도는 사회보험으로서 다른 사회보험과 달리 다음과 같은 특징과 원칙을 지니고 있다. 우선 사회보험의 특징은 다음과 같다(정현태 외, 2016).

첫째, 산재보험은 기본적으로 업무상의 사유로 재해를 입은 근로자에 대하여 무과실 책임주의에 입각하여 사용자의 고의·과실의 유무를 불문하고 사용자에게 무과실책임을 부과한다.

둘째, 산재보험은 타 사회보험제도와는 달리 사업장 단위로만 가입이 이루어지고 개별근로자들의 관리는 별도로 이루어지지 않는다.

셋째, 산재보험의 보험관계 성립 및 제반 행정을 자진신고 및 보험료 자진납부를 원칙으로 한다.

넷째, 산재보험급여는 재해발생에 따른 손해 전체를 보상하는 것이 아니라 평균임금을 기초로 하는 정률보상방식에 따라 산정한다.

다섯째, 재해보상과 관련되는 이의신청을 신속히 하기 위하여 심사 및 재심사청구제도를 운영하고 있다.

여섯째, 보험료는 원칙적으로 사업주가 전액 부담한다.

일곱째, 재해발생 시 근로자 본인은 물론 그 가족의 생존권을 보장하기 위하여 보험료를 부담하는 것으로 납부자와 수혜자가 일치하지 않는다.

다음으로는 산재보험의 원칙에 대하여 확인하도록 한다. 산재보험의 원칙은 산업재해의 원인을 노동자의 입장에서 보느냐, 사용자의 입장에서 보느냐에 따라서 혹은 어떤 각도에서 이해할 것인가에 따라 근본적으로 달라질 수 있지만 산재보험의 목적과 의의에 부합하기 위해서는 다음의 세 가지 원칙이 확립될 필요가 있다(박경일, 2008a).

첫째, 산업재해 보상 인정의 원칙이다. 산재보상의 핵심 목적은 무엇보다도 재해를 입은 근로자와 그 가족의 생존권 보장이다. 이를 위해서는 업무상 재해 외의 재해를 결정할 때, 거증책임의 전가, 의사 선택의 자유, 업무 외 상병에 대한 기업보상의 확립 등이 필요하다.

둘째, 산업재해의 치료 및 보상에 관한 것으로써 다음의 네 가지 원칙들이 지켜져야 한다.

① 장기요양 중에 혹은 치료 후에도 장애가 남아 있어서 근로능력이 저하된 경우에 해고 또는 불이익 취급을 받아서는 안 되며, 직장복귀의 권리가 보장되어야 한다.

② 휴업 또는 취업 제한 시 임금의 감소는 완전히 보장되어야만 한다.

③ 요양에 필요한 비용 및 치료행위 그리고 재활은 모두 보상되지 않으면 안 된다 등의 산업재해에 의하여 입은 손해에 대한 '치료와 보상의 원칙'이다.

④ 이와 더불어 요양 중 또는 요양 후의 후유장애에 수반하는 정신적 고통에 대한 보상(위자료)도 이루어져야 한다.

셋째, '유족보상의 원칙'으로서 유족에 대한 보상은 먼저 유족이 안심하고 생활할 수 있는 임금보상이 이루어져야 하고, 이에 덧붙여 정신적 고통에 그치지 않는 가정의 파괴에 대한 위자료로서의 보상(사망일시금)이 이루어져야 한다.

4. 산업재해보상보험의 이해

1) 운영체계

고용보험에서 언급하였듯이 지난 2005년 1월 1일부터 고용보험 및 산업재해보상보험의 보험료를 통합징수하기 위한 고용보험 및 산업재해보상보험의 보험료 징수 등에 관한 법률이 제정되어 시행되고 있다. 이에 따라 근로복지공단에서 산재보험과 고용보험의 가입 및 보험료 납부 등에 관한 업무를 통합 관장하고 있다.

보험료 통합징수 외의 업무들 중 산재보험과 관련된 업무들(산재의 보상, 의료 및 재활서비스 등의 업무)은 근로복지공단에서, 고용보험과 관련된 업무들(실업급여 지급, 고용안정지원사업 등)은 고용지원센터에서 수행하고 있다. 이러한 산재 및 고용보험의 수행체계는 관리주체인 고용노동부장관과 해당 보험업무를 실제로 담당하는 근로복지공단과 고용지원센터, 보험가입자와 수급권자의 관계를 기본구조로 설계되어 있다. 단, 산재보험에서는 보험가입자인 사용자와 수급권자인 근로자로 이분화되지만 고용보험에서는 사용자와 근로자 모두 보험가입자가 되고, 수급권자는 주로 근로자가 되어서 산재보험처럼 이분화되지 않는다는 차이점이 있다.

산재보험에서 수급권자가 되는 산재피해자를 피보험자로 하지 않는 이유는 근로관계에서 본래 사용자가 부담하여야 하는 재해보상의 책임을 보험급여로 이행한다는 일종의 책임보험적 성격에서 비롯되는 것이다.

2) 산재보험의 가입대상 사업장 및 적용근로자

(1) 보험가입자

산재(및 고용)보험의 가입대상사업장은 다음과 같다. 우선 1인 이상의 근로자를 고용하는 모든 사업장은 사업주의 의사와 관계없이 자동적으로 보험관계가 성립하는 당연가입자로 산업재해보상보험의 가입자가 된다. 다만, 사업의 위험률·규모 및 사업장소 등을 참작하여 대통령령(제3조 제1항)이 정하는 사업을 적용에서 제외된다. 당연적용사업에 해당하게 되는 날 이후 재해를 당한 근로자는 사업주의 성립신고 여부와 관계없이 산재보상을 받을 수 있다.

당연적용대상사업에 해당하지 않는 경우 승인을 얻어 보험에 가입할 수 있으며, 고용보험의 경우 근로자 과반수 이상의 동의를 얻어 임의가입이 가능하다.

(2) 적용근로자

적용근로자는 직업의 종류와 관계없이 임금을 목적으로 사업이나 사업장에서 근로를 제공하는 자에 해당한다. 단, 적용제외 근로자 규정을 두어 다음에 해당하는 경우에는 산재 및 고용보험에 적용되지 않는다. ① 65세 이상인 자는 실업급여 대상에서 제외되고, ② 소정근로시간이 대통령이 정하는 시간 미만인 자는 적용이 제외된다. 월간소정 근로시간은 60시간(주간 15시간)으로 규정되어 있다.

(3) 보험 수급권자

산재보험의 보험 수급권자는 업무상의 사유에 의한 부상, 질병, 장해 또는 사망 등 업무상 재해를 당한 근로자이다. 여기서 근로자란 「근로기준법」에 의한 근로자를 의미하는데, 직업의 종류와 관계없이 임금을 목적으로 사업이나 사업장에서 근로를 제공하는 사람을 의미한다.

3) 보험급여의 종류

산업재해보상보험제도의 급여는 「산업재해보상보험법」의 적용을 받는 사업 또는 사업장 소속 근로자가 업무상 사유로 인하여 부상·질병·장해 또는 사망한 경우에 이를 회복시키거나 소득을 보장하고 그 가족의 생활 보호를 위하여 지급되는 모든 종류의 급여를 의미한다.

일반적으로 산업재해의 급여는 업무수행성과 업무기인성을 기본 요건으로 하여 지급되는데, 업무수행성은 사용자의 지배 또는 관리하에서 이루어지는 업무수행 및 그에 수반되는 통상적인 활동과정에서 그 업무에 기인하여 재해의 원인이 발생한 것을 의미하며, 업무기인성은 재해와 업무 간에 상당인과 관계가 있는 것을 의미한다. 근로복지공단에서는 매년 '산재·고용보험 실무편람'을 발간하여 사업의 내용과 변경사항을 고시하고 있는데, 그에 따르면 급여의 종류는 다음과 같다.

[표 12-1] **보험급여의 종류**

구분	내용
요양급여	업무상 재해로 요양기간이 4일 이상인 경우 국민건강보험 진료수가 범위 내에서 요양비 진액
휴업급여	요양으로 취업하지 못한 기간 1일에 대하여 평균임금의 70% 상당액
상병보상연금	당해 부상 또는 질병이 2년이 경과되어도 치유되지 않고 폐질등급 1~3급에 해당하는 장기 환자에 대하여 휴업급여 대신에 보다 높은 수준의 보험급여 지급
장해급여	업무상 재해의 치유 후 당해 재해와 상당 인과 관계가 있는 장해가 남게 되는 경우 그 장해 정도에 따라 지급
간병급여	요양급여를 받은 자가 치유 후 의학적으로 상시 또는 수시로 간병이 필요하여 실제로 간병을 받는 자에게 지급
유족급여	업무상 재해로 사망하거나 사망의 추정 시 그 유족의 생활보장을 위하여 지급
장의비	장제실행에 소요된 비용지급
직업재활급여	산재근로자의 재취업 촉진을 위한 직업훈련수당 및 직장복귀 촉진을 위한 직장복귀지원금, 직장적응훈련비, 재활운동비 등 지급

출처: 근로복지공단(2009b).

(1) 요양급여

요양급여는 근로자가 업무상 부상 또는 질병에 걸렸을 경우 치유될 때까지 공단이 설치한 보험시설 또는 산재보험 의료기관에서 요양을 직접 행하게 하는 현물급여를 의미한다. 다만, 비지정의료기관에서 요양을 받은 경우나 산재환자가 자비로 실시한 요양 등 부득이한 경우에는 산재근로자에게 요양비를 직접 지급한다.

「산업재해보상보험법」상 산재근로자에 대한 요양급여의 범위는 「산업재해보상보험법」 제40조 제4항에 규정하고 있으며, 그 내용은 아래와 같다.

[표 12-2] **「산업재해보상보험법」 제40조(요양급여) 제4항**

1. 진찰 및 검사
2. 약제 또는 진료재료와 의지(義肢) 그 밖의 보조기의 지급
3. 처치, 수술, 그 밖의 치료
4. 재활치료
5. 입원
6. 간호 및 간병
7. 이송
8. 그 밖에 고용노동부령으로 정하는 사항

요양급여의 지급요건은 업무상의 사유에 의한 부상 또는 질병으로 한하며, 산재보험 적용대상 근로자가 업무상의 사유로 부상을 당하거나 질병에 걸린 경우에 그 근로자에게 지급한다. 단, 부상 또는 질병이 3일 이내의 요양으로 치유될 수 있는 때에는 급여를 지급하지 않는다. 제공되는 요양급여는 현물급여 원칙에 의해 산재보험 의료기관에서 요양하도록 한다.

(2) 휴업급여

휴업급여는 업무상 재해를 당하거나 업무상 질병에 걸린 근로자가 요양으로 인하여 취업하지 못한 기간에 대하여 피재근로자와 그 가족의 생활보호를 위하여 지급하는 소득보장 성격의 급여이다. 지급요건은 업무상 부상 또는 질병으로 인한 요양 중일 것으로 규정하며, 요양에는 입원, 통원, 재가요양을 포함한다. 또한 취업불능 기간이 4일 이상의 경우에만 지급되며, 4일 미만(3일 이내)인 경우 「근로기준법」에 의한 재해보상책임에 의거 사업주가 휴업보상 실시하도록 한다. 휴업급여액은 요

양기간 중 취업하지 못한 기간에 대하여 1일 평균임금의 70%이다.

(3) 장해급여

업무상 재해를 당한 근로자가 요양 후 치유되었으나 정신적 또는 신체적 결손이 남게 되는 경우 그 장해로 인한 노동력 손실 보전을 위하여 지급되는 보험급여이다. 장해급여는 장해등급(제1~14급)에 따라 장해보상연금 또는 장해보상일시금으로 지급한다. 지급요건은 ① 업무상 재해로 인한 부상 또는 질병의 치유 후 신체에 장해가 잔존할 것, ② 장해가 당해 업무상 부상 또는 질병과 상당인과 관계가 있을 것으로 한다. 지급 사유, 시기 및 내용을 정리하면 다음과 같다.

[표 12-3] **장해보험급여**

구분	지급 사유	청구 시기	급여 내용
일시금	업무상 재해가 치유된 후 장해등급 제4~14급 장해 잔존시	치유 후	장해 정도에 따라 평균임금의 1,012일분부터 55일분 상당액
연 금	업무상 재해가 치유된 후 장해등급 제1~7급 장해 잔존시 • 제1~3급: 연금 • 제4~7급: 연금 또는 일시금 중 선택 가능	치유 후	장해 정도에 따라 평균임금의 329일분부터 138일분 상당액

※ 1. 연금의 경우 최초 1회 청구로 2회분부터 자동 지급
  2. 연금으로 지급하는 것이 곤란한 연금수급권자의 국외이주, 외국인 수급권자가 국내를 떠나게 되어 일시금을 청구하는 경우에는 일시금 지급

출처: 근로복지공단(2009b).

장해등급에 따른 장해보상연금과 장해보상일시금의 급여 책정 일수는 다음과 같다.

[표 12-4] **장해급여표**

장해 등급	장해보상연금	장해보상 일시금	장해 등급	장해보상연금	장해보상 일시금
제1급	329일분	1,474일분	제8급		495일분
제2급	291일분	1,309일분	제9급		385일분
제3급	257일분	1,155일분	제10급		297일분
제4급	224일분	1,012일분	제11급	–	220일분
제5급	193일분	869일분	제12급		154일분
제6급	164일분	737일분	제13급		99일분
제7급	138일분	616일분	제14급		55일분

※ 1. 장해 1급에서 3급까지 연금으로만 지급되며 1~4년 분의 ½에 해당하는 금액을 선급으로 지급받을 수 있음
2. 장해 4급에서 7급까지 일시금과 연금 중에 선택할 수 있으며, 연금으로 선택할 시 그 연금의 2년분의 ½에 해당하는 금액을 선급받을 수 있음
3. 장해 8급에서 14급까지 일시금으로만 지급

출처: 근로복지공단(2009b).

(4) 간병급여

요양을 종결한 산재근로자가 치유 후 의학적으로 상시 또는 수시로 간병이 필요하여 실제로 간병을 받는 자에게 지급하는 보험급여이다. 장해등급과 정도에 따라 상시 간병급여와 수시 간병급여로 구분하여 지급하는데, 각각의 내용은 다음과 같다.

상시 간병급여는 ① 신경계통의 기능, 정신기능 또는 흉·복부 장기의 기능에 장해등급 제1급에 해당하는 장해가 남아 일상생활에 필요한 동작을 하기 위하여 항상 다른 사람의 간병이 필요한 사람, ② 두 눈, 두 팔 또는 두 다리 중 어느 하나의 부위에 장해등급 제1급에 해당하는 장해가 남고, 다른 부위에 제7급 이상에 해당하는 장해가 남아 일상생활에 필요한 동작을 하기 위하여 항상 다른 사람의 간병이 필요한 사람에게 지급한다.

수시 간병급여는 ① 신경계통의 기능, 정신기능 또는 흉·복부 장기의 기능에 장해등급 제2급에 해당하는 장해가 남아 일상생활에 필요한 동작을 하기 위하여 수

시로 다른 사람의 간병이 필요한 사람, ② 장해등급 제1급(「산재보사보험법」 제53조 제2항에 따른 조정의 결과 제1급이 되는 경우를 포함)에 해당하는 장해가 남아 일상생활에 필요한 동작을 하기 위하여 수시로 다른 사람의 간병이 필요한 사람에게 지급한다.

상시 간병급여나 수시 간병급여에 대해 위와 같이 지급함을 원칙으로 하지만 간병급여 지급대상자가 무료요양소 등에 입소하여 간병비용을 지출하지 아니하거나 실제 간병비용으로 지급한 금액이 간병급여액에 미달하는 경우에는 간병급여를 지급하지 아니하거나 실제 지출된 간병비용만 지급하도록 한다.

(5) 유족급여

근로자가 업무상 사유로 사망 시 또는 사망으로 추정되는 경우 그에 의하여 부양되고 있던 유족들의 생활보장을 위하여 지급되는 보험급여로 유족급여는 유족보상연금과 유족보상 일시금으로 한다. 유족급여의 지급은 연금지급을 원칙으로 하며, 사망한 근로자 평균임금의 52~67% 상당액이 매월 지급된다.

[표 12-5] **유족보상연금금액의 산정**

유족보상연금액: 기본금액과 가산금액을 합산한 금액 유족보상연금액 = 기본금액(47%) + 가산금액(5~20%)
• 기본금액: 급여기초연액(평균임금 *365일)의 100분의 47에 상당하는 금액 • 가산금액: 유족보상연금수급자격자 1인당 급여기초연액의 100분의 5에 최대 4인까지(20%) 가산 – 빈액일시금: 연금수급권자가 목돈을 필요로 하여 원하는 경우에는 유족일시금(평균임금의 1300일분)의 50%를 일시금으로 지급하고 유족보상연금은 50%를 감액하여 지급

※ 유족급여는 유족보상연금으로 지급함이 원칙이나 근로자 사망 당시 연금수급자격자가 없는 경우 또는 유족이 대한민국 국민이 아닌 자로서 외국에서 거주하고 있는 경우에는 일시금으로 지급

출처: 근로복지공단(2009b), 재구성.

유족보상연금 수급자격자는 근로자 사망 당시 그 근로자와 "생계를 같이 하고 있던 유족" 중 배우자와 다음 「산업재해보상보험법」 제63조에 해당하는 자로 하며, 여

기서 처 이외의 자는 일정한 연령 또는 일정한 장해상태에 있을 것을 요건으로 하고 있다.

① 부모 또는 조부모로서 각각 60세 이상인 자
② 자녀 또는 손자녀로서 각각 19세 미만인 자
③ 형제자매로서 19세 미만이거나 60세 이상인 자
④ ①~③까지의 규정 중 어느 하나에 해당하지 아니하는 자녀·부모·손자녀·조부모 또는 형제자매로서 「장애인복지법」 제2조에 따른 장애인 중 고용노동부령으로 정한 장애등급 이상에 해당하는 자
⑤ 근로자가 사망할 당시 태아(胎兒)였던 자녀가 출생한 경우에는 출생한 때부터 장래에 향하여 근로자가 사망할 당시 그 근로자와 생계를 같이 하고 있던 유족으로 봄

(6) 상병보상연금

요양급여를 받는 근로자가 요양개시 후 2년이 경과하여도 치유되지 아니하고 요양이 장기화됨에 따라 해당 피재근로자와 그 가족의 생활안정을 도모하기 위하여 휴업급여 대신에 지급하는 보험급여이다. 요양급여를 받는 근로자가 요양을 시작한 지 2년이 지난 날 이후에도 부상이나 질병이 치유되지 않았거나, 그에 따른 폐질의 정도가 대통령령으로 정하는 폐질등급 기준에 해당하는 경우에는 휴업급여 대신 상병보상연금을 그 근로자에게 지급한다.

[표 12-6] **상병보상연금일수**

폐질등급	상병보상연금
제1급	평균임금의 329일분
제2급	평균임금의 291일분
제3급	평균임금의 257일분

출처: 근로복지공단(2009b).

상병보상연급은 휴업급여를 대신하여 지급하는 보험급여로 휴업급여 지급이 중단된다. 저소득자의 경우, 상병보상연금액 산정에 있어 평균임금이 최저임금액의 70/100보다 적으면 최저임금액의 70/100을 그 근로자의 평균임금으로 지급하도록 하고 있다.

(7) 장의비

장의비는 근로자가 업무상 사유로 사망한 경우 그 장제에 소요되는 비용으로 실비의 성질을 가지고 있다. 장제를 지낸 유족이 장제를 실행한 후 청구할 수 있으며, 급여는 평균임금의 120일분 상당액을 지급하고 있다.

다만, 장의비가 고용노동부장관이 고시하는 최고금액을 초과하거나 최저금액에 미달하는 경우에는 그 최고금액 또는 최저금액을 각각 장의비로 하도록 하고 있다.

장의비 최고금액은 전년도 장의비 수급권자에게 지급된 1인당 평균 장의비 90일분에 최고보상기준 금액의 30일분을 합산한 것이고, 장의비 최저금액은 전년도 장의비 수급권자에게 지급된 1인당 평균 장의비 90일분에 최저보상기준 금액의 30일분을 더하여 지급한다.

(8) 직업재활급여

직업재활급여는 산재 피해자의 재취업을 돕기 위해 다음의 경우에 지급한다.

첫째, 장해급여 또는 진폐보상연금을 받은 사람이나 장해급여를 받을 것이 명백한 사람 중 취업을 위하여 직업훈련이나 필요한 사람에 대하여 실시하는 직업훈련에 드는 비용 및 직업훈련수당이다.

둘째, 업무상의 재해가 발생할 당시의 사업에 복귀한 장해급여자에 대하여 사업주가 고용을 유지하거나 직장적응훈련 또는 재활훈련을 실시하는 경우에 각각 지급하는 직장복귀지원금, 직장적응훈련비 및 재활훈련비이다.

(9) 특별급여

특별급여는 사업주의 고의 또는 과실로 인해 산업재해가 발생했을 경우, 「산업재해보상보험법」에 의한 보상 외에 사업주에 대해 「민법」상의 손해배상청구를 할 수 있는데, 소송을 통해 이를 배상받는 것이 노동자나 사업주 모두에게 불편함을 주기 때문에 대신 산재보험에서 유족 및 장해특별급여를 지급해 주고 그 지급상당액을 사업주가 납부하도록 하는 제도이다. 특별급여에는 장해특별급여와 유족특별급여가 있다.

4) 보험의 재정체계

산업재해보상보험의 재원이 되는 산재보험료는 산업 업종별로 정해지며, 각 사업장의 임금총액에 보험료율을 곱하여 사업장별로 산정하고 사업주 전액부담을 원칙으로 한다(특수형태근로종사자는 사업주와 근로자가 보험료의 1/2를 각각 부담).

산정기간은 매 보험연도 1월 1일부터 12월 31일까지이며, 보험료의 산정 기초가 되는 임금총액은 사업주가 보험년도 중에 임금을 지급 또는 지급하기로 결정한 금액의 총액을 의미한다. 이에는 임금, 봉급, 기타 여하한 명칭으로 지급하는 일체의 금품이 포함되며, 임금 이외의 현물로 지급되는 임금도 포함된다.

(1) 기준임금제도

상시근로자수가 5인 미만인 사업의 경우, 사업의 폐업·도산 등으로 임금을 산정·확인하기 곤란한 경우 또는 대통령령이 정하는 사유에 해당하는 경우에는 고용 노동부장관이 정하여 고시하는 금액으로 보험 사무를 처리하도록 하고 있다.

(2) 산재보험료율

산재보험료율은 보험가입자의 보험료 부담과 직결되는 것으로서, 보험료 부담의 공평성 확보를 위하여 매년 6월 30일 현재의 과거 3년간의 임금총액에 대한 보험급여총액의 비율을 기초로 재해발생의 위험성에 따라 업종별로 보험료율을 적용한다.

5. 산업재해보상보험의 쟁점

5대 사회보험 중 산업화 과정의 필요에 의해 가장 먼저 도입된 산업재해보상보험제도는 사회보장제도의 발전에 있어서 선구적 역할을 하였다고 할 수 있다(김경우 외, 2008). 다른 여러 나라에서도 산재보험이 일찍 도입되는 경향을 보였는데 이는 산업화 초기부터 산업재해가 중요한 사회문제로 부각되었기 때문인 것으로 여겨진다.

산재보험은 사용자가 자신의 사업장에서 다치거나 사망한 근로자와 그 가족들에게 배상해야 하는 보상책임을 분산하기 위해 설립한 성격을 가지고 있어서 다른 사회보험과는 달리 근로자의 보험료 부담이 전혀 없다. 특히 산업화 초기에서 노동자가 재해에 대한 사업주의 과실을 입증해야 했지만, 산업사회가 발전하면서 사업주의 부주의 또는 과실이 없더라도 근로자에게 발생한 재해에 대해서는 보상하는 것으로 전환되어 노동자를 보호하는 측면을 강화하는 방향으로 변해왔다.

그렇지만 아직까지도 미흡한 부분이 남아 있고, 시대의 변화에 따라 개혁되어야 할 부분도 있는 것이 사실이다.

첫째, 가입대상의 사각지대 문제를 해결하기 위한 노력이 필요하다. 1인 사업장까지 가입대상이 확대되었음에도 불구하고, 영세 자영업자는 여전히 임의 가입으로 되어 있고, 비정규직과 특수직, 이주 노동자 등 보험적용을 받지 못하는 근로자들이 많아 이들까지 적용대상이 될 수 있도록 해야 한다.

둘째, 업무상 재해의 인정범위가 지나치게 엄격하고, 장해의 등급제도가 과거의 육체적 노동을 기준으로 한 것으로 오늘날 업무의 전문성과 다양성이 반영된 새로운 기준의 개발이 필요하다. 셋째, 보상과 같은 사후대책에서 더 나아가 궁극적으로 산업재해의 예방을 위한 노력이 필요하다. 산재 예방을 위한 기술과 제도의 개발이 요구되며, 안전의식을 높이는 교육훈련이 병행되어야 한다(이태복·심복자, 2006).

또한 산업재해에 대한 사후적 보상을 제공하는 산재보험의 특징으로 인해 산재보험에 여전히 제기되는 이론적 쟁점들은 다음과 같다.

첫째 '산재보상수준은 산재예방동기에 어떠한 영향을 미치는가'의 문제다. 고용주의 보험료율은 일정정도 개별 기업들의 실적을 반영하고 있으므로 높은 산재보상수준은 고용주들에게는 재해예방의 동기를 높일 수 있다. 반면, 노동자의 도덕적 해이 발생 가능성은 증가하여 산업재해에 대한 노동자들의 자기예방노력이 감소될 수 있으며, 산업재해 신고율을 높이거나 산재보험의 보상기간을 늘림으로써 기록된 산업재해를 증가시킬 수 있다는 것이다.

둘째, '어떠한 산재보험제도 유형이 바람직한가?'의 문제다. 현재 우리나라는 국가강제산재보험 유형을 채택하고 있다. 국가 강제 산재보험은 전체 기업들을 위험공동체로 묶음으로써 위험분산효과를 극대화할 수 있다는 장점이 있으나 업무상 재해나 직업병으로 보상대상을 국한시킴으로써 산재인정과 관련된 문제를 항상적으로 제기하게 함으로써 산재판정과 관련된 비용을 야기할 수 있다. 또한 관료제의 병폐나 경직성을 야기시켜 효율적 서비스 전달을 저해할 수 있다는 단점이 지적되어서 미래를 생각한다면 일반사회보험으로의 전환이 심각하게 고려될 수 있다.

셋째, '산재보험비용은 누가 부담하는가?'의 문제이다. 우리나라는 고용주가 부담하기로 되어 있으나 고용주가 부담하는 산재보험료는 상품가격을 통해 소비자에게 전가되거나 노동자의 임금으로 전가될 수 있으므로 반드시 사용자가 전액 부담한다고 장담할 수 없다는 것이다.

● 정 리 마 당 ●

1. 산재보험의 특징
2. 타 제도와의 다른 점(근로기준법 등)
3. 산재보험의 급여의 특성

Part 02

빈곤과 공공부조

1. 공공부조의 개념

우리나라의 「사회보장기본법」에서는 공공부조를 국가 및 지방자치단체의 책임하에 생활유지능력이 없거나 생활이 어려운 국민의 최저생활을 보장하고 자립을 지원하는 제도로 규정하고 있다. 선진자본주의 국가에서는 산업화를 거쳐서 본격적인 자본주의 체제가 확립되고 생산력이 급속히 늘어남에 따라 국민들의 전반적인 삶의 질이 높아질 수 있었다. 그렇지만 자본주의 사회는 사회구성원으로 하여금 필연적으로 자신의 노동력을 상품화하여 삶을 영위하도록 강제하는 측면이 있고, 이에 따라 노동력을 상품화할 수 없어 빈곤문제를 스스로 해결할 수 없는 인구 집단의 발생이 불가피하게 된다. 빈민에 대한 통제나 지원을 목적으로 했던 공공부조의 기원은 산업화 이전 시기의 오래전부터 찾아 볼 수 있겠지만, 공공부조가 사회정책으로 확립되는 과정은 자본주의 사회에서 국가가 빈민의 생활을 보호하고 빈곤을 해결하기 위해 적극 개입하고 노력한 과정으로 이해되는 것이 타당하다.

이러한 공공부조는 가난한 개인이나 가족에게 제공되는 현금급여, 의료부조, 사회서비스 등을 포괄하고, 노동력을 상품화할 수 없는 빈민들을 대상으로 하기 때문에 공공부조의 적용대상이 되기 위해서는 정부가 정한 소득 및 재산 기준을 충족시켜야 한다. 이를 검증하기 위한 자산조사가 병행되며, 이러한 자산이나 자격을 조사하는 과정에서 빈민에게 낙인을 주는 문제가 발생할 수 있다.

2. 공공부조의 원리와 원칙

사회보장의 핵심적인 내용을 개괄하면서 공공부조와 사회보험의 원칙을 서술한 바 있다. 언급했던 보편성의 원칙, 보충성의 원칙, 개별성의 원칙은 사회정책 분야에 있어 공공부조에 관한 핵심적인 원칙으로 공유되고 있지만, 공공부조의 원리와 원칙에 관한 다양한 내용들이 여러 교재에서 혼재되어 서술되고 있는 것이 현실이다.

공공부조의 원리를 제도의 배경과 이념에 초점을 맞추고, 원칙을 제도가 운영되는 세부적인 사항에 초점을 맞추어 정리하면 다음과 같다(김종명·송낙길, 2015).

[표 13-1] **공공부조의 원리**

원리	내용
복지권(생존권) 보장의 원리	모든 국민은 인간다운 생활을 하기 위해 필요한 조건을 부여받을 수 있는 권리가 있으며, 국가와 지방자치단체는 이를 보장할 책임이 있다.
국가책임의 원리	국가는 국민의 기초생활보장의 주체가 되어 그 책임을 민간이나 개인에게 전가할 수 없으며, 이에 필요한 재원을 공공재원에서 마련해야 한다.
최저생활보장의 원리	급여를 받는 자는 최저한도의 수요가 충족될 수 있는 정도의 생활을 보장받아야 한다.
무차별평등의 원리	연령, 성별, 신분을 비롯하여 빈곤의 이유를 불문하고, 스스로 생계를 영위할 수 없는 모든 국민들은 어떠한 차별도 받지 않고 보호를 받아야 한다.
보충성의 원리	보장을 받아야 할 자가 자기의 생활유지를 위해서 개인적으로 가능한 모든 수단을 다하고, 그래도 최저한도의 생활을 유지할 수 없을 경우에 최종적으로 부족한 부분을 보충해야 한다는 원리이다.
자립조장의 원리	생활보장은 구빈의 효과만이 아닌 자립을 조장하는 데 목적을 두고, 급여제공에 있어서도 이를 고려해야만 한다.

출처: 근로복지공단(2009b).

공공부조에 있어서 전술한 원리에 입각하여 법의 실시에 있어 그 기본적인 준거가 되는 운영의 원칙에는 다음과 같은 것들이 있다.

[표 13-2] 공공부조의 원칙

신청보호의 원칙	생활의 보호는 요보호자와 그의 부양의무자 또는 그 밖에 동거하는 친족의 신청에 의해 개시하는 것을 원칙으로 한다.
기준 및 정도의 원칙	보호의 기준에 의해 측정된 요보호자의 수요를 기본으로 하여, 그 가운데 본인이 수입이나 자산으로 충당할 수 있는 부분을 뺀 부족 부분만 보충한다.
필요즉응의 원칙	요보호자의 연령, 성별, 건강상태 등 그 개인 또는 세대의 실제 필요의 상태를 고려하여 적절하게 행해져야 한다는 원칙이다.
세대단위의 원칙	보호는 세대를 단위로 하여 그 보호의 필요 여부 및 정도를 정해야 함을 원칙으로 한다.
현금부조의 원칙	의료급여 등 현물급여가 더 적절한 경우 이외에는 급여를 현금 또는 수표에 의한 현금급여의 방법으로 제공하도록 한다.
거택보호의 원칙	보호의 제공은 피보호자가 거주하는 자택에서 행하는 것을 원칙으로 한다.

3. 빈곤의 개념 및 방식

1) 절대적 빈곤과 상대적 빈곤 및 주관적 빈곤, 사회적 배제

빈곤이란 개념은 시대와 사회, 사람들의 가치관을 초월하여 한 사회 내에서 보편적으로 합의되기가 어려운 개념이지만 일반적으로 정의하면 욕구가 충분히 만족되지 않은 상태라 할 수 있다. 이때 욕구는 크게 물질적 욕구와 비물질적 욕구로 구분할 수 있는데, 두 가지 욕구를 모두 고려해야 하는가에 대한 논란이 있을 수 있고, 이러한 욕구를 다시 어느 정도까지 충족시켜야만 충분한 만족이 이루어지는가에 대한 논란도 있을 수 있다.

이러한 맥락에서 빈곤은 크게 절대적 빈곤과 상대적 빈곤으로 구분할 수 있는데, 객관적으로 결정한 절대적 최저한도보다 적게 가지는 상태를 절대적 빈곤상태라 하고, 사회의 다른 사람들보다 적게 가지는 것을 상대적 빈곤이라 한다(김태성·손병돈, 2007).

(1) 절대적 빈곤: 예산기준 방식

전통적 빈곤 개념인 절대적 빈곤은 최저생활을 유지할 수 없는 수준, 다시 말해 최소한의 신체적 효율성을 유지하는 데 필요한 의·식·주를 가지지 못한 상태를 의미하며, 이러한 절대적 빈곤 개념은 빈곤을 과학적으로 측정하려는 첫 시도였던 부쓰(Booth, 1886)와 라운트리(Rowntree, 1901)의 연구로부터 사용된 개념이다.

절대적 빈곤의 측정은 생활에 필요한 생필품을 전부 포함해서 계측하는가에 따라 전물량 방식(라운트리 방식)과 반물량 방식(오샨스키 방식=엥겔 방식, 미국의 사회보장청)으로 구분된다. 어떠한 방식을 사용하더라도 절대적 빈곤이라는 개념 자체는 기본적 필요(basic needs)가 구체적으로 무엇을 의미하는지가 불분명하다는 한계를 가지고 있다. 예를 들어 빈곤을 측정하는 방식에는 기본적 욕구방법이 있는데 이는 기본욕구와 다른 욕구를 어떻게 구분해야 하는가, 음식비를 어떻게 산출할 것인가, 음식비의 지출 수준으로 빈곤선을 환원하는 방법 등이 쟁점이 된다.

(2) 상대적 빈곤: 가계지출 방식

상대적 빈곤이란 한 사회의 전반적인 생활수준에 비교하여 빈곤을 규정하는 방식으로서 상대적 박탈과 불평등의 문제를 부각시키는 개념이다. 절대적 빈곤은 일단 구체적인 빈곤선이 결정되면 그에 따라 빈곤 여부를 확인하게 되지만, 상대적 빈곤은 사회구성원의 전반적인 생활수준에 대한 합의가 쉽지 않아서 구체적인 빈곤선을 결정하기가 어렵다.

대표적으로 상대적 빈곤을 측정하는 방식은 평균소득 혹은 중위소득의 특정 비율 이하인 경우를 빈곤 상태로 규정하는 방식이 있다. 이를테면 평균소득의 50% 이하라거나 중위소득의 60% 이하인 경우를 빈곤상태로 규정하기도 하는데(김태성 외, 2007, 재인용), 일반적으로 한 인구집단의 평균소득보다는 중위소득이 낮은 경향이 있음에 주의해야 한다. 상대적 빈곤을 주장하는 대표적인 학자인 타운센드(Townsend)는 상대적 빈곤을 "일상식품을 획득하고 사회활동에 참여하며, 그들이 속한 사회에서는 관례적인 생활조건과 편의시설을 갖기에 필요한 자원을 결여하고 있는 사람"이라고 정의하였다(김영모 편, 1991). 대체로 복지국가가 발달할수록 상대적 빈곤을 주로 사용한다.

또한 소득분배에서 일정 비율 이하인 경우를 빈곤상태로 규정하기도 한다. 예를 들면 하위 10~20%와 같은 특정 수준 이하의 사람들을 빈곤한 것으로 간주하는 것이다. 상대적 빈곤 개념에는 적합할 수 있으나, 정책적 함의를 갖기 어렵다는 단점이 있다.

(3) 주관적 방식: Lyden(라이덴) 방식

지역 사람들에게 본인 스스로의 상황을 고려하여 최저생계비가 얼마인가를 묻고, 이를 바탕으로 이 사람들이 판단한 최소소득과 그들의 실제소득과의 관계를 분석하여 결정하는 방법이다. 이 방식은 개인의 주관적 판단에서 기인하며 대표적인 나라는 네덜란드이다.

(4) 사회적 배제

사회적 배제는 앞서서 서술한 빈곤 개념을 넘어서는 다차원적인 불리함과 빈곤의 역동성과 동태적인 과정에 초점을 맞추는 개념이다. 이 개념은 주로 유럽에서 많이 사용되고 있으며, 정책과 프로그램의 실질적인 원리가 되고 있다. 따라서 유럽에서는 사회적 배제를 줄이고 사회통합을 높이려는 정책을 펼치고 있다.

2) 빈곤의 원인론

(1) 사회문제론적 원인론

첫째, 기능주의 관점에서는 빈곤이란 사회에 긍정적인 기능을 수행하지 않기 때문에 발생하는 일탈행위의 결과이며 사회적 징벌 그 자체가 된다.

둘째, 갈등주의 관점에서는 빈곤이란 권력집단들이 더 많은 이익을 위해 다른 집단을 착취하기 때문에 착취받은 집단은 빈곤에 빠지게 된다.

(2) 빈곤의 개인적 원인론

첫째, 인적자본이론으로서 교육이나 직업훈련 등에 대한 개인적 투자가 없거나 적은 경우 지식과 기술이 부족하여 낮은 생산성이 원인이 되며 결국 저임금과 저소득인 빈곤에 이르게 된다.

둘째, 개인선택이론으로서 빈곤은 여가와 노동 간에 어느 것을 선택하느냐 또는 안정을 추구하느냐 아니면 위험부담을 감수하고 도전을 하느냐 하는 양단간에 대한 개인의 선택에 의해 결정된다.

셋째, 상속이론으로서 개인의 소득은 상속받은 인적·물적 재산의 격차에 의해 영향을 받는데, 상속받은 재산에는 물질적 재산뿐만 아니라 유전적 인자, 부모의 양육, 사회적 교류 등이 포함된다.

넷째, 우연성이론(기회이론)으로서 어느 한 개인이 빈곤하게 되는 것은 인간자본에 대한 투자가 없거나(인적자본이론), 잘못된 개인적 선택(개인선택이론)이나 상속(상속이론)이나 다른 사회적인 원인에 의해 나타나는 것이 아니라 우연히 닥친 불운과 같은 요인에 의해 발생한다(도산, 교통사고, 천재지변 등).

(3) 빈곤의 사회적 원인론

첫째, 마르크스 계급이론으로서 자본주의 생산양식에서 생산수단의 유무에 따른 생산의 사회적 관계가 빈곤 여부를 결정하는 근거가 된다.

둘째, 노동시장 분절이론으로서 노동시장은 핵심부문인 내부노동시장과 주변부문인 외부노동시장으로 나뉘어 있으며 내부노동시장은 고용이 안정적이고 고임금, 좋은 작업환경, 많은 승진기회 등을 가지며, 외부노동시장은 고용불안정, 저임금, 나쁜 작업환경, 적은 승진기회 등을 가진다. 빈곤은 이러한 분절된 노동시장의 어느 편에 고용되느냐에 따라 영향을 받는다.

셋째, 빈곤문화론으로서 빈곤은 개인이 속한 환경에 영향을 받는다. 빈민들은 일반 사회의 지배문화와는 다르게 하위문화를 형성하고 있다. 빈민들의 하위문화는 앞날에 대한 희망이 없다. 결국 하위문화권의 빈민들은 상층사회로의 진입을 스스로 막아 빈곤상태에 빠지는 원인이 된다.

3) 빈곤의 측정: 소득불평등 지수

빈곤은 기준 이하의 소득과 재산을 가진 사람들이 얼마나 있는가에 관심을 갖는다면, 소득불평등은 한 사회의 소득이 얼마나 평등하게 또는 불평등하게 분배되어 있는가에 관심을 갖는다.

(1) 로렌츠 곡선

미국의 통계학자 로렌츠(M. Lorenz)가 창안한 소득분포의 불평등도를 측정하는 방법이다. 이 방법은 사회구성원을 소득이 가장 낮은 사람으로부터 높아지는 순서에 따라 차례로 배열한다고 가정할 때, 일정 비율의 사람들이 차지하는 전체 소득 중의 비율을 나타내는 점들을 모아 놓은 곡선이다.

로렌츠 곡선 위에 있는 모든 점은 "하위 x%의 가구는 총 소득의 y%를 얻는다."로 표현할 수 있다. 절대적 평등의 상황에서는 x=y가 성립한다. 한편 한 사람이 모든 재산을 차지하는 절대적으로 불평등한 사회에서는 "x" < 100%일 때 y=0%이고 x=100%일 때 y=100%로 나타낼 수 있다.

로렌츠 곡선에서 어떤 사회의 소득 분포를 나타낸 곡선과 절대적 평등의 선 사이의 면적이 곧 지니계수이다. 지니계수가 클수록 소득 분포의 불평등이 심하다.

(2) 지니계수

소득이 어느 정도 균등하게 분배되는가를 나타내는 소득분배의 불균형 수치이다. 이는 수학적 산식으로 계산할 수 있으며, 직관적으로는 로렌츠 곡선을 그려서 그 의미를 이해할 수 있다.

지니계수는 $0 \leqq G \leqq 1$로 나타나며, 작을수록 평등하며 클수록 불평등이 심화된다. 지니계수는 소득의 불평등함을 나타내는 지표의 하나가 되고 있지만, 몇 가지 유의사항이 있다.

같은 지니계수여도 로렌츠 곡선이 현저하게 차이가 나면 실제 느끼는 불평등함은 다를 수 있다. 세금이나 사회복지 등에 의해 재분배 기능이 강한 나라의 경우, 초기 소득(세전 급여)에서의 지니계수와 소득 재배분 후의 지니계수가 다르다.

조사 대상에게 특정한 성향이 있을 경우는, 1에 가깝다고 해서 반드시 불평등이라고 볼 수 없다. 예를 들어, 어떤 고급주택가에 연수입 10억 원의 사람이 99명, 연수입 1조 원의 대부호가 1명 있다고 할 때 이 고급주택가에 사는 100명에 대한 지니계수는 약 0.91로 대단히 격차가 크다. 하지만 연수입 10억 원이라도 상당한 고수입이며, 이 상태가 나쁘다고 말할 수 없는 것이다.

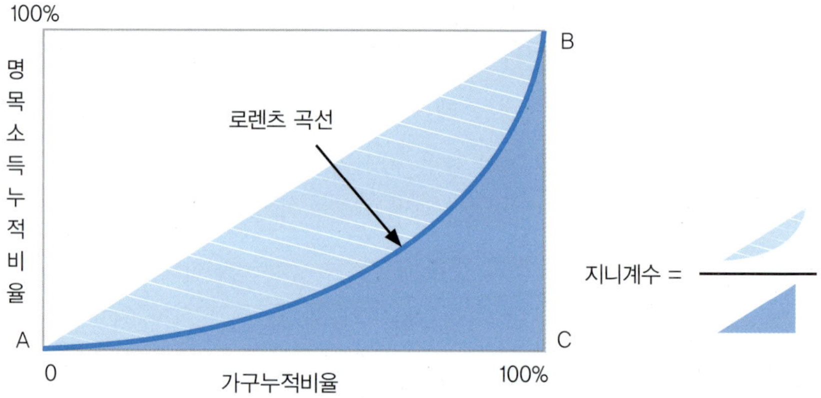

〈그림 13-1〉 **로렌츠 곡선과 지니계수**

(3) 십분위분배율

한 나라의 모든 가구를 소득의 크기 순으로 배열하고 이를 10등급으로 분류하여, 소득이 낮은 1등급에서 4등급까지의 소득 합계를 소득이 가장 높은 9, 10등급의 소득 합계로 나눈 비율을 말한다. 즉 상위 소득 20%의 소득 합계에 대한 하위 소득 40%의 비율을 말한다[(1~4등급 소득합계 / 9~10등급 소득합계) × 100]. 십분위분배율은 평등(2)과 불평등(0)으로 나뉘며 비율이 높으면 소득격차가 작고, 반대로 낮으면 소득격차가 큰 것이다(0≦T≦2).

(4) 오분위배율

십분위분배율과 다르게 오분위배율은 소득이 작은 가구에서 소득이 높은 가구를 일렬로 배열하여 5개 구간으로 나눈 후, 상위 20%의 소득을 하위 20%의 소득으로 나눈 것이다(소득상위 20% (오분위)계층소득 / 소득하위 20% (1분위)계층의 소득). 오분위배율은 십분위분배율과 유사하게 값이 커질수록 소득의 양극화가 커지고 불평등한 소득분배를 나타내며, 값이 작을수록 소득의 양극화가 작고 균등한 소득분배를 나타나게 된다.

(5) 앳킨슨지수

앳킨슨지수는 0≦A≦1로 나타내며, 0에 가까울수록 완전평등이며 1에 가까울수록 완전불평등이다. 균등분배의 전제하에서 지금의 사회후생수준을 가져다 줄 수 있는 평균소득이 얼마인가를 주관적으로 판단하고 그것과 한 나라의 1인당 평균소득을 비교하여 그 비율을 따져보는 것이다. 앳킨슨지수는 평가자의 주관적 가치판단을 고려하는 지수로 소득분배가 불평등하다고 여길수록 지수가 커진다.

4. 국민기초생활보장의 이해

1) 국민기초생활보장제도의 개요

IMF 경제위기 당시 이로 인하여 생계유지가 어려운 저소득층의 생활안정을 위하여 생활보호, 실업급여, 공공근로, 한시생활보호 등의 사회안전망사업을 대폭적으로 실시하였음에도 불구하고, 많은 저소득층이 사회보장의 혜택을 받지 못하는 사각지대에 방치되는 문제가 본격적으로 제기되었다. 모든 국민의 기본적인 생활을 제도적으로 보장해야할 필요성이 대두하였고, 단순생계지원에서 벗어나 수급자의 자립자활을 촉진하는 생산적 복지 지향의 종합적 빈곤 대책이 필요하였다.

이러한 상황에서 「국민기초생활 보장법」이 기존의 생활보호법(1961.12.30.)을 대체하면서 시민단체, 정당, 정부 등 전 국민적 합의를 바탕으로 1999년 9월 제정되었고 1년 여의 준비기간을 거쳐서 2000년 1월부터 시행되었다.

이 법은 지난 40년간의 시혜적 단순보호 차원의 생활보호제도를 저소득층에 대한 국가책임을 강화하는 종합적 빈곤대책으로 전환하였다는 점에서 그 의의가 높게 평가된다. 즉 「국민기초생활 보장법」은 기존의 생활보호법상의 '생활유지능력이 없거나'하는 규정을 삭제함으로써 근로능력 유무와 상관없이 생활이 어려운 모든 국민들의 기초생활을 보장할 수 있도록 하고 있는 것이다. 그렇지만 「국민기초생활 보장법」 제9조 제5항에는 "생계급여는 근로능력이 있는 수급자에게 자활에 필요한 사업에 참가할 것을 조건으로 하여 생계급여를 실시할 수 있다."고 규정하고 있으므로 근로능력이 있는 자도 생계급여를 수급할 수 있으나 이들 근로능력자에게는 구직노력이나 직업훈련 이수와 같은 조건하에 생계급여를 지급할 수 있도록 하였다. 즉, 근로 조건부 복지 또는 근로연계복지를 시행하고 있다.

구생활보호법과 「국민기초생활 보장법」상의 법적, 제도적 차이는 다음과 같다.

[표 13-3] **구생활보호법과 「국민기초생활 보장법」의 차이**

구분	구생활보호법	「국민기초생활 보장법」
법적 성격	• 시혜적 보호 • 시혜적 용어: 피보호자, 보호기관, 보호대상자	• 국민의 권리, 국가의 의무 • 권리성 용어: 수급자, 보장기관, 급여대상자 • 새로운 법률 용어: 소득인정액, 소득평가액, 재산의 소득환산액
선정기준 및 방식	• 선별적 범주형(4가지 조건) • 부양의무자 기준, 소득기준, 재산기준, 인구학적 기준	• 일반적 보편성(2가지 조건) • 부양의무자 기준, 소득인정액이 최저생계비보다 적을 경우
대상자 구분	• 거택, 시설, 자활보호대상자로 구분	• 대상자 구분 폐지(근로능력이 있는자는 구분)
급여방식	• 일괄적 급여	• 보충급여(최저생계비와 소득인정액의 격차만큼 급여)
급여 종류	• 6종: 생계보호, 의료보호, 자활보호, 교육보호, 해산보호, 장제보호	• 7종(긴급급여 포함시 8종): 생계급여, 주거급여, 의료급여, 교육급여, 자활급여, 해산급여, 장제급여 • 근로능력이 있는 자는 자활에 필요한 사업에 참가하는 조건으로 생계급여 실시
자활지원 계획	–	• 근로능력자 가구별 자활지원계획 수립과 지원조항 신설

출처: 남기철(2007).

2) 급여의 신청과 보장절차

급여의 신청은 수급권자 본인 등이 급여를 직접 신청하거나 사회복지전담공무원이 직권으로 신청하게 된다. 원칙적으로 생활이 어려운 저소득 가구의 가구원, 그 친족 및 기타 관계인이 해당 가구의 급여를 신청해야 하지만(신청주의), 사회복지전담공무원이 급여를 필요로 하는 자가 누락되지 않도록 생활이 어려우나 급여신청을 하지 않았거나 신청서를 작성할 수 없는 자에 대한 급여를 본인의 동의를 얻어 직권으로 신청할 수 있다(직권주의).

급여의 지급이 결정되면 시장·군수·구청장은 급여신청자에 대하여 필요한 조사를 실시한 후 그 결과에 의거하여 급여실시 여부와 급여 내용을 결정하여야 하고, 급여신청에 대하여 그 결정요지, 급여종류, 급여방법 및 급여개시 시기 등을 명시한 「복지대상자급여신청결과통보서」를 수급권자 또는 신청자에게 서면으로 통지하게 된다. 수급자로 선정된 가구 또는 개인에 대하여 생계급여, 주거급여, 의료급여, 교육급여 등 결정된 급여를 지급하며, 수급자 관리를 통해 수급자 또는 부양의무자의 구성원, 소득 및 재산 등에 대한 변동사항을 당사자의 신고 또는 전담공무원의 확인조사 등을 통하여 파악하여 급여중지, 급여변경 등에 반영하도록 하고 있다.

3) 맞춤형 급여체계로의 전환

국민기초생활보장제도는 2000년도부터 시행되었다. 이 제도는 2015년 7월부터 맞춤형 급여체계로 전환되었다. 맞춤형 급여체계는 수급자의 가구여건(필요한 경우는 개인 단위)에 맞는 지원을 위하여 급여별로 선정기준을 다층화하여 지원하는 것이 중심이다. 즉 통합급여체계에서 벗어나 개별급여별로 기준을 달리 정하는 방식으로의 전환이다.

기존의 법률에서는 가구의 소득이 최저생계비 이하인 경우에만 생계, 의료, 주거, 교육급여 등 모든 급여를 지원해 왔지만, 기준 중위소득의 일정비율(생계 30%, 의료 40%, 주거 43%, 교육 50%) 이하인 대상자에게 해당 급여를 각각 지급하는 방식이다. 이러한 급여체계의 전환은 ① 급여별 기준을 달리함으로써 빈곤함정을 줄이고, 탈수급 유인을 제고하며, ② 중위소득의 일정 비율을 기준으로 정함

으로써 절대적 빈곤의 관점에서 상대적 빈곤의 관점으로 전환되었다는 의의가 있는 것이다.

급여신청	• 거주지 읍 · 면 · 동사무소에 수급권자 본인, 친족 및 기타관계인이 신청하거나 사회복지전담공무원이 직권신청(민간복지사 등도 저소득가구 보장의뢰 가능) • 구비서류: 급여신청서, 금융정보등제공동의서, 임대차계약서, 기타요구서류
조사	• 보장가구 및 부양의무자 범위 확정 • 소득재산 신고자료 및 행복e음(사회복지통합관리망)을 통해 공적자료확인, 금융재산 조회 실시 • 기타 수급권자의 생활 실태 조사, 공적자료에 의하지 않은 대상자는 지출실태표에 따른 소득확인 추가 조사 • 근로능력판정 절차에 따라 가구특성, 장애유무, 진단서 등을 통해 대상자의 근로능력판정
급여결정	• 조사결과에 의거하여 급여실시 여부와 급여 내용 결정 • 결정내용을 수급권자가 원하는 통지방법(전자우편, SMS, 서면) 선택 • 결정내용에 이의가 있는 경우 통지를 받은 날부터 60일 이내 이의신청 가능
급여실시	• 수급자로 선정된 가구 또는 개인에 대하여 결정된 급여를 제공 • 급여의 종류: 생계급여, 주거급여, 교육급여, 해산급여, 장제급여, 의료급여 • 생계 및 주거급여는 현금으로 지급, 기타급여는 필요한 가구에 현물로 지급
확인조사	• 공적자료 변동사항은 행복e음(사회복지통합관리망)을 통해 주기적으로 실시 • 공적자료에 의하지 않은 대상자는 시군구 연간계획에 따라 확인조사 실시 • 확인조사 결과에 따라 변동사항이 있는 경우 급여변경, 급여중지 등 결정
보장중지	• 확인조사 결과 부양의무자 및 소득 재산상의 변동으로 인해 선정기준을 초과하는 경우 급여중지 • 일부 부정수급자 등에 대하여는 보장비용징수기준에 의거하여 보장비용 징수

〈그림 13-2〉 **보장절차**

출처: 보건복지부 '저소득층 복지정책' – 기초생활보장.

4) 수급자 선정기준

(1) 소득인정액 기준

「국민기초생활 보장법」상에서 수급권자로 선정되기 위해서는 소득인정액기준과 부양의무자 기준을 충족하여야 한다. 소득인정액 기준은 수급권자 가구의 소득인정액이 가구별 최저생계비 이하인 경우에 충족하게 된다. 최저생계비란 생계를 유지하는데 필요한 최소비용, 즉 생존에 필요한 최소한의 욕구를 해결하는데 드는 비용을 의미한다(박능후, 2007).

이러한 최저생계비의 계측은 한국보건사회연구원에 의해서 매 3년에 한 번씩 계측이 되고 있는데 이는 시장에서 구입할 수 있는 생계를 유지하는 데 필요한 것들을 나열하여 계측하는 전물량 방식이다. 세부 항목의 구성은 우선 일상적 소비지출과 비일상적 소비지출을 나누어 일상적 소비지출을 식료품, 광열수도, 가구가사 용품, 피복신발, 교양오락, 교통통신, 기타소비, 비소비지출을 생계급여 항목으로 담고 있다. 이외에 주거비를 주거급여로, 보건의료비를 의료급여로, 교육비를 교육급여로 지급하게 된다. 이 계측조사의 결과를 바탕으로 중앙생활보장위원회에서 국민의 소득·지출수준과 수급권자의 가구유형 등 생활실태, 물가상승률 등을 고려하여 최저생계비를 결정하게 된다.

최저생계비 계측에 사용되는 표준가구의 기준은 부(父)43세, 모(母)40세, 남자자녀 14세, 여자자녀 12세로 구성된 4인 가구이며, 이러한 표준가구가 전술한 11개 영역별로 생활에 필요한 욕구를 규범적으로 설정하고, 세부 품목에 관하여 1개월간 소비하는 내역을 조사하여 그 비용을 계측하여 각각의 비용을 합한 것을 최저생계비로 산출한다.

최저생계비 계측의 문제점은 다음과 같다(박능후, 2007). 첫 번째는 표준가구 설정에 따른 괴리 현상이다. 이와 관련해서는 전 국민을 근간으로 표준가구를 설정하는 것이 올바른가 하는 문제점과 표준가구의 규범적 욕구수준을 계측한 값을 전 가구에 일괄 적용하는 현행 계측방식이 가구특성을 반영할 수 없는 한계를 가진다는 점이 지적된다. 전자는 최저생계비 개념이 공공부조급여 기준선으로서 저소득층을 대상으로 삼고 있는데, 계측과정에서 표준가구를 전 국민을 대상으로 구성하고 있는 개념적 불일치에 관한 문제이며, 후자는 가구구성원의 개별적 욕구들을 포괄하지 못하는 것에 대한 문제이다. 이에 박능후는 가구공동 경비와 개인별 경비로 구분한 후 각각에 대하여 표준적인 비용을 산출하는 일본의 최저생활비 도출 방식을 현실과의 괴리를 줄이는 방식으로 소개하고 있다. 따라서 본 제도의 수급자 선정기준은 맞춤형 개별 급여체계의 전환으로 가구별로 산정된 소득인정액을 급여 종류별 선정기준(최저보장수준)과 비교하여 그 이하인 경우 각 급여별 수급자가 될 수 있다.

가. 최저보장수준

앞에서 고찰한바 맞춤형 개별 급여체계로 전환되면서 과거 최저생계비를 활용하여 수급자 선정과 급여수준을 결정하였던 것을 최저보장수준이라는 새로운 용어를 사용하여 수급자 선정과 급여기준으로 삼고 있다. 최저보장수준은 국민의 소득, 지출 수준과 수급권자의 가구 유형 등 생활실태와 물가상승률 등을 고려하여 급여의 종류별로 공표하는 금액이나 보장수준을 말한다.

나. 기준 중위소득

기준 중위소득이란 주무장관이 급여의 기준 등에 활용하기 위하여 중앙생활보장위원회의 심의·의결을 거쳐 고시하는 국민 가구소득의 중위값으로 맞춤형 급여로 전환되면서 이전의 최저생계를 대신하는 기준으로 사용하는 것이다. 기준 중위소득은 통계청이 공표하는 통계자료의 가구 경상소득(근로, 사업, 재산, 이전소득 등을 합산한 소득)의 중간값에 최근 가구소득 평균 증가율, 가구규모에 따른 소득수준의 차이 등을 반영하여 가구규모별로 산정한다.

보건복지부에서 제출한 '2016년 국민기초생활보장사업안내'를 통해 확인한 2017년도 가구별 기준 중위소득은 다음과 같다.

[표 13-4] 2022년도 가구별 기준 중위소득

가구규모	1인	2인	3인	4인	5인	6인
기준 중위소득	1,944,812	3,260,085	4,194,701	5,121,080	6,024,515	6,907,004

출처: 보건복지부(2022).

(2) 소득인정액 기준과 산정방식

가. 소득인정액의 기준

맞춤형 개별 급여체계의 전환으로 소득인정액 기준은 급여별로 다르게 정해지게 되었다. 각 개별 급여는 기준 중위소득을 기준으로 하는 것이 아니라, 기준 중위소득의 일정비율을 기준으로 사용하는데, 현재 생계급여는 30%, 의료급여는 40%, 주거급여는 46%, 교육급여는 50%를 기준으로 하고 있다.

[표 13-5] 2022년도 급여별 수급자 선정기준

가구규모	1인	2인	3인	4인	5인	6인
교육급여 (기준 중위소득 50%)	972,406	1,630,043	2,097,351	2,560,540	3,012,258	3,453,502
주거급여 (기준 중위소득 46%)	894,614	1,499,639	1,929,562	2,355,697	2,771,277	3,177,222
의료급여 (기준 중위소득 40%)	777,925	1,304,034	1,677,880	2,048,432	2,409,806	2,762,802
생계급여 (기준 중위소득 30%)	583,444	978,026	1,258,410	1,536,324	1,807,355	2,072,101

출처: 보건복지부(2022).

나. 소득인정액 산정방식

소득인정액은 국가와 지방자치단체가 급여의 결정 및 실시 등에 사용하기 위하여 산출한 개별가구의 소득평가액과 재산의 소득환산액을 합산한 금액을 말한다.

[표 13-6] **소득인정액 산정방식**

소득인정액 (=소득평가액+ 재산의 소득환산액)	• 소득평가액 = (실제소득 − 가구특성별 지출비용 − 근로소득공제) • 재산의 소득환산액 = [(재산 − 기본재산액 − 부채) × 소득환산율]

(3) 부양의무자 기준

부양의무자 기준이란 부양의무자가 없거나 부양의무자가 있어도 부양능력이 없거나 미약하여 부양받을 수 없는 경우에 충족하게 된다. 부양의무자의 있고 없음과 부양의무자의 조건에 따른 부양의무자 충족 기준은 아래 표와 같다. 부양의무자의 범위는 수급권자의 직계혈족 및 그 배우자, 즉 수급권자의 배우자와 직계혈족(아들, 딸, 부모 등), 직계혈족의 배우자(며느리, 사위)와 수급권자와 생계를 함께하는 2촌 이내의 혈족, 즉 주민등록표에 함께 기재되었거나 생계 및 주거를 함께하는 수급권자의 형제, 자매를 포함한다.

현행 부양의무자는 부양의무관계에 있는 가족구성원 간의 부양의무를 강조하는 것으로 공적부양보다는 사적부양에 우선한다고 볼 수 있다.

[표 13-7] 부양의무자 기준

부양의무자	부양능력	부양의무자 기준
부양의무자 없음	-	부양의무자 기준 O
부양의무자 있음	부양능력 없음	부양의무자 기준 O
	부양능력 미약	부양의무자 기준 △ (부양비 지원을 전제로 선정)
	부양능력 있음(부양불능, 기피 등)	부양의무자 기준 O
	부양능력 있음(부양이행)	-

출처: 보건복지부(2022).

* 부양의무자 기준의 적용기준(ㅇ: 충족, △: 조건부 충족)

부양의무자가 없는 경우에는 자동적으로 부양의무자 기준을 충족하게 된다. 부양의무자가 있지만 부양의무자 가구의 기준 중위소득에 수급자 가구의 기준 중위소득의 40%를 더한 값을 기준으로 한다.

복지사각지대 빈곤층을 줄이기 위해 정부는 기초생활보장 부양의무자 기준의 단계적 완화를 추진하였다. 이에 2015년에는 교육급여의 부양의무자 기준 폐지, 2018년에는 주거급여의 부양의무자 기준 폐지, 2021년에는 생계급여의 부양의무자 기준이 폐지되었다. 그러나 의료급여에는 아직 부양의무자 기준이 적용되고 있다.

5) 국민기초생활보장제도의 급여

「국민기초생활 보장법」상의 급여의 종류에는 생계급여, 주거급여, 자활급여, 교육급여, 해산급여, 장제급여, 의료급여가 있다. 여기서는 생계급여를 중심으로 주거급여와 교육, 해산, 장제급여 등에 대하여 알아보고 의료급여와 자활급여는 별도의 장을 마련하여 확인하도록 한다.

(1) 생계급여

생계급여는 각종 급여특례자 및 보장시설수급자를 제외한 모든 수급자에게 의복·음식물 및 연료비, 기타 일상생활에 기본적으로 필요한 금품을 지급하는 급여이다. 생계급여의 수급권자는 부양의무자가 없거나, 부양의무자가 있어도 부양능력이 없거나 부양을 받을 수 없는 사람으로서 수급권자의 소득인정액이 생계급여 선정기준 이하인 사람이다. 이 경우 생계급여 선정기준은 기준 중위소득 30% 이상으로 하도록 법령에 명시하였다. 그리고 생계급여의 최저보장수준은 생계급여와 소득인정액을 포함하여 생계급여 선정기준 이상이 되도록 하여야 한다. 즉, 가구별 소득인정액과 생계급여 선정기준의 차액을 급여로 지급하는 보충급여방식으로 이루어지고 있다. 생계급여의 지급은 현금을 원칙으로 한다.

(2) 주거급여

주거급여는 수급자에게 주거안정에 필요한 임차료, 유지수선비 등의 명목으로 지급되는 급여이다. 이 급여에 관해서는 「주거급여법」에서 별도로 정하고 있으며, 국토교통부 소관이다. 이 급여의 수급권자는 부양의무자가 없거나 부양의무자가 있어도 부양능력이 없거나 부양을 받을 수 없는 사람으로서 소득인정액이 주거급여 선정기준 이하인 사람이다. 이 경우 주거급여 선정기준은 기준 중위소득의 46% 이상으로 하도록 정하고 있다. 최저생계비 중 최저주거비를 분리하여 주거급여로 지급되고 있다. 생산출된 주거급여액을 전액 현금급여로 지급하는 것을 원칙으로 하고, 만일 수급자 가구의 주택소유형태가 자가이거나 그와 동등한 형태일 경우에는 현물급여액을 제외한 금액을 현금급여로 지급한다(김종명·송낙길, 2015).

여기서 현물급여는 저렴한 비용으로 자가 가구 등의 주거환경을 개선하고, 수급자가 참여하는 '주택개량 지원'을 활성화하기 위한 것으로 간주하여 수급자가 참여하는 '집수리 사업단'을 활용한 직접 서비스를 제공하는 것을 원칙으로 한다.

(3) 교육급여

기초생활보장 수급자에 대하여 적정한 교육기회를 제공함으로써 자립능력을 배양하고, 빈곤의 세대 간 전승을 차단함을 목적으로 지급되는 급여이다. 수급자 중 중학교 및 고등학교 및 그에 해당하거나 그의 학력이 인정되는 시설에 입학 또는 재학 중인 자에게 지급이 된다. 교육급여의 신청 및 지급 등에 대하여는 「초·중등교육법」의 교육비 지원 절차를 따르도록 하기 때문에 별도의 교육급여법을 제정하지는 않았으며, 교육부장관의 소관으로 한다. 교육급여는 부양의무자 기준을 적용하지 않으며, 교육급여의 수급권자는 소득인정액이 교육급여 선정기준 이하인 사람으로 하며, 교육급여 선정기준은 기준 중위소득의 50% 이상으로 정하고 있다.

(4) 해산급여

수급자 가구의 조산(助産)이나 분만 전과 분만 후의 필요한 조치와 보호를 위해 수급자나 세대주, 세대주에 준하는 사람에게 현금으로 지급되는 급여이다. 이 급여는 생계급여, 주거급여, 의료급여 중 하나 이상의 급여를 받는 수급자에게 사유가 발생했을 때 1회 지급하는 급여이다.

(5) 해산 및 장제급여

장제급여는 수급자가 사망한 경우 사체의 검안·운반·화장 또는 매장, 기타 장제조치를 행하는데 필요한 금품을 지급하는 급여이다. 이 급여 역시 해산급여와 마찬가지로 생계급여, 주거급여, 의료급여 중 하나 이상의 급여를 받는 수급자에게 사유가 발생했을 때 1회 지급하는 급여이다.

(6) 자활급여

자활급여는 수급자의 자활을 돕기 위해 지급하는 급여이다. 그리고 자활급여는 조건부수급자 및 일반수급자, 특례수급자 가구의 가구원, 자활급여 특례자, 차상위계층 등을 대상으로 자립 및 자활을 할 수 있도록 다양한 지원을 제공하는 우리나라의 대표적인 근로연계복지제도이다. 이러한 자활급여의 내용은 자활에 필요한 금품의 지급 또는 대여, 근로능력의 향상 및 기능습득의 지원, 취업알선, 근로기회의 제공, 창업교육, 기능훈련, 자산형성 등을 지원한다.

(7) 의료급여

의료급여에 필요한 내용은 「의료급여법」을 따르고 있다.

5. 자활사업

자활사업은 2000년 10월부터 시행된 국민기초생활보장제도의 일환으로 근로능력이 있는 저소득층이 스스로 자활할 수 있도록 자활능력 배양, 기능습득 지원 및 근로기회 제공하는 것을 목적으로 한다. 「국민기초생활 보장법」은 근로능력이 있는 자가 자활사업 참여를 조건으로 생계비를 지급받도록 하는 조건부 생계급여를 설정해 놓고 있으며, 이는 국가의 보호에 안주하는 도덕적 해이를 방지하는 제도적 장치의 기능을 하기 위함이다.

자활사업의 구체적인 내용을 확인하기 전에 근로연계복지와 관련한 다양한 용어들의 개념차이를 확인할 필요가 있다. 「국민기초생활 보장법」상의 근로능력이 있는 자에 대한 조건부 생계급여 항목은 복지에 근로를 연계하는 대표적인 조항이다. 그렇지만 근로연계복지의 개념을 다양한 사람들이 다양한 의미로 사용하고 있기 때문에 이를 정의하는 것은 매우 어려운 일이고(김종일, 2005), 따라서 자활사업의 성격을 규정하는 것도 결코 쉽지 않다.

좁은 의미에서 Workfare는 복지급여와 근로의무를 연계하는 방식의 사회부조 프로그램을 가리킨다. 이때 근로의무에는 훈련이나 교육 또는 지역사회를 위한 봉사도 포함되며, 근로능력을 지닌 사람이 복지급여를 받기 위해서는 정부가 부과하는 근로의무에 응해야만 한다. 만일 불응하면 급여가 지급되지 않으며, 이것이 바로 Workfare의 핵심이라 할 수 있다.

넓은 의미에서 Workfare 또한 그 내용과 범위가 용어를 쓰는 사람에 따라 다른데 노동중심적인 복지정책 전반을 아우르는 개념으로 사용하는 이가 있는가 하면, Jessop(1999, 재인용)처럼 새로운 형태의 자본주의 축적체제를 뒷받침하기 위한 새로운 형태의 복지체제로 이해하는 사람도 있다. 그의 맥락에서 Workfare는 국가가 공급측면에 개입하여 국민경제의 구조적 경쟁력을 최대한 강화하면서 사회정책을 노동시장 유연성의 필요에 따라 종속시키는 것이었다.

Workfare는 나라에 따라서도 그 의미와 인식이 달라지는데, 이를테면 미국에서는 이를 미국적 가치에 부합하는 것으로 믿는 경향이 강하고, 유럽의 경우에는 이 용어가 미국식의 저열한 사회모델을 의미하는 것으로 여겨져서 심지어 우파들조차 꺼리는 용어가 되고 있다. 그렇지만 신자유주의 시대에, 후기산업사회에 새롭게 직면하는 복지국가의 여러 도전들 속에서 복지에 노동을 연계하는 정책을 펴지 않을 수는 없는 바, 유럽에서는 이를 활성화(Activation)라고 칭한다.

한편 미국에서는 Workfare라는 말을 선호하기는 하지만 실제 정책상에서는 'Welfare to Work'라는 표현을 사용한다고 한다. 이는 이 용어가 복지급여를 받던 사람들을 노동시장에 다시 참가하도록 하겠다는 정책적 의지를 좀 더 선명하게 보여주기 때문으로 여겨진다. 영국은 1997년 노동당 정부의 토니 블레어가 미국의 Welfare to Work를 받아들이지만 그 이름만은 뉴딜정책이라 부르고 있다.

활성화 정책(Activation)은 사회정책에서 노동시장 밖에 머물며 복지급여에 의지하던 수급자를 노동시장 안으로 끌어들이는 정책이나 프로그램을 의미하며, 노동시장을 떠나 복지급여에 의존하는 사람은 비활동적인 사람, 즉 소극적이고 수동적인 사람으로 간주한다. 일을 하고 있거나 일자리를 열심히 찾는 사람은 적극적이고 능동적인 사람이고 그렇지 않은 사람은 소극적이란 것이다. 단순히 사람에게만 대상으로 하는 것이 아니라 이렇게 근로유인을 높이는 방식으로 제도의 개편 또한 활성화라 칭할 수 있다.

1) 자활사업의 대상자

자활사업의 대상자는 의무참여 대상자인 조건부수급자와 희망참여 대상자인 자활사업 특례자, 일반수급자, 급여특례가구원, 차상위계층으로 구분될 수 있다. 이를 도식으로 나타내면 다음과 같다.

[표 13-8] **자활사업 대상자**

① 조건부수급자	② 자활급여특례자	③ 일반수급자 ⑤ 차상위자 ④ 급여특례가구원 ⑥ 시설수급자

※ 의무참여: ① ※ 희망참여: ②~⑥ ※ 수급자: ①②③ ※ 참여우선순위: ① → ② → ③④⑤⑥

① **조건부수급자**: 자활사업 참여를 조건으로 생계급여를 지급받는 수급자
② **자활급여특례자**: 생계 의료급여 수급자가 자활근로, 자활기업 등 자활사업 및 취업성공패키지(고용노동부)에 참가하여 발생한 소득으로 인하여 소득인정액이 기준 중위소득의 40%를 초과한 자(국민기초생활보장사업안내 참조)
③ **일반수급자**: 참여 희망자(만 65세 이상 등 근로무능력자도 희망 시 참여 가능)
④ **특례수급가구의 가구원**: 의료급여특례, 이행급여특례가구의 근로능력 있는 가구원 중 자활사업 참여를 희망하는 자
⑤ **차상위자**: 근로능력이 있고, 소득인정액이 기준 중위소득 50% 이하인 사람 중 비수급권자
⑥ **근로능력이 있는 시설수급자**

출처: 보건복지부(2017).

「국민기초생활 보장법」은 나이와 건강상태 등을 고려하여 근로능력자로 판단되는 대상자에게는 자활사업 참여를 조건으로 생계급여를 지급하도록 하고 있다. 즉 18세 이상 64세 이하의 수급자 중 건강상태가 양호한 경우 조건부수급자가 되는 것이다. 중증의 장애를 가지고 있거나, 질병, 부상 등으로 3개월 이상 치료가 필요한 자, 임산부, 공익근무요원 등 법률상의 의무를 이행 중인 자 등은 근로능력자에서 제외된다.

근로능력이 있는 것으로 판단되지만 개별가구 또는 개인여건 등으로 자활사업참여가 곤란한 자, 근로 또는 사업에 종사하는 댓가로 소득을 얻고 있는 자, 환경변화로 적응기간이 필요하다고 인정되는 자(3개월), 5~6급 장애인 혹은 자활사업참여가 곤란하다고 보건복지부장관이 정하는 자에 해당하는 경우에는 조건부과 제외 및 유예로 판명될 수 있다. 이들은 본인의 희망유무에 따라서 조건부수급자가 아님에도 일반수급자로서 자활사업에 참여할 수 있다.

특례수급가구란 해당 가구가 의료비 지출이나 교육비 지출의 결과로 「국민기초생활 보장법」상의 수급권자가 되는 경우에 해당 의료비, 혹은 교육비를 특례의 성격으로 수급받는 가구를 의미한다. 이러한 가구의 가구원 또한 본인의 희망유무에 따라서 자활사업 참여를 할 수 있다.

2) 자활사업프로그램

정부는 「국민기초생활 보장법」에 의거하여 수급자 및 차상위자의 자활 촉진에 필요한 사업을 수행하기 위해 비영리법인과 단체를 지역자활센터로 지정하고, 지역자활센터는 자활근로사업 중 시장진입형 자활근로와 사회적 일자리형 자활근로를 맡아 실행한다. 참여자에게는 자활급여자, 참여자 중 수급자에게는 자활장려금이 지급된다(자활정책연구소, 2009).

지역자활센터는 2020년을 기준으로 전국에 250개소가 있고, 본 장에서는 지역자활센터에서 진행되는 사업들을 중심으로 자활사업 프로그램인 사례관리, 자산형성 및 자활촉진 프로그램, 자활근로사업, 자활기업 지원 및 창업지원 등을 살펴본다.

(1) 사례관리

자활사업 참여 전 진입과정(Gateway/ 상담, 기초 교육, IAP, ISP 수립과정)을 포함하여 참여자에게 근로의 기회 제공, 취업 알선 등 자활 프로그램 지원, 참여자의 자활 프로그램 수행 모니터링 및 사후 평가 등 지역자활센터에서 자활참여자의 자립을 위해 수행하는 모든 과정을 말한다.

(2) 자산형성 및 자활촉진 프로그램

희망키움Ⅰ·Ⅱ, 내일키움 통장이 있으며, 근로 중인 저소득 계층에게 각 프로그램별 소득기준에 해당될 시에 근로소득 장려금 등 각종 매칭금을 적립함으로써, 자산형성을 도와 일을 통한 자립의 꿈을 지원한다.

(3) 자활근로사업

국민기초생활보장법에 의해 저소득층에게 자활을 위한 근로의 기회를 제공하여 자활기반을 조성하는 사업이다. 기존 공공근로사업처럼 한시적인 일자리 제공이 아닌 저소득층의 자활촉진을 위한 자활기업 창업 등의 기초 능력을 배양한다. 사업단 형태로 운영되며 창업교육, 기능습득 지원, 근로기회 제공과 근로 능력 향상을 위한 각종 지원을 실시한다.

(4) 자활기업 지원 및 창업지원

자활기업은 2인 이상의 수급자 또는 저소득층이 상호협력하여, 조합 또는 사업자의 형태로 탈 빈곤을 위한 자활사업을 운영하는 업체이다. 국민기초생활보장법에 의한 자활기업 요건을 갖추고 보장기관으로부터의 인정이 필요하다.

자활기업의 주요 지원내용은 창업자금 지원, 사업자금 융자, 한시적 인건비 지원, 국·공유지 우선 임대, 국가 또는 지자체가 실시하는 사업의 우선 위탁 및 조달구매 시 자활기업 생산품의 우선 구매 등이다.

6. 다양한 저소득층 지원사업

1) 자산형성사업

2022년부터 기존의 희망키움, 내일키움 등이 희망저축계좌(Ⅰ), 희망저축계좌(Ⅱ), 청년내일저축계좌 등의 통장으로 재편되었다. 이 사업은 가입대상에 따라 구분하여 적용된다.

첫째, 희망저축계좌(Ⅰ)의 지원대상은 기준 중위소득 40% 이하인 생계급여 또는 의료급여 수급가구 중 일하는 가구원이 있고 계좌신청 당시 가구 전체의 총 근로소득 및 사업소득이 기준 중위소득 40%의 60% 이상인 가구이다.

둘째, 희망저축계좌(Ⅱ)의 지원대상은 소득인정액이 기준 중위소득 50% 이하인 주거급여 또는 교육급여 수급가구 및 기타 차상위계층 가구이면서 현재 근로활동 중이며 근로 및 사업소득이 있는 가구이다.

셋째, 청년내일저축계좌의 지원대상은 가입연령, 소득기준, 가구소득, 가구재산의 기준을 모두 충족한 근로 중인 청년이다. 청년은 생계급여, 의료급여, 주거급여, 교육급여 수급가구 및 차상위 가구의 청년(만 15~39세) 그리고 기준 중위소득 50% 초과 100% 이하 가구의 청년(만 19~34세)이다.

2) 사회적 경제

사회적 경제는 공익을 추구하는 공적인 경제이다. 우리나라에서는 20세기 후반의 경제위기를 경험하면서 일자리 문제의 심각성을 해결하기 위한 대안으로 부각되기 시작하였다. 사회적 경제 조직으로는 사회적기업, 협동조합, 마을기업 등이 대표적이다.

첫째, 사회적기업은 취약계층을 대상으로 지역주민의 삶의 질을 향상시키는 등의 일자리 서비스를 제공하는 기업이다. 본 기업은 고용노동부의 인증절차에 따르고 있다. 조직 형태는 민법에 따른 법인 및 조합, 상법에 따른 회사 및 합자조합, 특별법에 따른 법인 및 비영리민간단체 등이 가능하다고 할 수 있다(사회적기업 육성법 참조).

둘째, 협동조합(법인)은 조합원의 권익향상을 위한 조직이다. 그리고 협동조합 중 사회적협동조합(비영리법인)은 취약계층을 대상으로 일자리 서비스를 제공하는 영리를 목적으로 하지 않는 조합이다. 협동조합의 설립은 시·도지사에게 신고하며, 사회적협동조합은 기획재정부의 인가를 받아 설립절차를 진행하여야 한다(협동조합 기본법 참조).

셋째, 마을기업은 지역주민을 대상으로 지역공동체 이익을 위한 마을단위의 기업이다. 마을기업의 설립절차는 행정안전부의 지정을 받아 이루어진다.

7. 의료급여제도

1) 「의료급여법」의 특징

의료급여제도(medicaid)는 의료부조제도로서 공공부조제도의 일환으로 실시된다. 이는 건강보험과 더불어 국민의 건강한 생활을 보장하기 위한 의료보장제도로서 저소득층의 의료복지를 위한 중요한 수단이 되고 있다. 그리고 이 법은 「국민건강보험법」과는 다르게 재원을 일반조세로 하며 소득재분배 기능을 수행하며, 보충성의 원리가 적용되므로 다음과 같은 특징이 있다.

- 국가에 의해 행해지는 공적 의료부조제도이다.
- 의료급여제도는 모든 국민을 대상으로 차별 없이 제공되는 보편적인 프로그램이 아니라 자신의 소득이 최저생계비 이하인 절대빈곤층이 주 대상이 되는 선별적인 프로그램이다.
- 의료급여는 건강보험과는 달리 필요한 재원을 일반조세수입으로 충당한다.
- 의료급여제도는 「헌법」상 보장된 인간다운 생활을 할 권리와 국민의 건강권을 저소득층과 사회적 기여자들에게 구체화하는 공적인 원조 프로그램이다.

2) 「의료급여법」의 목적

이 법은 생활이 어려운 자에게 의료급여를 실시함으로써 국민보건의 향상과 사회복지의 증진에 이바지함을 목적으로 한다(「의료급여법」 제1조).

3) 「의료급여법」의 입법배경과 주요 내용

공공부조의 기본이 되는 「국민기초생활 보장법」이 제정됨에 따라 이에 맞춰 의료공공부조를 제공하기 위해 새로운 「의료급여법」이 필요하게 되었다. 이에 생활이 어려운 저소득 국민의 건강을 증진하기 위하여 의료급여 수급기간의 제한을 폐지하여 연중기간 제한 없이 의료급여를 받을 수 있도록 하고, 예방·재활 등에 대하여도 의료급여를 행하도록 하며, 수급권자의 진료편의를 도모하기 위하여 의료급여기관에 대한 업무정지처분에 갈음하여 과징금을 부과할 수 있도록 하는 등 현행 제도의 운영상 나타난 미비점을 전반적으로 개선·보완하기 위해 「의료급여법」이 제정되었다.

- '의료보호'를 '의료급여'로 변경 – 「의료급여법」으로 변경
- 중앙의료급여심의위원회 설치
- 권리강화 – 저소득 국민의 의료에 대한 권리를 강화
- 의료급여를 받을 수 있는 기간의 제한을 폐지
- 요양비 지급

- 건강검진 – 수급권자에 대한 건강검진 실시
- 의료급여의 제한범위 축소 – 수급권자 자신의 고의 또는 중대한 과실로 인한 범죄행위로 인한 사고에만 의료급여를 하지 아니한다.

4) 적용대상

(1) 수급권자(수동적 개념에서 능동적 개념 : 권리성 부각)

의료급여를 받을 수 있는 자격을 가진 자를 말한다(동법 제3조).

- 「국민기초생활 보장법」에 의한 의료급여 수급자(「의료급여법」 제4조)
- 「재해구호법」에 의한 이재민
- 「의사상자 등 예우 및 지원에 관한 법률」에 의한 의상자(義傷者) 및 의사자(義死者)의 유족
- 「입양특례법」에 의하여 국내에 입양된 18세 미만의 아동
- 「독립유공자예우에 관한 법률」, 「국가유공자 등 예우 및 지원에 관한 법률」 및 「보훈보상대상자 지원에 관한 법률」의 적용을 받고 있는 자와 그 가족으로서 국가보훈처장이 의료급여가 필요하다고 추천한 자 중 보건복지부장관이 의료급여가 필요하다고 인정한 자
- 「무형문화재법」에 의하여 지정된 국가무형문화재의 보유자(명예보유자를 포함한다) 및 그 가족으로서 문화재청장이 의료급여가 필요하다고 요청한 자 중 보건복지부장관이 의료급여가 필요하다고 인정한 자
- 「북한이탈주민의 보호 및 정착지원에 관한 법률」의 적용을 받고 있는 자와 그 가족으로서 보건복지부장관이 의료급여가 필요하다고 인정하는 자
- 「5·18 민주화운동 관련자 보상 등에 관한 법률」 제8조의 규정에 의하여 보상금 등을 받은 자와 그 가족으로서 보건복지부장관이 의료급여가 필요하다고 인정한 사람
- 「노숙인 등의 복지 및 자립지원에 관한 법률」에 따른 노숙인 등으로서 보건복지부장관이 의료급여가 필요하다고 인정한 사람

- 그 밖에 생활유지 능력이 없거나 생활이 어려운 사람으로서 대통령령으로 정하는 사람
- 「난민법」에 따른 난민인정자로서 「국민기초생활 보장법」 제12조의3 제2항에 따른 의료급여 수급권자의 범위에 해당하는 사람(동법 제3조의2)

(2) 수급권자의 구분

1종 수급권자 및 2종 수급권자(동법 시행령 제3조)로 구분한다.

① 1종 수급권자(무료)

- 「국민기초생활 보장법」에 의한 수급자 중 동법 시행령 제7조의 규정에 의한 근로능력이 있는 수급자에 해당되지 아니하는 자만으로 구성된 세대의 구성원
- 「국민기초생활보장법」 제32조에 따른 보장시설에서 급여를 받고 있는 자
- 보건복지부장관이 정하는 결핵질환, 희귀난치성질환 또는 중증질환을 가진 사람
- 「국민기초생활 보장법」이 아닌 다른 법에 의한 의료급여 수급권자, 즉 재해구호법, 「의사상자예우에 관한 법률」 등 위에서 언급된 법률에 의한 수급권자

② 2종 수급권자(일부 유료)

- 「국민기초생활 보장법」에 의한 수급자 중 1종 대상자를 제외한 자(근로능력 세대)
- 희귀난치성 질환 외의 질환으로 6개월 이상 치료를 요하는 자 또는 소득인정액 이하에 해당하는 세대의 18세 미만 아동

5) 보장기관

이 법에 의한 의료급여에 관한 업무는 수급권자의 거주지를 관할하는 특별시장·광역시장·도지사·특별자치도지사와 시장·군수·구청장이 행한다. 그럼에도 불구하고 주거가 일정하지 아니한 수급권자에 대하여는 그가 실제 거주하는 지역을 관할하는 시장·군수·구청장이 행한다. 시·도지사 및 시장·군수·구청장은 수급권자의 건강의 유지·증진을 위하여 필요한 사업을 실시하여야 한다(「의료급여법」 제5조).

6) 의료급여심의위원회

의료급여사업의 실시에 관한 사항을 심의하기 위하여 보건복지부와 특별시·광역시·도와 시·군·구에 각각 의료급여심의위원회를 둔다. 의료급여심의위원회는 의료급여사업의 기본 방향 및 대책 수립에 관한 사항, 의료급여기준 및 수가에 관한 사항, 그 밖에 보건복지부장관 또는 위원장이 부의하는 사항을 심의한다. 중앙의료급여심의위원회는 위원장을 포함하여 10인 이내의 위원으로 구성하고 위원은 보건복지부장관이 공익을 대표하는 자(의료보장에 관한 전문가로서 대학의 조교수 이상인 자 또는 연구기관의 연구원으로 재직 중인 자), 의약계를 대표하는 자 및 사회복지계를 대표하는 자, 관계 행정기관 소속의 3급 이상 공무원에 해당하는 자 중에서 위촉·지명하며 위원장은 보건복지부차관으로 한다(동법 제6조 제1–3항).

시·도 및 시·군·구 의료급여심의위원회 위원은 특별시장·광역시장·도지사 또는 시장·군수·구청장이 의료보장에 관한 학식과 경험이 있는 자, 공익을 대표하는 자, 관계 행정기관 소속의 공무원에 해당하는 자 중에서 위촉·지명하며 위원장은 당해 시·도지사 또는 시장·군수·구청장으로 한다(동법 제6조 제4항).

의료급여심의위원회는 심의와 관련하여 필요한 경우 보장기관에 대하여 그 소속 공무원의 출석이나 자료의 제출을 요청할 수 있다. 이 경우 해당 보장기관은 정당한 사유가 없는 한 이에 응하여야 한다. 보건복지부와 시·도 및 시·군·구에 두는 의료급여심의위원회의 기능과 각 의료급여심의위원회의 구성·운영 등에 관하여 필요한 사항은 대통령령으로 정한다(동법 제6조 제5–6항).

7) 의료급여의 종류

「의료급여법」에 의한 수급권자의 질병·부상·출산 등에 대한 의료급여의 내용은 다음과 같다(동법 제7조).

- 진찰·검사
- 약제·치료재료의 지급
- 처치·수술과 그 밖의 치료

- 예방·재활
- 입원
- 간호
- 이송과 그 밖의 의료목적의 달성을 위한 조치

의료급여의 방법·절차·범위·상한 등 의료급여의 기준에 관하여는 보건복지부령으로 정하고, 의료수가기준과 그 계산방법 등에 관하여는 보건복지부장관이 정한다. 보건복지부장관은 의료급여의 기준을 정함에 있어 업무 또는 일상생활에 지장이 없는 질환 등 보건복지부령이 정하는 사항은 의료급여의 대상에서 제외할 수 있다.

8) 의료급여기관

의료급여를 행하는 의료급여기관은 「의료법」에 따라 개설된 의료기관, 「지역보건법」에 따라 설치된 보건소·보건의료원 및 보건지소, 「농어촌 등 보건의료를 위한 특별조치법」에 따라 설치된 보건진료소, 「약사법」에 따라 등록된 약국 및 동법에 따라 설립된 한국희귀의약품센터이다(동법 제9조 제1항).

의료급여기관은 제1차에서 제3차 의료급여기관으로 구분하고 있는데, 제1차 의료급여기관은 주로 통원서비스를 제공하는 기관이며, 제2차 급여기관은 입원서비스, 제3차 기관은 특수진료를 전담하는 기관으로 간주할 수 있다.

- 제1차 의료급여기관: 「의료법」에 따라 개설된 의료기관, 「지역보건법」에 따라 설치된 보건소·보건의료원 및 보건지소, 「농어촌 등 보건의료를 위한 특별조치법」에 따라 설치된 보건진료소, 「약사법」에 따라 등록된 약국 및 동법에 따라 설립된 한국희귀의약품센터
- 제2차 의료급여기관: 「의료법」에 따라 시·도지사가 개설허가를 한 의료기관
- 제3차 의료급여기관: 제2차 의료급여기관 중에서 보건복지부장관이 지정하는 의료기관(동법 제9조 제2항)

의료급여기관은 정당한 이유 없이 이 법에 의한 의료급여를 거부하지 못한다(동법 제9조 제3항).

9) 의료급여의 부담

급여비용은 대통령령이 정하는 바에 따라 그 전부 또는 일부를 의료급여기금에서 부담하되, 의료급여기금에서 일부를 부담하는 경우 그 나머지의 비용은 본인이 부담한다(2003년 개정법까지는 본인 부담이 없었으나, 2006년 12월 28일 개정된 법은 본인 부담을 하도록 하고 있음)(동법 제10조).

2종 수급권자는 때에 따라 다르며, 동법 시행령 제13조에서 규정하고 있다. 2종 수급권자에 대한 급여비용의 총액이 해당 규정의 본인부담금보다 적은 경우에는 그 급여비용의 전부를 본인부담금으로 한다.

10) 급여비용의 청구와 지급

의료급여기관은 동법 제10조의 규정에 따라 의료급여기금에서 부담하는 급여비용의 지급을 시장·군수·구청장에게 청구할 수 있다. 급여비용의 청구를 하고자 하는 의료급여기관은 급여비용심사기관에 급여비용의 심사청구를 하여야 하며, 심사청구를 받은 급여비용심사기관은 이를 심사한 후 지체 없이 그 내용을 시장·군수·구청장 및 의료급여기관에 알려야 한다. 또한 심사의 내용을 통보받은 시장·군수·구청장은 지체 없이 그 내용에 따라 급여비용을 의료급여기관에 지급하여야 한다. 이 경우 수급권자가 이미 납부한 본인부담금(제10조의 규정에 따라 수급권자가 부담하여야 하는 급여비용을 말한다)이 과다한 경우에는 의료급여기관에 지급할 금액에서 그 과다하게 납부된 금액을 공제하여 이를 수급권자에게 반환하여야 한다.

11) 요양비

시장·군수·구청장은 수급권자가 보건복지부령이 정하는 긴급하거나 그 밖의 부득이한 사유로 인하여 의료급여기관과 동일한 기능을 수행하는 기관으로서 보건복지부령이 정하는 기관(동법 제28조 제1항의 규정에 따라 업무정지기간 중인 의료기관을 포함한다)에서 질병·부상·출산 등에 대하여 의료급여를 받거나 의료급여기간 외의 장소에서 출산한 때에는 그 의료급여에 상당하는 금액을 보건복지부령이 정하는 바에 따라 수급권자에게 요양비로 지급한다. 의료급여를 실시한 기관은 보건복지지부장관이 정하는 요양비명세서 또는 요양의 내역을 기재한 영수증을 요양을 받은 자에게 교부하여야 하며, 요양을 받은 자는 이를 시장·군수·구청장에게 제출하여야 한다(동법 제12조).

12) 장애인에 대한 특례

시장·군수·구청장은 「장애인복지법」에 따라 등록한 장애인인 수급권자에게 보장구에 대하여 급여를 실시할 수 있다. 보장구에 대한 급여의 방법·절차·범위·상한 등에 관하여 필요한 사항은 보건복지부령으로 정한다(「의료급여법」 제13조).

13) 건강검진

시장·군수·구청장은 이 법에 의한 수급권자에 대하여 질병의 조기발견과 그에 따른 의료급여를 하기 위하여 건강검진을 할 수 있다. 건강검진의 대상·횟수·절차 그 밖에 필요한 사항은 보건복지부장관이 정한다(동법 제14조).

14) 급여의 제한

다음에 해당하는 수급권자의 경우 이 법에 의한 의료급여를 행하지 아니한다. 다만, 보건복지부장관이 의료급여의 필요가 있다고 인정하는 경우에는 그러하지 아니하다(동법 제15조).

- 수급권자가 자신의 고의 또는 중대한 과실로 인한 범죄행위에 기인하거나 고의로 사고를 발생시켜 의료급여가 필요하게 된 경우
- 수급권자가 정당한 이유 없이 이 법의 규정이나 의료급여기관의 진료에 관한 지시에 따르지 아니한 경우

15) 의료급여기금의 설치 및 조성

급여비용의 재원에 충당하기 위하여 시·도에 의료급여기금(이하 '기금')을 설치한

다. 기금은 국고보조금, 지방자치단체의 출연금, 상환받은 대지급금, 부당이득금, 과징금, 기금의 결산상 잉여금 및 그 밖의 수입금 등으로 재원을 조성한다. 국가와 지방자치단체는 기금운영에 필요한 충분한 예산을 확보하여야 하며(동법 제25조), 급여비용의 대지급금에 소요되는 비용, 동법 제33조 제2항의 규정에 의한 업무위탁 시 소요되는 비용, 그 밖의 의료급여업무에 직접 소요되는 비용으로서 보건복지부령이 정하는 비용에 한하여 이를 사용하여야 한다. 이 법에서 정한 것 외에 기금의 관리·운용에 관하여 필요한 사항은 보건복지부령이 정하는 바에 따라 당해 지방자치단체의 조례로 정한다(동법 제26조).

급여비용의 지급업무가 위탁된 경우에 시·도지사는 기금에서 보건복지부령이 정하는 바에 따라 추정급여비용을 급여비용 지급기관에 예탁하여야 하며, 지방자치단체출연금 예산이 성립되지 못한 경우 「지방재정법」 제36조의 규정에도 불구하고 국고보조금은 즉시 급여비용 지급기관에 예탁하여야 한다(동법 제27조).

8. 근로장려금(EITC: 근로장려세제)

근로장려세제는 우리나라의 EITC(Earned Income Tax Credit)형 제도를 지칭하는 말이다. 이는 노동시장에 참여하고 있지만 소득이 적어 생활이 어려운 저소득근로자가구에 대하여 근로소득에 따라 산정된 근로장려금을 지급함으로써 근로유인을 제고하고 실질소득을 지원하기 위한 근로연계형 소득지원제도를 의미한다(국세청 근로장려세제 홈페이지).

근로장려금은 2009년 5월까지 관할 세무서에 신고하여 2009년 8월부터 지급된다. 근로장려금 지급액은 거주자와 배우자의 근로소득과 사업·기타 소득을 합한 금액인 '총급여액 등'을 감안하여 지급된다. 그리고 지급액은 단독 가구(0~2,200만원), 홑벌이 가족가구(0~3,200만원), 맞벌이 가족가구(0~3,800만 원) 등으로 가구별 산정방법이 차이가 있다.

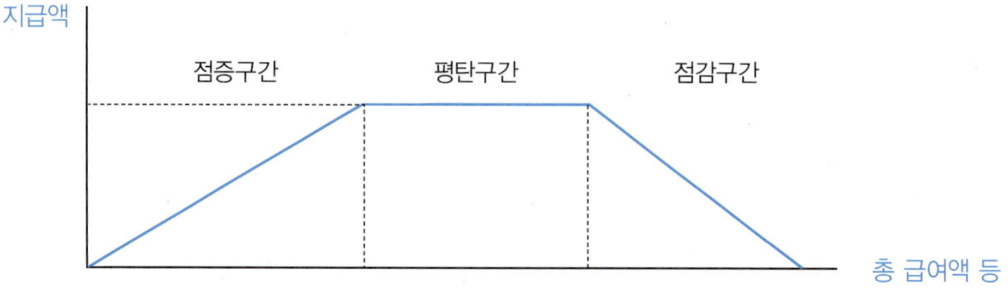

〈그림 13-3〉 **근로장려세제 급여 모형**

이 제도는 도입 당시 각계의 뜨거운 논쟁을 불러일으켰는데, 여기서는 EITC 도입 논란을 노동운동계와 사회운동계의 주장을 정리하며 확인하도록 하겠다. 당시 류정순 한국빈곤문제연구소 소장은 방치된 근로빈곤층에게 실질적인 혜택을 줄 수 있다는 취지로 제도 도입을 찬성하였는데 그 논지의 핵심은 국민기초생활보장제도가 대상자의 소득파악능력부족을 역이용하여 과도한 추정소득을 책정함으로서 근로빈곤층을 대거 사각지대로 내몰게 되었으므로 이들의 소득 보장을 위해서는 도입이 불가피 하다는 것이다. 구체적인 이유로는 ① 수급권자에게 실질적인 혜택이 돌아갈 것이며, ② 신자유주의 소득보장이라 하더라도 없는 것보다는 낫다는 것, ③ 현실적으로 EITC 넘어설 수 있는 대안이 부재하다는 것이었다.

반면 당시 민주노동당의 진보정치연구소 상임연구위원 성은미는 저임금 노동을 확대시킬 것이라는 이유로 도입에 반대하였다. EITC를 찬성하는 사람들은 일하는 빈곤층의 빈곤문제를 해결할 방법이 "EITC밖에 없다."고 주장하지만 실제로 이 제도가 처음 도입된 미국에서 EITC로 인한 아동빈곤 감소효과는 조금 있었지만 전반적인 빈곤감소효과는 크지 않은 것으로 나타나고 있다는 것이다.

그 이유는 다음과 같다.

첫째, EITC가 임금이 있는 즉 근로소득이 있는 사람들만을 대상으로 하고 있으며 근로소득이 없는 사람들, 혹은 일을 할 수 없는 사람들을 포괄하지 못하기 때문에 빈곤감소효과가 그리 크지 않게 나타나지 않는다는 것이다.

둘째, 지급하는 금액과 지급하는 시기의 문제다. 미국 EITC를 그대로 한국에 적용한 연구에 따르면 월평균 8만 원 정도가 EITC로 지급될 것인데, 그만한 액수로 빈곤문제가 해결될 수는 없다는 것이다. 또한 EITC는 1년에 한 번 지급되는데 근로빈곤층은 빈곤을 1년에 한 번 경험하는 것이 아니라 매일매일 경험한다. 따라서 EITC처럼 1년에 1회 지급했을 경우 빈곤층의 소득보장정책으로 의미가 없다는 것이다.

가장 핵심적인 이유인 셋째, 바로 EITC가 최저임금을 높이지 않는 효과가 있다는 것이다. 미국에서 EITC 도입으로 최저임금에 대한 압력이 낮아졌기 때문에 저숙련·저임금·불안정한 고용이 그대로 유지되었음을 보여주는 연구자료를 제시하기도 하였다. 정리하자면 일할 능력이 있는 사람들에게 소득이 발생하면 EITC를 지급하지만, 실제 최저임금이 제대로 작동하지 않음으로써 빈곤은 오히려 증대하고 있다는 것이다.

성은미(2005)는 EITC제도가 Workfare의 측면에서 신사유주의적인 제도라고 비판하며 대안으로 유럽 등의 국가에서 시행되고 있는 실업부조, 비정규노동자 등 저소득층노동자에 대한 사회보험료 감면 제도, 주택수당 및 공공적 의료서비스 등을 제시하고 있다. 특히, EITC의 경우에는 빈곤층을 항구적인 저임금의 불안정노동으로 몰아넣는데 탁월한 효과가 있기 때문에 반대함을 분명히 하고 있다.

근로장려세제(EITC)의 현황을 살펴보면 다음과 같다. 도입 초기에는 보수와 진보, 노동계와 시민사회계 등 여러 집단 간 논쟁이 많았고 실효성도 의심되었지만 현재는 제도가 안정적으로 정착이 되어가는 모습이다.

다음은 근로장려세제와 「국민기초생활 보장법」이 어떤 관련이 있는가에 대한 문제이다. 최현수(2007)에 의하면 근로장려세제의 도입과정에서 기초생활보장 수급자에 대한 근로장려세제의 적용 여부가 큰 쟁점이 되었었다.

이에 따르면 당시의 논의 과정에서 수급자 적용에 반대하던 입장의 논리는 높은 최저생계비를 보장받는 수급자를 대상으로 근로장려세제를 적용하는 것은 과도한 급여지급이라는 점과 중복지급을 허용하지 않고 기초생활보장제도와 근로장려세제 가운데 선택적으로 수급할 수 있도록 두 제도를 분리하여 배타적으로 운영해야 한다는 내용이었다. 반면에 수급자 적용에 찬성하던 다수의 의견은, 수급자는 소득지원이 가장 필요한 계층이며 근로능력이 있는 수급자의 근로유인을 제고할 수 있고, 권리로 보장된 기초생활보장 급여와 근로장려세제에 의한 급여를 개인이 선택하도록 하는 것은 바람직하지 않다는 것이었다(최현수, 2007).

또한, 그동안 법적 근거가 있음에도 불구하고 소득파악의 문제로 인해 시행되지 않았던 일반수급자에 대한 자활장려급을 폐지하여 근로장려세제로 일원화할 수 있으며, 그렇지 않을 경우 일반수급자에 대한 자활장려금의 확대가 불가피하다는 입장이었다.

한편 기초생활보장제도와 EITC의 차이를 정리하면 다음과 같다.

첫째, 목적에 있어서의 차이이다. 기초생활보장제도는 최저생활보장에 있고, EITC는 근로빈민의 근로유인 제고 및 실질소득 지원에 있다.

둘째, 급여에 있어서 전자는 현금급여와 현물급여이며, EITC는 조세환급금이다.

셋째, 급여방식은 전자가 보충급여방식이라면, EITC는 구간별(〈그림 13-3〉 참조) 차등제이다.

넷째, 신청방식에 있어서 전자는 신청주의와 직권주의 병행이며, EITC는 신청주의이다(원석조, 2016).

9. 공공부조의 쟁점

이상으로 우리나라의 대표적인 공공부조제도인 「국민기초생활 보장법」을 비롯하여 세부적인 정책들을 확인하였다. 다음으로는 국민기초생활보장제도의 사각지대 문제와 빈곤탈출 유인 억제의 문제, 그리고 EITC의 도입과 국민기초생활보장제도와의 제도병행을 놓고 발생한 쟁점들을 살펴보도록 한다.

1) 국민기초생활보장제도의 사각지대 규모

「국민기초생활 보장법」의 사각지대 문제는 이미 여러 학자들이 이 법의 가장 큰 문제점의 하나로 언급한 바 있으며, 참여연대의 '국민복지기본선 확보를 위한 제도

개선 요구안'은 「국민기초생활 보장법」이 빈곤심화 등의 사회현실에 적절히 대응하지 못하고 있음을 지적하고 있다. 앞서 살펴본 바와 같이 빈곤율은 계속해서 증가하는 추세이지만 「국민기초생활 보장법」의 수급자수는 거의 변화가 없고, 사각지대에 방치된 사람들이 아직도 많다고 지적하고 있다(세모녀 자살사건 이후 자살사건이 나타남).

참여연대의 제도개선 요구안의 핵심내용은 위 그림에서 보는 바와 같이 부양의무자기준과 재산기준은 낮추고 최저생계비의 수준을 적정화해서 사각지대에 방치된 200만 명을 기초보장제도 내로 편입하자는 것이다.

이와 같이 법을 개정하여 추가로 투입될 예산이 어느 정도일지 제시하지 못한 한계는 있지만 참여연대의 제안은 「국민기초생활 보장법」의 질적 발전을 위하여, 그리고 현시대의 악화되고 있는 양극화와 빈곤현상을 완화하는데 유효한 측면이 있다.

2) 빈곤탈출 유인 억제의 문제와 개별급여 전환 주장

남기철(2007)은 국민기초생활보장제도의 쟁점을 정리하면서 급여방식과 빈곤탈출 유인 억제에 관한 논의를 설명한 바 있다. 급여방식 중 빈곤탈출 유인 억제와 관련된 것으로 보충급여와 통합급여 체제의 한계점이 거론될 수 있는데, 보충급여라 함은 최저생계비 이하의 사람들에게 최저생계비 수준의 충족을 위해서 부족한 부분을 보충적으로 제공한다는 의미이다. 남기철은 보충급여에 관한 탈빈곤 억제효과를 다음과 같이 설명한 바 있다.

보충급여방식도 수급자의 자활과 탈빈곤을 억제하는 기제로 작용하는 부작용이 발생할 수 있다. 즉, 빈곤선 이하에서 갑자기 최저생계비를 크게 상회하는 정도로의 소득이 아니라면 약간의 소득을 더 올리기 위한 노력은 별 의미가 없는 것으로 여겨지게 된다. 최저생계비 미만 내에서의 차이나 혹은 최저생계비와 유사한 수준의 소득이라면 보충급여 체계에 의해 소득이 늘어난 만큼 수급액이 감소되므로 적극적으로 노동에 나서야 할 필요가 없는 것이 된다(남기철, 2007).

이러한 쟁점에 대해 보수진영에서는 빈민의 노력적 해이와 기초생활보장제도 급여의 무익성을 주장하지만 반대의 진영에서는 제도개선과 인센티브 제공을 통한 자활촉진을 주장하고 있다. 그렇지만 빈민의 도덕적 해이 혹은 자활의지 감소 등을 논의하기 전에 염두에 두어야 할 것은 실제 수급자의 대다수가 노동능력이 취약한 고령층이나 장애인 등이라는 점이다. 따라서 대부분 노동능력이 없는 사람들을 지원하는 제도를 놓고서 자활의지 감소 등을 운운하는 무리한 주장을 하기보다는 보충급여방식에서 자활의 인센티브를 어떻게 효과적으로 제도화할지를 고민하는 것이 필요하다.

통합급여체제 또한 수급자들이 탈빈곤이나 탈수급을 위한 노력을 게을리하게 되는 요인으로 비판받을 수 있다. 수급자로 선정될 경우 생계급여, 주거급여, 의료급여, 교육급여, 해산급여, 장제급여, 자활급여 등 7종의 급여를 받을 수 있는데, 각각의 급여가 개별적인 기준과 욕구에 의해 제공되는 것이 아니라 소득 및 재산 수준의 의해 일단 수급권자로 선정이 되면 모든 급여가 주어지고, 그렇지 않은 경우에는 모든 급여가 주어지지 않는 소위 "all or nothing" 방식의 급여방식이란 것이다. 문제는 '통합급여 체계에서는 수급자가 최저생계비 이상의 소득인정액이 발생하는 순간에 모든 급여의 수급자격을 잃게 된다는 점'이다. 이렇게 되어 심지어는 수급자와 최저생계비 바로 위의 수준에 있는 차상위계층 간에는 소득역전 현상도 발생하게 되며, 이러한 현실은 수급자들이 스스로 탈수급, 탈빈곤하려는 자활의 의지를 억제하도록 하고 있다.

이러한 맥락에서 개별급여나 부분급여를 강화하는 개선방안이 제시되고 있으며 특히 주거나 교육영역에 대해서는 보완적인 입법 시도가 나타나고 있다. 이러한 개별급여방식은 사실상 빈곤에 시달리지만 어떠한 지원도 받고 있지 못하는 차상위계층에 대한 지원으로서도 큰 의미를 가질 수 있다(남기철, 2007).

향후 이 제도의 과제를 다음과 같이 제시할 수 있겠다(박병현, 2015).

① **기초생활보장 사각지대 축소**: 기초보장 사각지대를 축소하기 위해서는 부양의무자 관련 조항을 개선할 필요가 있다.

② **차상위계층에 대한 지원 확대**: 차상위계층이 가장 필요로 하는 것은 의료급여 제공이 필요하다. 차상위계층에 대한 의료급여를 지원할 경우 소득을 은닉

하여 수급자 자격을 획득하려는 부정수급의 문제를 방지할 수 있다.

③ **사회복지담당공무원의 증원**: 국민기초생활보장의 전문성을 발휘할 수 있는 행정 여건을 조성하기 위한 사회복지전담공무원의 증원이 필요하다.

④ **자활지원사업의 내실화**: 자활사업 참여자의 실질적인 자활에 도움을 줄 수 있도록 자활프로그램의 개발과 확충이 필요하다. 현재 수행 중인 자활공동체사업은 사업 참가자의 자활을 도모하기에는 매우 부족한 실정이다.

이상의 향후 과제 외에도 정부에서는 국민기초생활보장제도에 관한 제도 개선과 지원사업의 정책이 실질적인 실행이 되도록 하여야 할 것이다.

● 정 리 마 당 ●

1. 공공부조에 대한 전반적 이해
2. 빈곤의 개념과 측정방식
3. 자활사업의 방향
4. 사회적 경제에 대한 논의
5. EITC에 대한 논의

부록

1. 한국과 미국의 건강보험 비교
2. 기본소득(Basic income)

한국과 미국의 건강보험 비교

1) 오바마케어법(OCA)

- 2010년 전 국민 의무건강보험제도 입법
- 공식명칭 : 환자보호 및 적정부담 돌봄법(PPACA)
- 가입자의 권리 강화, 보험사가 보험 가입을 거부하는 것을 금지
- 저렴한 보험 확대, 보험회사는 가입자의 보험료 가운데 80%를 의료 보장을 위해 지출
- 예방 목적 진료를 무료로 제공, 26세 이하 청년의 경우 부모의 보험에 피보험자로 등록 가능
- 3,200만 명의 무보험자의 사보험 가입을 의무화(거부하면 벌금)
- 의료보험인 메디케어를 강화

2) 트럼프케어(TCA)

- 오바마케어법 폐지
- 미국건강보험법 추진
- 오바마의 전 국민 의무가입 규정 폐지
- 필요한 사람만 가입(기업 및 개인의 보험료 절감 도모)
- 하원 통과조차 못 하고 좌초

3) 문재인 케어

- 문재인 정부가 2017년 7월 시행한 건강보험 보장성 강화 정책을 말한다. 이는 문재인 대통령이 후보 시절부터 내세웠던 대표적인 공약으로, 건강보험 보장률을 높여 가계의 병원비 부담을 낮추기 위한 국민 의료비 부담 완화 정책이다.
- 미용·성형·라식같이 생명과 크게 상관없는 의료 행위 외에는 모두 건강보험을 적용하고, 환자의 부담이 큰 3대 비급여(특진·상급병실·간병)를 단계적으로 해결하는 방안을 담고 있다.
- 문재인 정부는 "병원비 걱정 없는 든든한 나라를 만들겠다."며 31조 원을 투자해 건강보험 보장률을 2017년 62.7%에서 2022년까지 70%로 끌어 올리는 것을 목표로 하였으나, 실제로 시행 후 3년간 보장률은 1.6%p 올라간 것으로 알려졌다.
- 문재인 케어의 핵심은 의료 고가 검사의 문턱을 낮추고, 완치율은 높이고, 중병 치료비를 절감하는 데 있었다.

4) 현 정부 방향

- 문재인 케어의 핵심인 의료 검사비 지원을 축소 또는 폐기하는 것을 검토하고 있다.

기본소득(Basic income)*

1) 기본소득의 개념

판파레이스(Van Parijs)의 저서『모두에게 실질적 자유를』에서 "기본소득은 정부가 평생 아무런 조건 없이 성인(시민)들에게 정기적으로 지급하는 급여이다. 자산을 따지지 않고 지급하는 기본소득은 낙인이 없고, 실업함정(덫)도 제거할 수 있으므로 노동유인 저해는 없다. 의무로부터 '실질적 자유'를 선물 받는 것"이라고 하였다.

2) 기본소득의 원칙 : BIEN(기본소득지구네트워크)

① 현금으로 제공

② 정기적으로 제공

③ 모든 사람에게 제공

④ 조건 없이 제공

⑤ 충분하게 제공

3) 기본소득의 역사

- 16세기의 기본소득 : 최소소득(모든 거주자들의 최소 생계보장)
- 18세기의 기본소득 : 1795년 스핀햄랜드법(빈민 개개인의 수입에 관계없이 최저소득이 보장되어야 함)

* 본 내용은『사회복지정책의 논쟁적 이슈』(박병현, 2021, 양서원) 내용을 요약 정리하였음

- 20세기 : 프리드먼, 토빈, 닉슨 대통령의 가족지원계획, 루뱅대학, 미국 알래스카 등
- 21세기 : 스위스, 핀란드(실험), 캐나다 온타리오 주(실험), 한국 성남시 및 서울시의 기본소득 등

4) 기본소득이 필요한 이유 (찬성)

- 4차 산업혁명과 노동시장의 변화 : 일자리 없는 세상 도래
- 플랫폼 노동의 등장 : 저임금 직종의 양산
- 사회보험 사각지대 발생에 대한 대비
- 사회적 약자에게 협상력 제공
- 젠더불평등 완화에 기여
- 사회적으로 가치 있는 일에 대한 사회적 보상 기능
- 기본소득을 받는 것은 기본권에 해당

5) 기본소득이 필요 없는 이유 (반대)

- 4차 산업혁명이 와도 일자리는 줄어들지 않는다.
- 사회보험 사각지대 문제는 기본소득으로 해결하지 못한다.
- 재정이 많이 소요된다.
- 기본소득은 생산과 소득이 어떻게 연계되는지를 무시한다.
- 탈노동에서 찾는 자유는 현대사회가 처한 문제들을 해결할 수 없다.
- 불로소득으로 인한 도덕적 해이
- 임금하락
- 생활보장체계는 다양한 요소들이 얽혀서 조직된 것으로 기본소득제도 하나로 정리되지 않는다.
- 기본소득은 사회서비스를 시장화하고 궁극적으로는 복지국가를 구축(驅逐, crowd out)할 것이다.

6) 기본소득에 대한 정치적 관점(좌파와 우파)

① 좌파의 관점

- 본 제도는 4차 산업혁명의 도래와 함께 피할 수 없는 사회복지제도라고 주장
- 시장에서 노동력을 팔지 않아도 기본생활을 유지할 수 있는 노동력의 탈상품화를 보장하며, 사회보험의 사각지대 등 불완전하고 불충분한 사회보장제도를 보완하면서 기본생활을 보장하는 역할

② 우파의 관점

- 좌파와는 전혀 다른 관점 제시
- 밀턴 프리드먼은 보편적 복지나 최저임금제와 같은 국가개입주의 정책을 반대하지만 기본소득제도에 대해서 찬성
  ⇒ 부의 소득세 제안함

7) 코로나19 대유행과 기본소득

- 경제위기와 기본소득
  ⇒ 경제위기에 대응하기 위한 일시적 방편으로서의 재난기본소득은 보편적 기본소득으로 발전할 가능성이 있음

- 심리적 위기와 기본소득
  ⇒ 보편적 기본소득은 예측 가능한 일정 수준의 소득을 제공함으로써 심리적 스트레스도 경감시킬 수 있음

8) 사례로 보는 기본소득

① 사례1 : 미국 스톡턴시(The Stockton City)의 기본소득 실험

– 미국 캘리포니아주 스톡턴시에서 시행 중인 기본소득 시행 8개월 시점에서 수급자를 대상으로 조사한 결과…

– "근로의욕이 떨어진다는 것이 무색해졌다."
– 시드 프로그램으로 인해 실업률이 떨어졌다는 평가(경제평론가들)

– 시드(The Stockton Economic Empowerment Demonstration, SEED)
– 일보다 '삶' 추구

미국 스톡턴 시의 기본소득 실험…"현금 줬더니 더 나은 일자리…
· "기본소득 받은 2%만 구직 단념…더 나은 일 구하는 데 쓴다" · 현실화…

② 사례2 : 밀턴 프리드먼(1912~2006)의 부의 소득세(NIT)

- 면세기준에 미달한 소득자는 그 차액에 비례해 정부 보조금을 받고, 넘으면 세금을 내도록 하는 부의 소득세(Negative Income Tax, NIT)를 제안
- "현행 복지제도보다는 훨씬 낮은 비용이 소요될 것이다."

부의 소득세(NIT)는 특정 소득 수준 이하에 있는 사람들에게 현금을 제공하는 방법이다.
사람들이 정부에 돈을 내는 보편적인 소득세와는 달리, 저소득의 사람들이 정부로부터 돈을 받게 된다.

이론적으로 이는 **'기준 소득'**과 **'실제 소득'**의 차이에 대한 일정 부분을 사람들에게 돌려주는 방식으로 작동한다. **예를 들어 보자.** '기준 소득'이 4만 달러이고, 부의 소득세율이 50%라고 했을 때, 소득으로 2만 달러를 버는 누군가는 정부로부터 만 달러를 받는다. 3만 5천 달러를 버는 사람은 2천 5백 달러를 받는다.

$$NIT = (\text{기준 소득} - \text{실제 소득}) \times \text{부의 소득세율}$$

$$[\mathit{example}\ 1]\ (40{,}000 - 20{,}000) \times 0.5 = 10{,}000$$

$$[\mathit{example}\ 2]\ (40{,}000 - 35{,}000) \times 0.5 = 2{,}500$$

이것이 소득이 얼마가 되던, 정부로부터 모든 사람이 똑같이 받는 **기본소득(basic income)**과 다른 점이다.

이런 구조는 일하는 사람들이 일을 아예 안 하는 사람들보다 더 많이 가져가도록 설계됐다. 그래서 궁극적으로 사람들이 일을 해서 돈을 벌도록 유도한다. 어떤 사람이 직업을 가지고 아주 적은 돈이라도 번다면, 아예 돈을 벌지 않은 사람보다 훨씬 많은 몫을 챙겨 간다. NIT의 목적은 아무도 궁핍하지 않게 하는 것이며, 아주 적인 소득이라도 아예 없는 것보다는 훨씬 낫다는 것이다.

③ 사례3 : 스위스의 기본소득

- 기본소득 시행여부에 대한 국민투표
- 결과는 부결
- 이유는 재원(전문가들 입장)
- 스위스 의회는 기본소득을 "유토피아적 안"이라고 비판… 기본소득 도입 시 매해 최소 250억 스위스 프랑(약 29조 9,200억 원)의 예산 부족분이 발생한다고 경고(연방정부의 1/3에 해당)

④ 사례4 : 한국의 재난지원금

- 2020년 5월 전체 국민(2,171만 가구)을 대상으로 재난기본소득(긴급재난지원금) 제공
- 성남시 및 서울시
- 서울시복지재단 : "안심소득"?

찾 아 보 기

ㅅ

ㅇ

ㅈ

ㅊ

참 고 문 헌

고세훈(1999). 영국노동당사: 한 노동운동의 정치화 이야기. 서울: 나남출판.

근로복지공단(2009a). 2009년 1/4분기 산재보험. 고용징수 실적분석. 노동보험연구원.

근로복지공단(2009b). 2009년도 산재고용보험 실무편람.

근로복지공단(2010a). 2010년 1분기 산재보험 고용징수 실적분석.

근로복지공단(2022). 고용보험사업안내.

김경우, 양승일, 강복화(2008). 사회복지정책론. 서울: 창지사.

김시헌(2019). 사회복지공공성: 새로운 복지정치 담론의 제안. 사회복지정책, 46(4), 159-186.

김성숙 외(2008). 공적연금의 이해. 서울: 국민연금연구원.

김영모 편(1991). 한국의료보험연구. 한국복지정책연구소 출판부.

김영종(2009). 사회정책론. 서울: 형설.

김영화, 박태정, 장경은(2016). 사회정의실현을 위한 사회복지정책론. 경기: 공동체.

김정희, 이호용(2006). 2005년도 건강보험환자의 본인부담 진료비 실태조사. 건강보험포럼. 2006 겨울호, 국민건강보험공단.

김종명, 송낙길(2015). 사회복지정책론. 양서원.

김종엽, 이영식, 송노원, 이은경, 임구원(2009). 사회복지법제론. 경기: 학현사.

김종엽, 이영식, 이은경, 김영준(2016). 사회복지법제론. 서울: 탑북스.

김종일(2005). 서구의 근로연계복지. 경기: 집문당.

김종일(2010). 사회복지정책론. 경기: 학현사.

김태성, 김진수(2009). 사회보장론. 서울: 청목.

김태성, 성경륭(1993). 복지국가론. 서울: 나남.

김태성, 성경륭(2008). 복지국가론. 서울: 나남.

김태성, 손병돈(2007). 빈곤과 사회복지정책. 서울: 청목출판사.

김태성(2003). 사회복지정책입문. 서울: 청목출판사.

남기철(2007). 신빈곤과 국민기초생활보장제도의 위기. 참여연대 사회복지위원회 편. 한국사회복지의 현실과 선택. 나눔의 집.

남찬섭 역(2002). 사회사업이 사회이론과 도덕이론. 서울: 인간과 복지.

노대명(2002). 외환 위기 이후 신빈곤 문제의 현황과 과제. 도시와 빈곤, 58, 78-92.

노동부(2009). 2008 고용보험백서.

대한민국정부(2006). 제1차 저출산고령사회 기본계획. 새로마지플랜 2010.

류정순(2005). EITC도입 이래서 필요하다-방치된 근로빈곤층에게는 '신자유주의 개혁'이 아니라 '실질적 혜택'. 노동사회, 2005년 5월호, 통권 99호. 근로소득보전세제(EITC) 도입논란.

박경일(2007). 사회복지정책론. 경기: 공동체.

박경일(2008a). 사회복지정책론. 경기: 공동체.

박경일(2008b). 가족수당정책론. 경기: 양서원.

박경일(2016). 사회복지정책론. 경기: 공동체.

박광준(1992). 페비안 사회주의와 복지국가의 형성. 서울: 대학출판사.

박광준(2002). 사회복지사상과 역사. 서울: 대학출판사.

박광준(2007). 사회복지사상과 역사. 경기: 양서원.

박금준(2008). 고령화 사회에서 노인복지에 대한 정책연구. 아주대학교 공공정책대학원 석사학위 논문.

박능후(2007). 최저생계비의 개념과 계측에 관한 고찰. 사회복지정책, 제28집. 한국사회복지정책학회.

박병현(2005). 사회복지정책론. 경기: 학현사.

박병현(2006). 사회복지정책론 (개정 1판). 경기: 정인사.

박병현(2015). 사회복지정책론. 경기: 정민사.

박병현 외(2007). 동아시아 사회복지연구. 경기: 공동체.

박현수 역(1991). 거대한 변환. 서울: 민음사.

보건복지부 가족정책과(2010). 2010년도 건강가정지원센터 사업안내.

보건복지부(2006). 일본개호보험판정 평가체계.

보건복지부(2008). 2008년도 긴급지원사업안내.

보건복지부(2009). 2009년도 산재고용보험 실무편람.

보건복지부(2010). 2010년 기초노령연금사업안내.

보건복지부(2010a). 2010년 국민기초생활보장사업 안내.

보건복지부(2010b). 2009년도 산재보험고용징수 실적분석(분석 및 통계표).

보건복지부(2010c). 2010년 의료급여사업안내.

보건복지부(2010d). 2010년 자활사업안내.

보건복지부(2010e). 2010년 아동청소년사업안내지침.

보건복지부(2010f). 2010년도 장애인연금사업안내.

보건복지부(2010g). 2010년 장애인복지사업안내.

보건복지부(2010h). 2010년 노인보건복지사업안내.
보건복지부(2016). 2015년 자활사업안내.
보건복지부(2017). 2017 자활사업안내.
보건복지부(2022). 국민기초생활보장사업안내.
복지국가소사이어티 편집위원회(2007). 복지국가혁명. 서울: 도서출판 밈.
생각의 마을(2017). 사회복지정책론, 2018년 사회복지사 1급 수험서. 경기: 공동체.
석재은(2010). 장기요양서비스 전달체계(서비스 제공인력 중심으로).
성은미(2005). EITC도입 이래서 위험하다−저임금노동 고이는 웅덩이를 파는 꼴. 노동사회. 2005년 5월호, 통권 99호. 근로소득보전세제(EITC) 도입논란.
송근원(2004). 사회복지정책학. 서울: 학지사.
송근원, 김태성(1995). 사회복지정책론. 서울: 나남.
신윤창(2002). 자본주의와 복지국가론. 서울: 법문사.
안해균(1986). 정책학원론(4판). 서울: 다산 출판사.
안형식(2010). 우리나라 장기요양서비스 질적수준과 향후 과제. 국민건강보험공단 노인장기요양보험제도 2주년 기념 정책 토론회 발표 자료.
양정하, 임광수, 이명현, 황인옥, 신현석, 임혁(2004). 사회복지정책론. 서울: 양서원.
양정하, 임광수, 황인옥, 신현석, 박미정, 윤성호(2008). 사회복지정책론. 서울: 양서원.
오건호(2006). 국민연금, 공공의 적인가 사회연대 임금인가. 서울: 책세상.
오윤수, 정현태, 이인순, 이은정(2011). 사회복지정책론. 서울: 퍼시픽북스.
오윤수, 정현태, 이대주(2009). 사회복지 윤리와 철학. 서울: 공동체.
원석조(1983). 사회권과 제3세계, 사회정책연구. 제4집.
원석조(1996). 1911년 영국의 국민보험법과 계급관계. 사회복지정책 제3장.
원석조(1997). 1935 사회보장법에 대한 정부와 노조의 입장. 사회복지정책 제5장.
원석조(2001). 사회복지정책학원론. 서울: 양서원.
원석조(2001, 2007). 사회복지 역사의 이해. 서울: 양서원.
원석조(2006). 사회복지정책론. 경기: 공동체.
원석조(2010). 사회복지정책론. 경기: 공동체.
원석조(2016). 사회복지정책론. 경기: 공동체.
유길상(2003). 한국 실업급여 수급자의 특성. 노동정책연구.
유길상(2005). 고용보험 10년, 평가와 과제. 노동리뷰. 2005년 7월호(통권 7호). 한국노동연구원.

윤홍식, 남찬섭, 김교성, 주은선(2019). 사회복지정책론. 서울: 사회평론아카데미.
이상이 외(2009). 국민건강보험의 재정 확충 및 보장성 강화를 위한 전략 개발 연구. 사단법인 복지국가소사이어티.
이상형(2022). 시민사회, 무엇을 할 것인가?−분배적 정의와 인정의 화해−. 철학연구, 164, 213-245.
이숙종 편(2003). 경제위기와 복지의 정치. 경기: 세종연구소.
이영찬(2000). 영국의 복지정책: 구빈법 개혁부터 제3의 길까지. 서울: 나남.
이용갑(2006a). 영리의료법인 의료기관 허용을 둘러싼 논의. 건강보험포럼. 2006 가을호, 국민건강보험공단.
이용갑(2006b). 국민건강보험과 민간의료보험의 역할설정에 관한 논의. 건강보험포럼. 2006 겨울호, 국민건강보험공단.
이인재, 류진석, 권문일, 김진구(2006). 사회보장론. 경기: 나남출판.
이정면(2006). 한국과 대만의 의료보험 통합과정 비교. 중앙대학교 석사학위 논문.
이종학(2009). 행정학사전. 대영문화사.
이진석(2000). 본인부담제의 개념과 각국의 적용 현황, 건강보험동향. 제18호.
이태복, 심복자(2006). 사회복지정책론. 경기: 나남.
이태영(2008). 사회복지정책론. 경기: 학현사.
이현주, 김미곤 외(2006). 우리나라 빈곤실태와 정책적 함의. 한국보건사회연구원.
인천교정복지센터(2008). 사회복지정책의 역사.
자활정책연구소(2009). 2009년 지역자활센터 사업운영실태 및 제도개선방안 연구.
정정길(1993). 정책학원론. 서울: 대명출판사.
정해식(2008). 기초노령연금 관리체계 개선방안. 국민연금연구원.
정현태, 김동욱, 류기덕, 서민호, 이승현, 제미자(2020). 사회복지법제와 실천. 경기: 공동체.
정현태, 오윤수, 신민정, 이상주(2016). 사회복지법제론. 경기: 공동체.
조선일(1995). 정책학개론. 서울: 학문사.
최성재, 남기민(2000). 사회복지행정론. 서울: 나남출판.
최은영 외(2006). 정보화로 인한 가족관계와 가족역할의 변화: 가족의 복지 기능 변화 전망. 한국여성개발원.
최장집(1996). 한국민주주의의 조건과 전망. 서울: 나남출판.
최현수(2007). 근로장려세제(EITC) 시행방안의 주요 내용 분석 및 정책과제. 보건복지포럼. 2007년 12월호(통권 134호), 한국보건사회연구원. 97−123.

최혜지(2007). 노인장기요양보험의 쟁점과 과제. 참여연대 사회복지위원회 편. **한국 사회복지의 현실과 선택**. 서울: 나눔의집.

한국보건사회연구원(2009). 2009년 빈곤통계연구.

현대경제연구원(2010). 국내빈곤층의 구조적 특징과 과제.

현외성(2008). **사회복지정책**. 경기: 양서원.

Anthony Giddens (1994). Beyond Left and Right: The Future of Radical Politics. 김현옥 옮김. **좌파와 우파를 넘어서**. 서울: 한울.

Anthony Giddens (1998). The Third Way: The Renewal of Social Democracy. 한상진, 박찬욱 옮김(2014). **제3의 길**. 서울: 생각의 나무.

Anthony Giddens (2001). *Sociology* (4th). 김미숙 외 옮김(2003). **현대 사회학**. 서울: 을유출판사.

Baker, J. (1979). Social conscience and social policy. *Journal of Social policy*, *8*(2).

Bardach, Eugene. (1977). *The Implementation Game: What Happens After a Bill Becomes a Law*. Cambridge, MA.: MIT Press, 268-283.

Barr, N. (1987). *The Economics of the Welfare State*. London: Weidenfeld & Nicolson. 이정수, 이동수 역(2003). **복지국가와 경제이론**. 서울: 학지사.

Beveridge, W. (1942). *Social Insurance and Allied Services*. Reprinted (1984). London: HMSO.

Booth, C. (1886). *Life and Labour of the People in London*. N.Y.: AMS Press.

Briggs Asa. (1961). The Welfare State in Historical Perspective. European Journal of Socialogy 2. 221-258.

Chirkin, V., Yudin, Yu., & Zhidkov, O. (1987). Fundamentals of the socialist theory of the state and law, 송주명 옮김(1990). **맑스주의 국가와 법 이론**. 서울: 새날.

Cobb, R. W. & C. D. Elder (1983). *Participation in American Politics: The Dynamics of Agenda-Building* (2nd ed.). Baltimore: The Johns Hopkins Univ. Press.

Cobb, R., J.K. Ross, & M.H. Ross. (1976). Agenda building as a comparative political process. *American Political Science Review*. *70*(1), 126-138.

Cohen, M., March, J., & Olsen, J. (1972). A Garbage Can Model of Organizational Choice. *Administrative Science Quarterly*, *17*(1), 1-25.

Collier, D., & Messick (1975). Prerequisites versus diffusion: Testing alternative explannations of social security adoption. *American Political Science Review*, *69*. 1299-1315.

Crosland, C. A. R. (1956). *The Future of Socialism*. London: Jonathan Cape.

Deacon, B. (1983). *Social Policy and Socialism: The Struggle for Socialist Reactions of Welfare*. London: Pluto.

Dobelstein, L. A. W. (1986). *Politics, Economics, and Public Welfare*. Englewood Cliffs, NJ: Prentice Hall.

Dror, Y. (1964). Muddling through: 'Science' or inertia?. *Public Administration Review*, *24*(3).

Duncan, G. J. et al. (1984). *Years of Poverty, Years of Plenty*. Ann Arbor: University of Michigan, Survey Research Center, Institute for Social Ressearch.

Dunn, W. N. (1994). *Public Policy Analysis: An Introduction*. Englewood Cliffs, NJ: Prentice Hall.

Edward, G. C. & Sharkansky, Ira. (1978). *The Policy Predicament*. San Francisco: W.H. Freeman & Company.

Esping-Andersen, G. (1990). The three worlds of welfare capitalism. **복지자본주의의 세 가지 세계**. 박시종 옮김(2007). 서울: 성균관대학교출판부.

Esping-Andersen, G. (1996). 한국사회복지연구회 옮김. **변화하는 복지국가**. 서울: 인간과 복지.

Etzioni, A. (1968). *The Active Society*. N.Y.: The Free Press.

Evers, A. & Wintersberger, H. (eds.) (1990). *Shifts in the Welfare Mix: Their Impact on Work, Social Services and Welfare Policies*. Boulder: Westview press.

Eyestone, R. (1978). *From Social Issues to Public Policy*. N.Y.: John Wiley & Sons.

Flora, P. & J. Alber (1981). *Modernization, Democratization and the Development of Welfare States in Western Europe*. New Brunswick: Transaction Publicshers.

Friedman, M. (1962). *Capitalism and Freedom*. Chicago: University of Chicago Press.

Furniss & Tilton (1977). *The Case for the Welfare State*. Indiana University Press.

Gamble, A. (1994). *The Free Economy and the Strong State: The Politics of Thatcherism* (2nd ed.). London: Macmillan.

George, V. & Wilding, P. (1976, 1994). *Ideology and Social Welfare*. London: Routledge & Kegan Paul.

George, V. & Wilding, P. (1984). *The Impact of Social Policy*. London: RKP.

George, V. & Wilding, P. (1994). Welfare and Ideology. 김영화, 이옥희 옮김. **복지와 이데올로기**. 서울: 한울아카데미.

Gough, I. (1979). The Political economy of the Welfare State. London: Macmillan.

Gilbert, N. & Specht, H. (1974). *Dimensions of Social Welfare Policy*. Englewood Cliffs, NJ: Prentice Hall.

Gilbert, N. & Terrell, P. (2002). *Dimensions of Social Welfare Policy* (5th ed.). Boston: Allyn & Bacon.

Gilbert, N. (1983). *Capitalism and the Welfare State: Dilemmas of Social Benevolence*. New Haven: Yale Univ. Press.

Ginsburg, N. (1979). *Class, Capital and Social Policy*. London: Macmillan.

Goodin, R. E. (1988). *Reasons for Welfare: The Political Theory of the Welfare State*. Princeton: Princeton University Press.

Gray, J. (1992). *Hayek on Liberty*. Oxford: Blackwell.

Harris, J. (1981). Some aspects of Social policy in Britain during the Second World War'. In W. J. Mommsen(ed.). *The Emergence of the Welfare State in Britain and Germany*. London: Croom Helm.

Higgins, J. (1981). *State of Welfare: Comparative Analysis in Social Policy*. Oxford: B. Blackwell & M. Robertson.

Hill, M. (1980). *Understanding Social Policy*. Oxford: B. Blackwell & M. Robertson.

Hinton, J. (1983). *Labour and Socialism: A History of the British Labour Movement ,1867-1974*. Brigton, Sussex: Wheatsheaf Books.

Ingram, H. (1977). Policy implementation through bargaining: The case of federal grants in aid. *Public Policy*, *25*(Fall), 449-526.

Jessop, B. (1999). The Changing Governance of Welfare: Recent Trends in its Primary Functions, Scale, and Modes of Coordination. *Social Policy & Administration*, 33(4), 348-359.

Johnson, N. (1987). *The Welfare State in Transition: The Theory and Practice of Welfare Pluralism*. Brighton, Sussex: Wheatsheaf Books.

Jones, Charles O. (1984). *An Introduction to the Study of Public Policy* (3rd ed.). Monterey, California: Brooks/Cole Publishing Company.

Kahn, A. (1979). *Social Policy and Social Services*. N.Y.: Random House.

Kavanagh, D. (1990). *Thatcherism and British Politics* (2nd ed.). Oxford: Oxford University Press.

Kingdon, J. W. (1984). *Agendas, Alternatives, and public policies*. Boston, MA: Little, Brown.

Korpi & Palme(1998). The Paradox of Redistribution and Strategies of Equality: Welfare State Institutions, Inequality, and Poverty in the Western Countries.

Le Grand, J. (1982) *The Strategy of Equality*. London: Alley and Unwin.

Levitas, R. (1986). The Ideology of the New Right. Cambridge: Polity.

Light, P. (1983). *The President's Agenda: Domestic Policy Choice from Kennedy to Carter* (2nd ed.). Baltimore: The Johns Hopkins Univ. Press.

Lindblom, C. E. (1959). The Science of Muddling Through. *Public Administration Review*, *19*(2), 79-88.

Loewenberg, F. M. (1974). Toward a Sociological Perspective on Social Welfare Strategies. In J. M. Romanyshyn (ed.). *Social Science and Social Welfare*. N.Y.: Council on Social Work Education.

March, James G., & Simon, Herbert A. (1958). *Organizations*. N.Y.: John Wiley & Sons.

Mazmanian, D. A. & Sabatier, P. A. (1983). *Implementation and Public Policy*. Glenview, IL: Scort, Foresman.

McLaughlin, Milbrey. (1976). "Implementation as Mutual Adaptation". In Walter Williams & Richard Elmore(ed.). *Social Program Implementation*. N.Y.: Academic Press.

Midgley, J. (1997). *Social Welfare in Global Context*. London: Sage.

Midgley, J. (1999). Growth, redistribution, and welfare: Toward social investment. *Social Service Review*, *73*(1), 3-21.

Mishra, R. (1981). *Society and Social Policy: Theories and practoceo*. London: Macmillan.

Mishra, R. (1984). *The Welfare State in Crisis*. N.Y.: St. Martin Press.

Nakamura, R. T. & Smallwood, F. (1980). *The Politics of Policy Implementation*. N.Y.: St. Martin's Press.

O'connor, J. (1973). *The Fiscal Crisis of the State*. N.Y.: St. Martin's Press.

Pierson, P. (1994). *Dismantling the Welfare State? Reagan, Thatcher, and the Politics of Retrenchment* . N.Y.: Cambridge University Press.

Pinker, R. (1979). *The Idea of Welfare*. London: Heineman.

Piven, F. F., & Cloward, R. A. (1971). *Regulating the Poor*. N.Y.: Vintage.

Quade, E. S. (1982). *Analysis for Public Decisions*. N.Y.: Elsevier.

Rawls, J. (1973). *A Theory of Justice*. Cambridge: The Belknap Press of harvard university Press.

Redge, G. E. (1999). Social Insurance and Economic Security. 6th ed. N.J.: Prentice-Hall.

Rimlinger, G. V. (1971). *Welfare Policy and Industrialization in Europe, America, and Russia*. N.Y.: John Wiley & Sons.

Rogers, B. (1979). *The study of social policy : a comparative approach*. London: G. Allen & Unwin.

Rose, R. & Shiratori, R. (1986). *The Welfare State East and West*. N.Y.: Oxford University Press.

Sainsbury, R. (1999). The aims of social security. In J. Pitch(ed.). *Introduction to Social Security: Policies Benefits and Poverty*. London: Routledge.

Spiro, H. (1962). Comparative Politics: A Comprehensive Approach. *American Political Science Review*, *56*(3). 577-595.

Taira, K., & Kilby, P. (1969). Differences in Social Security Development in Selected Countries. *International Social Security Reveiw*, *22*(2), 210-245.

Taylor-Gooby. (1981). The Sate, Class Ideology and Social Policy. *Journal of Social Policy*, *10*(4). 433-451.

Titmuss, R. M. (1974). *Social Policy: An Introduction*. London: George Alley & Unwin Ltd.

Townsend, P. (1970). *The Fifth Social Service*. London: Fabian Society.

Webb, A. L. & Sieve, J. E. B. (1971). *Income Distribution and the Welfare State*. Lodon: Bell & Sons.

Wicks, M. (1987). *A Future for All: Do We Need a Welfare State*. Harmondsworth: Penguin.

Wilensky, H. L. (1975). *The Welfare State and Equality: Structural and Ideological Roots of Public Expenditures* (Vol. 140). University of California Press.

Wilensky, H. L. & Lebeaux, C. N. (1965). *Industrial Society and Social Welfare*. N.Y.: Free Press.

Wilensky, H. L. et al. (1985). *Comparative Social Policy: Theories, Methods, Findings*. Berkeley, Cal.: Institute of International Studies, University of California.

World Bank (1994). *Averting the Old Age Crisis: Politics to Protect the Old and Promote Growth*. Oxford: Oxford University Press.

Zastrow, C. (2000). *Introduction to Social Work and Social Welfare* (7th ed.). Belmont, CA: Wadsworth.

참고 사이트

고용노동부	www.moel.go.kr
고용보험	www.ei.go.kr
국민건강보험공단	www.nhis.or.kr
국세청	www.homtax.go.kr
근로복지공단	www.kconwel.or.kr
노인장기요양보험	www.longtermcare.or.kr
법제처	www.moleg.go.kr
보건복지부	www.mohw.go.kr
위키백과	http://ko.wikipedia.org

저/자/소/개

이인순 창원문성대학교 사회복지과 교수

정현태 창신대학교 사회복지학과 겸임교수

신선애 부산과학기술대학교 사회복지과 교수

이덕희 동의과학대학교 사회복지요양서비스과 교수

이은영 강동대학교 사회복지과 교수

사회복지정책론

초 판 1쇄 인쇄 2023년 2월 1일
초 판 1쇄 발행 2023년 2월 8일

지 은 이 | 이인순·정현태·신선애·이덕희·이은영
펴 낸 이 | 김기섭
편 집 인 | 이윤희
펴 낸 곳 | 창지사 www.changjisa.com
08589 서울시 금천구 가산디지털 1로 83 파트너스타워 1차 9층
전화 (02)719-2211~3
팩스 (02)701-9386
등　　록 | 1977년 4월 28일 · 제1-421호

ISBN 978-89-426-1581-0 (93330)

값 22,000원